川酒发展研究中心研究报告专集

川酒发展研究论丛（第二辑）

CHUANJIU
FAZHAN YANJIU LUNCONG
DIERJI

主　编 / 陈一君
副主编 / 何　凡　熊　山　杨　平

西南财经大学出版社

《川酒发展研究论丛》编委会

目　录

白酒产业发展与变革

白酒产业集聚与区域发展

白酒文化资源整合与开发

白酒企业竞争力与社会责任

白酒企业管理决策与营销发展

白酒技术开发与应用

白酒产业发展与变革

加快白酒产业发展方式转变研究[①]

曾祥凤[②]

摘要：加快转变经济发展方式是我国实现可持续发展的重大战略任务。工业发展方式转变是经济发展方式转变的主战场。作为整个工业体系的重要成员，白酒行业在发展过程中，面临着资源环境约束趋紧、生产要素成本压力加大、产能过剩问题突出、国内市场需求下滑、外部竞争激烈等挑战。同时，白酒行业尽管市场化程度较高，但整个产业的技术创新、治理机制、经营模式、产业组织结构等各方面却相对滞后，产业发展模式粗放。国家经济转型升级既为白酒行业带来了潜在的压力，也为其提供了加速发展的契机。

课题以科学发展观为指导，综合运用理论分析与实地调查相结合、实证分析与规范分析相统一的方法，突出运用经济学、产业经济学、转型理论、企业管理等理论或工具，关注白酒产业运行过程中的新现象、新问题，通过运用经济转型和产业转型分析框架，深入剖析白酒产业现有发展方式的特征及其形成机理，转变发展方式的紧迫性及其面临的挑战，发展方式转变的目标、原则和思路，促进白酒产业发展方式转变的实施路径和配套政策。

我们认为，加快转变白酒产业发展方式，需要理清政府、企业和行业、消费者三大主体关系，紧紧抓住企业这个转型的载体，以体制改革为催化剂、以市场为导向和约束、以经营模式革新为手段、以技术创新为动力，促进经济体制、企业治理机制、经营模式、产业组织结构四个方面转型，通过市场机制的调节作用，打通生产、流通、分配、消费四个环节，实现白酒行业和企业两个层面的发展方式转变。

关键词：白酒产业；企业；发展方式；转变

1　导论

1.1　选题的目的和意义

1.1.1　问题的提出

加快转变经济发展方式是我国实现可持续发展的重大战略任务。党的十八大报告提出，要“加快形成新的经济发展方式，把推动发展的立足点转到提高质量和效益上来”，要求“着力增强创新驱动发展新动力”，要求“着力构建现代产业发展新体系”，“更多依靠科技进步”，走新型工业化和信息化发展路子，告别传统发展模式，建立现代经济体系。

---

① 基金项目：四川省哲学社会科学规划重点研究基地项目（SC12E024）研究成果。

② 曾祥凤（1973—），男，湖南隆回人，硕士研究生，副教授，主要从事产业经济方面的研究。

这一思想为我国经济转型发展指明了方向。

工业发展方式转变是经济发展方式转变的主战场。整个工业体系中，白酒行业在发展过程中，面临着资源环境约束趋紧、生产要素成本压力加大、产能过剩问题突出、国内市场需求下滑、外部竞争激烈等挑战。白酒行业正处于发展方式转变的关键时刻。同时，白酒行业尽管市场化程度较高，但整个产业的技术创新、治理机制、经营模式、产业组织结构等各方面却相对滞后，产业发展模式粗放。国家经济转型升级既为白酒行业带来了潜在的压力，也为其加速发展提供了更广阔的空间和全新的发展理念。

根据国家《工业转型升级规划（2011—2015 年）》，消费品工业列入了重点发展领域；而国家食品工业"十二五"发展规划提出，支持白酒产业提高产业集中度和企业竞争力，但要"控制总量、提高质量、治理污染、增加效益"。结合白酒产业内外发展环境改变的现实，响应国家政策思路，需要通过实施白酒产业发展方式转变，实现白酒产业持续健康发展，走出一条科技含量高、经济效益好、资源消耗低、环境污染少、人力资源优势得到充分发挥的新型工业化道路，实现白酒行业和企业两个层面的发展方式转变。

1.1.2 研究的目的和意义

随着我国经济转型发展，白酒行业也进入了发展方式转变的关键时刻。白酒行业在发展过程中，面临着资源环境约束趋紧、要素成本上升、产能过剩、国内市场国外市场竞争激烈等挑战。与此同时，白酒行业的技术创新、治理机制、经营模式、产业组织结构等各方面却相对滞后，产业发展模式粗放，迫切需要进行发展方式转型。

根据国家食品工业"十二五"发展规划，白酒产业需要提高产业集中度和企业竞争力，但要"控制总量、提高质量、治理污染、增加效益"，实施的路径就是新型工业化道路，但是具体的实施方案需要研究。毕竟，白酒行业作为食品工业的重要成员，本身并不要求具有很高的技术含量，它对市场需求的反应比较敏感。因此，白酒产业转变发展方式具有较强的特殊性，其他产业发展方式转型的思路和方案并不完全适用于白酒产业。因此，系统研究白酒产业发展方式转型问题不仅具有重要的现实意义，还具有重要的理论价值。

总之，选择"加快白酒产业发展方式转变研究"，契合科学发展观理念，顺应国家《工业转型升级规划（2011—2015 年）》，响应白酒产业"十二五"发展规划，贯彻了"十二五"规划"产业转型升级""建设资源节约型环境友好型社会""促进区域协调发展""完善社会主义市场经济体制"的战略规划，可以为政府发展白酒产业提供必要的学术支撑，为众多白酒企业制定发展战略提供参考。

1.2 文献综述

经济发展方式转型是经济学关注和研究的重要问题。从 20 世纪 80 年代初起，我国政府就提出了经济增长方式的转变问题。但在短缺经济状态下，实施经济增长方式的转变缺乏现实基础。自 20 世纪末以来，我国宏观经济由供给短缺转变为供给过剩，经济发展方式转变成为宏观和微观层面急需解决的重大问题。为此，"九五"计划中，中央科学地判断我国发展形势，明确提出转变经济增长方式的要求。同时，学术界认识到该问题的重要性并开始进行研究（王建，1993；马洪，1995；郑新立，1995）。然而，在政策设计与实施方面，经济发展方式转变缺乏顶层设计，而地方政府出于对国内生产总值（GDP）增长数量的追求，往往忽视了经济发展的质量。2005 年 10 月，党的十六届五中全会审议通过了《中共中央关于制定国民经济和社会发展第十一个五年规划的建议》，认为我国仍然是粗放型经济增长模式，需要加快转变经济增长方式，并系统提出了经济发展方式转变的要求、指导原则和保障机制等。

转变经济发展方式最终要通过行业层面和企业层面发展方式的转变来实现。金碚（2011）认为，工业转型升级是转变经济发展方式的关键，工业转型升级不仅仅表现在工业结构和工业体系总体特征的变化上，更深刻地发生和体现在所有工业企业的战略抉择和战略走势上。实现工业转型升级，就是要在新的更先进的技术基础上全面提升各个产业的自主发展能力和国际竞争力，要通过科学发展、可持续发展，走出一条科技含量高、经济效益好、资源消耗低、环境污染少、人力资源优势得到充分发挥的新型工业化路子。从现有文献看，对工业发展方式转变的研究主要集中于对发展方式转变的内涵和条件、影响因素、转变途径和政策建议等展开研究，以及从时空特征角度研究工业发展方式转型问题，例如从区域范畴针对某个区域或者行政单位范围内的工业发展方式转变问题（毛蕴诗，等，2008；伍长南，2011；武友德、杨旺舟，2011），从时机选择看，“十二五”时期是加快推进工业发展方式转变的关键时期（周叔莲、吕铁，2012）。但是针对某个具体产业发展方式及其转变的研究成果不多，已有的成果主要集中于对纺织工业（梅自强，2006）、钢铁（吴溪淳，2005）等传统产业、流通产业（刘向东，等，2009；孙敬水、章迪平，2010）等服务类产业发展方式的转型研究。从研究方法看，除了规范分析，也有不少有价值的实证分析，例如，涂正革、肖耿（2006）采用非参数生产前沿方法，通过对中国大中型工业企业劳动生产率的增长分解实证分析得出：中国工业劳动生产率的增长，至少在大中型企业这个层面已经由转轨初期的单一资本扩张驱动模式，开始向以技术进步为主和资本深化为辅的多引擎推动模式转变，即由粗放型向集约型增长模式转变，并认为世纪之交似乎是一个转折点。此外，白羽、陈海汉（2011）构建了工业发展方式的评价指标体系，并阐述了工业发展方式评价的过程与方法。

从已有文献看，理论界近年来开始对食品工业（赵大伟，2009；宋国宇，2012）进行研究，对白酒产业发展问题主要见于业界的讨论，还没有直接关于白酒产业发展方式转型的系统研究。本课题将运用经济学、产业经济学、转型理论、企业管理等理论和方法，借鉴已有的研究成果，围绕白酒产业发展方式，结合国内外经济发展态势和产业发展背景，剖析其发展特征及其形成机理，探索促进促进白酒产业发展方式转变的实施路径和具体措施。

1.3 研究内容

课题以科学发展观为指导，综合运用理论分析与实地调查相结合、实证分析与规范分析相统一的方法，突出运用经济学、产业经济学、转型理论、企业管理等理论或工具，关注白酒产业运行过程中的新现象、新问题，通过运用经济转型和产业转型分析框架，深入分析白酒产业现有发展方式的特征及其形成机理，转变发展方式的紧迫性及其面临的挑战，发展方式转变的目标、机理及原则，促进白酒产业发展方式转变的实施路径和配套政策。

研究内容包括理论、实证和对策部分。

1 导　论

1.1 选题的目的和意义

1.2 文献综述
1.3 研究内容
2 白酒产业现行发展方式及其评价
2.1 产业发展方式评价的相关理论
2.2 我国白酒产业发展状况
2.3 我国白酒产业现行发展方式的形成机理
2.4 我国白酒产业现行发展方式评价
3 转变白酒产业发展方式的紧迫性及面临的挑战
3.1 转变白酒产业发展方式的紧迫性
3.2 转变白酒产业发展方式面临的问题和挑战
4 实现白酒产业发展方式转变的目标、原则及思路
4.1 实现白酒产业发展方式转变的目标定位
4.2 促进白酒产业发展方式转变的实施原则
4.3 促进白酒产业发展方式转变的思路
5 促进白酒产业发展方式转变的实施路径
5.1 完善现代企业制度
5.2 加强技术创新
5.3 优化产业组织结构
5.4 革新经营模式
5.5 优化产业区域布局
5.6 积极参与国际竞争
6 促进白酒产业发展方式转变的配套措施
6.1 完善经济体制改革
6.2 推进政府支持体系建设

2　白酒产业现行发展方式及其评价

2.1　产业发展方式评价的相关理论

加快转变经济发展方式是我国实现可持续发展的重大战略任务。实际上，党的十四届五中全会提出，实现经济增长方式由粗放型向集约型的转变。党的十七大开始落实这一重大战略方针。党的十七届五中全会指出，“加快转变经济发展方式是我国经济社会领域的一场深刻变革”，强调要“以加快转变经济发展方式为主线”。

加快转变经济方式，首先需要建立一套科学、规范、可行的转变经济发展方式评价体系和考核体系。评价指标考核体系有利于从科学上判断我国经济发展方式转变程度，为各级政府和国家宏观管理提供客观的判断；有利于转变各级领导干部政绩观，引导各级政府将经济增长、社会发展、环境保护和人民福祉联系起来，切实贯彻落实科学发展观。

为此，理论界和实践部门开始重视和研究经济发展方式及其转变的一系列问题。邓英淘（1989）基于现代化目标较早对经济发展方式进行探讨。从20世纪90年代起，对该领域的研究逐步拓展和深化，同时有些文献对经济发展方式评价问题进行研究。但针对工业

部门发展方式的研究起步要晚。文献检索（中国知网）表明，除金磊夫（1996）对冶金工业发展方式的转变进行研究外，后来的研究始于2006年（李传峰，2006），研究高峰在2010年前后。

关于发展方式评价的研究，时间上起于2000年前后，研究对象主要包括整个经济体系、具体的行业或部门（如钢铁行业、农业、服务业），代表性研究者有吕铁（1998）、李周为（1999）、涂正革（2006）、张焕波（2011）等。对于工业发展方式进行评价的有尹子民（1998）、张勇（2003）、庞瑞芝（2011）、白羽（2011）等人。目前还没有直接针对白酒产业发展方式评价的理论研究。

2.2 我国白酒产业发展状况

2.2.1 行业规模快速增长，占酿酒行业的比重高

从2003年以来，我国白酒行业产销量分别保持了近13.3%和23.4%的平均增速，整个行业的总资产、产量、利润、销售收入均有了跳跃式增长。2013年我国白酒产量达到了1 226万千升，达到了新中国成立以来最高水平，提前4年超额完成了2015年的产量规划目标；行业总资产达到了4 759.07亿元，为2004年的4.73倍，高于产量增长倍数（表明潜在产能还没有充分释放）。销售收入达到了5 018亿元，约为2004年（613亿元）的8.2倍；利润达到了804.87亿元，为2004年的13.72倍。销售收入和利润的增长远远高于产量的增长，表明白酒价格也在高速增长。

另外，白酒行业的产量和销售收入占酿酒行业的比重为分别16.3%和59.4%（7 511.88万千升；8 453.21亿元），销售收入的比重大大高于产量所占的比重，表明白酒的相对价格较高，见表1。

表1　　2004—2013年我国白酒行业总资产、产量、收入、利润

年份	行业资产	产量（万千升）	收入（亿元）	利润（亿元）
2004年	1 005.57	312	613	58.66
2013年	4 759.07	1 226.2	5 018.01	804.87
2004—2013年增长倍数	4.73	3.93	8.19	13.72
2004—2013年均增长率	0.17	0.15	0.23	0.30

数据来源：国家统计局。

为了更直观地理解，我们采用折线图分析。

图1为2004—2013年我国白酒产量[①]增长走势图（单位：万千升）。

① 如果不加说明，课题中的白酒产量均折算成65度计算。

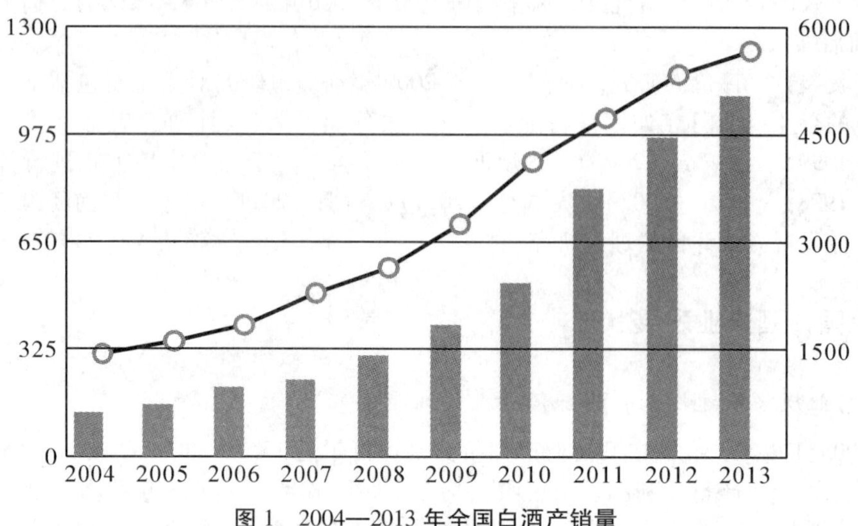

图 1　2004—2013 年全国白酒产销量

2.2.2　产能增长快，行业集中度不断提高，行业竞争日益激烈

国家统计局数据显示，自 2005 年我国白酒产量回升以来，至 2012 年已连续 8 年高增长，期间产量累计增幅高达 2.3 倍。到了 2012 年，全国白酒全年累计产量达到 1 153.16 万千升，同比增长 12.41%。但白酒行业并未就此“退烧”，而是继续大幅扩张产能。不仅仅是四川、贵州等白酒“金三角”地区在大力发展白酒产业，一些二线名酒品牌所在地域也在大力扩充白酒产能，如安徽、湖北、江苏等地政府也在介入白酒产业，纷纷组建大型白酒企业集团以发展当地白酒产业。

在政府规划的推动下，名酒企业纷纷开始拓展自己的产能。贵州茅台计划，“十二五”末，公司基酒年产量达到 4.5 万吨，系列产品产量达到 6 万吨；苏酒集团计划，“十二五”末，洋河和双沟两大酒业全区建成，实现收入将超过 500 亿元，目前 3 万吨名优酒产能正在建设；山西汾酒拟建年产 6 万吨商品竹叶青和 6 万吨商品汾酒产能项目，预计 3 年后可建成投产，将带动公司产能 3 年翻一番；泸州老窖新建 1.8 万口窖池去年已经开建，届时产能将提高 6.2 万千升；五粮液从年产 20 万吨白酒扩充产能至 30 万吨。此外，西凤酒、剑南春、古井贡酒、老白干酒、郎酒、杜康、四特酒等知名白酒企业均在大举扩充产能。

总之，近年来白酒企业纷纷大规模扩张产能，加上境内外各类资本竞相涌入，行业泡沫风险加大。由于白酒产能扩张步伐远远超过了市场的增长速度，如此必然会造成未来白酒市场上产能过剩的局面。有业内专家以全国 28 家主要白酒企业，以及很有代表性的四川、贵州 2015 年产能增长规划为依据，假设 28 家主要白酒企业产量较 2011 年增长 3 倍，四川地区增长 1 倍，贵州地区“十二五”期间增长 5 倍。由此得出最保守的估计是 2015 年全国白酒产能较 2011 年增长一倍。即 2015 年全国规模以上企业白酒出厂量将达到 2 051 万千升。

以上估算应该与事实相差不远。事实上，在政务消费市场萎缩挤压下，近两年来白酒市场萎缩便是明证。可见，大规模无序地进行产能扩张，必然引发行业激烈竞争，白酒行业将会深度洗牌。

目前，白酒行业生产、规模、品牌和效益进一步向优势地域和企业集中。部分资本雄厚、市场销量大的名优白酒公司通过收购、兼并、重组等资本运作不断扩张；对内则更新设备、进行技术改造升级，扩大产能，整个行业的市场集中度（尤其是高端白酒的市场集中度）不断提高。从销售收入看，行业已经接近弱寡头市场结构（但从产量看仍然属于竞争型市场）。从地域分布看，我国白酒行业产量区域集中度非常高。据 2013 年统计数据显示，我国白酒产量主要集中在西南、华东、华中地区，产量分别占同期全国总产量的 32.1%、23.4%、17%。

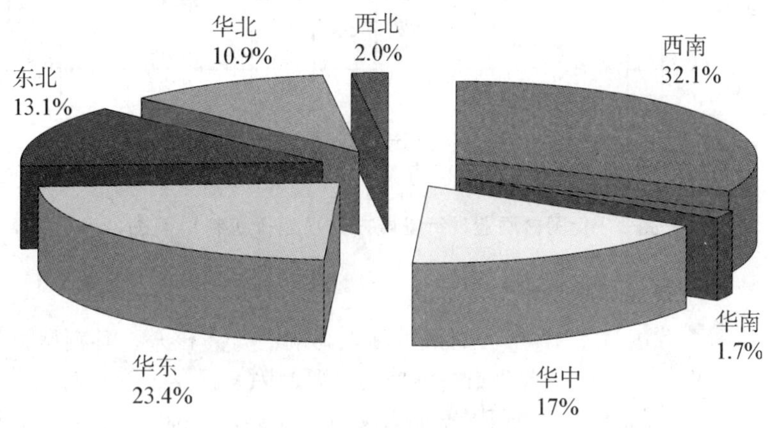

图 2　白酒产量地域分布图

2.2.3　产品价格上涨过快，产品结构失衡，质量问题频现

近年来，白酒产品价格快速上涨。终端价格的频频上涨，虽然在一定程度上推动了产品出厂价的上扬，提高了产品毛利率，增加了利润空间，有利于企业业绩的增加。但另一方面，价格上涨不但损害了白酒在消费者心目中的整体形象，也干扰了白酒企业乃至整个行业的健康发展进程。

与此同时，产品结构日益高端化，大众型白酒企业低端白酒产量明显下降，规模企业的生产结构日益高端化。从 2003 年到 2012 年，我国规模以上白酒企业的产量增加了 2.5 倍，销售收入则增加了 7.4 倍。以茅台为例，2001—2002 年，茅台的白酒销售净利率只有 20%，而 2012 年实现营业收入 264.55 亿元，实现净利润 133.08 亿元，销售净利润率高达 50.3%。其中，高档茅台酒的销售毛利率超过了 90%。

居高的价格、丰厚的利润使得白酒行业粗放式生产管理难以避免。2012 年下半年以来，国内白酒行业先后陷入“塑化剂”“基酒外购”“添加剂”等风波中。这种现象不是偶然的，它暴露出部分白酒企业生产质量安全意识方面存在的隐患，是行业暴利诱惑下采用粗放式发展模式的必然结果。

2.3　我国白酒产业现行发展方式的形成机理

从发展方式看，我国白酒行业近几年的高速发展是依靠消费需求的拉动和高速增长的投资驱动实现的。其中，消费需求包括刚性的政务消费（中高端）、弹性的商务消费（中高端）、弹性的个人消费（高中低均有）。下图是我国双轮驱动的白酒产业经济运行机制的简要示意图。

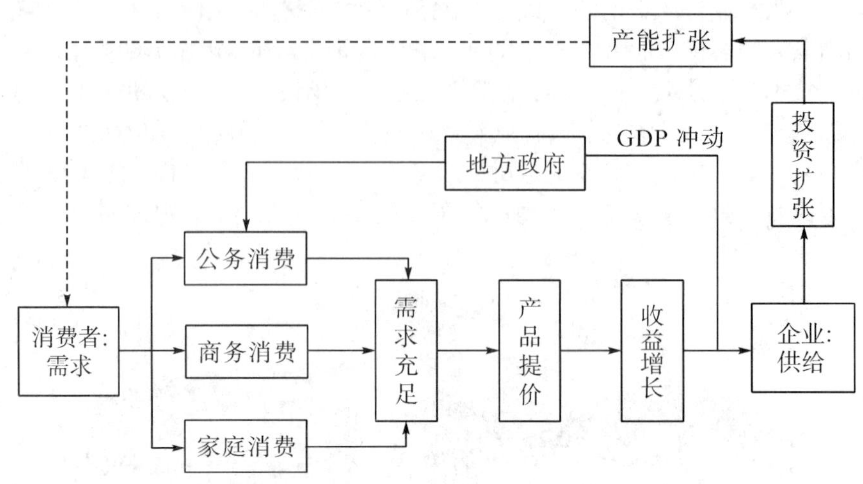

图 3　我国白酒业现行发展方式（运行机制）简图

2.3.1　政商消费拉动

从消费市场看，我国过去 10 年白酒销售额以高端消费为核心，其消费群体主要是政务、商务人士，工作、商务应酬成为白酒消费的主要原因。根据估计，政务、商务消费占比达到 60%以上。这足以解释，为何国家加大反腐力度、大力抑制三公消费，随后高端白酒会出现剧烈调整。在宏观经济运行平稳和收入水平持续上升的过程中，白酒股 2012 年下半年开始经历了大幅调整，企业增速也经历了明显下调。以茅台为例，2012 年 53 度飞天茅台酒终端零售价额曾超过 2 500 元，2014 年则下降到 1 000 元以下。在资本市场，2012 年 7 月中旬贵州茅台的股价曾达到 259.66 元/股，在 2014 年 1 月跌到 120 元以下，股价也腰斩一半多。从整个白酒行业看，2013 年高端白酒销售额同比下降 37.75%。总之，政务消费对高端白酒的影响是直接的、重大的。这足以佐证，政商消费构成高端白酒的主要消费群体和支撑力量。

白酒行业尤其是高端白酒之所以对政商消费产生如此大的依赖性，在于高端白酒的两大消费群体中，政务消费具有较强的需求刚性，商务消费在很大程度上又受政务消费影响。由于体制不完善，国家对政府官员的财务监督不力，诸如行政开支便成为了部门的公共资源，过度消费在所难免。在此情况下，官员难免会产生吃喝风，高端白酒便成为了吃喝风的消耗品。

就商务消费而言，它既具有一定的需求刚性（短期），本质上也具有较强的需求弹性。从根本上说，商务消费与生产、投资和商务会谈这类经济活动直接相关，因此，商务消费本身不仅会消费价格较高的（白酒）商品，也会随着收入水平的增长而增长，因而具有较高的需求弹性。这也是未来白酒行业可以继续挖掘的需求。而就商务消费的刚性而言，一是由于很多商务活动需要与政府官员打交道，但是在不完善的体制下，有些官员会利用权力“寻租”。此时，（高端白酒）商务消费就构成了企业或个人支付的部分“租金”。更何况，政务消费和商务消费还会互相产生“示范效应”，这也使得商务消费刚性化。

总之，政务消费和商务消费的特点使得政商消费不但具有稳定的基数，还具有随经济发展而稳定增长的特征。甚至可以说，政商消费具有自我强化的特征——在体制不完善、财务审计、监督不力的情况下。因此，刚性的政商消费为高端白酒提供了充足的市场（需求）。白酒行业本来属于竞争性产业。但旺盛的政商消费则使得高端白酒供不应求，同时高端白酒的产量限制则强化了市场供不应求的状态，从而使白酒制造企业拥有对产品的定价权，成为竞争性市场的卖方垄断者。这是市场不完善时的奇怪现象，也是酒企敢于一而再、再而三提价的经济动力所在。在这种情况下，高端白酒在最近几年出现了跳跃式的增长。进而，高端白酒的繁荣极大地刺激了中端白酒的发展并为其腾出了市场空间，同时这种繁荣局面还传导到低端白酒。如此，整个白酒行业出现了“需求拉动”下的过度繁荣，也掩盖了这种过度繁荣下的诸般问题和发展泡沫。国家大力抑制三公消费则刺破了这个大泡沫，促使白酒行业回归到理性的发展道路上来。未来政商消费即使有所恢复，也难以再现高增长。就中长期而言，高端白酒不应对公务消费的增长寄予过高期望。

2.3.2 投资扩张驱动

政商消费仅仅是驱动白酒行业高速发展的一驾马车。驱动白酒业高速发展还离不开投资扩张这驾马车的推动。上面的分析说明，政商消费实现了市场繁荣，高端白酒供不应求，导致白酒价格不断攀升。价格高涨不仅极大地提高了酒企的收益，更引发了全行业开发高端酒的热潮，不仅一线名企加速扩张产能，二三线酒企也不甘落后。与此同时，行业外部资本（国内的、国际的资本）也大量进入白酒行业。因此，白酒行业的投资出现了高速增长。

表 2　　**2004—2013 年我国白酒行业资产、产量、收入统计**

年份	资产（亿元）	资产年增长率	产量（万千升）	产量年增长率	收入（亿元）	收入年增长率
2004	1 006	-1.55	312	-5.74	613	12.41
2005	1 041	3.47	349	11.86	723	17.94
2006	1 162	11.69	397	13.75	971	34.30
2007	1 265	8.88	494	24.43	1 260	29.76
2008	1 492	17.91	569	15.18	1 632	29.52
2009	1 811	21.39	707	24.25	2 148	31.62
2010	2 259	24.75	891	26.03	2 799	30.31
2011	3 095	36.99	1 026	15.15	3 747	33.87
2012	3 920	26.66	1 153	12.38	4 466	19.19
2013	4 759	21.40	1 226.2	6.35	5 018.01	12.36

数据来源：国家统计局。

说明：由于固定资产投资数据不全，因此采用总资产代替（总资产的增长是历年固定资产投资增长的结果）。

数据表明，2004—2012 年，白酒行业的总资产整体上以递增的速率增长，表明白酒行业的投资增速在提高。事实上，这与我国的宏观经济环境密切相关。1993 年之前，伴随白酒消费快速增长的是国内固定资产的大规模投入。而 1995 年固定资产投资急剧下滑和山西假酒案的双重打击下，白酒产量、销量开始急剧萎缩，到 2003 年白酒产量下降至 330 万吨，仅是 1996 年高峰时的 40%。1997 年的亚洲金融危机后，我国果断采取了积极的财政政策，大幅度提高投资水平，固定资产投资增速重回 25%以上。在政府 4 万亿的经济刺激方案推动下，固定资产投资不降反升，2008 年、2009 年分别实现了 26%和 30%的高增长。白酒行业不是当时的主要刺激对象。尽管如此，在全社会投资高增长的带动下，白酒行业的投资水平逐步追赶上来，只是投资要滞后一段时间。表 2 中，2005 年开始白酒行业的总资产逐年增长，在 2010—2012 年则分别达到了 24.10%、36.99%、26.66%。

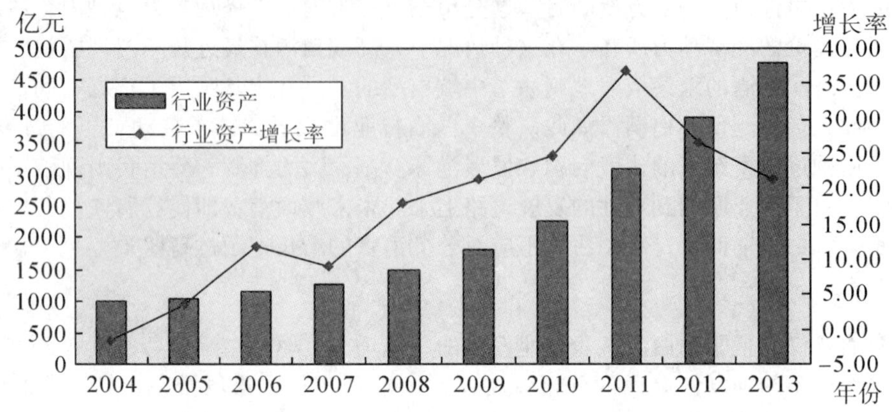

图 4　白酒行业总资产及增长率

高速增长的投资带来了产量的高速增长。2009 年、2010 年，白酒产量增长率分别达到了 24.25%、26.03%，并在 2011 年提前 4 年完成“十二五”产量规划目标。产量的高增长在市场需求旺盛的情况下，肯定会实现让酒企满意的收益。

下面采用折线图和相关性分析来验证我们的逻辑分析是否正确。

表 3　2004—2012 年白酒行业每年资产、产量、收入增长率

年份	资产增长率	产量增长率	收入增长率
2004	-1.55	-5.74	12.41
2005	3.47	11.86	17.94
2006	11.69	13.75	34.30
2007	8.88	24.43	29.76
2008	17.91	15.18	29.52
2009	21.39	24.25	31.62
2010	24.75	26.03	30.31
2011	36.99	15.15	33.87
2012	26.66	12.38	19.19
2013	21.40	6.35	12.36

数据来源：通过表 2 计算得到。

其折线图如下：

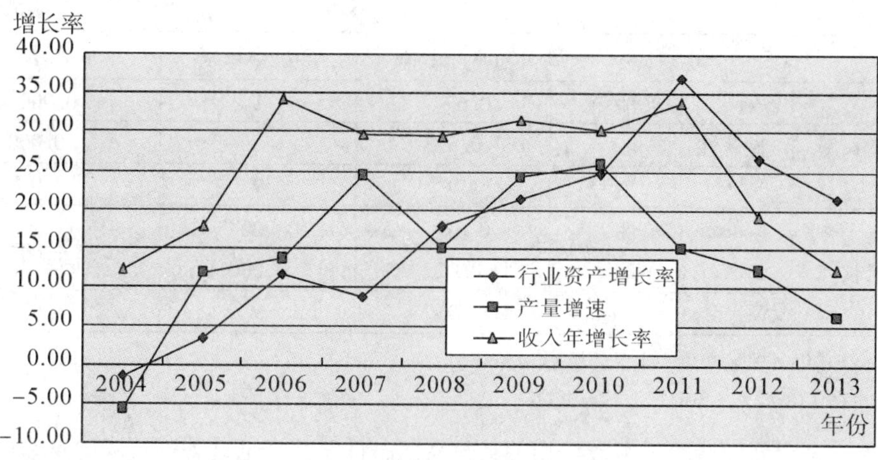

图 5　白酒行业资产、产量、收入增长率

从折线图观察得出，三组数据的形态趋势基本一致，并且资产增长率的变动趋势非常明显。如此，可以初步推断，三组数据应该具有较好的相关性。

根据 SPSS 相关性分析，其计算结果如下：

表 4　　**相关性**

		资产增长率	产量增长率	收入增长率
资产增长率	Pearson 相关性	1	0.426	0.419
	显著性（单侧）		0.110	0.114
	N	10	10	10
产量增长率	Pearson 相关性	0.426	1	0.756**
	显著性（单侧）	0.110		0.006
	N	10	10	10
收入增长率	Pearson 相关性	0.419	0.756**	1
	显著性（单侧）	0.114	0.006	
	N	10	10	10

** 表示在 0.01 水平（单侧）上显著相关。

Pearson 相关性分析的结果表明，销售收入年增长率与产量增长率的相关系数为 0.756，且通过了显著性检验，属于强相关；销售收入年增长率与行业资产年增长率的相关系数为 0.426，属于中等相关，但显著性不强。原因主要在于 2006—2007 年，两者的波动方向不一致。因此，我们对三组数据进行平滑处理，新计算的相关系数如下：

表 5　　**相关性**

		资产增长率	产量增长率	收入增长率
资产增长率	Pearson 相关性	1	0.677*	0.678*
	显著性（单侧）		0.023	0.022
	N	9	9	9

表5(续)

		资产增长率	产量增长率	收入增长率
产量增长率	Pearson 相关性	0.677*	1	0.900**
	显著性（单侧）	0.023		0.000
	N	9	9	9
收入增长率	Pearson 相关性	0.678*	0.900**	1
	显著性（单侧）	0.022	0.000	
	N	9	9	9

* 表示在 0.05 水平（单侧）上显著相关。

** 表示在 0.01 水平（单侧）上显著相关。

显然，平滑处理后的三组数据相关系数高，而且完全满足显著性检验。这表明，白酒行业产量和收入的高增长与行业投资扩张高度相关，投资扩张是推动白酒行业高增长的驱动力量。

高速增长的产能“满足”了酒企通过数量扩张和高价格实现高收益、高利润的愿望。意料之中，但又是意料之外的现象出现了：

①政商消费旺盛→高端酒需求大→高端酒涨价→酒企扩张产能、更多酒企进入高端市场；②高端酒繁荣→刺激中端酒→中端酒提价→中端酒市场繁荣→酒企扩张产能、更多酒企进入中端市场；③中端酒繁荣→刺激低端酒→低端酒提价→低端酒市场繁荣→酒企扩张产能。

从需求——价格——产能扩张的活动链条看，如果需求可以随产能扩张而增长，则酒企会赚得盆满钵满的。就是说，如果这个循环能够维持：需求→价格→产能扩张→需求→……，那么，高端酒市场的繁荣局面就会持续，企业的收益和利润可以不断地增长。进而，高端酒市场的繁荣还会传递给中端和低端市场。如此，整个行业都会走上“繁荣”之路。

然而，要维持需求→价格→产能扩张→需求→……的可持续发展，必须具备以下条件：

其一，政商消费需求不能萎缩。如果产能继续扩张，政商消费需求还要不断增长。这个条件在市场化和法治化的政治体制改革背景下不可能继续。本届政府的执政理念已经鲜明地表明了这一点。

其二，普通大众的收入水平和消费偏好能够支撑酒企开拓中低端市场的容量。这一点也很难实现。一是由于高端酒提价的示范效应，中端酒和低端酒也采取了价格跟随策略，中低端酒的价格上涨幅度远高于居民收入水平增长速度。根据统计数据，2005—2012 年，城镇居民的可支配收入增长了 1.34 倍。但是白酒价格涨幅远远高于居民收入增幅。2005 年，53°飞天茅台出厂价为 258 元，2012 年 9 月达到了 819 元，为 2005 年的 3.2 倍，并且零售价格上涨幅度更大（5 倍以上）。价格高涨把越来越多的普通消费者拒之于白酒消费大门之外。调查表明，白酒消费者中低收入人群（个人月收入 3 000 元以下）的比例在下降，中高收入者（个人月收入 3 000 元以上）的比例在上升。

其三，是年轻一代的消费观念有很大变化，大多数白酒产品的烈性口味并不符合年轻一代自由、个性、健康等消费偏好。或者说，白酒抓住了政商消费但丢掉了数量最多的潜在消费者。

总的看来，白酒业的表面繁荣掩盖了该行业发展过程中的一些致命的缺陷：

第一，政务消费推动了高端白酒的繁荣，也使得高端白酒走上了奢侈化的不归路。这是因为，奢侈化不仅脱离甚至排斥了大众消费者，最后也会逼走政商消费者。毕竟，脱离开大众消费的生产缺乏一个坚实的基础。国家限制三公消费只是及时刺破了白酒产业的泡沫。所以，需求环节迟早会断裂，白酒业繁荣下的泡沫也会破灭。

第二，供不应求、价格高涨的市场格局掩盖了行业的产品质量和服务问题。白酒市场的繁荣遮住了行业内产品质量不过关、市场混乱等一系列问题，产业盈利模式粗放。据报道，白酒产品的成本构成中，原料成本仅占 5.2%，生产加工成本占 6.3%，渠道成本占 39.4%、利润占 49.1%。白酒的生产成本极低，在高价格的刺激下，产品销售利润丰厚，酒企没有从事技术研发、改善产品质量的激励。酒企依靠价格和产量这两部发动机就能够推动企业收入和利润的高速增长。因此，酒精勾兑、添加剂等质量问题时有发生。

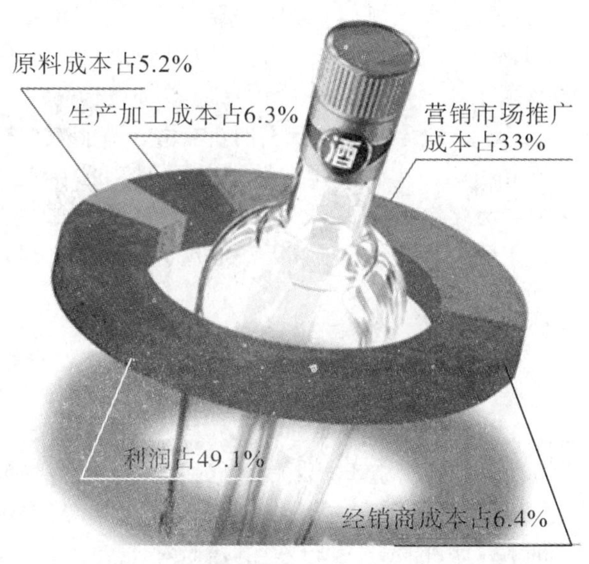

图 6

第三，市场表面的繁荣掩盖了流通环节的缺陷。白酒行业在近几年的发展中，由于一味地通过提价和扩大产量就能够推动企业和行业的增长，因此，在生产活动的四个环节中，关注的是需求（消费）和生产，流通环节被忽视了。实际上，流通环节包括批发、零售、仓储物流等环节，它连接生产和消费两个环节，是把产品转化为货币收入、实现增值的过程，对生产者而言极其重要。渠道成本就属于流通环节发生的成本。但白酒行业的流通环节显然出了问题。上面的数据表明，白酒行业的渠道成本占 39.4%，接近四成。从渠道成本看，白酒行业的渠道模式是低效率的。

第四，市场表面的繁荣还掩盖了分配机制的失衡。从纵向看，上下游产业链利益分配机制失衡：原材料提供者、劳动者方面的成本支出占比偏低，这些要素所有者在利益分配中缺乏应有的话语权。相反，渠道成本高达四成、利润接近一半，表明生产商和经销商瓜分了绝大部分的利润。从横向看，白酒业的繁荣主要表现在中高端白酒市场。根据现有数据，中高端白酒的产量不高，占行业的比重低。根据欧洲观察数据，2010 年，高档酒和中档酒比重分别为 5.3%和 52.6%。但由于成本低价格高，收入和利润比重超过八成。

第五，政府在产业中起多重作用。一是政务消费的买单者。由于官员监管和考核制度不完善，吃喝风在所难免。二是企业决策的参与者。我国规模以上白酒企业大多是国有企业，由于政企分开改革还未完成，政府会通过人事任免等方式干预企业运行。三是投资扩张的推动者。白酒行业是利税大户，地方政府具有增加白酒行业投资、扩产增量的内在冲动。我们经常会发现，投资冲动和产能扩张背后有政府的影子，白酒产业往往是白酒集中地域五年规划的重点规划内容。

2.4 我国白酒产业现行发展方式评价

要实现白酒产业发展方式转变，首先需要认清我国白酒产业当前的发展状态，量化我国白酒产业发展方式转变目标，明确指明我国白酒产业发展方向以及期望达到的程度，并据此用刻度方式描述我国当前白酒产业发展方式与转变目标之间存在的差距以及差距的原因。

本课题参照我国《工业转型升级规划（2011—2015年）》和《中国酿酒产业“十二五”发展规划》，借鉴2010中国经济年会发布的《中国转变经济发展方式评价指数》和白羽（2011）提出的“我国工业发展方式评价指标体系”进行简要评价，选择的一级指标为要素投入效率、产业组织结构合理度、自主创新能力、节能减排指标。

鉴于统计数据获取非常困难，我们选择的数据主要是最近十年内的数据。数据来源是：国家统计局（包括中国历年统计年鉴）、《2010—2011中国酿酒工业年鉴》、中国知网、各大主流媒体报道。并且，如果统计指标无法通过上述来源得到时，我们将采用替代性指标进行分析。

2.4.1 要素投入效率

要素投入效率是衡量经济增长程度的重要指标。从我国白酒制造业增长的十年来看，其增长方式是量的扩张，而并非质的提高。

由于白酒行业资本投入量和人力资本投入量数据缺乏，我们选择的数据主要是总资产（代表资本积累或投资水平）、人均资产，产出则用销售收入、销售成本、利润等指标替代。分析方法是行业时间序列评价、与饮料行业的横向对比。

表5为我国白酒制造行业人均经济指标，涉及行业资产、销售收入、销售成本、行业总利润四个指标。这四个指标大体能够反映我国白酒制造行业的经济效率。

表5　2007—2012年中国白酒行业人均总资产、销售收入、利润　单位：万元

年份	2007	2008	2009	2010	2011	2012
人均资产	40	46.0	52	57	71	82
人均销售收入	35	43	53	61	85	93
人均销售成本	22	28	35	42	56	58
人均利润	4.4	5.7	6.7	8.0	13.0	17.1

数据来源：经国家统计局数据整理。

各指标的折线图如下：

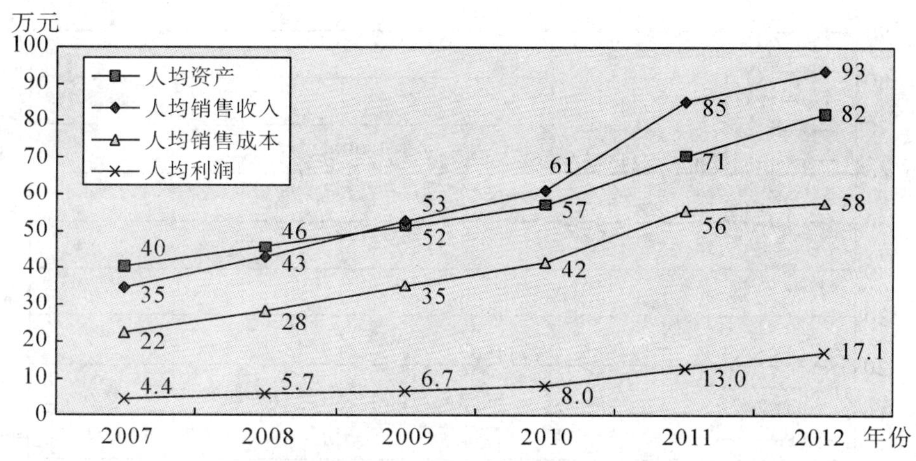

图 7 白酒制造行业人均总资产、销售收入、销售成本与利润

根据上述四个指标，可以计算上述指标在此期间的增长状况。

表 6　　2007—2012 年白酒行业人均总资产、利润等增长情况（万元）

项目	人均资产	人均销售收入	人均销售成本	人均利润
2007 年	40	35	22	4.4
2012 年	82	93	58	17.1
2012 年指标/2007 年指标	2.0	2.7	2.6	3.9
2007—2012 年均增长率%	12.6	18.0	17.2	25.7

数据来源：经国家统计局数据整理。

统计数据表明，从 2007—2012 年，白酒制造人均资产增长了一倍，说明该期间投资水平增长较快。人均销售收入和人均利润分别增长了 1.7 倍和 2.9 倍，远高于人均资产的增长，表明要素投入取得了较好的回报。另外，人均销售成本也增长了 1.6 倍，基本上与收入增长保持相同的增长速度，表明此阶段的成本、尤其是销售环节的成本增长快，成本控制不理想。

为了更准确判断白酒制造行业的要素投入效率，我们把白酒行业与整个饮料行业进行横向对比。指标主要选取人均资产、人均利润。

表 7　　2007—2012 年中国饮料行业与白酒行业人均资产、人均利润比较　　单位：万元

年份	2007	2008	2009	2010	2011	2012
饮料行业人均资产	48.5	52.6	55.4	60.4	69.0	75.5
饮料行业人均利润	4.4	4.9	6.1	7.6	9.6	10.8
白酒行业人均资产	40	46.0	52	57	71	82
白酒行业人均利润	4.4	5.7	6.7	8.0	13.0	17.1

数据来源：经国家统计局数据整理。

各指标的折线图如下：

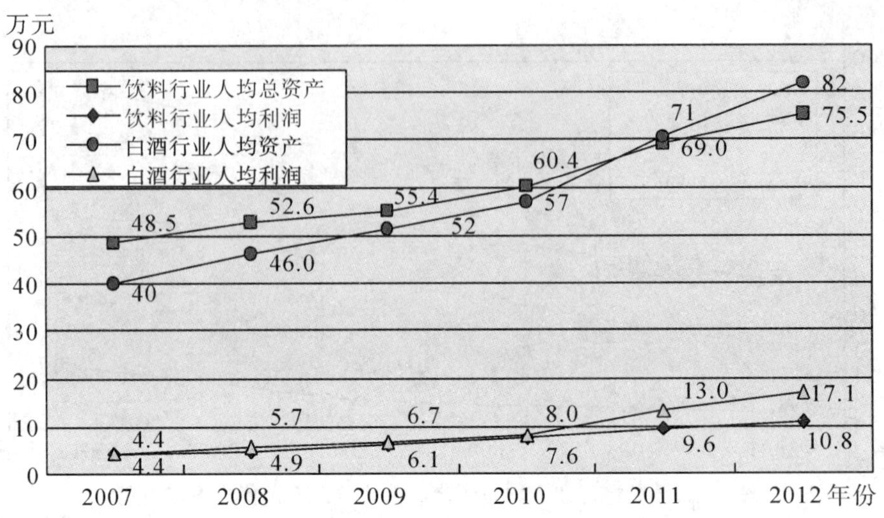

图 8　饮料行业与白酒行业人均资产、人均利润比较

从数据和图表可以看出，与饮料行业相比，白酒行业的总资产以更快的速度增长。与此相对应，白酒行业的利润也增长的更快。

表 8　白酒行业与饮料行业资产、利润比较

年份	2007	2008	2009	2010	2011	2012
资产比率	83.0	87.4	93.1	94.4	102.1	108.7
利润比率	98.7	115.0	109.2	105.4	135.4	158.3

数据来源：经国家统计局数据整理。

其中，资产比率=白酒行业人均资产/饮料行业人均资产；利润比率=白酒行业人均利润/饮料行业人均利润。

从折线图看，2007—2010 年之前，白酒行业的人均资产低于饮料行业的平均值，表明此期间白酒行业的投资水平（资本积累）低于整个饮料行业平均水平。从趋势看，2007 年以来，白酒行业的人均资产相对于饮料行业一直在上升，说明白酒行业的投资增速要高于整个饮料行业的增长幅度，并且在 2011 年后超过了饮料行业的人均资本水平。

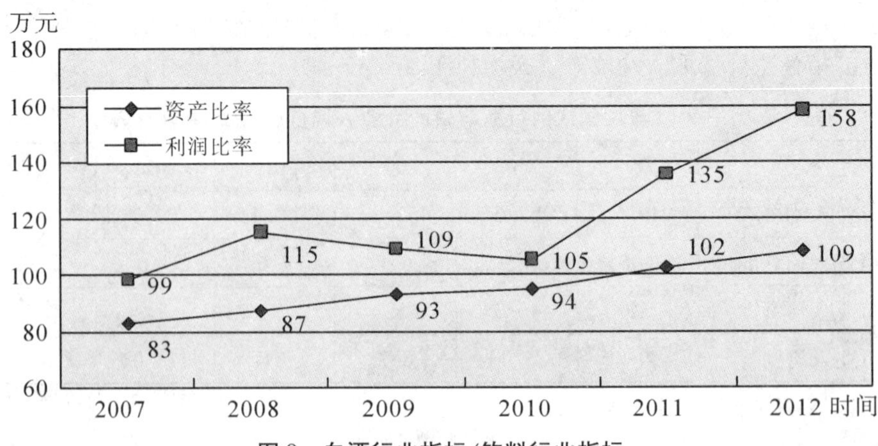

图 9　白酒行业指标/饮料行业指标

白酒行业资本积累（投资）的快速增长，促使白酒行业的利润水平保持较高速度增长。另外，2010 年以来，白酒行业的利润水平增长幅度要远远高于饮料行业的增长，其主要原因在于此期间白酒（尤其是高端白酒）大幅提价带来的额外增长。

综上所述，从投入要素看，白酒行业近年来收入和利润的增长快于投资增长，同时也快于整个饮料行业的增长，表明要素投入在行业内外都具有较好的经济效益。另一方面，我们也发现，伴随着收入和利润高增长的是销售成本的高增长，说明在行业高增长的过程中，成本控制能力和管理效率不够理想。更重要的是，白酒行业收入和利润的高增长是在产品价格大幅提高的情况下才实现的。例如，从 2007 年到 2012 年，53°飞天茅台的零售价上涨了 3 倍多，其他白酒如五粮液等价格同样大幅度上涨。一旦产品价格大幅下降，企业和行业就会面临巨大的市场压力。这说明，当前的增长模式仍然属于数量扩张引起的高增长。

2.4.2 产品与需求结构合理度

该指标主要考察，企业提供的产品是否符合需求发展趋势和需求结构。需求结构及其发展趋势能够对产业发展起引导、拉动作用。企业提供的产品要能够不断地满足消费者的需求水平和需求偏好。

从收入水平看，2009 年中国被世界银行列入“中等收入国家”。“中等收入国家”的界定标准是人均国民总收入（GNI）水平。按照世界银行提出的世界收入分组标准，2012 年，中上收入（upper middle income）水平为人均国民总收入达到 4 086～12 615 美元。中国 2012 年年末人均国内生产总值（GDP）为 38 420 元（国内生产总值与国民总收入核算范围有差异，但数值相差不大），以 2012 年年末的汇率计算，超过了 6 000 美元，在收入水平上初步进入了中等收入国家水平。按照经济学家的观点，这个阶段属于消费需求升级和改善阶段。

此外，除了收入绝对水平提高之外，引起消费需求升级的另一个因素是收入结构的变化，即由“金字塔形”向“纺锤形”或“橄榄形”收入分配结构转变。“纺锤形”收入分配结构被经济学家所推崇，表现为低收入和高收入相对较少，中等收入占绝大多数，是最理想的收入分配结构。其特点是由数量众多的稳定的中产阶级构成社会主体，相对高收入和低收入人群构成纺锤的两个尖端。目前我国正努力采取措施，促使收入结构由近似“金字塔”结构向“橄榄形”收入分配结构转变，避免“中等收入陷阱”。

收入结构的转型将会引起消费结构的调整。根据统计数据，从白酒消费者的收入状况来看，高收入者和低收入者对白酒消费的比重在下降，中等收入者对白酒消费的比重稳步上升。

表 9　　2002—2012 年城镇居民按人均计算平均每年的白酒购买量　　单位：斤

困难户*（5%）	最低收入户（10%）	较低收入户（10%）	中等偏下户（20%）	中等收入户（20%）	中等偏上户（20%）	较高收入户（10%）	最高收入户（10%）
1.78	1.97	2.18	2.35	2.36	2.31	2.13	1.87

数据来源：经国家统计局数据整理。

注：困难户属于最低收入户统计组。

数据表明，2002—2012 年城镇居民家庭人均白酒购买量以年度平均值计算，按照收入结构呈现出明显的正态分布，两头（高收入者和低收入者）购买量较低，中间收入层白酒购买量高。

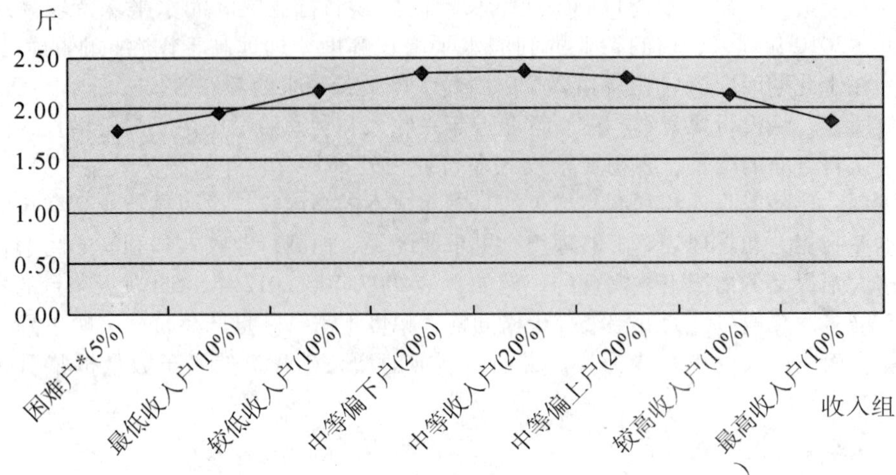

图 10　2002—2012 年城镇居民人均白酒年均购买量（斤）

然而，从近年我国白酒产业发展情况看，其产品结构基本上为“金字塔”结构，表现为高端产品高高在上，价格高、产量少；中端产品价格偏高、产量较高；最下端的是低端产品，数量最多、价格最低。由于缺乏具体数据，我们引用官方发言中的数据。在中国酒业协会 2012 年 8 月主办的“中国白酒与社会经济发展论坛——中国白酒非物质文化遗产及中华老字号企业会议”上，中国轻工业联合会会长步正发指出，我国高端白酒产能只占全国白酒总产量的 1%。中国酒业协会理事长王延才透露，我国白酒大型企业虽然数量仅占行业 1.49%（高端产品一般由大型企业生产），但拥有行业 62.39% 的资产以及 45.24%的销售收入和 71.86%的利润总额。

官方透露的数据佐证了业内关于白酒产品结构大致呈“金字塔”结构形状的看法。贵州茅台董事长袁仁国（2008）认为，高中低档白酒的产量和利润分别呈“金字塔”和“倒金字塔”型。这样，“金字塔”型产品结构向具有橄榄形收入结构的消费市场提供产品，最终必然会引发供给结构与需求结构的冲突。

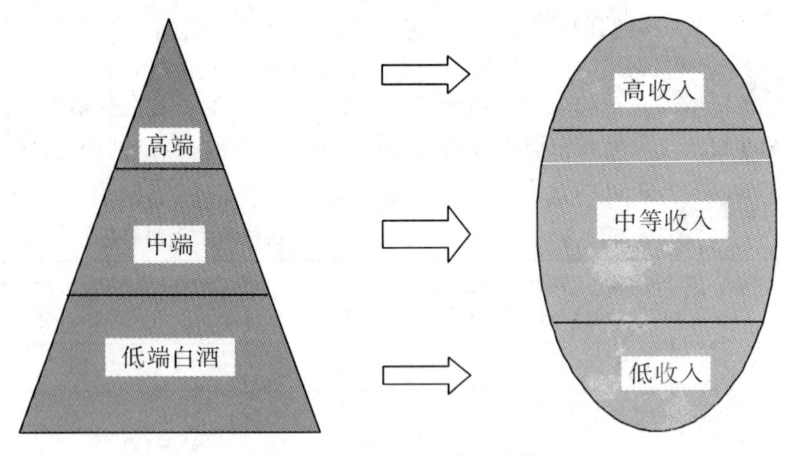

图 11　产品结构与收入结构

2.4.3　产业组织结构合理度

主要考察行业中企业规模结构，是否符合有效竞争的要求。

2007 年，我国白酒制造行业规模以上企业 1 117 家，到 2012 年规模以上企业为 1 290 家，增长 15.5%。增长速度偏低的主要原因在于，2011 年国家统计制度改革，规模以上企业标准由年销售收入 500 万元提高至 2 000 万元，白酒行业规模以上企业数量由 2010 年的 1 607 家缩减至 1 233 家。

表 10　　2007—2012 年中国白酒制造行业规模以上企业数量　　单位：家

年份	2007	2008	2009	2010	2011	2012
企业数目	1 117	1 228	1 435	1 607	1 233	1 290

数据来源：国家统计局。

回顾前几年的统计数据，我们可以发现，白酒行业的集中度在提高，企业的平均规模不断增大。2005 年，全国共有白酒企业 3.7 万家，全国规模以上白酒企业 940 家，小企业比重和规模以上企业的比重分别为 97.46% 和 2.54%。经过市场竞争和优胜劣汰，行业集中度有了较大提高。到 2012 年我国白酒行业有 1.1 万多家企业。其中，获得了“白酒生产许可证”的有 8 824 家，约占 80%。规模以上企业为 1 290 家，不到 12%。规模以下的企业数量约占 88%，大多数具有“白酒生产许可证”的企业销售收入不到 2 000 万元（即未达到规模以上企业标准）。按销售收入计算，最大的 8 家白酒企业的市场份额约为 27%；但是就产量而言，规模最大的 8 家企业市场份额还不到 10%。行业整体上属于竞争型行业。

2013 年主要白酒企业按产量计算的市场份额图：

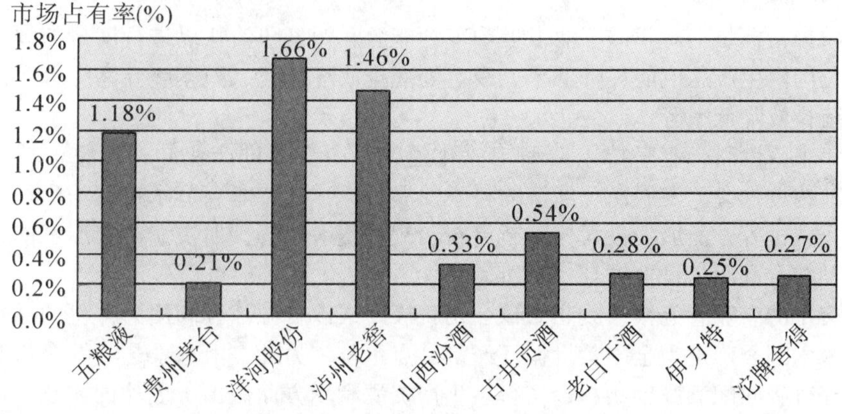

图 12　2013 年主要上市白酒企业按产量计算的市场份额

数据来源：按各上市酒企 2013 年年度年报计算所得。

相对于成熟市场经济体，我国白酒行业的市场集中度偏低、企业规模小，难以满足规模经济和有效竞争的要求。同时，小企业平均生产成本高于大中型企业，因此，小企业数量过多不但导致行业平均成本上升，而且容易产生恶性竞争，给行业健康发展带来严重隐患。

2.4.4　科技创新情况

科技创新指标是对我国工业经济自主创新能力的测度与评价，通常从自主科技创新的投入与产出两个方面进行测评。选取指标包括研究与试验发展（R&D）经费占国内生产总值比例、规模以上工业企业研究与试验发展（R&D）经费占主营业务收入比重、专利申请量、专利授权量、科技论文数和技术市场成交额等。

鉴于数据缺乏，这里主要通过定性分析。

近年来，我国加快了白酒工业技术研发和科技创新工作。从2007年开始，先后组织了“中国白酒169”“中国白酒158”计划等一系列技术攻关措施。其中“中国白酒169”项目的科研成果已经进入生产应用推广阶段；“中国白酒158计划”开展了包括制曲机械化研究、发酵工艺机械化研究、蒸馏工艺机械化研究、调酒计算机集成制造技术研究和灌装、包装、成品库、智能管理的研究等，其研究成果将在全国60%规模以上白酒企业推广实施，力争降低劳动强度60%以上、节煤35%、节水45%，提高优质品率15%以上。

另外，在国家推动和企业自身发展需要的压力下，大型白酒生产企业依靠自身经济实力和科研基础，深入开展科学技术研究，对自身产品酿造技术、微生物技术、勾兑技术、分析技术、风格特点、健康因子、质量控制等领域进行了全面系统的研究，形成了自己的理论体系、技术规范、质量标准，提高了产品的质量信誉，在行业里和消费者心目中树立了良好质量形象，在市场竞争中处于有利地位，同时推动了全行业产品质量的提高。截至2009年年底，酿酒行业拥有国家级企业技术中心11个，五年来增加近50%。这些国家级企业技术中心为促进行业技术创新体系建设、提高企业核心竞争力发挥了重要作用。同时，通过科研交流和科技成果转化，也带动了全行业的技术进步和创新。

当然，由于白酒行业属于限制性产业，不论是国家还是企业，在科研投入和科技创新方面积极性不高、驱动力不强，以至于科研经费投入不足、资源支撑不断减弱、企业的生产设备老化、落后。今后，需要从体制和机制上突破科研投入不足和科技创新滞后的束缚，从经济上加大研发开支支出，推动行业科技创新，以科技创新驱动行业科学发展。

2.4.5 可持续发展与节能减排

节能减排指标是指对我国工业发展中节约能源和污染防治状况进行度量与评价，其指标包括单位国内生产总值能耗降低率、废水处理排放降低率、固体废弃物综合利用率、全国二氧化硫排放降低率等。

近5年来，白酒行业坚持走新型工业化道路，围绕促进产业结构调整、转变增长方式、建设节约型社会、发展循环经济的科学发展目标，在节能、节水、清洁生产、质量安全、利废、减排等方面加大投入，不断更新和改善技术装备，加快淘汰落后产能，形成了以科技带动综合利用的良性循环运行机制。

比较突出的企业有五粮液集团。该公司积极发展以资源综合利用为特色的循环经济模式，被国家六部委确定为全国首批循环经济试点单位。另外，山东景芝酒业股份有限公司近年来在充分吸收酿酒废弃物料，实行再生产资源利用方面做出了成功的实践。他们利用酒糟生产高蛋白饲料、用窖泥生产有机肥等，并广泛用于发展农村养猪、养鸭和种植蔬菜等富农产业。

总的来说，白酒制造业要消耗较多的粮食、有机物和其他资源，也会造成一定的污染，因而行业的生态经济和循环经济模式具有很大的挖掘潜力，也具有深入进行学术研究的价值。

3 转变白酒产业发展方式的紧迫性及面临的挑战

3.1 转变白酒产业发展方式的紧迫性

国家经济转型大背景、来自国内和国际的激烈竞争，以及市场需求结构的变化等因素促使白酒产业加快转变发展方式。

3.1.1 国家经济转型升级大背景的必然要求

加快转变经济发展方式是我国实现可持续发展的重大战略任务。党的十八大报告提出，要“加快形成新的经济发展方式，把推动发展的立足点转到提高质量和效益上来，着力激发各类市场主体发展新活力，着力增强创新驱动发展新动力，着力构建现代产业发展新体系，更多依靠科技进步”等方面来。

工业发展方式转变既是经济发展方式转变的重要内容，也是保持工业又好又快发展的必然要求。因此，加快工业转型升级是中国优化产业结构和转变经济发展方式的重中之重。

当前是加快推进工业发展方式转变的关键时期。一方面，工业发展将面临资源环境约束趋紧、生产要素成本压力加大、产能过剩问题突出、国内外市场竞争更趋激烈等挑战；另一方面，城市化进程加快、扩大内需战略的实施、大力发展循环经济以及工业化和信息化的融合发展等，又为工业发展提供了更广阔的空间，创造出全新的发展理念。

在整个工业体系中，白酒行业尽管市场化程度较高，但整个产业的技术创新、治理机制、经营模式等主要构成要素却相对滞后，行业近年的高增长主要依靠数量扩张，是典型的粗放式发展模式。国家工业发展方式转型升级既为白酒行业带来了潜在的压力，也为其提供了加快发展的契机。

3.1.2 粗放式发展模式难以为继

改革开放以来，我国创造了连续 34 年经济平均增速达到 9.8%以上的经济奇迹，并在 2010 年跃居世界第二大经济体。但是，在经济发展的同时，由于增长方式、管理方式、体制机制等方面的原因，我们的环境污染、生态破坏问题集中表现出来。与发达国家相比，我国每单位国内生产总值的废水排放量要高出 4 倍，单位工业产值产生的固体废弃物要高出 10 倍以上，并且资源利用效率低，资源、能源消耗量大。这种高投入、高消耗、高排放、低效率的粗放型扩张的经济增长方式已难以为继。粗放型增长模式还导致投资需求膨胀、建设规模过大、价格水平上涨、结构失衡等一系列问题。为此，转变发展方式是唯一可行的出路。

我国白酒行业的发展模式同样属于粗放式增长模式，行业进入门槛低、企业平均规模小，难以获得规模经济状态下平均成本下降的好处。在政务消费的带动下，企业通过投资扩张和增产增量就能实现高增长，竞争方式简单而且落后，虽然收益高但行业资源利用率低、市场竞争力低、抗风险能力低。另一方面，目前的市场供求环境已经逆转：从需求看，理性的私人消费者不会为低质高价的产品买单，同时，政府的执政理念和体制改革进展也断绝了政务消费回归的可能；从供给看，粗放模式面临资源、环境压力，并且重复投资、低效投资严重，产能过剩突出，行业内部竞争激烈。因此，市场供求条件的变化，决定了原有粗放式发展模式走到了尽头。

3.1.3 产能过剩加剧了行业竞争

白酒业产能过剩严重。2011 年，行业产量达到 1 025.6 万千升，提前四年完成了行业“十二五”规划的产量水平。更严重的是，主要白酒企业和白酒产区在“十一五”末或“十二五”初制定了各种产能大扩张规划，按照正常的进度，这些规划产能将在“十二五”末陆续转化为现实的产能，因此，2014 年、2015 年将是新建产能集中释放的时期。

我国白酒产能过剩的源头有三：

（1）行业内部酒企产能大扩张引起产能过剩。扩张的原因，有些是本身产能受限制，有些是错误判断市场趋势盲目扩张。不管是什么原因，从“十二五”初始，无论是一线名酒企业还是二三线区域品牌酒企，绝大多数酒企都争先恐后地出台了跨越式的产能扩张规划。例如，茅台和五粮液均早已制定了集团销售收入突破1 000亿元的目标。贵州茅台计划2015年茅台酒基酒产量4.5万吨，3年内累计增加36%。五粮液打算2013年扩产10万吨；2013年8月五粮液又宣布投资2.55亿元在河北建立白酒生产基地。二线品牌泸州老窖与山西汾酒，超过10万吨的项目都将在2015年计划完工；三线企业金种子酒也谋划在“十二五”期间完成4.5万吨的原酒项目。作为“四大名酒”之一的西凤酒明确提出要“打造百亿西凤”，为此在2012年启动了投资10亿元的扩建技改工程，力争2015年股份公司销售收入达到80亿元、集团收入达到100亿元。稻花香集团“十二五”末白酒产业规划将实现营业收入175亿元，是2013年的3倍有余。此外，像水井坊、剑南春、今世缘等多家知名酒企和上市公司均制定了各自的产能扩张计划。这些激进的产能扩张计划大大超出了现有的销量水平，直接推动了行业产能过剩的形成。

（2）国际资本和国内产业资本进入白酒行业引起行业产能扩张。近几年，境内外产业和金融资本，如高盛、中信、平安、联想、中粮、九鼎、维维等国内外企业纷纷进入酿酒行业，进一步推动白酒产能的过快增长。如联想控股旗下的丰联集团并购武陵酒业、河北乾隆醉、曲阜孔府家等酒企；维维股份并购贵州醇酒厂；再如帝亚吉欧2006年年底成为水井坊第二大股东，到2013年彻底控股水井坊。值得注意的是，自白酒行业本轮调整以来，业外资本介入白酒业的积极性并没有消退。如2013年9月28日，天津荣程联合钢铁集团在泸州市投资120亿元建立10万千升白酒生产基地；2013年11月，娃哈哈正式宣布与贵州茅台镇金酱酒业有限公司合作；2013年12月14日，大元股份对外宣布，拟收购浏阳河酒业100%股权等。总之，业外资本的持续进入是助推酒企强势扩张的重要动力之一。

（3）白酒集中区域地方政府对产能过剩起了推动。我们在“2.3我国白酒产业现有发展方式形成机理”部分，通过分析认为，投资扩张是驱动我国白酒产业高速增长的两个驱动力之一。事实上，白酒业的投资扩张背后总有地方政府的影子。在主要以国内生产总值指标为政绩考核重要标准的体制下，地方政府具有投资扩张的内在冲动。毕竟，投资扩张能够提高就业、增加财政收入、提高国内生产总值指标值，更何况白酒税率高，单位投资的利税贡献大。由于白酒产地政府的投资冲动，也由于在政企没有完全分开的体制下政府可以直接干预企业投资决策，再加上企业自身的扩张冲动，白酒类的各类投资项目纷纷上马。以全国几个白酒主要产区为例，四川省制定的白酒产业“十二五”发展规划提出要打造宜宾、泸州两个白酒千亿产业基地，到2015年年末规模以上白酒企业实现主营业务收入3 000亿元；湖北省政府提出将在宜昌、荆州和襄阳三市做大做强稻花香、枝江、白云边等优势企业，以该三市为中心，打造成鄂西北白酒“金三角”；贵州省仁怀市提出，要争取在2015年确保全市白酒产量（较“十一五”末）翻两番，白酒工业总产值力争达到1 000亿元（相比于2010年的水平超过4倍）。

表11　　部分企业和地区白酒投资项目一览

企业	投资项目	目的	时间
五粮液	收购河北酒企永不分梨酒业股份有限公司	注入基酒	2013年
西凤酒	投资10亿元扩建技改工程，力争2015年集团收入达到100亿元	打造百亿西凤	2012年

表11(续)

企业	投资项目	目的	时间
稻花香	“十二五”末白酒产业规划将实现营业收入 175 亿元，是2013 年的 3 倍多	规模扩张	2013 年
荣程联合钢铁集团	在泸州市投资 120 亿元建立 10 万千升白酒生产基地	跨业经营	2013 年
娃哈哈	贵州政府签订协议，注资 150 亿元，投资酒业 正式宣布与贵州茅台镇金酱酒业有限公司合作	跨业经营	2013 年
大元股份	拟收购浏阳河酒业 100%股权	跨业兼并	2013 年
中国平安	入股宜宾红楼梦酒业，注资 5 亿元	跨业经营	2013 年
帝亚吉欧	并购水井坊	跨国经营	2013 年
四川省	打造宜宾、泸州两个白酒千亿产业基地，2015 年年末规模以上白酒企业实现主营业务收入 3 000 亿元	国内生产总值	十二五规划
贵州省（仁怀市）	在 2015 年确保全市白酒产量（较“十一五”末）翻两番，白酒工业总产值力争达到 1 000 亿元	国内生产总值	十二五规划
湖北省	打造鄂西北白酒“金三角”（宜昌、荆州和襄阳三市，稻花香、枝江、白云边三个酒企）	国内生产总值	十二五规划

在三大因素的推动下，白酒行业出现了严重的产能过剩，不仅 2011 年就已经提前四年完成了“十二五”的规划产量，而且 2013 年全国白酒产量（规模以上白酒企业）已经超过“十二五”规划产量 27.7%，这表明白酒行业产能过剩、供大于求的状况已经非常突出。

产能过剩严重加剧了白酒行业的竞争。此前，由于政商消费的带动，白酒制造企业只需要开足马力提高产量就能实现收入和利润的高增长。由于有政商消费为支撑，加上控产限量的饥饿式营销策略，大多数时候，酒企不是通过降低价格来增加需求，反而经常提高价格来吸引消费者眼球。然而，政商消费市场的急剧萎缩挤破了白酒产业链上的泡沫。多年的粗放式经营模式使得酒企一时难以适应市场的变化，唯有采用大幅降价的措施应对当前危机。以 52°五粮液经典款和 53°飞天茅台而言，市场现价较 2012 年最高时段下降了一半多。可以预见，未来几年随着行业产能集中释放，供大于求状况将进一步恶化，行业竞争加剧甚至可能出现恶性竞争，行业的洗牌、分化不可避免。

3.1.4　质量问题迫使行业反思现行发展方式

近年来，国内白酒行业先后陷入“酒精勾兑”“塑化剂”“基酒外购”“添加剂”等风波中，暴露出部分白酒企业经营观念和生产质量安全意识方面的隐患，引发了消费者对白酒行业的“诚信”危机，由此对白酒产业发展造成重大冲击。与此同时，质量问题倒逼酒厂不得不投入必要资金进行技术改造，加强生产质量管理。此外，产品质量问题客观上推动了法制建设进程。事实上，每次事故发生，国家会对食品生产及流通的各个环节进行更为严格的把关，从而在客观上促进了食品监管体系的完善。所以，质量问题不仅迫使企业从技术投入和生产管理等方面进行改进，而且在长期中将影响市场结构和市场绩效。据报道，正在修订的新《食品安全法》将强制推行质量可追溯体系。果真如此，其影响将不仅仅是迫使中小型白酒企业提高产品质量，更重要的将会是规范、引导整个白酒行业的生产。

3.1.5 需求回归倒逼行业发展方式转型

白酒行业过去的繁荣与政商消费密不可分。随着2012年塑化剂事件的冲击、国家“三公”经费限制、中央“八项规定”等政策出台，高端白酒业遭遇了前所未有的压力，价格、市场份额和收入均出现大幅下降的趋势，并且将这种压力依次传递给中端和低端白酒，整个白酒行业的发展受到严重冲击。

事实上，依靠政务消费来推动白酒这样一个竞争性产业的发展，这是很奇怪的现象。因此，限制“三公”经费迟早都会发生，从而政务消费市场的萎缩不可逆转，即高端白酒面临的困境不是短期的，而是长期的，酒企更不可能沿用以往的高价格和集团消费模式。因此，名酒向民酒的转变是大趋势，市场向消费本质回归、向大众回归、向多元化消费需求回归也是必然趋势。

名酒向民酒转变过程中，需要注意两个关键问题：①企业需要实现由卖方市场的产品提供者，向买方市场的产品提供者的角色转换。在卖方市场中，企业掌握了产品的定价权，市场竞争主要体现在消费者之间的竞争上，因而生产商只需要关注自己产品的价格和数量就能实现理想的收益。这是近年来白酒行业实施的经营模式，虽然竞争方式简单、粗放，但符合经济学原理，因而取得了成功。相反，在买方市场中，消费者掌握了产品定价的主动权，此时的市场竞争则在生产企业之间展开，价格、技术、成本、服务成为企业获得消费者认同、战胜对手的基本要件。因此，需求回归迫使酒企改变卖方市场下的经营理念和经营战略，更加注重产品质量、更加关注产品成本和价格优势，通过技术、质量、服务等方面建立企业竞争优势，从而从企业层面实现发展方式转型。②需求向大众回归是指要符合“大众”的收入、人口比重及其消费偏好等要求，要符合我国橄榄形社会结构的大趋势。我国已经进入中等收入国家行列，收入结构将会向橄榄形收入结构发展：低收入和高收入相对较少，中等收入占绝大多数。白酒企业在做市场分析、开发产品时要紧紧抓住消费对象的数量和收入特征，以及各收入层次的消费特征，调整、优化产品结构。

3.1.6 消费观念转变引导行业生产走向

随着经济和社会发展，人们的消费理念和消费模式不断更新，健康消费、自助式消费逐步成为一种新的消费趋势。越来越多的消费者开始注重清新、自然、优雅的生活，强调消费品位和氛围。过去那种“香气大，入口冲烈、刺激性强”的香、浓型白酒正逐渐失去主导地位。从“香”向“味”转变，从“浓烈”向“绵柔”转变，更加突出绵柔、低度、健康、环保的理念，这是白酒品质发展的大趋势。例如，洋河的成功在很大程度上就得益于“绵柔型”白酒开发。洋河在2000年抽调多名技术骨干，成立“绵柔型”白酒研发课题组。在经过反复试验后，洋河对酿酒、制曲、陈酿和勾兑工艺技术进行研究和改良，研制出“绵柔型”白酒工艺新技术。2003年，洋河蓝色经典面市，独特的“绵柔”品质很快受到消费者的青睐和认可，并在消费者心中树立起了“绵柔”标杆的领袖形象。

消费观念的另一个重要转变是，从好面子消费到讲究经济实惠，以及自助餐、AA制等消费方式逐渐流行，健康饮酒和勤俭节约已经渐渐成为人们的日常消费习惯。这使得高端白酒对大众消费的影响力大大下降。

消费观念转变促使白酒企业、行业在产品风格、度数、营销等方面不断地创新，加大培育白酒现有的和潜在的消费者的力度，以迎合消费者的需求变化。

3.1.7 实现“走出去”战略、参与国际竞争的必由之路

在国际化竞争的大背景下，民族白酒工业在规模产能不断扩大、消费市场相对饱和以

及其他酒种争夺市场的大背景下，国际化已经成为白酒行业竞争力的新体现和必然选择。“走出去”战略能够实现两个市场、两种资源的合理统筹。从世界范围来看，发达国家强者恒强的奥秘之一，就是因为它们很早就实行了“走出去”战略，最大限度地利用国际国内两个市场和两种资源，在全球范围内配置资源来获取最大利益。

事实上，从 20 世纪 80 年代开始，受惠于中国改革开放政策与国民消费水平提高，众多国外酒水品牌纷纷把触角伸到中国市场。苏格兰威士忌协会（SWA）数据显示，2006 年中国第一次跻身全球十大酒类进口国行列，进口总值一年内增长了 27%，达到 5 820 万英镑。在这个过程中，人头马、尊尼获加、马爹利、轩尼诗、芝华士、皇家礼炮和百龄坛等烈性洋酒品牌成为中国消费者耳熟能详的进口酒品牌。但是，国外酒类企业并不仅仅满足于此，他们希望通过其他的手段进一步开发中国烈性酒市场。通过资本手段来并购竞争性品牌是国外酒水品牌进入新市场并取得优势地位的主要手段之一。国外酒类巨头正是通过“原装进口+并购二线国内品牌”的手段，双管齐下来与国内主流高端品牌展开了正面竞争。2013 年，帝亚吉欧通过控股并购我国新兴高档白酒品牌水井坊便是其中的成功案例。

与发达国家和新兴工业化国家相比，我国实施“走出去”战略起步较晚，已经丧失了一些重要的发展机遇。更需要引起重视的是，当前我国白酒出口举步维艰的基本原因还在于，我国白酒企业的产品技术标准不规范、产品质量不稳定、企业经营机制不灵活、经营模式不能适应市场经济对竞争的要求，以至于在国际竞争中迟迟无法打开局面。因此，只有通过集约型发展，不断增强技术、成本、管理优势，练好内功，才能在激烈的国际市场竞争中生存和发展壮大。

3.2 转变白酒产业发展方式面临的问题和挑战

3.2.1 粗放型增长模式根深蒂固，转变的难度不小

白酒行业现有发展模式是在计划经济时代形成的。随着我国社会主义市场经济体制的推进，白酒行业在体制、机制、发展模式等各方面都发生了巨大变化，行业规模和现代企业制度建设方面都取得了巨大成就。然而，要改变原有体制下形成的发展方式，其难度不小。其原因在于，诸如发展模式容易发生“路径依赖”并处于低效率“锁定”状态。这是诺思等人建立的制度经济学理论的重要观点。

从白酒行业现有发展模式看，行业内部形成了一种比较固定的交易模式和竞争方式，如果要进行改革，人们会变得不适应，或者无法进行预期，从而会提高交易成本。比如，如果提价、增产就能获得高收益，搞技术研发降低成本就不是一个理性的经济人的最优选择。同样的，如果国有白酒企业负责人可能因为企业利税达不到要求而被惩罚，那么他就会通过促进企业投资扩产来增加收益，哪怕将来会出现产能过剩，等等。总之，按照“习惯”办事能够降低交易成本（避免犯错误、被惩罚）；反之，要改变行为习惯和制度环境往往会增加风险，更会遇到阻碍。

总之，在一定的体制环境下，企业内部上至总经理、董事长，下至普通员工，更愿意按照现有行为模式进行工作；行业内部，各企业更愿意遵守现有的交易习惯；在政企关系上，双方按惯例办事收益稳定、风险更低。也就是说，企业和行业都进入了一种“锁定”状态。而打破这种“锁定”状态会打破原有的利益格局，从而会遇到阻碍和困难。

因此，不打破原有的行为模式和体制约束就难以实现发展方式转型。另外，破除粗放式发展模式，客观上还会引起产业动荡，如短期内收入大幅下降、大量失业，尤其是提供

大量就业的中小企业。例如，就业方面，2011年我国白酒产业从业人员约530万人，其中，八成以上分布在中小企业。推进发展方式转型将加速中小型白酒企业调整和分化，短期内会引发大量的失业。

3.2.2 企业治理机制不完善，难以及时应对市场变化

完整的公司治理由内部治理和外部治理两部分构成。内部治理即通常所说的治理结构，由股东大会、董事会、经理层三大机构之间的权力、责任及制衡关系组成。外部治理主要来自市场以及制度环境因素的影响，例如资本市场、经理人市场、法律、社会舆论以及社会文化等。

目前，国有白酒企业按照“产权明晰、权责明确、政企分开、管理科学”的要求，基本完成了现代企业制度改制。然而，企业的治理结构存在缺陷，主要表现在“一股独大”特征明显。股权高度集中导致股东大会、董事会、监事会“三会合一”现象，形成所有权、经营权和监督权的高度统一。这样的内部治理结构，缺乏必要的权力制衡和监督，难以进行科学有效的战略决策。

同时，由于体制改革滞后等原因，企业外部治理机制亦不完善，经理人市场治理机制有名无实。目前，规模以上白酒企业主要是国有企业，其主要负责人乃至董事会成员和经理层大多通过行政方式（如国资委直接任命）产生，委托—代理问题突出，管理层更多的是迎合上级偏好而不是接受市场考验，因而很难针对市场变化及时作出有效反映。因此，治理机制的主要问题，首先在于外部治理机制的缺陷，即政企界限模糊，政府任命企业负责人，并通过人事任免影响企业决策。其次是企业内部治理机制行政化的缺陷，即国有股一股独大，内部人控制、决策不够科学、效率低下的现象时有发生，经营机制不符合市场竞争的需要，经营业绩还不能让出资人或股东们非常满意。这些问题必须下大力气加以改进，并取得新的突破。

3.2.3 经营模式不能适应市场化发展的要求

经营模式是企业能力转化为企业竞争力，并形成企业竞争优势的关键环节。大约在20世纪70年代中期，经营模式作为专业术语在管理类文献中首次出现。但是直到20世纪90年代中期之后，企业经营模式才逐渐引起理论界的关注。作为新出现在学术界的专业名词，其定义和内涵尚存在诸多分歧。其中，哈默尔（Gray Hamel）提出的经营模式比较完善和成熟。哈默尔认为经营模式包括四个主要组成部分：客户界面、核心战略、战略资源和价值网络。而这四个部分两两之间又都形成一个连接，分别是客户利益——实际提供给顾客的特定利益组合；配置——企业以独特方法结合能力、资产与流程来支持特定策略；公司边界——代表公司哪些事自己做、哪些业务外包。

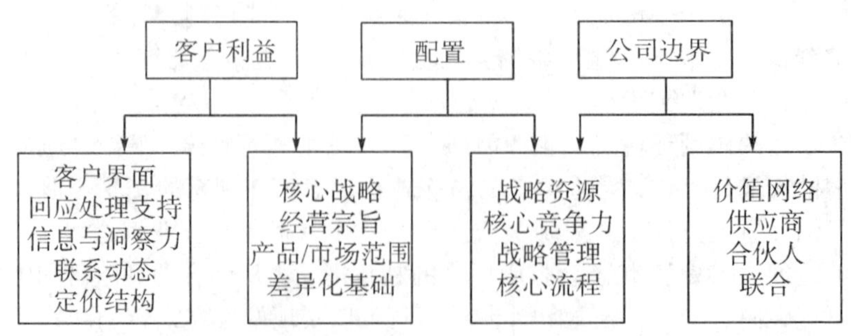

图13 简化的白酒企业经营模式的要素组合

哈默尔的定义涵盖创业领域、组织结构以及价值链、运营管理、市场细分和可持续竞争优势等内容。另有学者从顾客价值、市场范围、定价策略、收益来源、活动关联、执行力构建和资源能力提升等维度研究经营模式的架构组成。无论如何，企业经营模式包含了促进企业可持续发展的基本要素，如战略、资源、运营、利益相关者（客户、供应商、合伙人等），同时强调各要素地位和功能的因果逻辑次序。

在实际的运营中，企业的经营模式虽然包含了多种要素，但企业关注的重点不同、要素组合方式可能存在差异，从而表现出不同的运作模式，进而引起截然不同的绩效。国内的研究者大多是从企业经营模式的几个构成要素进行划分。①按照产业链流程划分，涉及设计活动、营销活动、生产活动、其他辅助活动，具体企业在经营中可能会从事其中的一个环节或多个环节，这是一种纵向经营模式。常见的有：生产代工型（纺锤型）经营模式；设计+销售型（哑铃型）经营模式；生产+销售型经营模式；设计+生产+销售型经营模式；信息服务型共五种。②按企业所拥有的战略资源或客户关系，可以分为：基于产品竞争的经营模式；基于资源优势的经营模式；基于市场机会的经营模式。还有，按照顾客、产品、价值三个要素构建企业经营模式，等等。我国企业绝大多数企业都是基于资源优势和基于客户（市场机会）的经营者，且很多企业经营系统的有效性不够、效率不高，企业乃至整个国家经济增长主要依赖于资源消耗和需求拉动。③按照核心战略中业产品和服务范围可以划分两类经营模式：单一化经营模式和多元化经营模式，后者属于横向经营模式。

从客户界面、核心战略、战略资源、价值网络四个要素看，我国白酒行业近年来的注意力放在客户界面（高端客户）和价值网络（经销商模式）方面。这是他们成功的原因，也是陷入困境的根源。正所谓，成也萧何败也萧何。

（1）客户界面。近年来，我国白酒行业在经营中，客户要素方面的市场信息和产品开发服务对象主要集中在政商消费方面，从而忽视了普通消费者的需求；与此相应，定价结构出现高端化、奢侈化倾向，表现为价格太高、中端产品供应不足。因此，对于政商客户的回应处理方面态度是积极的，对于普通消费者的回应处理是消极的。正是因为酒企在信息、回应方面的滞后、忽视或消极态度，在出现“勾兑”“塑化剂”事件时，消费者的质疑声和市场的反映超乎酒企的意料，为2012年以来白酒产业的调整埋下了伏笔。

（2）核心战略。企业的经营宗旨往往体现为生产经营中多方面的价值追求，如盈利等经济指标追求、社会公益活动和社会责任追求，等等。这些宗旨需要企业战略来引领。就白酒行业看，大多数酒企围绕利润、税收、市场份额等经济指标进行经营活动，部分企业也同时兼顾保护环境、民生改善之类的社会福利活动。

以五粮液为例，尽管没有明确提出经营宗旨，但在其发展理念和发展战略中能够体现上述思想。其经营理念是：“以顾客和市场为导向，精艺创新，诚信经营，全方位地为各阶层的广大消费者、股东、员工、合作伙伴最大限度地创造价值，协调实现卓越的经济效益、环境效益和社会效益”；发展战略是：“逐步提高高中价位品牌的市场占有率，逐步降低低价位品牌的市场占有率，实施（1+9+8）工程”，并且从产品质量、生产安全、环境保护、公益活动等方面建立了实施方针或理念。五粮液发展战略切合企业的规模和优势，也符合当时的市场状况，并且的确从战略上引领了近年的以高中端市场开拓为主的经营思路。当然，随着企业本身的发展（如成为白酒行业第一品牌）和行业形势的变化，五粮液发展战略也出现了调整，开始实施全球发展战略。根据《五粮液2010年度社会责任报告》，其发展战略为：全球配置资源，全球寻找市场，创新求进、永争第一。

由于不同酒企的规模、资源和品牌优势不同，其产品和市场范围也不同。五粮液、茅台是全国性大品牌，汾酒、剑南春、郎酒等则是大地域性品牌，各中小酿酒企业则是本地区的品牌。从差异性看，全国性品牌和大地域性品牌注重自身产品的差异性，强调产品的水质、窖藏等自然特征和技术特征，以及设计、包装等形象特征。从全国市场来看，自身品牌的影响力、产品风格等强化了产品的差异性，对企业竞争优势起到了有力的促进作用。

（3）在战略资源方面，白酒名企充分运用其水质、气候形成的窖藏资源优势建立起竞争优势，发展高端产品；众多中小型酒企则既无技术优势也没有资源优势，核心流程缺失。同时，企业战略多是中短期，并且战略执行能力不强，以至于行业每隔几年都要调整。另外，行业中企业的核心竞争力并不突出，现有的竞争力并不足以使整个企业（包括大企业）保持长期稳定的竞争优势、获得稳定的超额利润。

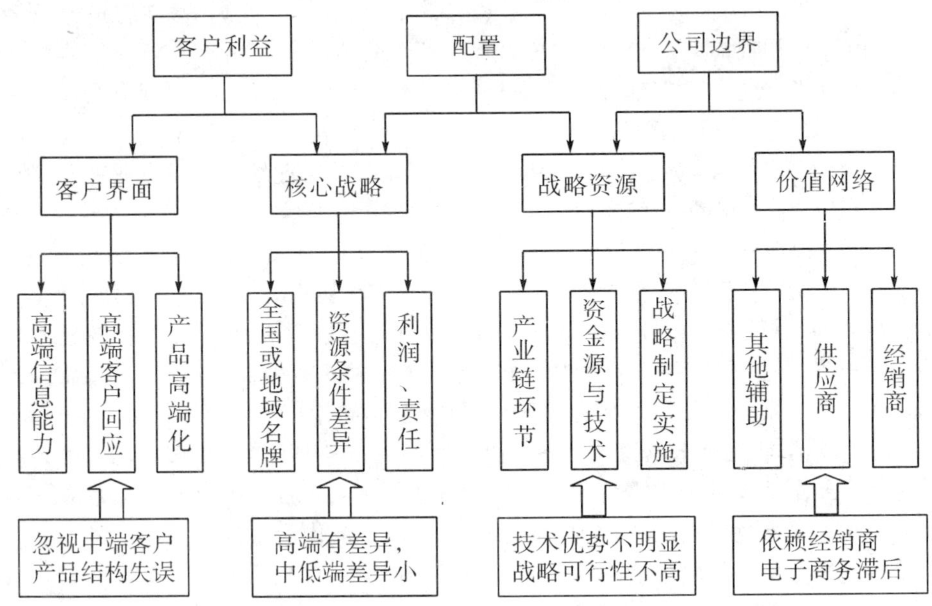

图14　简化的白酒企业经营模式的要素组合

（4）在价值网络上，白酒制造企业近年来主要通过经销商模式发展团购市场来销售产品。酒厂为了控制经销商实施高价格，又严格限制产品销售区域，从而不利于大规模跨区域连锁流通业态发展，并且渠道越往下，销售网点数量越多、规模越小、成本越高。2011年，我国白酒行业各项成本费用中比例最大的是产品销售成本，占销售收入的65.36%；其次是管理费用，占销售收入比例的7.84%。酒厂正是通过控制销售渠道，并充分运用政商消费需求刚性的特点，控产限量，以此来抬高价格，获取超额收益。这就是我们在前面分析的刚性需求和高速投资双轮驱动的增长模式。

通过分析，我们得到如下判断，白酒行业经营模式的有效性不高，表现为：①客户界面注重高端客户，忽视了中端客户，产品定价过高，行业中产品结构高端化现象明显，产品结构失衡。②战略支撑上，差异化基础不牢固。产品差异化的来源，可以是实质性的差异，如材料、技术产生的差异，也可以是非实质性的差异，如包装、广告。白酒行业的高端产品受水质、气候等自然因素影响大，是形成差异和垄断的基本条件。但产量比重最大的中低端白酒难以依靠自然条件来形成差异化条件。③战略资源上，严重依赖自然资源，核心流程无技术支持，企业的核心竞争力并不突出；而战略制定和实施能力的不足也使得大多数酒企无法将潜在的资源或技术转化为现实的竞争优势。④价值网络一度严重依赖经销商，大力发展团购市场，因而忽略了新形势下（如错失电子商务发展的时机）对销售环节的发展和变革。

综上所述，我国白酒企业的经营模式在四个要素方面都存在一定的问题，最突出的是企业客户界面和价值网络两个方面。从企业规模和品牌优势看，中小型酒企由于资源、技术和战略管理方面的不足，因而在核心战略和战略资源两个方面存在短板。知名大型酒企具有资源、技术优势，但战略上也有失误，尤其是产品定价结构的高端化现象和营销模式的渠道缺陷，很容易在市场调整时冲击企业的业务流程，从而遭遇断崖式打击。2012 年以来的需求不足和产能过剩双重压力就使得众多白酒企业陷入了上述困境。

3.2.4 产业组织结构不合理，市场绩效受到限制

产业组织结构主要研究对市场竞争性质和价格行为产生战略影响的市场组织特征，通常使用企业数量与规模来刻画。近年来，我国白酒行业的集中度在不断提高，但是行业的市场集中度仍然偏低。根据前文的数据，2012 年我国白酒行业有 1.1 万多家企业。其中，规模以上企业（年销售收入达到 2 000 万元以上）仅为 1 290 家，约占 12%，中型企业约为 10%，大型企业的比率约为 1.5%。从产量看，规模最大的 8 家企业的市场占有率不到 10%。按照美国经济学家贝恩和日本通产省的划分，这种市场属于原子型或分散竞争型市场结构。见下图：

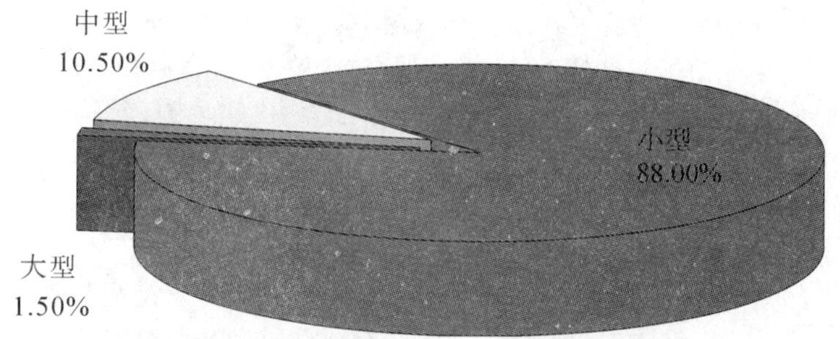

图 15　2012 年中国白酒行业不同类型企业数量分布图

对比而言，国外一些洋酒品牌的集中度 CR_8 达到八成以上，属于高集中寡占型市场结构。

市场集中度偏低表明：企业不能实现规模扩大带来的生产效率提高等规模经济效应。实际上，根据鲍莫尔的可竞争市场理论，只要保持市场进入的完全自由，适度集中的市场结构仍可取得较好的市场绩效，比如洋酒。相反，我国白酒业小企业数量占行业比重超过八成，但销售额（低于 1/3）和利润水平（低于 1/6）较低，损耗了大量行业资源，并由此导致白酒行业流通环境无序、假冒侵权、偷逃税赋等恶性竞争现象时有发生。所以，企业数目众多的白酒行业看似竞争性高，但市场绩效低下。

4　实现白酒产业发展方式转变的目标、原则及思路

4.1　实现白酒产业发展方式转变的目标定位

4.1.1　具有高效的要素投入效率

效率问题涉及经济发展的本质。转变产业经济发展方式，必须通过集约型发展模式，

提高生产要素的使用效率，从要素驱动转向效率驱动、创新驱动。其要点在于提高全要素生产率。全要素生产率是指扣除资本投入、劳动投入的贡献，其他因素对经济增长的贡献总和，其来源主要包括资源配置效率提高和技术进步等。发达国家全要素生产率对经济增长的贡献一般在70%~80%，而我国仅为30%略多。所以，提高全要素生产率具有极大的潜力。

白酒行业目前主要通过增加要素投入数量实现高增长，要素使用效率不高。况且白酒生产需要消耗粮食等资源，也存在一定的环境污染。所以，行业同样面临资源、环境压力增加，因而需要实现白酒产业的集约型发展，从现有的原材料、设备、人力资源等投入要素中进行充分挖掘，对各种资源和要素进行优化组合，从体制、机制、经营模式、生产技术、产业组织结构等各方面，实现既定投入下的产出效率最大化，提高全要素生产率，促进白酒产业的良性发展。

4.1.2 形成有效的产业组织结构

促进白酒产业的产业组织结构优化，是加快白酒产业发展方式转变的一条重要途径。良好的产业组织结构可以促进白酒相关企业改善自己的定价行为、研发行为、竞争与合作行为，从而提升白酒产业链纵向和横向上的市场绩效。白酒行业属于竞争性行业，产品之间可以存在差异，因而本质上存在导致垄断的因素；从规模经济的要求看，较大的企业规模上会产生范围经济和学习效应等，因而其长期平均成本趋于下降。并且，可竞争市场理论（鲍莫尔，1982）也指出，良好的生产效率和技术效率等市场绩效可以在理想的市场结构之外实现，而无需众多竞争企业的存在。亦即，高集中度的市场结构仍可取得较好的市场绩效，只要保持市场进入的完全自由，且不存在特别的进出市场成本。这是因为，若进退无障碍，则潜在竞争压力会迫使任何市场结构下的企业采取竞争行为，从而取得较好的市场绩效。

因此，从产品差异、规模经济、可竞争性理论看，白酒行业宜发展寡头竞争的市场结构。另外，鉴于产业组织结构包含横向产业组织结构和纵向产业组织结构两个方面，那么寡头市场既适合存在于在白酒制造行业（横向寡头市场结构），也适合于配套行业（纵向寡头市场结构）。

4.1.3 形成合理的产品结构、品牌结构

合理的产品结构需要在满足社会需要基础上，根据各种相关因素（技术装备、生产能力、企业资源、市场销售等）的约束，寻求企业各种不同产品之间的最佳组合。因此，企业产品的组合随市场需求、资源条件和经营环境等各种因素的变化而变动。过去几年，我国白酒行业产品高端化倾向突出，其产品结构基本上为“金字塔”结构，表现为高端产品价格高、产量少；中端产品价格偏高、产量较高；最下端的低端产品数量最多、价格最低。显然，产品结构不符合我国收入结构和消费结构，极大地阻碍了白酒产品的市场开发和品牌发展，也是白酒行业在公务消费市场萎缩后整个行业急剧下滑的深刻教训。

4.1.4 实现白酒产业生态化发展

产业生态化是人类构筑经济社会与自然界和谐发展、实现良性循环的新型产业模式，是产业发展的高级形态。它把资源的综合利用与环境保护结合在一起，建立高效、低耗、低污染、经济增长与生态环境和谐的产业发展过程，促进人类产业系统与自然环境的相互作用和协调，实现经济社会持续发展。当前，资源短缺和环境恶化已成为制约人类发展的瓶颈。白酒制造对自然资源的依赖性很强，需要消耗大量的生态资源（水、粮食等）。传

统的生产模式不仅资源消耗率高，而且会产生大量的废弃物。这些废弃物反过来会对环境产生破坏，或者需要高昂的运输和处理成本。与此不同，产业生态化发展模式不仅要求提高资源利用效率，减少生产过程的资源和能源消耗，还要求对生产和生活中产生的废旧产品进行全面回收，对可以重复利用的废弃物通过技术处理进行无限次的循环利用，将污染尽可能地在生产企业内进行处理，减少生产过程的污染排放。

总之，生态化发展模式倡导与环境和谐友好发展，强调“清洁生产”和资源循环利用，将不可持续变为可持续发展，最终实现“最佳生产，最适消费，最少废弃”，是一条有效的转型发展道路。

4.2 促进白酒产业发展方式转变的实施原则

实施原则是实现目标的准则和依据。促进白酒产业发展方式转变的实施原则包括：

4.2.1 以科学发展观为指导，实现全面、协调与可持续发展

党的十六大以来，党中央继承和发展党的三代中央领导集体关于发展的重要思想，提出了科学发展观。科学发展观的第一要义是发展，核心是以人为本，基本要求是全面协调可持续，根本方法是统筹兼顾。当前的白酒行业正面临可持续发展问题，行业内部问题重重，包括体制和机制不完善、企业不能灵活应对市场变化；产品结构奢侈化不符合我国收入结构发展趋势；产业组织结构失衡、市场绩效低下；行业内产能严重过剩、资源利用率低；行业整体竞争力不强、抗风险能力低，等等。这些问题涉及政治、经济、生态等各个层面，需要以科学发展观为指导，统筹兼顾，实现全面、协调与可持续发展，避免过去资源消耗高、产品结构严重脱离普通大众消费能力、竞争力不强的老路。

4.2.2 走新型工业化道路

新型工业化道路是对传统工业化予以扬弃的道路，是基于我国资源和环境短缺、缩小与发达国家发展差距、提高社会资源利用效率的要求，充分运用信息化等现代科学技术，在世界范围内优化配置资源的工业化发展模式，是反映时代特征，符合我国国情的工业化道路。白酒行业作为工业体系的一部重要成员，仍然存在资源和环境压力，同时又要面对市场下滑和产能过剩的挑战，因而迫切需要按照“科技含量高、经济效益好、资源消耗低、环境污染少、人力资源优势充分发挥”的要求，以信息化和高新科技等新工业化手段去完成工业化，实现发展方式转型。

4.2.3 以企业为转型载体和实施中心

企业是经济活动的基本单元。产品质量高低、资源利用率状况、环境保护程度等方面都要通过企业来实现。事实上，工业转型升级不仅仅表现在工业结构和工业体系总体特征的变化上，更深刻地发生和体现在所有工业企业的战略抉择和战略走势上（金碚，2011）。因此，要实现白酒产业发展方式转型升级，就必须通过企业来落实各项措施，在新的更先进的技术基础上全面提升各个白酒企业的自主发展能力乃至国际竞争力，要通过科学发展、可持续发展，走出一条科技含量高、经济效益好、资源消耗低、环境污染少、人力资源优势得到充分发挥的新型工业化路子。

4.2.4 “看不见的手”与“看得见的手”分工协调、相互配合

白酒行业属于竞争性行业，适合以市场为主、通过市场自发调节实现优胜劣汰、提高

资源配置效率。因此，政府对白酒行业的干预不宜过多，要习惯运用“看不见的手”引导、调节企业行为，避免直接或间接的行政干预。“看得见的手”仅限于市场会失灵的宏观和中观领域起作用。例如，为避免地方各自为政，实施产业政策顶层设计就需要“看得见的手”发挥作用。

当然，由于政企尚未完全分离，企业外部治理机制不完善，经理人市场治理机制有名无实，国有白酒企业的主要负责人大多通过行政方式产生，企业缺乏真正的自主决策权。所以，必要的体制改革（如真正实现政企分开）和公共服务类配套措施不可或缺。

4.3 促进白酒产业发展方式转变的思路

4.3.1 转变白酒产业发展方式的思路

转变白酒产业发展方式，需要理清三大主体关系，抓住企业这个转型的载体，以体制改革为催化剂、以市场为导向和约束、以经营模式革新为手段、以技术创新为动力，通过市场机制的调节作用，打通生产、流通、分配、消费四个环节，实现白酒产业和企业两个层面的发展方式转变。其思路简示图参见图16。

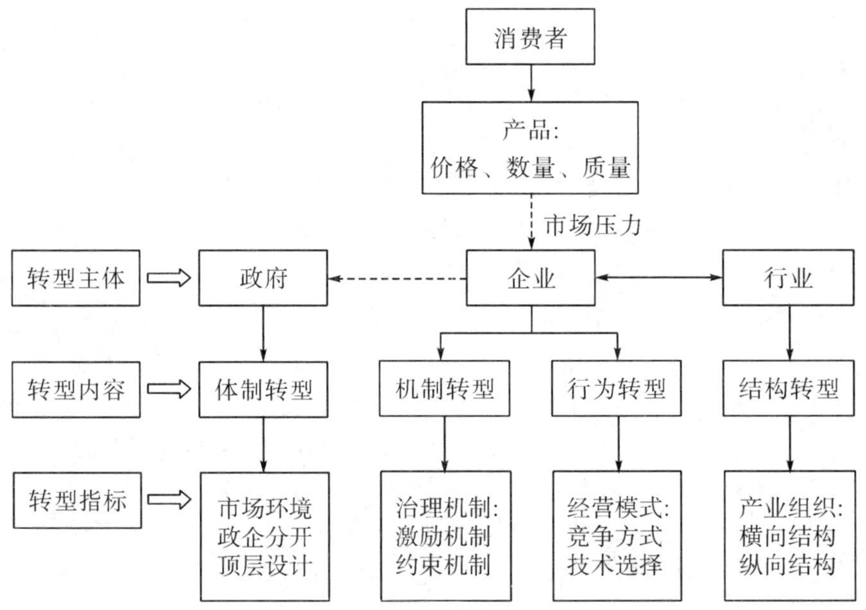

图16 促进白酒产业发展方式转变的基本思路

白酒产业的转型发展涉及三大主体：政府、企业和行业、消费者。消费者通过产品信息（价格、数量、质量和服务等）对市场、企业产生直接的、有效的约束。企业为了应对市场考验，与竞争对手竞争，需求从治理机制、经营模式、产品结构等方面实现转型。政府则需要为行业和企业发展转型创造必要的制度环境。

市场活动的真正参与者只有消费者和企业，二者通过市场谈判、交易，以此决定白酒的价格、交易数量（和质量）。其中，消费者包括两大主体：企业（商务消费）和个人（家庭私人消费）。企业在市场上，既要面对行业内部竞争对手的竞争压力，同时又要作为一个整体，面对消费者整体对产品价格和数量的竞争。为此，企业需要在符合国家产业政策的前提下，加强企业管理、完善企业治理机制、革新经营模式，从制度、技术、成本等方面不断提高自身的竞争力，以便在与竞争对手的较量中取胜。从与消费者的关系看，企业还需要充分研究市场，加大技术研发力度，使自己开发的产品在口味、风格、包装、售后服务等方面能够满足消费者的偏好。

从行业层面看，既要通过国家层面的产业政策顶层设计，消除行业进入和退出壁垒，为行业内外的兼并、重组、联合等行业活动创造条件；又要避免地方政府大搞投资项目和产能扩张，避免恶性竞争。企业是否进行投资、兼并、重组应该由企业自己决定。企业有了充分的自主决策权，通过市场机制的调节作用，行业的集中度会自发提高，产业内部就会形成良好的产业组织结构。

作为消费者的企业和家庭，会对市场的白酒价格、数量、质量做出敏感的反映。这是对市场、对企业最有效的压力和约束。与刚性的政务消费不同，不管是企业的商务消费，还是家庭的个人消费，它们对价格的敏感度很高，需求弹性大，因而价格波动会自发调节市场供求状况。随着我国社会、经济的发展和居民收入水平的提高，白酒市场容量的开拓前景依然乐观，关键是企业开发的产品，其价格、口味、风格、质量等是否能够吸引消费者。

政府作为第三方主体，在新的产业发展模式中，其作用一是提供基本的从事经济活动的制度安排，包括法律、税务、审计制度和市场环境等，以及制定消费政策等；二是对产业政策进行顶层设计，避免地方各自为政、重复投资。因此，政府不仅需要通过政治体制改革禁止公务消费，更需要从过去那种对企业日常经营活动进行指导、干预的活动中解放出来，真正成为企业的服务者，而不是企业生产经营活动的参与者。如此，企业的治理机制才会真正完善，企业才会具有完全的自主决策权，才能在面对市场条件的变化时及时地做出有效反映。

4.3.2 白酒产业的未来发展方式

如果能够理清三大主体关系、抓住一个载体、打通四个环节、实现四个转型，那么白酒产业将会进入以市场为主要形式配置资源、产业组织结构合理、市场实现有效竞争、行业竞争力强的良好状态。图 17 是我们对白酒产业未来的理想发展方式的解读。

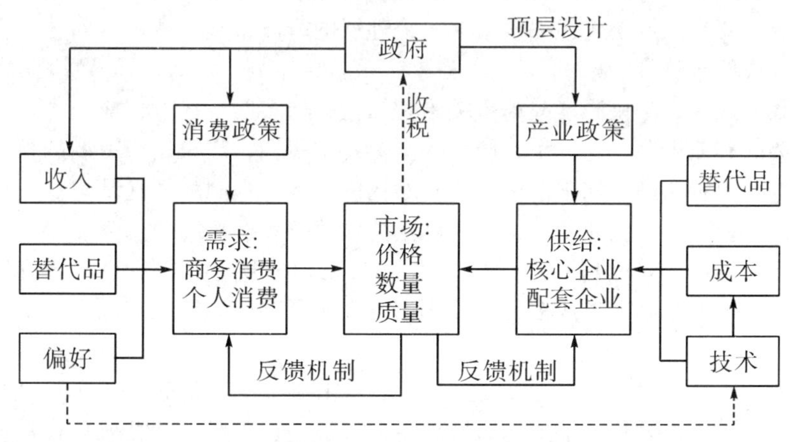

图 17　白酒产业未来发展方式简图

在白酒产业的理想发展模式中，三大主体的关系简单、清晰。

①政府。政企、政资完全分开，政府不再插手白酒企业的具体经营业务。政府的作用在于，向白酒行业（企业）提供公共服务、制定白酒产业政策和消费政策以引导白酒生

产企业和消费者的行为，以及通过税收影响供求双方、影响个人收入。

②消费者。成熟市场的消费者主要是企业和个人，消费形式分别是商务消费和个人（家庭）消费，收入和偏好等因素决定了二者对产品的价格和质量比较敏感，并由此影响市场。随着经济发展和收入水平提高，消费结构将呈现出“橄榄形”特征，即高、中、低三个层次，且中间大、两头小。消费结构会影响产品结构。因此，理性的生产者应当顺应消费结构趋势来定位自己的产品，同时要符合消费者的消费偏好。

③企业。现代企业制度完善，企业在生产经营中具有完全的自主决策权，其压力和动力均来自市场。它在向市场提供产品时面临两个方面的竞争压力：消费者（对产品和价格的评价）和生产竞争对手。消费者在市场上以货币方式对酒企的产品进行“投票”。为了获得消费者的认可，酒企不得不从技术、成本、经营管理等方面提高竞争力，通过产品价格、数量、质量和服务进行综合竞争。替代品的存在会强化市场竞争，替代品缺乏则会提高垄断势力。这样，市场竞争压力一方面迫使企业提高生产经营效率，另一方面通过优胜劣汰逐步提高行业集中度，因而在企业层面和行业层面均实现了良好的市场绩效。

5 促进白酒产业发展方式转变的实施路径

5.1 完善现代企业制度

完善现代企业制度，提升企业市场生存能力。

党的十八届三中全会强调进一步推进国企改革，完善激励机制，健全协调运转、有效制衡的公司法人治理结构。可见，治理结构和治理机制是国企改革的中心环节，是增强企业发展能力和市场应对能力的前提，应当把它作为一项重中之重的任务和制度创新来抓。

按照三中全会要求，建立健全协调运转、有效制衡的法人治理结构，需要完善经理人治理机制。具体而言，就是要根据市场改革的方向和要求，增加企业管理人员市场化选聘的比例，或者由董事会来直接选聘和任命总经理，并且建立市场化退出机制，探索建立职业经理人制度。要进一步淡化或去董事会、经理层的行政级别，经理层向董事会负责，董事会向出资人或股东负责。

同时，我们认为，产权制度改革事关治理结构等诸多改革环节，应当先行。这是真正实现政企分离的有效思路。党的十八届三中全会再次强调，产权是所有制的核心，并强调健全归属清晰、权责明确、保护严格、流转顺畅的现代产权制度。这是构建现代企业制度的重要基础。要根据不同企业功能，合理确定持股比例和产权结构，为完善公司治理提供产权基础。实践证明，“一股独大”的产权结构难以形成规范有效的公司治理结构，所以要在多元产权制度的基础上形成多元利益制衡，在多元利益制衡的基础上再形成相互制衡公司治理结构。

白酒行业作为竞争性行业，适宜进行股权（结构）改革，完全可以大力发展混合所有制，实现股权结构多元化，形成国有股、企业家股、员工股、社会股并存局面，通过多元化提高人才、技术、制度优势。而对于股权结构改革的实现形式，可以采用扩股、出让股权、换股、购并甚至出售企业等多种方式。在治理结构上，要建立或完善股东大会、董事会和监事会制度，使之各司其职；对管理层要实施市场化的激励和约束机制（例如股权激励），根据其经营管理绩效、风险、责任确定薪酬，同时要严格规范企业管理人员的薪酬水平、职务待遇、职务消费和业务消费。

总之，要按照建立现代企业制度的要求，以产权制度改革为核心，继续引导和推进白酒企业进行规范的公司制改革，完善法人治理结构，推进投资主体多元化；要创造条件，引导企业通过兼并、联合、拍卖、租赁等方式促进企业优化重组，盘活存量、做大增量。支持有条件的企业采取转让经营权、出让股权、兼并重组等方式，减持企业的国有股或降低国有股比例。

5.2 加强技术创新

以技术进步为推动力，走科学发展之路，实现集约型增长。

转变发展方式包括多方面的要求和内容，但从当前的资源和环境压力看，为了解决发展中不平衡、不协调、不可持续问题，为了提高工业化、信息化水平，必须实现创新驱动发展战略，以技术进步为推动力，走科学发展道路，实现集约型增长。

鉴于国内外市场需求下滑和资源与环境短缺的双重压力，白酒产业传统的粗放式发展之路已经终结，集约式增长模式成为企业生存和发展的必由之路。集约式增长模式要求白酒企业以技术进步为推动力，走科学发展之路。其主要措施是：

（1）充分利用新型工业化带来的契机，结合白酒行业特点，加大技术研发投入和研发力度。要以革新传统工艺技术、规范生产工艺流程为目标，开展包括制曲机械化研究、发酵工艺机械化研究、蒸馏工艺机械化研究、调酒计算机集成制造技术研究和灌装、包装、成品库、智能管理的研究等，节约资源，降低生产成本，提高产品质量和附加值。

同时，在技术模式上，要大力推行清洁生产和低碳发展，在保证产品质量的前提下，严格控制水、电、煤等资源能源消耗，控制排放总量和排放浓度，实现污染防治由末端治理向预防防范转变，改变重生产、轻环保的现状。白酒产业还需要着力解决降低粮耗、提高出酒率、废水综合利用、旧瓶循环利用，建立生态园区和解决聚对苯二甲酸乙二醇（PET）瓶的应用等问题，实现社会、经济和环境的和谐发展。

（2）实现新型工业化与信息化的融合发展。要贯彻落实国家信息化发展战略，推进白酒行业企业信息化建设和公共信息服务与资源共享平台建设，采用先进的信息化技术，改造传统落后的生产模式，在大中型企业实现生产设备数字化、生产过程智能化和经营管理网络化，推动白酒行业走上科学发展的新型工业化道路。

（3）实现产品技术创新。白酒企业要顺应消费趋势，调整产品结构，紧紧抓住大众消费、积极发展商务消费，通过原料、工艺、口感等方面的技术创新，形成自己的独特品位，向市场提供合乎风味、口感、健康、环保的优质产品，提高白酒产品对相关替代品（如葡萄酒、黄酒、啤酒）的竞争优势。具体而言，需要从技术上积极探索白酒产品深层次的微生物机理的研究；在产品分类方面，打破白酒按香型分类的方法，生产新风格、新品种、新口味等个性化白酒，为消费者提供更广泛的选择空间，适应消费者对白酒品牌和口感的要求。另外，还需要完善白酒行业的产品质量标准体系，防止类似塑化剂事件的发生。

5.3 优化产业组织结构

发展寡头垄断型市场结构，保持有效竞争与适度集中的动态均衡。

产业组织理论认为，市场结构、市场行为、市场绩效之间存在相互关联。其中，市场结构研究产业内企业之间的组织关系，这种组织关系会影响市场行为，进而通过市场行为来实现市场绩效。为了获得理想的市场绩效，最重要的是要调整和改善不合理的市场结构。

鲍莫尔（1982）的可竞争市场理论表明，高集中度的市场结构仍可取得较好的市场绩效，只要保持市场进入的完全自由，且不存在特别的进出市场成本。这对于白酒行业而言具有重要的理论指导意义。洋酒品牌高集中寡占型的市场结构也提供了有力的佐证。实际上，从规模经济、有效竞争的角度考虑，如果进退无障碍（也没有地方保护），寡头竞争格局的产业组织结构是白酒产业理想的发展方向。这种产业组织结构的优点在于，能够很好地实现规模经济、节约资源；具有从事技术研发的强大经济实力；也能够利用自身规模优势充分参与国际竞争。这些都是我国白酒行业市场集中度偏低、资源消耗高、缺乏竞争优势的劣势所在。而进退无障碍足以对行业中的垄断势力产生现实的或者潜在的竞争威胁，从而迫使已有的在位企业不断地降低成本、提高产品质量。因此，寡头竞争格局的产业组织结构符合规模经济和有效竞争的要求。

另外，合理的产业组织结构不仅包含了横向的产业组织结构，还包括纵向的产业组织结构。因此，为改变我国白酒行业市场集中度偏低、市场绩效不高的局面，建立寡头竞争的市场结构，需要从纵向和横向两方面优化产业组织结构。①纵向方面，需要培育白酒产业集群，实现规模效应和集聚效益。其思路是促进白酒产业内部结构调整，支持白酒企业通过收购、控股、并购、重组、强强联合，形成集团化、规模化的全国性大型企业集团，以及具有区域优势的地方性大型企业。实施的重点是培育具有核心竞争优势的核心酿造企业。建议以五粮液、泸州老窖、郎酒、茅台、洋河等为龙头企业，在全国选择 8~10 个具有技术、品牌、资源或地域优势的产业圈作为产业集群培育对象。②横向方面，鼓励通过并购、重组、联合等方式，适度提高产业链各环节的市场集中度（包括核心企业所在环节的市场集中度、配套企业所在环节的市场集中度，避免核心企业形成买方垄断），保持有效竞争与适度集中的动态均衡。此外，优化产业组织结构还需要对现有产业链进行整合、创新与发展，这也为消除产业转型过程中的负面影响，如就业下降，提供了良好的解决机会。最后，需要对产业链纵向治理机制进行优化设计，确保合作收益的合理分配、激励产业链上游供应商的积极性，从而保持产业集群的稳定性和运作效率。

5.4 革新经营模式

通过经营模式创新，提高对市场的生存力和竞争力。

经营模式是将企业能力转化为企业竞争力，并实现企业经营理念和经营目标的运营活动。鉴于我国白酒企业的经营模式在客户界面、核心战略、战略资源、价值网络四个要素方面都存在一定的问题，因而需要进行变革和创新。

（1）从客户和产品定价看，需要改变目前产品结构与收入结构和需求结构冲突的现象。鉴于我国正在形成“橄榄形”收入结构，因此，白酒产品结构也应当符合“橄榄形”收入结构，使高端、中端、低端产品结构及其定价符合消费者的要求，同时要完善市场信息反馈机制，及时掌握消费者的需求偏好变化，使产品口味、风格等符合各收入阶层和不同消费群体的消费偏好。在市场开发方面，可以大力开发商务用酒、餐饮用酒、婚宴用酒。

（2）根据业务流程和对产业链位置的不同选择，白酒制造企业适宜采用“生产+销售型经营模式”或“设计+生产+销售型经营模式”。前者涉及业务流程中的后两个部分：生产和销售。对于产品设计，企业并没有涉及或者缺乏技术设计能力。这种类型的企业其最大特点是模仿，对于行业内领导者的行为非常敏感，一旦市场领导者推出新的产品，这种类型的企业就会马上进行模仿，并进行改制和改善。因此，这种类型经营模式要求企业较好的柔性生产能力，能够适应产品和市场的变化。值得注意的是，柔性生产为中小规模的白酒制造企业提供了新的契机，如此将会给行业和一二线酒企带来较大的竞争压力。

对于一二线酒企而言，“设计+生产+销售型经营模式”会是一种具有竞争力的经营模式。由于这种经营模式在产业链节点上涉及较多环节或流程，因而采用这种经营模式的企业需具备一定的新产品开发能力和制造能力，并且开发出来的新产品能够通过现有的设备和资金进行生产，对于自己生产的产品通过自己的营销体系建立自己的客户群体。所以，它适合于规模大、技术研发和生产能力强的大型白酒企业。从这种经营模式涉及的环节看，大型酒企目前需要加强产品设计和销售环节二个短板，通过技术研发和产品设计，不仅使本企业的产品在质量、口味、风格等方面符合市场需求（趋势），而且可以强化产品的差异化，避免被其他企业模仿，从而可以提高企业的核心竞争力。

不论是“生产+销售型经营模式”，还是“设计+生产+销售型经营模式”，二者都属于纵向经营模式，生产经营活动具有很强的专业化特征。企业通过实施专业化经营，能够控制整条价值链或价值链的多个环节，包括从原材料、产成品到销售的整个过程，从而降低价值链各交易环节的不确定性，提高企业的竞争能力。相对稳定的市场环境和技术发展状况，使得纵向经营模式为企业整合资源优势、形成竞争优势提供了一条可行之路。

（3）从产品和市场范围看，企业还可以实施横向的多元化经营。在这种经营模式下，企业能够充分利用外部资源以便快速地响应市场需求。目前，部分一线白酒名企，如五粮液、茅台，逐步建立起自己的成本优势、质量优势、技术优势，开始进行横向多元化跨业经营。通过横向多元化经营，企业之间可以达到资金、技术、市场等各方面的优势互补，在全球范围内挑选出最佳合作伙伴，最大程度上优化企业资源的配置，为企业的发展提供更大的空间，从而极大地提升其核心竞争力。因此，酒企在实施横向多元化经营时，要以提高资金、技术、管理为条件，制定切实可行的发展战略，强化战略实施，通过企业间的横向联合、兼并等方式，促进企业核心竞争力的提升，促进新市场（包括国际市场）的开发。同时，要明确公司的核心业务和非核心业务，紧紧抓住产品方向和市场，对于核心业务应自主开发和重点发展，而对于非核心业务可以通过外包、联盟方式等与外界进行合作。

（4）从价值网络看，最大的问题是白酒行业一度严重依赖经销商模式，大力发展团购市场，不仅渠道成本高昂，而且错失了诸如电子商务发展对销售环节发展和变革的良好时机。

因此，充分运用信息技术等现代技术手段，转变白酒流通体系，变革现有渠道模式，降低流通成本、提高流通效率，从流通体系方面促进酒企发展方式转型成为当前需要解决的问题。随着市场形势的变化和科技发展，未来将发展多样化流通和分渠道，例如发展网购、团购、定制等新型销售渠道，实现渠道的规模化、连锁化、扁平化。从依托对象看，除传统行业外，白酒行业还可以与银行、邮政、通信等现有商业网点资源进一步嫁接，发展综合性销售渠道。另外，需要加快白酒行业电子商务的发展，通过电商模式实现白酒流通方式的变革。

5.5 优化产业区域布局

优化产业区域布局，建立区域分工协作机制。

白酒的酿造对自然资源要求很高，尤其是优质白酒对水质和酒窖池的要求非常高。其中，白酒酒窖池的酿酒时间越长，窖池附着的微生物越多，越利于白酒品质的提高。由于历史原因，白酒的酒窖池具有一定的地域性。另外，白酒酿造的主要原料小麦、大麦和高粱，只有在日照充沛、雨水适中的地区，才能发育得最为茁壮，从而满足酿酒的需要。

因此，相对于其他酒种，白酒（尤其是优质白酒）的生产具有较强的区域性特征。正是由于白酒生产对自然资源的依赖性，使得白酒生产的配套资源，如酿酒师和品酒师之类的人才资源、生产设备等不断向这些地域集中，地域内一些品牌的影响力越来越大，最终形成了各类具有地域特色的、相互竞争的白酒产业发展集中区。

为了避免各个白酒产区出现同化现象和恶性竞争，促进我国白酒产业健康发展，需要注重各区域的分工协作，使各区域形成有机发展整体。具体而言：①需要在国家层面或行业协会框架上成立跨区域的协调机构，对白酒产业发展进行统一规划和管理，对区域白酒产业发展方向进行合理定位，并根据定位进行准确的规划，明确发展目标。②要打破地方行政壁垒，在市场、人才、企业等各层面进行资源整合、优势互补。为避免地方各自为政，地方产业政策必须符合国家产业政策内容。③在条件具备的情况下将白酒产业区域布局优化、产业组织结构优化、白酒文化旅游乃至新型城镇化进行统筹规划与发展。关于实施思路，既可以跨地区，也可以跨省份。我们认为，地处川滇交界处的泸州、宜宾和遵义具有广阔的合作前景。

5.6 积极参与国际竞争

加快国际化步伐，以国际竞争促进行业发展。

中国经济的国际化需要也迫使中国白酒业走国际化之路。但是，由于文化差异、口感不适、关税壁垒、质量标准等因素，尽管多年来中国白酒业一直在国际化方面耕耘不止，但收获并不大。白酒出口不容乐观。2012 年白酒行业实现工业产值 4 265.42 亿元，出口值占白酒总产值不到 1%。中国白酒业海外市场的拓展仍步履蹒跚。今后，需要加大国际市场开拓力度，引导一批知名品牌参与全球竞争，打造一批具有自主知识产权、具有国际影响力的民族品牌走向国际市场。

第一，要实施白酒国际化发展，中国白酒文化的国际化要先行一步。要加大中国白酒文化宣传，通过各种文化节、展览会、公益活动等方式，把中国白酒的概念与理念分享、传播给海外的消费者，树立中国白酒的品牌形象，使中国白酒成为世界的白酒。

第二，要从国际化的战略高度建立我国白酒产业技术标准体系，适应国际市场的需求和规则，完善产品质量、安全标准体系，以标准化、规范化的生产、管理、检测、质量控制手段提升中国白酒的品质形象，积极主动谋求白酒在海外市场的法律地位和技术理论支撑，推动白酒标准在世界范围内得到认可。

第三，需要进行产品技术创新，在技术上突破口感关，有针对性地开发适合当地口味的新产品。饮酒习惯往往存在于一定的文化氛围之中，国外消费者对酒类的口味习惯、风格等与国内有较大区别。这使得以中国白酒独特的工艺技术及产品质量标准酿造的白酒与国际消费市场的要求有较大的差别。因此，白酒也应该在传承的基础上，适当进行创新，适应国外消费者的饮食习惯，加大创新和研发力度，从技术上攻关，创造出适应当地消费口味和消费场所的新式白酒，既实现中国传统白酒的出口，又实现新型白酒的国际化。

第四，加强国际化人才队伍建设，实现管理模式尤其是营销队伍国际化。白酒企业的国际化需要有人才来规范管理和实施，把先进的外资企业的管理模式和沟通方式引进来，同原有的白酒企业历史文化进行整体包装，从文化和管理手段上达到国际化的标准，这样才能做到稳步的国际化。为此，需要健全白酒人才队伍机制，构建白酒国际营销网络，积极参加国际商业活动和公益性活动，树立中国白酒的品牌形象。

第五，以行业联盟开拓模式为组织架构，集中力量进行共同开拓。具体而言，在国家层面组建由五粮液、茅台等一批知名品牌参与的中国白酒行业国际化联盟；对于川酒而言，建议组建由五粮液、泸州老窖、剑南春、郎酒等知名品牌为主的川酒国际化企业联盟，联盟要从国际化的战略高度做好组织结构、发展战略、贸易壁垒、产品标准、技术开发、资源共享等工作，从而能够以最具竞争力的态势积极、有效地参与全球竞争，打造一批具有自主知识产权和国际影响力的民族品牌。

6　促进白酒产业发展方式转变的配套措施

6.1　完善经济体制改革

转变产业发展方式的前提条件，是要加快完善社会主义市场经济体制，创造有利于转变经济发展方式的政策环境，优化行业内外资源配置方式，从而在市场竞争中，实现产业发展由主要依靠增加物质资源消耗向主要依靠科技进步、劳动者素质提高、管理创新转变。

为此，需要从以下几方面完善社会主义市场经济体制：

（1）加快转变政府职能，实行政资分开、政企分开。这是完善现代企业制度、提高企业治理机制效率的必要条件。“经济体制改革的核心问题是处理好政府和市场的关系”。过去，政府直接插手企业人事任免、投资决策等微观事项，对白酒行业和企业的干预太多。今后，将实行政资分开、政企分开，政府可以在自己具有比较优势的领域充分发挥作用，搞好公共服务，为企业和行业的活动创造良好条件，但政府绝不能代替市场，更不能直接扮演市场主体的角色。同时，鉴于白酒行业属于竞争性行业，国有经济完全可以从该领域退出，以出售股权、换股、引入社会资本等方式，逐步向关系国民经济命脉的重要行业和关键领域集中。

（2）完善政绩考核评价机制，建立促进经济发展方式转变的激励约束制度。目前的政绩考核评价机制仍然带有浓重的国内生产总值指标，以至于地方政府尤其是白酒集中区域的地方政府往往把眼光放在白酒利税上，直接干预企业投资决策和生产经营活动。因此，推动科学发展，加快经济发展方式转变，树立正确的政绩观和科学的政绩评价导向具有关键意义。要坚决改变片面追求经济增长速度和经济总量扩张的考核评价制度，切实把节约能源资源和保护环境、推动社会全面进步，促进社会公正、公平和改善民生，加强公共服务建设，作为重要标准纳入考核评价指标体系中，引导各级政府把更多的精力和资源投入到有利于促进经济发展方式转变的公共服务机制的建设上来。

（3）完善白酒行业科技创新体制，提高自主创新能力。通过科技创新、增强自主创新能力是转变白酒产业发展方式的基本动力。有效的科技体制将为科技进步与增强自主创新能力提供体制保障。要大力推进科技体制市场化改革，要加快建立以企业为主体、市场为导向、产学研相结合的技术创新体系，要加大知识产权保护力度，引导和支持创新要素向白酒企业集聚，要创新产业研发资金的投入机制，促进科技成果向现实生产力转化。

（4）深化财税、金融体制改革，提供制度与政策环境。国家对白酒产品税赋较高，并且有些税种计征办法滞后。建议转变甚至取消白酒消费税“从量计征”办法、完善增值税，为转变产业发展方式提供良好税收环境。加大对涉及白酒生产、科研、技术改造、品牌建设等领域的财政投入，充分发挥财政资金的杠杆导向作用。对名优白酒生产企业进行技术改造、科研投入、市场开拓所需资金给予贷款支持，并实行优惠利率。对科技含量高、市场潜力大、经济效益好的白酒骨干企业和优势项目提供融资支持。

6.2 推进政府支持体系建设

（1）推进白酒产业政策顶层设计。产业政策顶层设计是指国家产业政策设计，而不是地方产业政策设计。“产业政策是政府为了取得在全球的竞争力，在国内发展或限制各种产业的有关活动的总的概括。作为一个政策体系，产业政策是经济政策三角形的第三边，它是对货币政策和财政政策的补充”（卡默斯·约翰逊，1984）。从内部市场看，产业政策是“针对市场经济运作中可能出现的市场失灵和错误导向，政府为修正市场机制作用和优化经济发展过程，对产业发展、产业结构的调整和产业组织所采取的各种经济政策的总和”（芮明杰，2005）。

总之，产业政策旨在通过参与产业间及产业内的资源分配，实现资源（在全球范围内）的有效配置和经济稳定发展。为了使竞争形态由“过度竞争”转变为“有效竞争”，产业政策重在促进企业间的“协调”。

白酒行业的产业政策是国家产业政策体系的一部分，其内容主要是产业组织政策，政策对象是市场结构、市场行为及市场绩效，行动方式一般是通过法律和法规来建立及维护市场竞争秩序，如打击控制价格的行为、限制不正当交易、监督市场的公平竞争、消除行业进入壁垒，以促进市场的有效竞争和协调发展。另一方面，为了迅速提高产业的国际竞争力，支持大企业的合并，并尽可能地抑制国内过度的价格竞争，在支持大企业发展的同时保护中小企业。所以，产业组织政策主要是参与产业内资源配置的政策，它在相当程度上决定了企业的行为方式。

我国白酒产业竞争方式落后，竞争秩序比较混乱，行业中存在产品信任危机、食品安全问题严重，导致公众对行业及市场信心与信任不足。因此，需要从国家层面进行产业政策设计，完善白酒行业产业法规，协调地方产业发展，引导企业和行业加强科技创新、完善产品质量标准、促进公平竞争。地方产业政策必须符合国家产业政策规定，避免各自为政、相互冲突。

（2）完善相关法律法规体系，为行业和企业发展创造良好的社会氛围和道德环境。社会主义市场经济本质上是法治经济。市场经济活动中各个主体、各种行为都必须以法律的形式得到规范，通过经济法律制度对各类市场主体进行引导、促进、规范、保护和制约。

结合白酒行业情况，当前迫切需要进一步完善食品安全法律法规，健全食品生产监管制度，为生产经营提供行为规范，为监管提供执法依据，让各项工作有章可循。同时，要加快健全食品行业的诚信体系，完善诚信信息共享机制和失信行为的联合惩戒机制与责任追究制度，真正让尚德守法者得到褒奖，让失德枉法者受到惩戒。

（3）构建支撑白酒产业发展的相关公共平台。一是加快白酒基础研究平台、成果产业化转化平台等公共服务平台建设，加强产学研的结合和科技项目的转化率，推进科研成果的产业化水平。二是完善行业信息中心功能，建立白酒行业统计信息发布平台、公共信息服务与资源共享平台，为白酒产业实施信息化战略提供基础资料。三是加强展览展示平台建设，积极利用国内外知名展览会、博览会等搭建中国白酒展示平台，扩大中国白酒的国际影响力。四是促进现代物流市场辅助平台建设，加快包括“仓储”“信息系统”“包装”以及“运输”等物流设施建设，为酒类及酒类原料交易提供从运输、通关、商检、仓储、配送一直到消费者之间的一站式高效率、低成本的全程物流服务。

（4）政府为“走出去”创造良好的政策环境。企业在“走出去”的过程中，遇到了一些问题，其中相当一部分是靠企业自身力量无法解决的，需要政府提供必要的支持。政府应在符合世界贸易组织（WTO）规则的前提下，千方百计地为企业创造良好的外部环境。如加强对境外投资的宏观调控和规划指导，建立海外投资和企业的工作机制，完善管理体制，同时设计必要的政策激励，加大金融和财税政策的支持力度，建立和完善金融、信用等服务体系，在用汇、出入境等方面改进管理，在人才培训、信息咨询等方面改善服务，为企业更好地“走出去”创造条件。

参考文献

[1] 乔治·J. 施蒂格勒. 产业组织［M］. 王永钦，薛锋，译. 上海：上海人民出版社，2006.

[2] 丹尼斯·W. 卡尔顿，杰弗里·M. 佩洛夫. 现代产业组织［M］. 胡汉辉，等，译. 北京：中国人民大学出版社，2009

[3] 国务院发展研究中心课题组. 转变经济发展方式的战略重点［M］. 北京：中国发展出版社，2010.

[4] 金碚. 中国工业的转型升级［J］. 中国工业经济，2011（07）.

[5] 周叔莲，吕铁. 应把握加快推进工业发展方式转变的关键时期［J］. 中国党政干部论坛，2012（03）.

[6] 余晖. 竞争性产业的治理结构［J］. 领导决策信息，2002（07）.

[7] 王俊豪. 对中国竞争性产业进入与退出壁垒的分析［J］. 财经论丛（浙江财经学院学报），2001（01）.

[8] 王恒久，刘戒骄. 竞争性产业的价格规制［J］. 中国工业经济，2000（01）.

[9] 许明强，唐浩. 产业政策研究若干基本问题的反思［J］. 社会科学家，2009（02）：61-64.

[10] 尹子民，罗丽兮. 中国工业增长方式的评价与分析［J］. 技术经济与管理研究，1998（06）：29-30.

[11] 邓伟根. 20世纪的中国产业转型：经验与理论思考［J］. 学术研究，2006（08）.

[12] 李平. 中国工业绿色转型研究［J］. 中国工业经济，2011（04）.

[13] 周建，侯勇志. 我国工业增长模式及其转型机制研究——基于23个省份1998—

2007 年工业的实证研究［J］. 财经研究，2012（01）.

［14］庞瑞芝，李鹏. 中国工业增长模式转型绩效研究——基于 1998—2009 年省际工业企业数据的实证考察［J］. 数量经济技术经济研究，2011（09）.

［15］白羽，陈海汉. 我国工业发展方式评价指标体系的构建［J］. 经济问题探索，2011（10）：182-185.

［16］陈建安. 日本的产业政策与企业的行为方式［J］. 日本学刊，2007（05）：69-81.

［17］张昱. 现阶段产业政策的实际情境与模式［J］. 改革，2012（07）：46-50.

［18］鲁东亮，李志刚. 企业经营模式理论研究综述与前瞻［J］. 内蒙古大学学报：人文社会科学版，2007（02）：94-98.

［19］王明春. 基于产品竞争的经营模式［J］. 企业管理，2014（04）：25-28.

［20］俞安平，张瑾. 由纵向一体化到横向一体化：企业经营模式的新变化［J］. 经济师，2003（02）：8-9.

［21］黄永光，刘杰. 中国白酒金三角发展战略分析［J］. 酿酒科技，2010（08）.

［22］杨柳. 白酒产业发展的路径选择［J］. 酿酒科技，2009（02）.

［23］杨延栋. 白酒健康发展的四大要素［J］. 中国酒，2009（01）.

［24］穆峰. 白酒价格飙升背后的危机［J］. 中国酒，2010（02）.

［25］张雯. 中国高端白酒产业的价格行为分析［J］. 酿酒，2011（03）.

［26］肖兴志，孙阳. 规制影响评价的理论、方法与应用［J］. 经济管理，2007（06）.

［27］傅国城. 中国白酒产业如何面对未来发展新趋势［J］. 酿酒，2011（01）.

［28］刘杜若. 我国白酒产业的集中度及其决定因素的实证研究［J］. 酿酒科技，2009（04）.

［29］陈一君. 基于白酒产业结构的四川白酒企业集群研究［J］. 改革与战略，2009（08）.

［30］王殿茹，李献士. 我国白酒行业市场结构分析［J］. 酿酒，2006（01）.

白酒产业集聚与区域发展

"中国白酒金三角"白酒产业合作模式与升级研究[①]

林　洁[②]

摘要：白酒作为中国的原创和骄傲，近几年得到了快速的发展，成为中国最具有打造世界奢侈品牌潜力的民族产业。随着专业化、集约化以及新型工业化的发展，白酒产业在部分优势地区的聚集正成为客观必然的趋势。以"中国白酒金三角"为核心的中国白酒已经完成了基础的产品升级、市场升级与品牌升级。同时"金三角"区域需要实现差异化定位，不断推进标准化建设，加快粮食基地的建设，重视科技能力建设，推进白酒产业的机械化进程，营造健康消费方式，在发展中做好环境治理，实现旅游资源的整合。通过产业合作实现价值链的分工，加快产业整合，在政府的领导下促进科技研发，最终实现白酒产业的升级。

关键词：中国白酒金三角；白酒产业合作；产业升级

白酒作为中国的原创和骄傲，既是中国农耕文化之精髓的写照，也是中华文明最鲜活的载体，可以说是中国最具有打造世界奢侈品牌潜力的民族产业。随着专业化、集约化以及新型工业化的发展，白酒产业在一个或部分优势地区的聚集正成为客观必然的趋势。川酒作为中国白酒的代名词，已经完成了基础的产品升级、市场升级与品牌升级。作为历史机遇的切入点，四川已经牢牢地把握好了这次历史机遇，运用优势产业集群效应推动产业升级，提出"白酒金三角"这一宏伟的战略规划。

在"白酒金三角"产业集群中，各类型白酒企业利用产业集群效应，通过政府的指导和支持，在行业内做大做强的同时，为区域产业发展提供了一套可操作的成功模式。与长江三角洲城市群、珠江三角洲相比，"中国白酒金三角"地区的经济发展水平相对落后，白酒区域产业一体化程度低，之前各地区之间相互竞争，如何实现各地区之间白酒产业进行合作，对白酒产业进行升级问题是"中国白酒金三角"建设的一个核心问题。

1　"中国白酒金三角"各白酒主产地现状概述

世界白酒看中国，中国白酒看川黔，川黔白酒看"金三角"。2008年，四川省委、省政府提出了"中国白酒金三角"的白酒产业战略构想，其目的是为了弘扬中国酒文化，打造中国的"波尔多"国际品牌，让川酒更多地进入国际市场。

---

①　基金项目：四川省哲学社会科学重点研究基地、四川省教育厅人文社科重点研究基地——四川理工学院川酒发展研究中心（CJY11-07）研究成果。

②　林洁（1972—），女，四川泸州人，硕士研究生，副教授，主要从事市场营销方面的研究。

自从四川省正式提出打造“中国白酒金三角”概念以来，作为“白酒金三角”的宜宾、泸州、仁怀三市积极响应，你追我赶，三地政府相应出台了多项政策措施推动当地白酒产业的发展，其中尤以四川表现最为突出。有关数据显示，自2007年以来，四川省白酒产业连续4年保持年均36.5%以上的高速增长，白酒产业的快速发展已经成为了四川经济增长中的最亮点之一。2012年，四川省规模以上白酒企业达273户，实现工业总产值1 522.67亿元，主营业务收入1 671.54亿元，川酒在国内霸主地位进一步巩固。截至2012年，四川省共有33家白酒企业进入全国白酒企业百强，“六朵金花”全部进入。四川白酒已实现“千亿产业”目标，特别是白酒产量和主营业务收入连续三年位居全国首位，四川已成为全国最大的白酒产销省份和最重要的白酒及酒类食品加工基地。

“中国白酒金三角”中的宜宾、泸州、仁怀三市相邻，分别是中国最著名的白酒品牌——五粮液、泸州老窖、茅台的出产地，都是中国优质白酒产业的集聚区。“中国白酒金三角”概念的提出，坚定了三地政府对发展白酒产业的信心，极大地刺激了三地白酒产业的发展。

1.1 宜宾市

宜宾市目前拥有白酒生产企业284户，白酒生产能力54万千升。在“中国白酒金三角”战略指导下，2010年，宜宾市规模以上酒类企业销售收入达到488.89亿元，白酒规模以上企业利税总额实现124.97亿元，利润实现80.86亿元。产量、销售收入、利税比2007年翻了三番。酒类产业已经成为宜宾全市经济快速增长的中坚力量。2011年宜宾白酒业更是实现销售收入621.80亿元，同比增长27.07%，再创历史新高。

宜宾对“中国白酒金三角”高度重视，制定了打造“世界顶级白酒生产基地”和“中国白酒金三角”核心区龙头的战略目标。2010年宜宾市委、市政府投资约50亿元、占地250多公顷的“中国白酒金三角——酒都宜宾·五粮液文化特色街区”，以传播中国白酒文化为主题的大型电视连续剧《大酒商》也将开机拍摄。宜宾将以酒文化特色街区、影视拍摄基地等建设为推动，着力打造酒产业基地、酒产业园区，完善酒产业营销体系，推进酒文化建设，发展酒产业旅游经济，建设世界顶级白酒基地，争当“中国白酒金三角”排头兵。五粮液将加快建设国家级检测中心、“五粮液”工业园区、6万吨陈酿工程、五粮液文化特色街区等工程。五粮液将以打造“白酒金三角”为契机，充分运用好集团在资本、品牌、市场等方面的优势，继续发挥好行业标杆作用，引领中国白酒行业健康蓬勃发展。

1.2 泸州市

泸州市作为川南地区重点城市之一，制定并落实了《泸州市国民经济和社会发展十一五规划纲要》，明确提出将泸州市的发展定位为坚持“立足四川、依托重庆、融入成渝、拓展滇黔”的发展定位，全力实施“四个四”发展战略，建设酒业集中发展区、大力发展白酒产业，并实施“酒+N”战略，突出酒业龙头发展态势。

泸州是一座“酒以城名，城以酒兴”的城市，酒产业作为泸州四大产业的首要产业，近几年来得了快速发展，产销规模快速扩张。2012年，全市白酒产业实现产量132.2万千升，同比增长15.1%；完成销售收入619.7亿元，同比增长32.6%。其中泸州老窖销售收入已经达到250.5亿元，较去年同期增长49.7%。郎酒集团实现销售收入110亿元，同比增长9.4%。26户酒类“小巨人”企业累计实现销售收入79.8亿元，增长24.5%，产业集群快速成型。截至目前，全市在建和建成的涉酒综合产业园区面积超过1万亩（1亩≈666.67平方米，全书同）。2012年，泸州酒业集中发展区累计完成投资107.4亿元；累计入驻企业已达112家（白酒企业48家，包材企业36家，三产企业28家），累计引进投资61.13亿元，实现产值和服务性收入210.2亿元，较去年同比增长31.8%。交易中心累计引入会员数173家，累计实现交易总额41.5亿元。

泸州坚持以白酒产业为支柱产业，一方面做强泸州老窖、郎酒两大龙头，另一方面扶持以18户酒业“小巨人”为代表的重点规模企业，凭借长达7千米的天然储酒洞库和多达10万亩的有机高粱种植基地，运作泸州酒业集中发展区，整合泸州酒业上下游资源，倾力打造“中国酒谷”。这不仅使泸州成为“中国白酒金三角”的最核心，也将为“白酒金三角”未来的发展增添更多的核心竞争力，成为“中国白酒金三角”最具持续发展潜力的中坚力量。

1.3 仁怀市

2009年9月，仁怀市委四届五次全体（扩大）会议通过了《关于扎实抓好茅台镇环境整治及城镇规划建设工作的决定》，明确了抓好茅台镇环境整治及城镇规划建设工作的指导思想、总体目标、主要任务和战略措施。同时，以“会议决议”的形式，要求该市各级各部门在当前和今后一个时期，把加快推进茅台镇环境整治及城镇规划建设工作纳入重要议事日程，认真编制整治规划，全力做好居民搬迁安置，着力完善配套基础设施，扎实抓好知识产权保护和生态环境保护建设，力求从根本上改善茅台镇环境状况，逐步解决长期影响国酒茅台生产发展的突出问题，进一步提升茅台镇对外形象，巩固国酒茅台核心竞争力，努力打造世界名酒之都。2012年，茅台集团实现产量33 000多吨，销售额实现352亿元，根据市场情况，2013年，茅台集团力争实现销售额增长18%，达到416亿元。

1.4 发展现状

“中国白酒金三角”概念提出以来，四川省先后组织了多次大型活动：“中国白酒金三角”暨郎酒名镇建设启动仪式、上海世博会四川活动周“中国白酒金三角”特色宣传活动、中国白酒金三角——酒都宜宾·五粮液文化特色街区开工仪式、中国白酒金三角·绵竹酒城建设暨剑南老街开街仪式等。“白酒金三角”的建设已成为助推川酒发展的新引擎。

四川省将继续推进名酒名镇建设，举办了“中国白酒金三角高峰论坛”，成立中国酒类流通协会等。同时，通过成立“中国白酒金三角”连锁经营发展有限公司，与六大川酒名企结成战略联盟，依靠构建名酒特供专卖体系进行渠道模式和产品结构的细分和创新，开辟全新的高端白酒渠道专卖特色定制产品，让各大名酒中的特色名品通过“中国白酒金三角”这一高端名酒“集结号”的形式来区分和建立六大名酒全新的高端消费市场。“中国白酒金三角”品牌连锁项目相继在湖北、海南拉开。各地也以各自酒业优势为特征，举行了各类与酒业发展相关的博览会，继续扩大“中国白酒金三角”在区域内外的影响力。

2 “中国白酒金三角”产业合作模式分析

白酒产业集群能够成为区域品牌和企业品牌成长的重要载体，而区域品牌和企业品牌的提升又将进一步推动产业集群发展，二者之间形成良好的互动。各地区白酒产业的合作可以在很大程度上带动农副产品加工转化，推进农业产业化，促进农民增收，加快新农村建设，产生巨大的经济效益。

“中国白酒金三角”三地都以白酒为核心产业，必然存在竞争，行政壁垒是需要突破的一大难题。为了减少内耗，各地在发展过程中应结合自身特色进行统筹发展。所以，“中国白酒金三角”地区应实现资源共享，更大限度地发挥产业集群优势，加强相互之间的合作，通过实现差异定位，提升各自竞争力，实现白酒产业的升级。

2.1 差异化定位，特色化发展

随着近几年白酒行业的快速发展，白酒企业之间竞争激烈。如果不进行资源整合，盲目竞争，必然造成资源的浪费，彼此制约，实行差异化战略是解决问题的根本办法。差异化战略的提出是避免盲目竞争，是实现产业合作模式的基础。在差异化战略优势的基础上，三地进行差异定位，利用“中国白酒金三角”这个平台，形成一个白酒生态共生机体，构建白酒企业间合作竞争型企业共生组织，以合作竞争替代对抗竞争，克服各白酒企业之间产品同质化问题，打造白酒行业的合作竞争共生体，并在合理的收益分配模式下，激励创造更多的合作剩余。

五粮液因以五种粮食为原料而得名。它酿造的水取自岷江江心，水质纯净。五粮液的《陈氏秘方》提炼出小麦、大米、糯米、高粱、玉米五种粮食作为酿制五粮液的原料，从而规避了其他白酒用单一的粮食或两三种粮食为原料酿酒风味单一、口感欠佳的不足，所以味觉物质比其他白酒丰富得多。

泸州老窖具有独特的风格，关键在于发酵的窖龄长，是真正的老窖。随着窖龄的增长，酿出的酒其品质也不断提高。百年老窖酿成的酒才被认为是合乎理想的佳品美酒。

茅台酒是我国传统民族工业中拥有自主知识产权的最优秀的民族品牌之一。享有“国酒”的地位。近百年来，在世界历史的舞台上多次获奖，是酱香型白酒的代表。

根据三地白酒的特点，五粮液可在多粮型浓香型白酒市场占据优势；泸州老窖在单粮型浓香型白酒、窖池文化上打出特色。茅台则发挥“国酒”优势，专攻酱香型白酒市场。

2.2 研究行业标准，共建标准化体系

白酒以独特的色、香、味、格而受到广大消费者的喜爱，与白兰地、威士忌、伏特加、朗姆酒、金酒并列为世界六大蒸馏酒，但为什么中国白酒很难走出国门，其主要原因是产品生产、质量、包装等环节大多缺乏系统化、标准化的体系支撑，甚至没有中国白酒鉴定标准，无法在众多国际品牌的竞争力稳定自己的地位。直至2009年年底，酱香型、浓香型、清香型、凤香型、米香型、豉香型、兼香型、老白干香型、特香型、芝麻香型分标准技术委员会才批准成立。我国白酒业的硬件设施和管理标准与国家食品卫生标准差距

还很大，标准化体系不健全，基本没有相关技术标准；标准的出台实效很差，新标准不新；行业技术标准发展不平衡，跟不上行业技术的发展步伐等种种原因，也严重影响了白酒行业的健康发展，阻碍了白酒行业的技术进步和产品更新。

标准化方方面面的研究、推广工作繁琐而艰巨。白酒行业的各相关方应该携起手来，化解分歧，达成共识，通过“企业标准化—国家标准化—国际标准化—企业标准化”这一工作循环，来加强标准实践中的信息反馈和改进提高，共同促进中国白酒标准化的发展、完善与提高，最终形成统一的国内市场。中国白酒标准化之路，任重而道远。

白酒金三角涉及的主要企业有五粮液、泸州老窖、茅台、郎酒、剑南春、水井坊、沱牌及四川的其他二线品牌，但从香型的角度主要有茅台、郎酒的酱香型和五粮液、泸州老窖等其他品牌的浓香型白酒。区域企业共同制定、完善和最终严格执行《浓香型白酒质量标准》《酱香型白酒质量标准》将更好地保证该区域产品的质量，区域品牌的打造，质量的标准化是前提。国际经济技术快速发展的今天，中国的白酒标准化应从全球的角度找准自己的位置，确立自己的立足点，才能顺理成章地与世界经济接轨，顺势将我国传统的白酒推向世界，将民族特色工业发扬光大。

2.3 共建原料基地，确保品质提升

“粮”是酒之肉，川南优质糯红高粱是酿造白酒的最好原料，是确保川酒品质的重要因素。目前四川各大名酒企业已陆续建设自己的原料基地，此举既有利于保障企业的产品品质，又能带动地方农业产业发展，还可帮助农户增收致富，从而实现政府、企业、农户“三赢”结局。国内名酒均离不开高粱，酿酒原料质量的好坏很大程度上决定了产品最终的优劣。近年来高粱需求量逐年增加，特别是随着白酒业的发展，酿酒用高粱供需矛盾加剧。

宜宾市委市政府规划了江南经济产业带，加大高粱种植的投入，加快科技推广，使宜宾高粱种植再掀高潮，广大科技人员不断探索，成功地发明了“再生高粱”“宿根高粱”技术，使农民种植投入大大减少；通过开展集中示范和核心示范，带动全市酿酒高粱基地在新品种、新技术、新模式等应用上全面提升，标准化生产水平远超往年。

泸州市农业部门高度重视酿酒专用高粱产业基地建设，狠抓高粱生产。泸州老窖2000年提出了建立有机原粮基地的战略，采用“企业+政府+公司基地+农户”的模式，进行了有机高粱基地的建设，悉心栽种出了不使用任何人工合成化学品、最适合浓香型白酒酿造的有机高粱——川南糯红高粱。通过龙头企业带动，率先实现城乡一体化、工业农业园区化、村落居民近郊旅游化，一二三产业联动化，以及“产学研、贸工农”一体化，用工业的理念发展现代农业，探索一条“以城带乡”“以工促农”、统筹城乡发展的新路子，以此带动2012年泸州70万亩，四川200万亩高粱基地建设，促进高粱产业化发展。

仁怀市在高粱生产布局调整、生产标准制定、有机认证和产业化发展等方面，取得了可喜成绩，走出了一条“示范区建设带标准化生产，以标准化生产提升质量和效益”的发展路子。仁怀市质监局建立健全跟踪管理体系、生产标准体系以及产品质量监测和评价认证体系，把高粱生产的产前、产中、产后各个环节纳入标准生产和标准管理的轨道。实行订单种植、最低保护价合同收购，保障农户利益；实行绿色、有机、标准化生产管理，确保茅台酒有机原料品质。

由上可见，“白酒金三角”三地都以大型名酒企业为依托，各自发展高粱基地，从高

梁种植规模、品种选择、质量管理等都取得了一定的成绩。但三地的各自为政，无法发挥资源优势，大大增加了人力、资金等方面的重复投入，造成重复建设和浪费。所以，三地需要站在“金三角”区域的整体需要出发，展开优质酿酒高粱基地规划。特别是加强优质酿酒高粱基地建设，争取纳入农业部农业发展规划，争取更多的政策支持。由于高粱被国家列为小杂粮，投入严重不足，四川省农科院水稻高粱研究所人员少，经费少，高粱良种繁育工作滞后，各大酒企业应该共同出资建立研究所。以大型白酒企业为龙头，带动更多中小型白酒企业的加入，不断提高良种生产水平，积极支持白酒生产企业开展高粱有机原粮基地建设，实施订单生产，增加农民收入，不断提高酿酒质量。

2.4 产学研合作，强化科技能力

白酒是一种传统生物工程产业，因此日益发展的现代生物技术为其技术改造提供了很好的契机。目前白酒工业现代科学技术研究的主要内容包括：固态发酵微生物学和工程学理的研究，微生物代谢途径和风味物质调控规律的研究以及采用细胞工程、基因工程和代谢工程等现代生物技术手段实现微生物代谢途径和风味物质调控，应用酶工程等生物技术手段认识、改造传统白酒的生产技术等。另外，计算机应用技术、纳米技术等也有所利用。而目前各种技术还处于研究中，少部分技术在实力较强的白酒企业才开始逐渐运用，各类高新生物科技技术的运用还需要较长一段时间。针对“金三角”现状，我们可以通过从三个方面逐渐过渡：

2.4.1 加强酒类示范基地建设，带动酒业科技普及与应用

通过政府搭台、企业唱戏的模式，加强建设白酒标准化生产示范基地、生态白酒示范基地、白酒工业园示范基地、工业化（白酒）旅游示范基地等。联合四川省农科院、西南农大等高校正致力于高粱育种、种植、栽培的国家级示范基地，通过示范基地建设来带动科学技术的运用。

2.4.2 推动白酒技术研究中心建设，促进酒业科技可持续发展

依托五粮液、泸州老窖组建“浓香型白酒技术研究中心”，茅台、郎酒组建“酱香型白酒技术研究中心”，联合组建固态酿造领域国家级工程技术研究中心，在白酒产业固态酿造过程全面科技领先与创新，从而促进白酒酿造企业生产、研究等科技能力可持续发展。推进国家白酒产品质量监督检验中心项目建设。对中国白酒金三角地区白酒产业链提供质量保证。

2.4.3 借力区域高校科研，产学研合作共建酒业科技联盟

为推动酿酒行业技术创新体系建设，白酒企业需要更多地和地方高校合作，创造出一条符合白酒行业发展需要的新的产、学、研合作模式。以技术创新项目为载体，采取多样化、多层次的合作形式，实行资源共享，成果共享，优势互补，风险共担。四川省省级白酒产业科技创新联盟已经建立，可以借助这个平台，与全国一些高等院校，科研单位，如：清华大学、上海交大、江南大学、四川大学、重庆大学、四川理工学院、中科院、中国食品发酵研究院、四川省食品发酵研究院等建立了广泛的产学研联盟，使川酒的科技创新能力处于同行业领先水平。

2.5 联合攻关，共同实现产业机械化

中国传统白酒生产方式的巨大改变对白酒生产的机械化水平提出了更高的要求，白酒产业的机械化技术改革已经迫在眉睫。我国设备制造业以及白酒设备制造业的崛起为中国白酒机械化发展奠定了物质基础，部分机械加工装备水平已达到了发达国家相应水平。通过与白酒企业的合作，更多地熟悉和了解白酒行业的机械化需求，从而，将其他机械设备加工企业渗透到白酒机械加工行业中，带动了相关产业的机械化进程。食品、饮料、啤酒、医药等先进的设备加工企业近年来通过我们行业引进或合作开发白酒相关设备也为我们白酒行业机械化发展提供了技术参考。

"中国白酒金三角"的白酒企业与机械加工企业都有强烈愿望：白酒生产技术、设备改良必须创新；包装机械化、自动化程度必须提高；原料收贮、原料加工处理、原酒贮存、勾兑调配、仓储等工段必须向机械化、大型化发展；计算机辅助控制管理技术必须有所突破和加强。

提升"中国白酒金三角"酿造机械化、自动化、智能化水平，满足白酒行业机械化创新发展的需求，需要集"金三角"全部白酒企业的力量和智慧。我们需要挑选区域内有较大影响和技术水平较高，并愿意为此做出努力的骨干白酒企业，同时挑选在食品、饮料、白酒设备加工和科研方面领先的，有意愿为此投入科研力量的设备加工企业共同组成专项研究组织，进行技术攻关，切实研究出符合中国白酒技术和产品质量要求的白酒机械化装备，从而加快白酒产业机械化创新发展进程。

2.6 规范市场竞争，同创健康消费模式

社会发展的现状告诉我们：白酒市场正在发生着变化，消费方式、消费群体正在发生巨大转变。而白酒快速增长的背后，产品设计相互模仿，产品称谓混乱，年份酒等称谓更是随处可见，竞争手段层出不穷，促销方式更是让消费者眼花缭乱，广告战、包装战、品牌战、价格战、实力战，步步升级，更重要的是产品生产缺乏监管，产品质量有很大的隐患。

满足消费者的需求是企业永远追求的目标，抓住消费者，扩大、培育消费群是白酒全行业共同的利益和目标，行业应该减少在传统消费领域的恶性竞争，团结一致引领行业健康发展，相互抄袭产品理念、营销方式、产品风格、包装设计等恶性竞争的现象必须要遏制。

"白酒金三角"区域内白酒品牌众多，要规范市场，保障市场良性竞争，促进白酒行业的健康发展，共同做大、做强白酒产业。任何一家白酒企业的不法行为，欺骗、愚弄消费者的行为都将会给整个区域的白酒企业带来不利影响，白酒行业企业是一个整体，是一荣俱荣、一损俱损的关系。增强促进产业发展的使命感，联合起来，共同打造行业的良好形象，维护产业的共同利益，在发掘酿酒历史文化内涵、创新营销方式、开拓市场和强化品牌建设的同时，还必须要加大对白酒产业认知的正面宣传，加强和各目标消费者之间的理念沟通，积极倡导科学、健康的白酒消费方式，拓展白酒更大的生存空间，以此来促进白酒产业良性、可持续的发展。

2.7 统一观念，共担酒原料环境保护责任

我国白酒一般采用固态发酵法，这种方法发酵周期长，要经过选料、制曲、发酵、蒸馏、储藏、勾兑等一系列的工艺，这些工艺都与环境都息息相关。其中，原料的好坏依赖于自然环境，地区环境直接影响高粱的生长和质量，高粱减产或质量下降等从来源发生的问题对每一个酒企业都将是无法弥补的损失。随着近几年白酒产业的扩张，“白酒白酒金三角”主产地的人口密度、大气污染、水、土资源短缺等矛盾正逐步显现，严重制约了区域白酒产业的进一步健康发展。

近年来，“中国白酒金三角”地区内的规模型白酒企业逐步发展循环经济，重视节能环保，但仍有相当一部分中小型白酒企业对此认识不足或尚不具备能力。节约资源，走科技含量高、经济效益好、资源消耗低、环境污染少的路子，是坚持和落实科学发展观的必然要求，也是关系我国经济社会可持续发展全局的重大问题。白酒行业即使受到传统工艺的特殊性限制，也应该在节能增效、清洁生产、“三废治理”方面积极探索，综合各方力量，从全局出发，最大范围地采取工业化处理设施，杜绝环境污染。

2.8 挖掘名酒文化，开发旅游产业

酒产业可带动机械、包装、旅游等多个产业的发展，而“中国白酒金三角”地区同时也是旅游文化相对有特色，并相对集中的区域，以龙头酒企业为核心，形成规模化的产业链和产业集群，与国内外的旅游市场、资金、人才、客流进行有效对接，“中国白酒金三角”将拉动该区域旅游文化产业以及绿色农业、配套工业、民俗文化等其他相关产业的快速发展，迅速增强地方经济实力，优化产业结构，提升产业层次。

然而，多年来，“中国白酒金三角”地区所在三个城市各自为政，注意自身旅游资源的特色打造，而忽略了以“酒”为核心的文化旅游、地区特色旅游开发，导致区域产业整体优势无法发挥。因此，“中国白酒金三角”地区可以“打造特色酒文化旅游”为主题等方式合作开发旅游资源，相互借鉴，相互协作，促进旅游产业可持续发展，与白酒产业相辅相成，相互支撑，共同发展。比如：

2.8.1 *五粮液*

五粮液集团目前正在规划“酒都宜宾·五粮液文化特色街区”。以五粮液为主的国际白酒文化展示与交流平台，其形象定位为城市绿色会客厅、滨水新城示范区。规划区沿旧州路形成南北纵向延伸的城市发展轴，延续旧州城区城市机理，穿越影视文化基地，引导片区发展。结合城市发展轴，在片区中部自西向东打造“酿酒工艺作坊体验区”“大酒商影视戏剧城”和“酒类产业总部基地”三大功能核心。保留场地内部原有的旧州塔和自然生态景观，至西向东依次打造“香醇溢酒坊”“沉醉戏无忧”“煮酒论英雄”及“辞赋举圣贤”四个故事段。

专门打造的特色酒文化项目主要包括：酒圣祠与酒圣广场、五粮液广场、白酒金三角广场、白酒精品街、制酒工艺体验街、酒文化博物馆、酒文化影视基地、白酒总部办公基地、白酒品牌发布及会展中心、酒家一条街、酒文化艺术工作室、酒文化主题园、名酒苑等。

2.8.2 茅台

茅台镇集厚重的古盐文化、灿烂的长征文化和神秘的酒文化于一体，被誉为“中国第一酒镇”，是茅台酒的故乡。茅台镇以“国酒”为切入点，全力打造世界旅游名镇，带动全镇经济的快速健康发展。

仁怀市提出利用茅台原生态山地小镇、商业古镇、红色革命老区、酒业经济重镇等现有资源，围绕区位优势，不断挖掘旅游资源潜力的发展思路。仁怀市坚持“规划先行、突出重点、梯次递进、改旧建新”的原则，加快旅游基础设施和景点景区配套设施建设，加强旅游市场综合治理，不断提高旅游服务质量，优化旅游环境，为打造世界旅游名镇奠定基础。仁怀市将着力解决茅台镇旅游发展的“行”“看”“游”“住”等问题，精心设计推出重温红色历史，瞻仰革命烈士，鸟瞰茅台全境，体验地方品牌文化魅力的旅游精品线路，努力打造具有浓烈人文、地理特色的茅台世界旅游名镇游。

2.8.3 泸州老窖

泸州老窖旅游区继2004年获首批“全国工业旅游示范点”、2007年获“中国民间文化遗产旅游示范区”等荣誉后，2009年4月，泸州老窖旅游区被批准为国家4A级旅游景区，这标志着以泸州酒文化旅游的核心区域——泸州老窖旅游区的建设和管理均上了一个新台阶。

泸州老窖旅游区有蕴藏中国浩瀚渊源酒史文化的国窖1573广场、科技含量突出的安宁科技工业园、独特洞藏文化的天然储酒洞——纯阳洞、具有川南民居风格的中国第一个白酒生产加工配套产业园区——泸酒集中发展区等生产、观光现场。国窖1573广场还有酒史陈列室、天下第一酒道场、文思风流的龙泉碑记和省级重点保护文物——龙泉井以及风格独特的酒史浮雕图、文化长廊、参观走廊、船山楼，还有可供游客嘉宾闲游休憩的庭院楼阁，有品评国窖1573原窖酒、中华酒道表演、现场灌装旅游纪念酒、购物消费等丰富多彩的旅游项目供社会各界广大游客品鉴参与。

2.8.4 郎酒

从“二郎名酒名镇”，到“名酒名园名村”，泸州市打造白酒区域品牌、实现“三化联动”的着力点，最终通过“中国酒谷”这一品牌，与“中国白酒金三角”紧密衔接，按照白酒文化来设计。郎酒准备在天宝洞、地宝洞的上方，将天然的人和洞开辟出来，供游客们跟着勾酒师傅学习调酒，打造一种体验式旅游文化。

未来的二郎镇将建设露天剧场、修建歌剧交响音乐厅、艺术与音乐学院，打造新城镇公园、游泳池广场、度假中心，建设高层住宅、总部办公室、郎酒博物馆、酒厂体验馆、酒厂员工俱乐部、健身俱乐部等。同时加入少数民族文化元素，未来的小镇现代与传统结合，将变成一个全新的特色文化小镇，成为川南知名的以“酱香酒文化旅游”为特色的优势景点。

综合以上“白酒金三角”中四大名酒所在地的酒文化旅游资源优势，在大力提倡“工业旅游”的当代，各白酒企业利用酒文化资源打造旅游产业，对“金三角”区域具有深远历史性、垄断性且不可复制。这种资源整合可以让人们走近久闻盛名的各大名酒企业，去亲眼看看千百年流传下来的酿酒工艺流程，去亲身体验谷物是如何转化酿造成白酒，在旅游中学习了解博大精深的中国酒文化。围绕各大名酒产业所在地区，可衍生推出一条条不同内容的旅游线路：三国文化与酒文化的旅游线路，民族风情与酒文化的旅游线路，美食与酒文化的旅游线路，绿色生态与酒文化的旅游线路，红色旅游与酒文化的旅游线路，让游客们在欣赏美景的同时，品尝美酒，其乐融融，乐而忘返。旅游资源的整合，旅游路线的设计将使得该区域的旅游产业有更进一步的发展，也必将推进其他关联产业的迅速发展。

3 “中国白酒金三角”产业升级途径

改革开放以来，中国白酒产业进入了健康发展时期，由传统的小作坊企业、国有小酒厂，逐渐发展成长为全国知名的大型白酒企业。规模不断扩大，品牌不断塑造，产品类别更加丰富，标准化逐步建立，渠道更加完善，营销手段不断创新。白酒企业创造了一个又一个的奇迹。但同时，产业也面临着诸多挑战：第一，大量洋酒进入，对白酒的发展构成挑战；第二，白酒产业内部竞争激烈，产品同质化越来越严重，价格战的趋势日趋明显，广告投入也占据营销费用较大比列；第三，市场拓展还需加强，渠道方式还有待开发与创新；第四，产业自身发展仍然存在障碍，产业技术的开发不够，还有大批零散的酒厂无法实现规模化运作，制约着白酒产业的发展。

白酒产业目前投入高、对环境也有一定的污染，环保意识较差、扣除高额的人工费、广告、入场费等各类营销费用，企业效益越来越低。许多小规模作坊企业自产自销，无法实现专业化与规模化，产业内部分工还不明确，制约着白酒产业的持续发展。经济发展客观规律决定了“中国白酒金三角”只有不断推进产业升级，才能在更高的平台上实现又快又好的发展。

产业升级的中心可以包括价值环节内在属性和外在组合两个方面的变动，这两方面都连接在同一链条中或不同链条之间相互关联中。全球价值链所关注的产业升级主要落实到以下四个具体方面：工艺流程升级、产品升级、产业功能升级和链条升级。工艺流程升级是指通过提升价值链条中某环节的生产加工工艺流程的效益，由此达到超越竞争对手的目的。产品升级是通过提升引进新产品或改进已有产品的效率来达到超越竞争对手的目的。产业功能升级是通过重新组合价值链中的环节来获取竞争优势的一种升级方式。价值链条升级是从一条产业链条转换到另外一条产业链条的升级方式。产业升级一般都依循从工艺流程升级到产品升级再到产业功能升级最后到链条升级。此外，产业升级过程中有一点是可以肯定的，就是随着产业升级的不断深化，也是参与价值链中实体经济活动的环节变得越来越稀少的一个过程。这从一个侧面说明了全球产业转移实际上是高低不同附加值的价值环节，在空间上的一次优化调整和再配置。

根据白酒产业的现状和特点，白酒产业的升级将主要针对价值链的升级，更好地进行产业分工，做大做强优势产业，实现产业更加合理化、科学化、现代化。那么，我们可从以下几个途径实施：

3.1 规范整顿，强化白酒产业内部分工与外部整合

中国白酒产业具有高度闭合的生产特点，其原料、酒体、酒质、酒文化等方面在区域乃至县、市之间的差异性极强；而在区域内部，大家却都采用相同的原料、相似的工艺，生产出同一香型的白酒，而在加工、酿造、贮存、运输和营销等环节都没形成企业间的分工协作关系。除了原材料、包装、物流等外，无论是大企业，还是小酒厂，或大而全，或

小而全，大家各有生存之道，基本体现不出成本降低、规模优势、效率竞争的集群化特征。在生产环节内向整合不足的情况下，外部整合意义也不大。从白酒行业的配套产业发展来看，粮食种植、加工、包装和物流，都已经走向高速分化发展，已经形成比较完善（虽然并不高效）的产业链条，白酒产业与这些产业的空间集群化意义有限，难以形成叠加创新发展效应。

因此，处于白酒产业区域核心位置的“中国白酒金三角”中的各白酒企业，应在更加优化内部分工，整顿生产流程、找出具有优势生产环节的基础上，了解其他各类相关产业的需求，相互整合资源，利用局部优势的聚集，达到节约生产成本，提高生产效率，让企业集中资源优势，真正发挥出企业的品牌优势、技术特长。让大而全或小而全的局面改变，真正形成企业的竞争力，区域竞争力，推进“金三角”区域产业的升级。

3.2 优化环境，稳步推进原料基地建设

各酒企业应积极响应“中国白酒金三角”相关战略，以规划布局为引领，加强环境治理，保障原材料高质高量提供，为白酒工业发展创造有利条件。

（1）加强名优酒所在地环境保护和治理。在规划范围内制定环境保护办法，抓好退耕还林工作，全面整治煤炭、小造纸污染。严禁高污染、高耗能企业入驻。在核心保护区推广无磷洗涤剂和有机肥及无公害农药，减少居民生活及农用水污染。对酿酒废水，各地政府要制定相关措施，协调有关部门，尽快落实治理办法。

（2）鼓励白酒企业开展节能降耗和资源综合利用。引导和鼓励企业采用新材料、新工艺，降低物耗、能耗，节约用水，开展废物处理与资源回收的综合利用。

（3）同步推进专用优质原料基地标准化建设。加快制定原料基地建设规划，采取“企业+基地+农户”等基地建设模式，培育和扶持优质高粱、小麦种植原料基地建设，积极推进原料基地的规模化生产，扩大农户种植规模，保障名优酒对原料的需求。建立高粱的生产与收购体系，加强粮食系统仓储建设，保证原料收购与储存。

3.3 立足区域核心，全面激励关联产业发展

以白酒产业为核心与龙头的“中国白酒金三角”地区，有着得天独厚的产业关联优势，因此，要积极鼓励区域内发展塑料包装材料、彩印、酒瓶、瓶盖等关联行业，支持配套企业的发展，加快形成“金三角”白酒产业发展的配套产能。同时，依靠酒类产业资源整合组建集酒类产业科、工、贸（包括酒类终端商品、产业会展、酒类生产的原材料、辅助材料、酒类生产机械、工具、酒类包装等的酒类产业专业市场）为一体的酒类产业经济开发区，形成具有全球影响力的酒类产业一站式采购中心，达到区域产业航母腾飞的目的。

3.4 深化产学研，有力推动白酒产业技术创新

科技创新是“中国白酒金三角”取得产业发展的核心，将创新驱动战略作为白酒及关联产业发展的行动指南，加大科技投入，搞好白酒企业科研机构和科研队伍建设，建立健全酒类科技成果发布机制，实现协同创新发展，建立长效对接机制，完善服务平台，强

化政策扶持力度，进一步促进白酒产业的健康持续快速发展。

同时，充分利用与高校的产学研平台，加强高校、科研院所酒类企业的对接，深入开展科研合作，加强企业与高校及科研机构在酒类技术、人才、信息、投资和融资等方面的交流与合作，构建白酒产业技术区域创新体系，最大限度满足白酒生产企业发展的重大技术需求，促进酒类科技成果转化，推动项目的合作和实施，促进“金三角”区域白酒产业的进一步提升，达到合作共赢的目的，从而打造“中国白酒金三角”的核心竞争力，从而促进该区域酒类产业结构调整和优化升级。

3.5 构建渠道，加强“中国白酒金三角”品牌推广

“中国白酒金三角”区域中的核心三地，应积极利用各种时机，各类平台，举办酒类产品博览会与商贸会，扩大对外影响力和市场知名度，实施区域整体营销，创建地域品牌。抓住四川省委、省政府“打造长江上游名酒经济带”和“打造中国白酒金三角”等战略机遇，积极开拓国际国内市场，组织四川白酒生产企业参加川酒品鉴推介活动，参加国外各种国际食品博览会，赴境外举办产品推介和产销对接等，加速川酒国际化。

举办面向世界的“川酒文化节”，通过产品及酒具展示、项目洽谈会、酒文化论坛等活动挖掘川酒的历史文化底蕴；同时为解决川酒营销薄弱环节，打造川酒营销总部，推进川酒营销总部在中心城市聚集、制造基地在生产加工成本较低的区域布局；充分发挥白酒企业带头作用，培育“四川名酒十大酒业园区”，扩大“中国白酒金三角”品牌影响力。

3.6 创新机制，大幅提升白酒产业从业人员整体素质

由于白酒产业本身的特殊性，以及社会各界长期以来对白酒产业的轻视和误解，导致白酒行业吸纳高素质人才，尤其是管理、营销类人才的能力较弱。作为“中国白酒金三角”的名优白酒企业，应该在人才引进、培养和储备等方面大胆创新，各企业都要努力培养出能够应对竞争和挑战，具有较强合作意识的人才队伍。

与高校相关专业联合办学，共建教学计划，共研人才培养机制，共同制订白酒行业人才培养方案，通过内培外训、长育短培、挂职兼职、考察学习等多种方式，抓好从白酒酿造工人、白酒营销人员到白酒企业经营管理者等一系列白酒行业不同岗位相关人员的知识、技能、素质、能力培养培训，以期改变白酒行业从业人员长期以来无标准、无规划、无限制、不稳定的从业状况，大幅度提升白酒产业从业人员整体素质。

3.7 推陈出新，有效引领白酒行业消费观念升级

随着国内经济发展水平的提高，包括农村市场在内，正出现新一轮消费理念的升级。对白酒而言，“少喝点，喝好点”的观点已经为更多消费者所接受。人们越来越多地用文化“层次”更高、更健康的产品来表达个人的情感和作为社会交往的工具。消费者消费越来越理性，对产品的品质、口感等更加看重，这也要求白酒企业及时推陈出新，不断提升产品品质来满足消费需求。

“中国白酒金三角”各企业应积极顺应并引领这场消费升级运动，以消费需求为中心，不断提高产品质量和档次水平，满足消费者新的酒品消费观念需求，创新和开发适合

于新时代消费者品味的白酒产品，不断引领整个白酒行业消费新观念的产生与形成。

3.8 政企合作，保障白酒产业快速升级

"中国金三角"区域内白酒产业应继续坚持"政府扶持、企业主导、市场化运作"的原则，充分利用好政府的资金与政策支持，保障白酒产业快速升级。

3.8.1 资金支持

政府提供和利用好"中国白酒金三角"专项资金，采取补助和贴息两种支持方式，对以政府推进为主开展的品牌培育及保护、宣传推广及市场拓展等项目，采取无偿补助方式；对企业自主开展的研发、技改等项目，采取贷款贴息补助方式。

同时，集合社会资源，加大信用担保、银行信贷支持力度。积极争取担保公司为白酒企业技改投资提供大额贷款信用担保，市、县级担保公司也要为白酒工业发展提供担保，对名优酒发展中做出突出贡献的商业银行，市政府将按照关于新型工业化考核奖励办法予以奖励。鼓励和支持有条件的白酒企业上市，增强白酒企业在资本市场的融资能力。

3.8.2 政策支持

由政府提供平台，积极组建白酒企业战略联盟，签订政府战略合作框架协议。制定出台对名优酒企业在科技创新、技术改造、保护知识产权等方面的相关政策措施，为白酒产业发展、区域品牌建设提供有力的政策支持。完成"中国白酒金三角"区域品牌注册，注册区域性的商标，设计原产地保护标志。

定期召开白酒产业发展研讨会，深入白酒企业调研，协调解决白酒企业发展中遇到的重大问题，增强工作的前瞻性、主动性、创造性和调控能力，确保全面完成各项目标任务。

整顿和规范白酒市场秩序。对无照或有证无厂房、制假贩假、侵害名优白酒企业知识产权的企业依法取缔。加强对小酒厂和散酒的管理，确保饮用安全。集中力量开展打击制售假冒品牌酒行动，维护好名优白酒品牌。要把整顿规范白酒市场秩序工作和工商、质监、公安等部门的日常行动结合起来，在打假和维权方面实现新的突破。进一步规范酒类市场管理，促进白酒市场健康发展。

提供各种优惠政策吸引投资，促进企业发展。地方政府通常在土地、税收等方面，制定相应的优惠政策，积极采取有效措施，尽可能满足白酒企业的各类需求，为产业集群的发展与升级创造宽松的环境。

3.8.3 结束语

综上所述，在四川省委省政府"中国白酒金三角"区域发展战略的宏观指导下，泸州、宜宾、仁怀三地如能在把握各自优势、打造独特品牌的基础上，更加努力地从酿酒生产基地、科研科技能力、白酒行业标准化建设、相关产业与价值链的细分等多方面进行产业合作，在各地政府的政策、资金的大力支持下，助推产业相关度提升，促进产业升级，将会使"中国白酒金三角"区域的综合实务大幅度提升，发展势头更为强劲，成为名副其实的"金三角"。

长江上游白酒经济带酒业发展分析[①]

杨　毅[②]

1　问题的提出

酒业研究现状：当前对酒业研究方向较多，一是从中外酒文化、品牌定位、包装进行分析，如吴慧颖将中国酒文化分为物质形态、精神形态、行为形态、制度形态四大类；李德明等认为成功的白酒品牌战略规划至少要解决三个问题，即要解决“品牌现在怎么样”“品牌将来怎么样”“品牌如何由现在到将来”的问题，对白酒企业如何做大做强提出了自己的观点；熊静等从白酒包装的角度出发，阐述了白酒包装的符号价值和符号消费，由此得出了其符号价值和符号消费之间的关系。二是从酒业销售渠道进行分析，如胡飞将酒业分为高档和中低端两个大类分别建设销售渠道；董晓宇把酒业的发展分为四个阶段，渠道整合营销是其中重要一环。三是从酒业企业内部管理制度进行分析，如张书田、杜秀芳考察了六西格马管理法在国内知名白酒企业推行的效果。四是从宏观酒业管理、税收政策变化进行分析，如陈平路、刘念波整理了近年来和白酒行业相关的税收政策，然后分析了政策制定者的意图以及实施过程中的问题。五是对不同酒类进行研究，如葡萄酒、白酒、啤酒等，王富花等认为白酒经多年国家宏观政策调控和自身调节作用下已进入健康、稳定的发展道路；而啤酒呈现较快的增长；葡萄酒受西方文化的潜移默化作用，发展步幅较大。三者各自的产销均遵循一定的规律和按一定的数学模型变化。六是长江上游白酒经济带的研究。总体而言，对长江上游这一重要的白酒生产区域的研究，在四川省政府的推动下，已有部分学者将注意力放到了这里，前面涉及的各研究成果对长江上游白酒经济带的研究都有很好的参考与借鉴作用，但还缺少深入的分析和系统的研究成果。

我国白酒产业当前面临结构性调整和激烈竞争，对长江上游白酒经济带发展战略的建设和实施，是把握酒业发展机遇，创新酒业发展条件，促进酒业发展上一个新的台阶的重大举措，也是我国西南部白酒产业在地域空间方面的强强联手，实现互利共赢的先手之举。在我国酒业的发展史上必将占据重要位置。四川省政府提出了“打造长江上游名酒经济带，建设千亿元白酒产业”的战略构想，这对以酒业发展为地方经济支柱的宜宾、泸州的市县带来经济发展的良机，但省政府显然不仅想做大做强一两个白酒企业，而是想整合整个区域的白酒产业，包括贵州的茅台，以促进整体经济的提升。长江上游白酒经济带是一个较新的概念，此经济带有着悠久的酿酒历史和丰富的酒文化，还有三大著名白酒品牌

① 基金项目：四川省哲学社会科学重点研究基地、四川省教育厅人文社科重点研究基地——四川理工学院川酒发展研究中心（CJYB10-06）研究成果。

② 杨毅（1972—），男，四川内江人，博士，副教授，主要从事经济管理方面的研究。

以及众多的大、中、小白酒企业，将它们结合在一起进行分析，分析此经济带酿造白酒历史以及当地的白酒产业结构，白酒行业的发展现状，白酒行业面临的机遇和挑战，对打造长江上游白酒经济带这一概念，搞清楚此经济带的特征与发展趋势，促进西南酒业在激烈的竞争中获得更大的发展有着重大的现实意义。

另外，白酒行业的发展与其他行业的发展是紧密联系在一起的。白酒属于轻工食品类行业，在粮食紧缺的年代，是一个被严格限制的行业。直到改革开放后，粮食产量不再是一个制约因素的前提下，白酒行业终于获得了大发展的机会。由于中国酒文化的强势传承，白酒的消费也迅速水涨船高，无论从价格还是数量上都有了一个飞跃。因此，在轻工食品行业中，白酒业占的比重非常高，尤其以川贵两省非常明显。其中，贵州的经济实力相比四川更加弱，反而更突显了白酒业的重要地位。

突发事件对白酒业的影响巨大：2012 年 11 月，有媒体报道酒鬼酒中的塑化剂含量超标高达 260%，随即酒鬼酒发布临时停牌公告。据媒体报道，一份检测报告显示，酒鬼酒被检测出 3 种塑化剂成分，分别为邻苯二甲酸二（2-乙基）巳酯（DEHP）、邻苯二甲酸二异丁酯（DIBP）和邻苯二甲酸二丁酯（DBP）。其中，邻苯二甲酸二丁酯（DBP）的含量为 1.08mg/kg，而卫生部文件规定邻苯二甲酸二丁酯的最大残留量为 0.3mg/kg。这次报道最终引起了白酒业的一次地震，不仅酒鬼酒，包括茅台、五粮液等一线品牌都深受影响，销量下降，股价暴跌，直到 1 个多月后才逐渐平复。而紧接着是 2012 年 12 月中央军委发布禁酒令，禁止公务接待喝酒，这个禁令本身是为了治理三公消费，制止政府机关公款吃喝，饭桌上如果少了酒精，也可以少去醉酒，保持清醒的头脑，有助于国家反腐倡廉工作，中央军委发禁酒令对于股市也产生了影响，知名白酒品牌茅台、五粮液、洋河股份等酒业股价都有所下降。

2　研究国路与研究过程说明

2.1　本课题研究的主要思路

从白酒在长江上游地区的发展现状着手，分析白酒业面临的问题，对将来的发展趋势进行预测，为振兴长江上游地区白酒经济提出相应的对策。

2.1.1　研究视角

本课题拟采用对长江上游经济分析、对酒业行业分析、对各区域酒业分析、对龙头企业分析的四个由大到小的视角来研究和分析。长江上游经济是本课题的研究背景，白酒经济带依附于此经济背景，也对此经济带作出重要的贡献。本课题的需要解决的就是这一经济带的增长情况，将来可能达到一个什么样的状态；对酒业行业的研究可以了解行业的发展状态，它的过去、现在和将来的可能情况，将区域经济与酒业结合起来，即得到各区域酒业的情况分析，尤其是长江上游区域的酒业发展情况，而最后将视角锁定到三大著名龙头企业的研究中来，即可得到一个比较清晰而层次分明的研究结果。

2.1.2　研究的方法

本课题主要采用理论研究和实证研究的方法。在理论研究部分，先是将长江上游酒业现状进行梳理归纳，然后通过分析和推理，并建立相关的酒业区域发展模型，获得本课题的理论假设和结论。在实证研究部分，可以从理论研究部分提出的理论假设，通过亲自调查酒业企业及与消费者访谈调查等方式来进行初步验证和说明，并针对性地提出问题，解决问题。在实证研究中，本课题主要用到比较分析法。该方法是通过对不同酒企的经营策略、品牌、渠道、企业文化表现形式及企业业绩的比较，试图把握企业内在的运行规律和发展变化趋势，包括横向比较和纵向比较两种方法。横向比较是指对不同地域空间的同一酒企进行对比分析，例如本课题对长江上游区域内酒企的经营策略、品牌策略进行横向比较分析，探索其联系和区别；纵向比较是指对不同时间序列的同一企业经营模式进行比较分析，例如本课题拟对某著名酒企的经营模式进行纵向对比，揭示其发展规律和发展趋势。

2.2 研究过程

（1）项目文献资料收集：2个月。

（2）项目预调查：1个月。

对四川、贵州两省名牌白酒企业进行图书、杂志、网络信息的资料收集，获取初步研究信息。

（3）调查：2~3个月。

深入到四川、贵州两省内各知名酒企进行调研，了解酒业品牌的发展状况、发展战略。

到四川中小酒企尤其是大量向外省提供原酒的酒企进行企业调研，了解中小白酒企业的生存环境，对它们进行合理性和必要性的分析。

调查中小酒企上下游客户的各项情况，到白酒批发、销售市场了解终端市场的需求信息。分析长江上游白酒经济带的战略定位。

（4）调查报告：3个月。

3 研究内容

3.1 本课题研究的重要观点

3.1.1 长江上游酒业发展中历史文化的保留与现代企业管理的关系研究

长江上游的白酒酿造有它天然的历史文化、地理人文的积淀，但酒业的发展还必需引入现代企业管理和遵循市场规律。该地区与国内其他经济带相比并不占优势。如何将先天的文化优势与后天的管理、市场更好地结合起来，是长江上游白酒业可持续发展的重要因素。

3.1.2 区域酒业发展中联合与竞争的关系

长江上游聚集了多家国内著名的白酒企业，彼此之间既有联合，更有竞争的关系。强行消除竞争不可取，在市场经济的环境下也办不到，但一味的恶性竞争也会给彼此带来伤害。如何在竞争中联合，在竞争中共赢，协调好两者关系，促进企业与地方经济更好的发展是本课题研究的重要方面。

3.1.3 名牌企业与中小企业的发展与共存关系

长江上游三家知名酒业企业是区域内酒业龙头，而众多中小酒企是区域酒业发展的土壤。两者的关系也存在竞争与联合的关系。在区域经济的发展中，做大做强固然重要，发展中小企业，整合创新也是一个重要方面。名牌企业与中小企业的发展与共存也是本课题的研究方面。

3.1.4 白酒产量一定程度上趋于饱和

白酒产业全国市场出现饱和主要原因在于：

（1）替代产品的出现。葡萄酒、啤酒的市场份额增加，侵吞了部分市场。

（2）行业内部成本上升。从2005年以后，管理成本、市场推广成本以及渠道开辟成本暴涨。

（3）定点生产（OEM）商快速增加。从2001年开始，白酒企业的定点生产商增加很快，根据业内人士透露，平均每个白酒传统品牌（类似于五粮液、茅台、剑南春等），贴牌商已经超过其自有品牌200%以上。

3.1.5 高端白酒市场有较大发展空间

白酒行业虽然整体形势低迷，但是高端市场却在增加，有足够的利润空间吸引海外资本。高端白酒市场仍然处在增长趋势，因其资本方实力强大，经过高额资金的品牌推广轰炸，打造成了高端奢侈品的概念。在白酒产品中，高中低档白酒的产量和利润分别呈“金字塔”和“倒金字塔”形，高档酒的比例较小，约为20%，但所创造的利润却最大，约占50%多；中档白酒的比例和利润均约为35%；低档酒的比例最大，但是利润却是最小，企业主要靠低档酒占领市场，创造品牌影响。

3.1.6 白酒市场白酒种类和市场份额比例分析

目前，市场上销售的白酒主要包括两种：纯粮固态酒和勾兑酒。其中，前者按照我国白酒业独有的传统工艺，以粮食为原料，经自然发酵和高温蒸馏而成，后者则是以食用酒精为主要原料勾兑而成的新型白酒。我国白酒产品以降度酒为主流，且包装装潢水平相当精美。60度以上的高度白酒基本上已经看不见了，50~55度的白酒成为高度酒，40~49度的酒为降度酒，而39度以下的白酒为低度白酒，低度白酒的产量已经占我国白酒总产量的40%左右。

目前市场上浓香型白酒占70%左右，清香型白酒占15%左右，兼香、酱香以及其他香型的白酒占15%左右。

3.1.7 白酒企业趋于产业集中及寡头垄断的格局逐步形成

从各项经济指标来看，我国白酒生产向着大型企业集中，前20位的骨干企业的销售收入基本上占全行业的40%之多，利税占全行业的60%左右，产量约占全行业的30%。据不完全统计，不包括完全是家庭作坊式的生产，我国现有白酒企业3.7万余家，其中乡以上独立核算的白酒企业约4 700家。年销售收入500万元以上的国有及非国有白酒企业1 000多家中，大中型企业占22%，销售收入占了78%，利润总额占了96%。大、中型白酒企业以明显的优势主导着我国的白酒市场。发展大、中型企业是白酒行业的必然趋势。在1 000多家企业中，亏损企业占28.94%；295个大、中型企业中亏损企业有53个，占企业数的3.97%；国有控股企业870个，亏损企业299个，占总企业数的22.41%。从统计数据上看，全国白酒行业近1/3的企业步履艰难，困难重重，且亏损企业大多数又在国有控股企业中。对于中国白酒行业来说，两极分化可能会加剧。一般酒类企业和贴牌商市场运作方式主要有两种：一种是大手笔广告推广模式，前期投入巨资炒作品牌，然后通过知名度来吸引经销商主动找上门来进行合作；另外一种是主打终端模式，即买断餐饮终端来占领市场。这两种方式都需要投入大量的市场运作资金，对于资金不充足的品牌，就会逐渐失去自己的“领地”，而资本雄厚的企业就更加强势，这就注定了白酒在未来两极分化会更加严重。

3.1.8　白酒工艺的发展趋势及产品质量

传统白酒将进一步得到继承和发扬，采用传统固态法工艺生产的具有独特品格的传统名优酒，是我国独特的、流传几千年的文化遗产，因此，在今后的发展中，其精髓的文化内涵将继续保持，并将得到继承和发扬，同时其逐步实现生产方式与现代化技术的有机结合，也是历史发展的必然。目前，以食用酒精为酒基的液态法白酒取得了长足的发展，由于其出酒率高、生产效率高、经济效益好等优点，白酒企业不断发展与创新，使液态法白酒的产量在白酒中已占到55%以上。液态法和固液结合生产的白酒将进一步规范生产，以食用酒精为酒基的液态法白酒和固液结合生产的白酒，是20世纪五六十年代顺应国家节约粮食、降低成本而诞生的，随着行业的发展，其在数量上的主体地位将得到巩固和进一步发展，但有关液态法、固液结合白酒产品标准的修订、制订和严格管理，需要加以改进和完善，以进一步提高产品质量。净爽类白酒与世界烈性酒趋势吻合，低酸、低酯、低甲醇、低杂醇油的净爽类白酒和为适应农业产业化要求而利用苹果、山楂等水果做原料研究开发的新风格、口味的水果发酵、蒸馏白酒，作为新的白酒品种，是白酒行业发展的增长点，其适应广大消费者文化、素质的提高和卫生、安全、健康的消费趋势与世界上烈性酒的发展趋势的吻合，必将具有一定的市场发展前景，必将得到白酒消费者的喜爱。白酒产品合格率达90%以上，大中型白酒企业的产品合格率在97%以上。

3.2　长江上游白酒经济带的现状分析

3.2.1　白酒产业是长江上游区域经济的支柱产业

四川、贵州两省是长江上游白酒经济带的主要构成部分。两省政府都高度重视白酒文化的发掘传承和白酒产业发展。

表1　　2010年四川省白酒行业与轻工行业主要经济指标对比

行业名称	企业数	主营业务收入		利税总额		利润总额	
	全年（家）	全年	增减	全年	增减	全年	增减
		亿元	%	亿元	%	亿元	%
全行业	4 201	6 063.35	35.82	815.05	47.45	418.02	49.25
白酒制造	257	1 056.80	33.09	261.33	54.32	151.86	60.22

2010年四川省257户规模以上白酒企业实现销售收入1 056.8亿元，占全省轻工业行业全部销售收入的六分之一；实现利税261.33亿元，占全省轻工业行业全部利税总额的三分之一；其中利润151.86亿元，占全省轻工业行业全部利润总额的三分之一强。从表中看，白酒行业占据四川省轻工行业的重要位置。

四川是“长江上游名酒经济带”“中国白酒金三角”等概念的提出者，有很强的经济利益作背景，目的是利用酒业的发展来带动区域经济。加上四川所积淀传承的独特的酿造工艺和独具地方特色的白酒文化，四川白酒产业发展情况良好，已成为省内千亿产业和重要支柱产业。如今，川内拥有多家国内一线名酒企业，以及200多家规模以上白酒企业。在品牌、产量等方面已在国内占据较明显的竞争优势。

表2　　2010年贵州省白酒行业与轻工行业主要经济指标对比

行业名称	企业数	主营业务收入		利税总额		利润总额	
	全年（家）	全年	增减	全年	增减	全年	增减
		亿元	%	亿元	%	亿元	%
全行业	1 024	807.1	17	326.7	18%	149.6	15%
白酒制造	66	209.2	16.7	115	30%	92.95	28%

2010年贵州省66户规模以上白酒企业实现销售收入209.2亿元，占全省轻工业行业全部销售收入的四分之一；实现利税115亿元，占全省轻工业行业全部利税总额的三分之一；其中利润92.95亿元，占全省轻工业行业全部利润总额的三分之二强。从表2中看，白酒行业在贵州省轻工行业的地位更加重要。2010年贵州的白酒利税额中的70%都由茅台一个品牌获得，更凸显了茅台酒品牌对贵州经济的支柱作用。白酒产业在贵州省的经济意义更加重要，贵州省政府则明确表示，到十二五末，省内白酒产业总产值争取达到500亿元的目标。

3.2.2　长江上游白酒经济带发展迅速，优势明显

酒业的发展离不开地域所在的环境和河流等。我国在已形成多个白酒经济带，唯独长江白酒经济带独占鳌头，依托得天独厚的自然条件形成其有竞争力的名酒集群效应。在整条长江水系中，上游的川黔占尽天时地利的优势，对全国酒业产生了举足轻重的影响。一般而言，水系上游的自然条件和水质往往比中下游的要好，诞生名酒的数量也更多。长江中下游酒企业在自然条件和水质的优势就小很多，不足以与上游媲美。比起长江上游白酒经济带，黄河流域在酒业酿造与酒文化方面更加历史悠久，可是目前仅有西凤、汾酒等二线品牌，不足以形成竞争优势；淮河白酒经济带接近东部人文、经济发达地区，酒文化资源丰富，但知名白酒中除了洋河和古井贡能担纲领衔以外，其他白酒都在艰难度日。加之近年来淮河流域污染严重，更影响了此区域酒业的发展。除此之外，珠江、海河、辽河、松花江这四条流域形成的白酒经济带都不足以形成气候，出产的白酒只能在当地叫得响。

表3　　四川省白酒产量五年增长表

主要产品	2010年	2005年	五年累计增长
白酒	229.8万千升	58.7万千升	291.48%

表4　　贵州省白酒产量五年增长表

主要产品	2010年	2005年	五年累计增长
白酒	16.04万千升	11.84万千升	35.47%

表 5 全国白酒产量五年增长表

主要产品	2010 年	2005 年	五年累计增长
白酒	895.5 万千升	335.94 万千升	166.45%

3.2.3 长江上游白酒经济带垄断了中国高端白酒市场

中国高端白酒市场被茅台、五粮液、国窖、水井坊、剑南春等少数品牌寡头垄断，其中五粮液和茅台占据高端白酒市场绝大部分份额，2010 年主营业务收入分别达 400 亿元和 130 亿元。而中低端白酒市场则有数万家中小酒企进行残酷竞争。低端酒利润微薄，很多面临亏损。

3.2.4 高端白酒品牌的“赢者通吃”现象

高端白酒市场上，寡头品牌垄断市场。在白酒行业中，有这样一种说法“高档做品牌，中档做利润，低档做销量”，这点在浓香型白酒的企业经营中尤为突出。浓香型白酒的产品结构多是“高、中、低”的金字塔结构，因此，在高端白酒市场上，仅有几个全国性品牌的优势尤为突出，分别是茅台、五粮液、国窖 1573、水井坊和剑南春等几个少数品牌。在价格问题上，茅台和五粮液管控较好，二者共 3 万千升的年产销量占据了整个高端市场 75%的市场份额。对于舍得酒、青花瓷汾酒，由于其高端白酒的地位没有得到普遍的认同，市场反应较为消极，加之 2008 年的全球金融危机，经济萧条，销量马上急转直下。因为，白酒不仅仅只是一种产品，里面有丰富的酒文化内涵和人文情怀，因此，部分企业要进军高端白酒市场，是一件不易成功的事情。

3.2.5 千姿百态的白酒品牌发展战略

1. 五粮液的多品牌延伸战略和品牌瘦身战略

五粮液从 1994 年开始品牌延伸，到 2002 年，已延伸出了五粮春、五粮醇、五福液、金六福、浏阳河、尖庄等百余个品牌。通过品牌延伸，五粮液于 2002 年成功超越茅台，成为中国销量、销售金额第一的白酒品牌，并在 2003 年销量拉开第二名 4 倍以上。但大量中低端品牌在贡献利润的同时，也在削弱五粮液品牌的含金量，其在 2003 年就已感到市场的销售压力和媒体的口诛笔伐。五粮液随之进入品牌瘦身阶段，提出了“1+9+8”的品牌战略构想，即打造 1 个世界性的著名品牌“五粮液”，培养 9 个全国性名牌，包括“五粮春”“五粮醇”“金六福”“浏阳河”“尖庄”“百年老店”等，造就 8 个区域性名牌“长三角”“现代人”“两湖春”等。品牌个性清晰明确，差异定位，相互关系协调。砍掉 38 个表现不佳的低端品牌，避免自相残杀。根据目前五粮液集团网站上所公布的材料，五粮液现有 50 个白酒系列品种。

2. 茅台的单品牌战略与单品牌延伸战略

“茅台”是一个在中国酒业最具有王者资格的老品牌。茅台集团从 1915 年开始推进自己的品牌战略，从产品名牌到企业名牌，发展到全国名牌，现在已经成功地树立了“茅台”的知名形象。茅台产品从单一的五星茅台酒发展到飞天茅台及茅台系列酒，飞天茅台出口到了世界的各个国家和地区，使用的都是单一的“茅台”品牌。

茅台也搞品牌延伸战略，茅台系列的产品品种达到一千多种，有茅台不老酒系列酒、中王龙系列酒、茅乡龙系列酒、新茅乡系列酒、天赐鸿福系列酒、星级葡萄酒、茅台啤酒等。不过，茅台的品牌延伸仍是单品牌的，大量低端品牌并未给茅台带来多大市场效益，但对茅台品牌的伤害却不可忽视。

3. 泸州老窖的双品牌发展战略

泸州老窖的品牌定位经历了领先、失落、追赶三个阶段。第一阶段，在改革开放后至1988年，无论是品牌知名度、产量、产品售价，还是企业名气、效益，它几乎都在五粮液之上，是名副其实的浓香型老大。第二阶段，随着国家放开名酒价格之后。在五粮液几次提价、提升品牌形象的同时，泸州老窖的管理层却做出了“让名酒变民酒”的错误战略决策，产品价格开始与五粮液拉开差距，品牌形象也随之迅速衰落。从各项经济指标来看，泸州老窖不仅远远落后于五粮液，而且与剑南春的差距也在加大。在1999年泸州老窖推出国窖，重新杀入酒业高端品牌市场。在获得巨大的品牌效益后，2007年公司正式确定了泸州老窖与国窖共同发展，分别占领中低端市场和高端市场的品牌策略。

3.3 长江上游白酒经济带面临的制约和挑战

3.3.1 长江上游区域白酒产业的内部竞争

长江上游区域白酒企业密集，除了茅台、五粮液两家超一流选手外，能算入一线酒企的还有泸州老窖、剑南春、郎酒、沱牌曲酒、全兴大曲等，以上一线品牌的产量与销售额分别为：它们可分为酱香型和浓香型两大阵营，在区域内乃至全国范围内，它们彼此之间的竞争与替代关系都比较明显，也就是说，长江上游区域内白酒产业的内部竞争是非常激烈的。站在政府的角度，少数几家高端酒企的一枝独秀也不一定就是最好的发展结果，如果一二线品牌都能在全国这一更大的舞台上获得更多的市场份额岂不更好。因此，过于激烈的内部竞争不一定是四川、贵州政府希望看到的。

3.3.2 其他地区白酒产业的竞争

类比长江上游白酒经济带，我们还可在全国划分出多个白酒经济带，其中以黄河、淮河、长江下游等白酒经济带比较有名，它们对以四川、贵州为首的长江上游区域酒业有很强的竞争关系。尤其当四川、贵州名牌白酒跨出长江上游，进入到其他白酒经济带的区域时，遇到的抵抗与竞争势必更加激烈。文化有很强的地域性，酒文化也不例外。

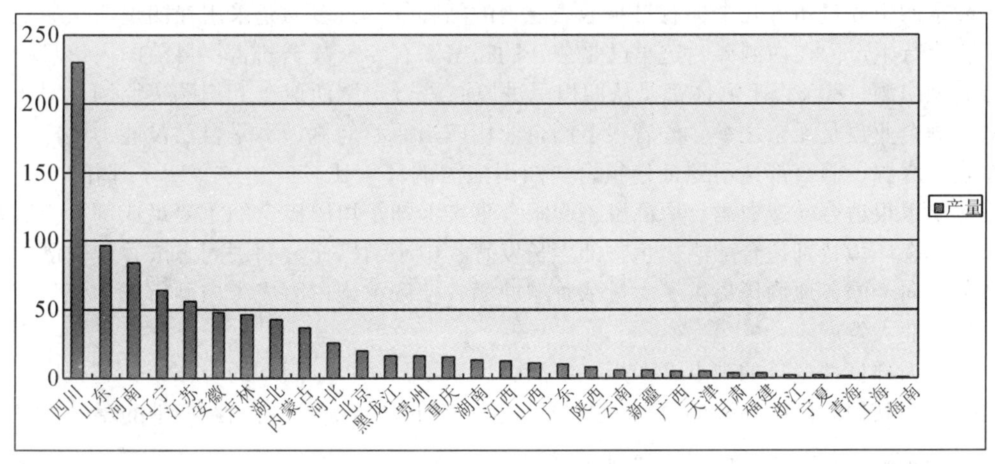

图1　2010年全国各地区白酒产量　　单位：万千升

表 6　　2010 年重点省市白酒行业规模以上企业各项指标占比情况　　单位：%

地区	四川	贵州	山东	江苏	河南	安徽	加总
企业数量	16.05	4.23	12.94	4.98	8.71	6.47	53.38
资产总额	38.19	15.47	5.63	5.82	3.67	4.48	73.26
产量	25.8	1.8	10.88	6.33	9.48	5.39	59.68
销售收入	38.78	5.9	9.27	6.1	5.79	4.68	70.52
利润总额	37.28	22.82	4.35	8.79	4.75	4.6	82.59

2010 年长江上游白酒经济带在全国白酒市场中的资产总额超过 50%，销售收入超过 40%，利润总额更是超过了 60%。进入高端白酒市场的门槛已越来越高，近年来除了洋河蓝色经典和兰花汾酒外，长江上游白酒经济带的外部竞争者仍处于较弱势的地位。

3.4　发展与振兴长江上游白酒经济带的主要对策

3.4.1　利用内部良性竞争提升经济带整体实力

从利润构成看，白酒业的利润主要来自高端白酒市场，根据一二三线酒企形成高中低端的产业分布，并通过一二线带动三线企业发展的模式，形成内部的良性竞争机制，促进白酒经济带整体实力。因为市场对象的不同，一二三线企业之间的竞争关系小于合作关系，只要建立起相应的产业链，就可以推动彼此的内部整合，如茅台镇的大企业茅台与其他中小企业之间的合作前景等。一个地区以一个大品牌带动若干中小品牌，形成合力，在保证品质的前提下，扩大高中低端市场的占有率。

而同一级别的酒企之间，应在行业协会的引导下，有意进行错位竞争，如香型的差别、目标客户的差别、价格的差别竞争等。建立健全了行业协会的引导机制，就可以在一定程度上避免区域内同级酒企的自相残杀，促进白酒经济带的整体实力。

3.4.2　通过对原酒的控制加强产业竞争优势

除了四川和贵州等几个拥有自身酿酒能力的品牌外，大多酒企采用在四川购买原酒资源，再进行生产。在白酒界，这早已是公开的秘密。有专家甚至断言：目前国内市场销售的浓香型白酒，80%以上酒体都是从四川引进原酒进行勾调而成。入川购买原酒，对于大多数白酒企业也是无奈之举。外省很多酒企业用四川原酒勾兑，不是自己没能力生产，而是粮食、水源、酒窖都达不到最佳组合。四川酿酒的环境比较好，一年四季都相当潮湿，而且水质也很适合酿造白酒。原酒虽不起眼，事实上却是川酒概念的重要组成部分。四川独特的生态环境特别适合酿酒微生物的生长发育，中小酒厂充分利用固态浓香型曲酒的生产优势，向全国各地酒厂提供了大量浓香型原酒，使浓香型白酒成为白酒市场主流，促进了中国酒业大发展。

结合内部良性竞争的观点，四川一线酒企如果加强对中小酒厂的合作，一定程度上会获得对全国其他地区的酒业的原材料控制，进一步加强长江上游白酒经济带的竞争优势。

3.4.3　加强酒文化建设以保持产业竞争优势

长江上游白酒经济带表现在外在的是长江上游白酒文化的建设，建立起长江上游白酒文化的品牌，就可以事半功倍地将区域内的优势白酒品牌更加顺利地推进到其他白酒区域内，让消费者认同长江上游是白酒文化的重要载体。相比起其他区域，利用人们感觉上游的水源更干净，四川贵州更深藏于内陆西部的心理，此区域更容易打出环保和远离尘嚣的概念，让消费者一想到长江上游就会想到青山、绿水、归隐、诗文，进一步联想到名酒、好酒。而这些概念正是其他经济相对更发达的地区所不具备的文化优势，强化此类概念正是保持对发达地区白酒产业的竞争优势的重要手段。

3.4.4 “赶车”和“占位”的竞争策略

向高档酒的集体迈进，是白酒业“赶车”最显著的特点。为了提高白酒企业的利润空间，伴随新一轮高档白酒市场消费需求增长趋势，愈来愈多的白酒企业纷纷投入新品牌开发，推出新的高档酒，以积极调整市场战略和提高牌形象，来达到激活老品牌的目的。其中效果最为明显的有“全兴集团”的“水井坊”“泸州老窖”的“国窖·1573”“洋河集团”的“蓝色经典”“西凤酒”的“陈年（包括10年、15年、30年等）西凤酒”“汾酒”的“国藏汾酒”“双沟集团”的“苏酒”等。

定点生产热，导致名酒企业集中品牌开发，亦是白酒业“赶车”的典型表现。定点生产仍然是愈来愈多业外资本进入白酒业，或者是拥有渠道、资本、人力资源优势的强势经销商试图以定点生产实现战略转型的主要方式。从目前看，白酒定点生产“赶车”现象有三个明显特征：第一，传统优势经销商以定点生产转型愈来愈多；第二，定点生产愈来愈趋向名酒厂；第三，大区域定点生产经营模式的兴起，缓解了原来盲目以全国市场为目标的定点生产经营模式，给酒厂和定点生产商带来的竞争压力。而“占位”则表现为白酒“游牧部落”的浮出水面。较“五粮液”“茅台”等全国性品牌而言，受白酒市场广泛而又缺乏根本性垄断品牌的因素影响，以“游牧部落生存方式”为标志的“区域占位”，则表现得愈来愈明显。谁能以最大化资源优势固守某一有着区位优势的市场，谁成功的机率则更大。

就“占位竞争策略表象”而言，主要表现为“区域品牌”与“全国品牌”“区域品牌”与“区域品牌”之间的“占位竞争”；亦可以是“全国品牌”与“全国品牌”之间的“核心区域占位竞争”。比较明显的是，“贵州茅台”在贵州市场可谓享有“霸位优势”；“五粮液”在四川、江苏等市场亦处于“霸位优势”。但这并没有影响这些品牌进入对方优势“霸位区域”进行“蚕食竞争”。作为五粮液核心市场之一的四川、江苏、上海、中原、华北、华南、东北等区域，“茅台”可谓是一点都没有松懈，以“健康”作为战略出发点，站在培育消费群体和逐渐渗透市场竞争的角度，明显地表现出较好的竞争优势，尽管目前不敢说具备了让竞争对手“挪位”的优势，但竞争力明显地表现出来。比如在河南、广西、山东、上海等市场，贵州茅台有很明显的增长态势。尤其是在政界、军队等高端渠道上，“茅台”已经表现出绝对的“占位优势”。而“水井坊”的“占位经验”更是高明。它以“中国白酒第一坊”和“最贵的白酒”，以及时尚与文明的资源整合手段，抢先获得了“高档商务酒市场的占位优势”。“水井坊”是“高档酒”的“颠覆者”，它打破了老百姓认识和接受中国高档白酒的固有观点，而“最贵的”区隔策略，获得了“高贵的心理占位优势”。

4　本课题创新程度

4.1　对长江上游白酒经济带进行整体分析

目前对长江上游白酒经济带作为一个经济整体进行研究还非常少。因为此区域打破了行政区划，更多从流域、气候、酒业行业的角度出发，带来一个比较独特的视角。

四川是长江上游白酒经济带概念的提出者，也是积极的推动者，四川有以下几个理由想把此概念变为具体的收益：①先发优势。四川长期是白酒生产和消费最为集中的地方，酿酒历史悠久，是浓香型和酱香型白酒的发源地。财税收入比例高，是重要财源之一。②自然优势。四川盆地的气候、土壤、水质、微生物等各项因素为酿造优质白酒提供了得天独厚的生态环境。③产业集聚优势。四川有各类白酒生产企业 8 000 余家，约占全国的20%。除了一二线品牌集中之外，大量中小酒企在全国酒业市场中仍占据举足轻重的地位。

而贵州方面却不一定对整合长江上游白酒经济带有相同的兴趣。一则贵州的茅台更多体现的是一枝独秀的格局，二则贵州的中小酒企无力与四川的酒企全面竞争。如果整合，在二三线酒企的利益方面，贵州的确缺乏信心。

因此，如何整合长江上游白酒经济带，而不是将它仅仅停留在一个概念上，是本课题的主要研究方向。

对白酒业的研究更多着眼于企业本身，而对地方经济的促进研究较少，长江上游地区白酒经济带是一个较新的概念，白酒业的发展对此经济带是否有意义，占有多大的比重，未来可能做出多大的贡献也是本课题研究的目的。

4.2　将长江上游白酒经济带内的主要白酒品牌进行对比和分析

茅台、五粮液、泸州老窖是中国高端白酒品牌的三大寡头，对它们的研究比较多，但将三者进行对比分析的很少。将三大品牌的发展战略进行梳理是本课题研究的重点。

4.3　对高端白酒品牌的发展过程的分析和高端白酒集中度分析

我国高端白酒品牌是从改革开放之后逐渐发展起来的。在改革开放之初，各知名酒企大都保持着国营企业的机制，产量少，价格低，品牌意图不明显。传统名酒有一定的品牌优势，如茅台、汾酒、泸州老窖、剑南春等。随着市场的开放，白酒业迅速出现分化，五粮液异军突起，茅台稳步发展，而汾酒等品牌却逐渐沉沦。到今天，高端市场已被少数品牌垄断，并由此决定了整个国内白酒业市场的基本态势。

在白酒行业激烈的品牌竞争中，市场份额向名优企业集中的趋势越来越明显。从2000年开始，白酒产业市场集中度连年上升，到2007年前六名白酒企业分别是五粮液、茅台、剑南春、泸州老窖、汾酒和洋河大曲，合计占白酒销售收入的30%。2009年上半年，贵州茅台、四川五粮液、泸州老窖的净利润分别高居食品饮料行业的前三甲，净利润分别是27.90亿元、16.05亿元和8.52亿元，同比增长24.59%、23.83%和14.90%。如今的白酒行业出现份额集中化，全行业20%的企业占据了80%的市场份额，随着市场竞争的加剧，一线品牌将继续加大其扩张力度，抢占市场，而二三线品牌的市场空间将会被压缩，同时，随着消费者的健康消费意识和消费能力的提高，高知名度、高美誉度、高品质的白酒已经成为商务人士的首选。因此，随着竞争的加剧和生活水平的提高，高端白酒市场的集中度会越来越高，市场份额也在趋于集中化。

5 问题思考与不足

（1）对长江上游地区白酒业的层次分析还不是非常深入。长江上游白酒业是国内发展得较好的区域，而层次是非常重要的。

（2）长江上游白酒经济带与其他行业的竞争与合作关系没有分析，而白酒行业涉及食品业，从更大的范围看，还属于轻工业的领域。白酒业的发展不能和其他行业完全分割开来。长江上游白酒经济带的轻工业发展完全可以成为一个新的研究课题，有自身的发展规律，在这方面，本课题的研究不多。

（3）长江上游酒业发展中历史文化的保留与现代企业管理的关系研究。长江上游的白酒酿造有它天然的历史文化、地理人文的积淀，但酒业的发展还必须引入现代企业管理和遵循市场规律。此地区与国内其他经济带相比并不占优势。如何将先天的文化优势与后天的管理、市场更好地结合起来，是长江上游白酒业可持续发展的重要因素。

（4）中国白酒市场的容量问题。中国白酒市场的容量有它自身的发展规律。在20世纪90年代后期达到一个峰值后，在本世纪初有一段下降期，并未严格与经济发展同步。而在2008年世界金融危机爆发后，中国白酒市场的容量反而又有一个迅速的增长，重返20世纪末的峰值。而未来中国白酒消费者的需求变化非常难以把握，也是非常值得研究的课题。

（5）在新一届政府的限酒令的影响下白酒产业的发展问题。新一届政府的限酒令对2013年的白酒市场造成了一定的影响，类似情况在未来的发展过程中一定还会遇到。而白酒产业在此类突发事件的影响下如何发展也是一个非常值得研究的问题。

（6）长江上游白酒经济带如何开拓国际市场的问题。长江上游白酒经济带在国内有较强的竞争优势，但在国际市场的开拓方面，我国的白酒产业还处于较弱的水平，与白酒生产与消费大国的身份严重不符。在国内市场渐趋饱和的背景下，开拓国际市场是酒业发展的一个重要方向。

参考文献：

［1］吴慧颖，张秀军，张晓．对中国酒文化的内涵、形态与特点的探讨［J］．学理论，2010（5）．

［2］李德明，周祥胜．中小白酒企业品牌战略规划解析［J］．华东经济管理，2007（1）．

［3］熊静，徐人平，王坤茜．白酒包装中符号价值与符号消费的关系［J］．陕西科技大学学报：自然科学版，2009（6）．

［4］胡飞．酒行营销策略探讨［J］．商场现代化，2010（36）．

［5］董晓宇．白酒销售中的营销策略解析［J］．酿酒，2010（7）．

［6］张书田，杜秀芳．运用六西格玛管理法全面提升白酒质量［J］．酿酒科技，2011（4）．

［7］陈平路，刘念波．白酒行业税收政策评析［J］．酿酒，2004（5）．

［8］王富花．白酒、啤酒、葡萄酒产销特性及应策［J］．酿酒科技，2003（4）．

［9］钟杰，胡永松．对建设长江上游白酒经济带的思考［J］．决策咨询通讯，2009（4）．

［10］胡承，陈义轩，杨霄．打造白酒原料基地促进区域经济快速发展［J］．四川农业科技，2011（1）．

［11］黄永光，刘杰．中国白酒金三角发展战略分析［J］．酿酒科技，2010（8）．

［12］吴思．从机会导向到战略导向：对我国企业多元化战略的再思考——以五粮液集团为例［J］．经济与管理研究，2010（3）．

［13］田官平，刘彬．品牌建设和渠道建设的匹配关系——探索“中国·酒鬼酒专卖店”发展之路［J］．现代经济，2009（2）．

［14］徐发乔，黄建波，刘洪桂，等．重庆诗仙太白酒业集团营销渠道博弈分析［J］．重庆三峡学院学报，2007（3）．

［15］中国轻工业联合会．中国轻工业年鉴［M］．北京：中国轻工业出版社，2011：159-162．

［16］四川省经济委员会．四川工业年鉴［M］．成都：四川科学技术出版社，2011：342-360．

［17］胡承，钟杰，胡永松．对建设长江上游白酒经济带的思考［J］．决策咨询通讯，2009（4）．

［18］杨丽萍．长江上游名酒经济带：中国白酒的心脏［J］．酒世界，2011（06）．

［19］陈义轩，杨霄．打造白酒原料基地促进区域经济快速发展［J］．四川农业科技，2011（1）．

［20］王德明．我国高端白酒市场潜力分析及品牌群落结构解析［J］．中外食品，2006（02）：27-29．

［21］陈霞．五粮液营销战略分析［D］．北京：清华大学，2005．

［22］赵正．中国白酒的“入奢”迷途［N］．中国经营报，2012-02-27（C12）．

［23］王恺，等．中国白酒文化密码［J］．三联生活周刊，2012（12）：47．

［24］“中国企业成功之道”五粮液案例研究组．五粮液成功之道［M］．北京：机械工业出版社，2011：67．

白酒文化资源整合与开发

基于规制路径的川酒文化资源整体开发研究[①]

苏　奎[②]

摘要：本课题以“川酒文化资源”为研究对象，并将其置于“规制”的理论范畴，基于“特色资源整体开发”的研究视角，围绕“规制”导向构造文化资源向现实生产力转化的战略，在策略层面探索规制路径下川酒文化资源整体性开发的助力路径，意在建构川酒文化资源力同区域经济发展之间协调共生关系，将相关产业的发展导向可持续发展的路径。

关键词：白酒文化资源；规制；整体开发

1　导论

1.1　本课题省内外研究现状评述及选题的意义

1.1.1　相关研究现状及评述

酒是人类文明构造不可或缺的元素。“酒与伦理道德和社会规范相结合，融入社会生活，形成了历史悠久、蕴含深厚、内容独特的酒文化”（王志芳，2010）。它是对酒发展历史的积淀、精炼、传承与不断创新。

通过文献检索，现有的研究成果可资本课题借鉴的有三：①酒文化的内涵的界定。“酒文化以酒为物质载体，以酒行为为中心的独特文化形态，它涵盖了物质、精神、行为和制度形态”（吴慧颖，2010）。从行为范畴看，“酒文化包括造酒的文化、饮酒的文化和酒具的文化”（余洪，2009）。而且由于酒文化本身的社会历史性，酒文化具有明显的区域性特征（李蓉，2011；李艳君，2009）。从制度经济学的角度，归纳酒文化的三重境界，强调酒“道”精神的观点，则是暗合了时代的和谐主旋律（胡骄键，2010）。②酒文化的资源性界定。现有的理论研究强调酒文化资源的系统地位、社会功能和经济功能。“酒文化在传统文化中占有其独特的地位，它表现为酒俗文化、遗迹文化、工艺文化、酒具文化和文艺等类型”（万辉，2006）；酒“承载着特殊的社会功能，酒文化作为一种习俗文化，对促进和谐发挥着积极的重要作用”（何秀贤，2011）；“酒文化渗透到社会生活中的各个

---

① 基金项目：四川省哲学社会科学重点研究基地、四川省教育厅人文社科重点研究基地——四川理工学院川酒发展研究中心（CJY12-34）研究成果。

② 苏奎（1974—），男，四川简阳人，硕士研究生，副教授，主要从事制度经济学方面的研究。

领域，它对人的思想、行为产生深远的影响”（赵永桂，2009）。③酒文化资源的开发利用问题。类似的研究强调酒文化资源在促进城市经济发展中的平台作用（石柱君，2010）；认为酒的生产和消费创造了科学技术知识的积累，促进文化繁荣和人际关系文明（李映发，2009）。针对川酒文化资源的研究则突出历史性和酒资源在区域经济开发中的作用。在区域经济发展问题的研究上，以宜宾、泸州等为代表，在酒文化资源的开发利用及其在相关产业经济发展的运用问题上，进行了较为具体的研究。

上述成果对深入研究酒文化资源的整体性开发利用具有一定的借鉴意义。同时应该看到，在区域经济范畴，酒文化资源的开发利用在实践上存在一定程度的乱象；经济运行的自由主义导致资源开发缺乏“整体性”和“合理秩序”，并由此丧失效率，造成社会福利水平的损失。另一方面，现有的理论研究尚不能应对这种源于经济实践的诉求。因此，从特色文化资源整体开发的研究视角，探索资源有效开发利用的路径和组织实现模式，将是此类问题研究的重要发展方向。

1.1.2 研究意义

本课题以“川酒文化资源”为研究对象，并将其置于“规制”的理论范畴，基于“特色资源整体开发”的研究视角，围绕“规制”路径构造文化资源向现实生产力转化的有效组织模式，理论无论是在研究的视角选择、解决问题的研究路径和实现形式等研究方面，都表现出明显的前瞻性和创新性价值。

川酒文化资源的整体开发以产业的健康发展为直接的价值取向，对川酒文化资源整体开发问题的解构，也需要以白酒产业为重要依托来展开。然而白酒产业（竞争性产业）中存在的种种乱象，反映出类似的竞争性产业发展在新阶段面临的新问题。以“新规制”思路为导向，以新的产业治理理念为指导，将对现实的产业发展和关联文化资源的有效开发，产生极强实践指导价值，并具有重大的政策含义。

1.2 本课题研究的基本思路、主要内容、基本观点、工作思路和研究方法

1.2.1 本课题研究的基本思路

课题以科学发展观为指导，以和谐与可持续为理念，运用分类规制和系统整合的分析框架，力图创新川酒文化资源问题研究的新视野，开辟川酒文化资源有效开发的新路径和新模式，基本思路如下（见图1）。

1.2.2 课题研究的主要内容和基本观点

1. 主要的研究内容

（1）对川酒文化资源整体性开发的内涵界定。包括以下基本内容：第一，川酒文化的资源性界定；第二，川酒文化资源整体性开发的边界问题（经济地理边界和文化构造边界）；第三，川酒文化资源整体性开发立论视角和价值取向。

（2）对川酒文化资源开发的经验实证。包括以下基本内容：第一，川酒文化资源的构造问题；第二，以川酒产业为载体的实体文化发展的绩效研究；第三，以关联组织和制度为核心的川酒文化资源建设发展绩效研究；第四，以关联的观念意识形态为内核的川酒文化资源建设发展绩效研究。

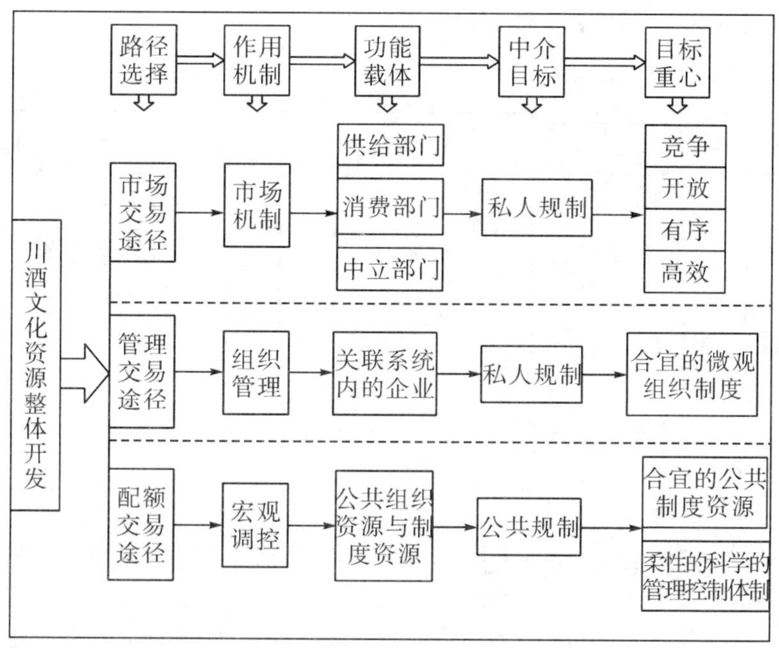

图 1　川酒文化资源整体开发路径示意图

（3）对川酒文化资源整体性开发与规制的理性逻辑。包括以下基本内容：第一，规制的必要性解释；第二，规制的内涵与结构构造；第三，规制对川酒文化资源整体性开发的作用机理，即有关逻辑的说明。

（4）规制路径下川酒文化资源开发的基本思路。

（5）规制路径下川酒文化资源整体性开发的助力路径。在资源与区域经济发展中探索其彀合机制，从而使资源力与区域经济发展之间形成共生关系，将相关产业的发展导向可持续发函的路径，并切实引导产业发展方式的转型。

2. 基本观点

（1）川酒文化的资源性界定，是川酒文化资源整体性开发的认识前提。强调川酒文化资源开发的整体性，需要在指导思想上突破在“政府”与“市场”间“非此即彼”的传统思想。

（2）川酒文化资源具有整体性和多层次性，实现对川酒文化资源的整体性开发，需要进行与这种层次相适应的路径选择，并形成规范资源开发行为的长效约束机制。

（3）规制路径的选择具有现实的经验基础，具有必要性、重要性和紧迫性。同时，川酒文化资源整体性开发和层次性，决定了规制路径的多元化，并强调不同路径之间在同一问题上的系统整合。

（4）在规制路径下，私人规制和公共规制具有不同的主体性和作用机制，但不同性质的规制之间并不存在从属关系。

（5）川酒文化资源整体性开发的“规制路径”具有不同于传统“管制”的内涵，它是针对竞争性产业的新型产业治理思路，是具有“自强化”机理的有机作用模式。

（6）规制路径下川酒文化资源的整体开发需要实现管理力量、市场力量和第三方力量的有机整合，其目标是实现资源利用与资源自身建设发展的协调，促进资源利用问题上目标利益的多元化及有效共生。

1.2.3 课题研究的基本思路和研究方法

1. 本课题研究的基本思路和工作途径

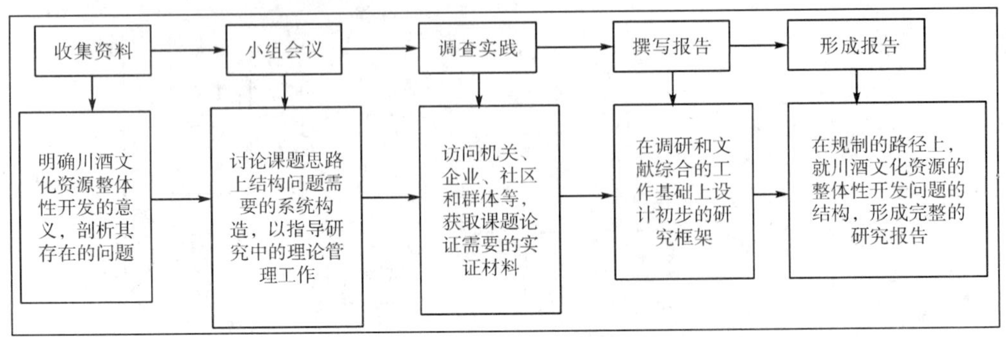

图 2

2. 本课题的主要研究方法

①理论抽象与经验实证相统一；②运用经济模型分析，构造川酒文化资源开发的有机框架；③综合运用了规制经济学、系统论、制度经济学、行为经济学和区域经济学等相关理论，深入考察规制路径下川酒文化资源整体开发利用，使课题的论证理论扎实、工具丰富。

1.3 本课题的创新点、重点和难点

1.3.1 课题创新点

（1）以川酒文化资源整体开发为研究对象，突出和服从于区域在资源上的禀赋特征，在强调川酒文化资源整体性的同时，探索实现资源整体开发利用的条件模式。

（2）将川酒文化资源的整体开发置于“规制”的路径之下，既切合了当前白酒产业发展的阶段现实，又突破了在“规制”问题上传统的路径依赖，从而保障了在理论研究视角创新的同时，将解构文化资源问题的路径选择导向一种全新的思路。

（3）基于川酒文化资源整体性开发，协调了“市场与政府”，“私人规制与公共规制”之间的关系，形成了体现和谐性与系统性的治理理念。

（4）在解决问题上贯彻分类规制系统整合的思想，实现更具代表性和理性的实践路径。

1.3.2 课题的重点和难点

（1）课题重点：①川酒文化资源整体性开发的规制路径及系统关系研究；②川酒文化资源整体性开发的实践路径创新研究。

（2）课题难点：①川酒文化资源整体性开发的经验实证；②川酒文化资源整体性开发的实践路径创新研究。

2 对川酒文化资源整体性开发的内涵界定

2.1 资源及其内涵的界定

对资源内涵的合理界定需要历史性的探究，而这种历史性的分析将会提供资源范畴界定所必需的阶段性标准，为资源禀赋问题的讨论提供前提和依据。在实际的理论研究中，关于资源内涵界定的演变过程，正反映了这样的历史性拓展。

对资源内涵的初始定位停留在资源物的属性上。这一阶段上大致趋同的资源观是重视资源本身的财富性。与之相适应，资源被界定为“由人发现的有用途和有价值的物质。”它不仅包含了对资源“物”的内容历史性的考察，而且强调了资源的财富性。当然，这种对资源内容的研究，静止地指向了自然资源，存在形而上的局限性。

马克思提供了判定什么是资源的生产力标准，并由此形成了关于资源内涵认识的系统思路，即资源是“财富形成的诸要素”。这种解释摆脱了在资源定义上形而上的缺陷，为资源内涵的界定提供了足够的容纳力，保障了资源内涵无限延展的可能性，在抽象的层面提供了对资源内涵最一般共性的高度概括，揭示了资源的实质。由此，资源被定义为一切可被人类用于创造财富的财富。这种财富广泛地存在于自然界和人类社会中，是自然存在与人类生产活动再造物的综合体，是人类社会赖以存在和发展的基础。

在资源被作为财富形成的要素之后，其内涵的界定便不再羁于形式，并表现为包含有形形态与无形形态的现实构造。有形资源是生产（即财富创造）中物的元素，是财富创造的基础，并作为无形资源（精神元素）实现向现实生产力转化的依托；而无形资源是财富创造中的精神元素，通常以物质资源及其开发利用的成果为载体，并蕴含其中。有形资源的基础性地位，不会因社会历史发展阶段的转移而丧失，无形资源的地位和作用则会不断得到凸显和强化。

当我们在特定区域经济地理范畴讨论资源问题时，关于资源内涵的抽象便获得了具体的表现；实际上，对资源内涵的释义如果离开了区域的约定，也将会变得毫无意义。历史和现实的因素决定了区域资源的现实构造，这种构造反映着区域经济发展一定阶段上潜在的禀赋条件，决定着之后的选择。这种选择则决定并影响着区域资源禀赋开发与区域经济发展之间关系相互协调的状态或质量。

对资源状况和素质的研究涉及资源（要素）禀赋问题。资源禀赋是指生产要素的素质和状况，也就是对一个特定地区或国家所拥有的生产要素的综合评价，资源禀赋状况是一个国家或地区发展经济的基本依据之一（张金桥，2005）。在区域经济发展与区域内产业的发展中，资源禀赋及其结构的提升具有重要性。经济发展不是少数几个资本密集型产业鹤立鸡群式的发展，而是所有产业资本密集程度的提高。只有资源禀赋结构的提高，才可达到这个目标（林毅夫，1999）。显见地，资源建设与合理有效的开发对经济的发展具有重要性。

如何有效地管理和最大限度地利用地球上的资源是人类面对的最大挑战。[①] 在全球化

① ［美］阿兰·兰德尔. 资源经济学——从经济角度对自然资源和环境政策的探讨［M］. 施以正，译. 北京：商务印书馆，1989.

的视角，资源问题与人口问题、粮食问题和环境污染问题（生态平衡问题）交织在一起，并成为理论研究的焦点，为陶醉于高增长、高消费“黄金时代”的西方国家敲响了警钟，揭示了传统经济增长模式中蕴含的尖锐矛盾，呈现传统发展道路的不可持续性。①

2.2　文化的资源性

如前所述，无形资源是财富创造中的精神元素，通常以物质资源及其开发利用的成果为载体，并蕴含其中。有形资源的基础性地位，不会因社会历史发展阶段的转移而丧失，无形资源的地位和作用则会不断得到凸显和强化。将文化上升为一种资源是理论研究的一致趋势，文化资源开发与区域经济发展关系成为理论研究的重要取向。从文化的资源性认识到文化资源的产业化运作和区域经济发展，成为理论研究普遍遵循的逻辑思路。

文化资源是人类劳动创造的物质成果及其转化。按历史性标准，文化资源可以分为文化历史资源和文化现实资源，其中文化智能资源是关键。② 文化资源赋予了文化传统，文化资源越丰富，文化传统便越深厚。文化体现出的“软力量”与文化资源密切相关，它不仅同文化资源的状况联系在一起，更重要的还在于同文化资源的开发利用所产生的社会价值和经济价值有关。文化资源是文化产业发展的重要条件和基础，丰富多彩的文化资源不仅能够为文化产业的发展提供最直接的保证，而且能使文化产业的发展获得最坚实而深厚的文化根基，为文化产业的可持续发展提供更大的可能性。③ 文化资源是一种经济现象，具有经济价值，能引起物品和服务的不断流通；它是继物质、人力、自然资本之后的第四种资本。④ 文化资源具有生产力属性，它是一种生产文化产品和提供文化服务的能力以及文化资源在非文化产品生产领域中的作用。在产业发展诸要素中，文化与自然资源、生态环境、历史基础等要素一起，是不可或缺的基础性要素，又以其乘数效应渗透于劳动力、资金、技术等牵动性要素与制度性要素之中，成为产业发展的强大驱动力。

在资源禀赋视角的比较中不难发现：自然资源禀赋的先天性使得区域禀赋存在客观差异，并且不能借助低成本的投入来改造其现实格局；因有效累积而形成的诸如资本、制度和技术等社会性资源禀赋，也并非不可模仿、学习和改造；唯有文化资源以其地域性、历史性和其赖以存在的现实构造的差异性，使其具有不可复制性。精炼的文化资源是传统历史文明的传承与升华，是历史传统与现实相碰撞的产物；完善适宜的文化资源载体，在经济社会的运行中创造价值，促成核心竞争力。文化资源禀赋成为个性化的新型资源禀赋形态，是一种价值观的复归与升华。文化资源禀赋不能通过简单的横比来判断其优劣。社会生产力发展导致经济的消费性特征日益明显，文化借助于其得体的载体创造日益不菲的价值。而事实上任何发展程度的文化都蕴含了社会历史性、区域差异性和现实支撑，从而使文化资源本身存在差异必然性，而这种差异成为构造一种新型资源禀赋优势的根本依据。而且可以肯定的是，无论是高度发达状态下的现代文明，还是最为粗鄙而原始的文化，文化精髓及其载体的整合，都足以表现“尺有所短，寸有所长”的优势，并成为区域经济发展可供开发利用的文化资源禀赋。

---

① ［美］丹尼斯·米都斯，等．增长的极限——罗马俱乐部关于人类困境的报告［M］．李涛，王智勇，译．吉林：吉林人民出版社，1997．

② 吕庆华．文化资源的产业开发的文化资本理论基础［J］．生产力研究，2006（09）．

③ 张胜冰．文化资源与文化产业［M］．长沙：湖南文艺出版社，2008．

④ 吕庆华．文化资源的产业开发的文化资本理论基础［J］．生产力研究，2006（09）．

2.3 川酒文化的资源性界定

酒是一种文化，同时也是一种资源。探寻人类的发展足迹我们会发现，人类与酒有着不解之缘。不同的民族尽管历史文化不同，生活环境不同，生活方式和风俗习惯迥异，但都在自己的发展演进中发明和制造了酒，像著名的法兰西白兰地、苏格兰的威士忌、中国的白酒、俄罗斯的伏特加等。① 无酒不成礼、无酒不成欢、无酒不成宴、无酒不成事，中国人的生活自然也离不开酒。② 酒与伦理道德和社会规范相结合，融入社会生活，形成了历史悠久、蕴含深厚、内容独特的酒文化。③ 酒文化作为一种特殊的文化形式，在传统的中国文化当中占有其独特的地位，它表现为酒俗文化、遗迹文化、工艺文化、酒具文化和文艺等类型。④ 酒文化渗透到社会生活中的各个领域，由酒而产生出的观念、习俗、文学、艺术乃至精神，无不对人的思想、行为产生深远的影响。⑤ 酒是一种文化的载体，酒在中国承载着特殊的社会功能，酒文化作为一种习俗文化，对促进人与人的团结和睦和人自身的身心和谐发挥着积极的重要作用。但是，酒的负面效应不容忽视。可见，酒文化作为一种资源，无论是从历史还是立足现实的角度来看，都具有举足轻重不可替代的地位，它势必成为支撑产业发展的重要资源。

酒文化资源⑥的开发以产业的健康发展为直接的价值取向，解构酒文化资源开发利用的问题，需要以白酒产业为重要依托来展开。但是应该看到的是，在以白酒产业为主要依托的白酒文化资源开发利用过程中，尚存在种种乱象（天价酒、塑化剂、公款消费以及种种失灵现象），反映出类似的竞争性产业发展在新阶段面临的新问题。这些问题的存在，一方面导致酒文化资源的开发利用陷入矛盾重围并导致不可持续性；另一方面也表明了酒文化资源⑦的开发利用不可避免的“条件性”。

有效地开发利用酒文化资源以推动区域经济的发展，需要建立这种文化资源开发利用上合理有效的秩序。经验证明，这种秩序无法在单纯市场自发的条件下得到建立。在市场经济条件下政府管制是一种内在要求。⑧ 因此，在酒文化资源的开发利用中引入“规制”成为必要。基于这种判断，在市场交易、管理交易和配额交易的路径上，建设私人规制和公共规制相结合的规制体系，将为区域经济发展中酒文化资源的有效开发提供保障。以“规制”思路为导向，将对现实的产业发展和关联文化资源的有效开发，产生极强的实践指导价值，并具有重大的政策含义。

---

① 吕蒙．伏特加对俄罗斯民族的深刻影响［J］．北方经贸，2010（05）．

② 何秀贤，庄小将．中国酒文化承载的社会功能——和谐社会视角下酒文化建设问题研究之一［J］．中国集体经济，2011（03）．

③ 王志芳．《诗经》中的酒文化［J］．滨州学院学报，2010（02）．

④ 万辉．酒文化旅游资源类型分析——以中国白酒为例［J］．社会科学家，2006（03）．

⑤ 赵永桂．五粮液酒文化的内涵与现实意义［J］．中华文化论坛，2009（04）．

⑥ 酒文化是以酒为物质载体，以酒行为为中心的独特文化形态，并在广义和狭义的层面进行了解构，概括了酒文化的物质、精神、行为和制度形态。

⑦ 这里的酒文化资源主要针对的对象是白酒。做这样的范围界定，旨在将酒文化资源问题的研究与我国修旧的酒文化相结合，与现实中该产业发展的主导势力相结合。

⑧ 李义平．市场经济与政府管制［J］．宏观经济研究，2001（1）：30-32.

3 川酒文化资源开发的经验实证

3.1 巴蜀酒文化的历史源起

古代巴蜀时期的酒文化已十分发达，历经千载而不衰，正如西晋张载《酒赋》中所吟："物无往而不变，独居旧而弥新，经盛衰而无废，历百代而作珍。"泸州老窖、宜宾五粮液、绵竹剑南春、成都全兴、邛崃文君等美酒，饮誉中外，雅俗共赏。无论在国宴盛会，或是燕居小饮，无不"启封香溢惊四座""才饮一盏即醺人"。四川佳酿名扬四海，香飘万里，是中华民族酒文化的一枝奇葩。

古代巴人善酿清酒。《华阳国志·巴志》记其诗曰："川崖惟平，其稼多黍，旨酒嘉谷，可以养父。野惟阜丘，彼稷多有，嘉谷旨酒，可以养母。"《水经注·江水》："江之左岸有巴乡村（今奉节云阳间），村人善酿，故俗称。郡出名酒。"盛宏之《荆州记》也说："南乡峡八十里有巴乡村，善酿酒，称'巴乡酒'。"1959年在不远的忠县井沟发掘出青铜时代的巴蜀遗址，出土的铜、卜骨、腐烂的小米和陶器中，有完整的陶角杯40余件，口径约8厘米，高约21厘米，无疑是饮酒器具。还发掘出陶窑一座，窑内烧造的陶器以角杯为主，达200余件，可见当时以黍、稷、粟酿酒饮用之盛。清酒，按郑司农注《周礼·酒正》讲，乃"祭祀之酒"，贾公彦疏曰："清酒……冬酿接夏而成。"一般的醪糟酒是"冬酿春成"，所以清酒是一种久酿而成，含酒精度较高，味厚，滤去糟滓，澄清的好酒。这种巴乡清酒的醇厚在唐代也颇负盛名，杜甫有诗赞美道："闻道云安曲米香，才倾一盏醺人，乘舟取醉非难事，下峡销愁定几巡。"

历史上比较有名的川酒发祥地，大都分布在四川东部盆地以内，而且沿着盆周山区底部边缘形成一个U字形分布地带。这个U形地带的外圈西起广元、江油、绵竹、灌县、邛崃一线，向南经过乐山、犍为、宜宾、泸州、合江，然后向东延伸到重庆、涪陵、万县和云阳；它的内圈西起绵阳、德阳、广汉、成都、彭山、眉山，南过荣县、自贡、富顺，东连合川、广安、渠县乃至达县，构成一条逶迤千里，十分壮阔的经济锁链。更为有趣的是，如果从泸州、合江两点通过叙水、古蔺和赤水、仁怀，把川酒分布与贵州西北部赤水河流域的黔酒分布连接起来，你会惊异地发现，在祖国大西南的地图上，伫立着一只标准的高脚大酒杯！

它以赤水河流域的酱香型国酒茅台、郎酒等玉液琼浆为坚实的底座，高高托起浓香型国酒泸州老窖特曲、宜宾五粮液、成都全兴大曲、绵竹剑南春以及各种黄酒、果酒、啤酒、滋补酒等系列名酒，令人惊叹大自然的鬼斧神工！然而，从历史的角度来思考，这分明是人类创造的文化奇迹，是千百年来四川人民巧妙地利用自然资源，发展酿酒事业的历史见证。这只"高脚大脚杯"更像一支燃烧的火炬，照亮着四川酒文化的辉煌历程。

3.2 酒文化资源配置的现实绩效

四川是著名的白酒产区，全国十七大名酒中有6个名酒出自四川，即五粮液、剑南春、泸州老窖、全兴、沱牌、郎酒六大品牌，四川白酒主要分布在川南宜宾、泸州一带以及川西地区。白酒产业本身的相似性及空间地理上的毗连特征，使得产业发展进行区间协作成为可能（如四川推进的“白酒金三角”建设），并有利于促进资源的集约化利用。

四川作为白酒生产和销售大省，在2011年经济回暖的情况下产销两旺。随着春节的到来，白酒销量更是进入了高峰。无论是商务消费的复苏还是居民消费能力回升，都推动了高端白酒消费的稳健增长。即便近期白酒市场迎来了一片“涨声”，销量情况依然很好。相关消费调查显示，消费者在选择白酒时，除了对味型的偏好之外，产品内涵和产地特征也成为决定选择的主导。据统计，2009年上半年，四川规模以上白酒企业的产量就占了全国总产量的23.4%，销售收入也达到了300多亿元。

在肯定酒文化资源开发利用现实绩效的同时，应该看到，在川酒文化资源开发的层面上，更多地关注文化资源“物”的层面。酒文化资源的开发利用在实践上存在一定程度的乱象，如塑化剂、“天价酒”“勾兑酒”和渠道战和价格异常等热点问题，则反映了资源开发利用在精神价值层面开发利用的不足，从而导致了文化资源开发缺乏“整体性”和“合理秩序”，并由此丧失效率，造成社会福利水平的损失。

4 川酒文化资源开发利用的规制路径分析

4.1 规制、路径与基本原理

规制本身是一种制度安排，并通过制度资源在质和量上的供给调整，改变经济部门主体行为活动的边界，由此确定其行为开展可遵循的基本框架，并形成影响和改变效率水平和性质的影响力。规制影响力的发挥，依托于特定的规制路径，以及在相应路径上及路径之间形成的作用机制。

就规制主体来看，可分为政府和非政府主体两大类。① 规制的路径也存在政府规制和非政府规制。政府规制也即是“公共规制”，② 其以政府职能部门或其授权机构为主体，依靠正式的制度供给来建构行为框架，借以约束和调整客体对象行为，达到干预调控的目的。非政府规制通常被视为私人规制。这种规制的实施主体是非政府主体，包括法人、自然人及其集合。其规制功能的实现以微观层面的正式制度供给和非正式制度供给为基础。

规制内在的结构体系，为此处围绕川酒文化资源开发利用规制路径进行的分析，提供了一个赖以依托的基本框架。

4.2 川酒文化资源开发利用的规制路径分析

为概括表现酒文化资源开发利用的规制路径，这里结合图3进行剖析。

---

① 曾国安．管制、政府管制与经济管制［J］．经济评论，2004（2）：92-102.

② 钟庭军，刘长全．论规制、经济性规制和社会性规制的逻辑关系与范围［J］．经济评论，2006（2）：146-151.

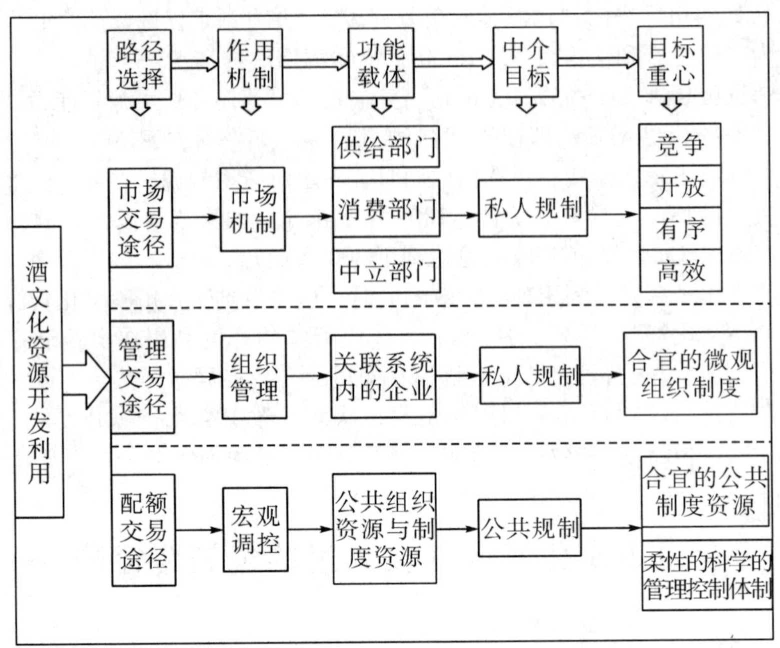

图 3　酒文化资源开发利用规制路径示意图

从新制度经济学的角度来看，主体之间的行为通常可以用交易来概括。依据交易的不同性质，可以划分为市场交易、管理交易和配额交易。[①] 如果把川酒文化资源开发利用本身“行为化”，那么，这种资源开发利用过程本身便是各种路径下交易的展开。

基于这样的交易结构划分，对川酒文化资源开发利用的规制路径得到塑形。在将川酒文化资源导入规制路径的思路上，存在路径选择、作用机制、功能载体和目标等结点。①市场交易渠道涉及平等主体之间交易，作用机制体现为市场自身内在的机制形式，比如价格机制、供求机制、风险机制和竞争机制等。在假定市场完全的条件下，其主要的功能载体包括供给部门、消费部门和中立部门。市场自发的条件下，以非正式制度为支撑的“私人规制”具有举足轻重的地位和作用。事实上，在我们强调市场有效性的同时，客观上已经肯定了私人规制的重要性。这种规制的范畴包括针对主体自身的及主体之间相互关系的规范与约束。②在管理交易的路径上，涉及层级关系与管理控制，其作用机制表现为组织管理职能的建立与实施，并以微观层次的制度建设与供给为基础。它的功能载体主要是具有经济组织形式的企业。因为企业的主体性质，所以，这种借助于企业自身的管理职能得以实现的规制，仍旧属于私人规制的范畴。与市场交易渠道的私人规制相同，这种规制的内涵中包含了自觉性要求。③在配额交易的路径上，通常存在交易主体地位的不平等。权能优势方通过成为制度资源的供给方，借助宏观调控的系列手段，对目标对象进行公共规制，以追求和实现带有全局性、整体性和长远性的目标。

3 条规制路线存在对立统一的关系，反映了宏观与微观、强制与自觉、规范与自发等的协调要求。

---

① 卢现祥. 西方新制度经济学［M］. 北京：中国发展出版社，1996：5-6.

4.3 规制路径下川酒文化资源开发利用的逻辑演绎

4.3.1 市场交易路径下，私人规制中川酒文化资源开发利用的实现

市场交易路径的规制具有重要的基础性地位，从经济学的角度看，即是对市场资源配置功能的哲学前提的修正，是导致交易主体具备良好道德情操的前提。私人规制的目的是引导供给部门、需求部门进行合理价值取向，并在中立部门正确价值取向的导向与影响力作用下，规范与优化交易主体的行为，促进行为约束的自觉性，实现多元利益的统一。

在市场交易路径下，川酒文化资源配置依靠市场自身的内在机制得到实现。在现实的市场条件下，市场的无安全性和有效性条件无法实现，因此其机制对资源配置的有效性也并不充分。因此，川酒文化资源在相应市场上依托自身的机制实现资源配置的同时，需要运用私人规制的力量，实现约束和纠偏的影响效果，以保证和促进川酒文化资源配置的效率。这种私人规制的实现，借助于非正式制度作用影响下，主体行为符合规范的自律，由此营造利于实现酒文化资源优化配置的有序、开放、竞争和高效的市场环境。

4.3.2 管理交易路径下，私人规制中川酒文化资源开发利用的实现

在管理交易路径下，川酒文化资源配置将市场机制作为外生性变量，更加强调组织内部及同类组织之间的组织制度资源的建设与实践。在获得交易路径支持的前提下，管理交易路径实现规制的根本依托，是组织制度的建设与组织职能实施，并由组织内部的级层安排提供保障，并付诸科学管理。在一定条件下，组织之间建立的外部协调系统，也将为这种路径下，川酒文化资源的有效开发利用提供支持。

4.3.3 配额交易路径下，公共规制中酒文化资源开发利用的实现

配额交易路径下，川酒文化资源的开发利用依托正式制度建设，并依托政府主体提供的优势暴力资源，保障其实现和实施。应该明确的是，在市场经济条件下，这种公共规制通常具有宏观调控的性质，并辅之以必要的直接管制。换言之，川酒文化资源的开发利用需要以政府为主体，实现行业运行所需要的一般性制度资源供给，并保障期权威性和普遍的约束力；但另一方面，它提供的仅仅是一个可供遵循的基本的框架，而不是具体详实的计划安排或实施步骤。显然地，在公共规制形成的制度资源及其框架下，川酒文化资源的开发利用仍然要以市场微观经济组织作为基本的实践载体，并在市场交易和管理交易的路径上得到具体的贯彻和实现。

对酒文化资源开发利用规制路径的选择，旨在提供在规制路径实现川酒文化资源优化配置的概念型思路。规制立意的基本依据是市场的非效率，规制的实质是通过有效的制度资源供给与累积来引导或约束主体行为，规制效率的保障依赖于在各个交易路径下的具体选择。而总的来说，川酒文化资源开发利用规制路径的实践，要以对酒类产业充分的经验研究为基础。

5 川酒文化资源助力区域经济发展的路径

作为一种特色资源，川酒文化资源为区域经济的现实发展提供了平台支持。在区域经济发展中实现川酒文化资源向生产力的转化，其实质是实现川酒文化资源与区域经济发展

的有效彀和。从一般意义上看，实现资源与区域经济发展彀和的关键，在于通过彀和机制的设计，明确资源条件向现实生产力转化的条件和路径。对“川酒文化资源与区域经济发展的彀和机制”的研究，旨在依托特定的研究对象，在规范分析的思路上，通过对彀和条件的假定，形成路径探索的外生性前提；并在梯度构造上，通过对“域间层次”和“域内层次”的探索，明晰资源转化的路径，由此解构资源与区域经济发展的内在联系，实现资源力与区域经济发展需要的有机统一。

5.1 资源诅咒与彀和

5.1.1 资源诅咒

“资源诅咒”的概念，最早由奥蒂（Auty，1995）提出来，指自然资源对经济增长产生的限制作用，资源丰裕经济体的增长速度往往慢于资源贫乏的经济体（奥蒂，1995；詹姆斯，2011）。目前，学者们探讨“资源诅咒”的视角主要是把丰富的自然资源往往与一系列有害于经济和社会发展的现象联系在一起，其中最重要的是经济发展水平和速度长期低下。另外，在自然资源丰富的国家，大多教育水平低下、收入不平等、腐败严重、内乱频繁（赵奉军，2006）。“资源诅咒”的理论大体有两方面的观点：一种观点认为，区域发展路径具有资源依赖性，如“中心—外围”理论、贸易条件恶化论、产业关联理论、“荷兰病”效应，这些理论基本上认为在现行国际经济秩序环境下，发展滞后的资源丰富地区被锁定于国际产业链的低端而陷入资源依赖的粗放型增长陷阱，同时还造成地区发展主要依靠对资源的控制和投入，导致在资源产业内或围绕着产业形成相关的寻租利益集团。寻租行为的存在使资源丰裕国家与腐败、官僚化和市场残缺等现象不可避免地联系在一起，极大地加重了当地业已存在的制度问题（詹姆斯和阿德，2011）；另一方面观点认为，地区富足的资源条件对本地其他的一些关键要素的投入和培育形成挤出效应（谢继文，2010）。这些关键的要素对区域经济持续发展和经济转型的能力至关重要。

“资源诅咒”寓示着资源问题上悖论的存在，若假定“资源诅咒”为真，则表示资源条件仅仅是区域经济发展的必要条件而非充分条件。这就意味着在优势资源条件向区域现实生产力转化的过程中，并不存在自然的必然性，不合理的制度安排和机制设计，将导致资源优势得不到发挥。解构“诅咒”问题，需要付诸理性的思考。

5.1.2 资源与区域经济发展的彀和

区域经济发展以一定的资源禀赋条件为基础，合理有效地开发利用区域资源，是区域经济发展的必要保障。区域经济发展往往因先天资源禀赋缺陷或资源开发利用的方式问题，面临源自资源层面的瓶颈制约，并由此阻碍其有效运行。研究资源与区域经济发展关系的目的和意义，就在于通过发现、掌握和运用其关系运动变化规律，矫正和引导行为实践，实现和谐关系下区域经济持续、快速和健康地发展。

在资源与区域经济发展的关系问题上使用“彀和”的概念，意在通过形象地表达它们关系协调的态势。彀 gòu，可组词“彀中”，喻圈套、牢笼。在经济学的角度，将其引申为“约束条件下的路径”。“彀和”意指对象之间借助于一定路径达成相容的状态，此处表示资源与区域经济发展之间关系协调的状态。这种协调本身，是对“资源诅咒”问题的积极回应，也是具体解决资源与区域经济发展关系的问题中，需要进一步解答问题的关键和主要方面。

从一般意义上看，实现资源与区域经济发展彀和的关键，在于通过彀和机制的设计，明确资源条件向现实生产力转化的条件和路径。在规范分析的思路上，通过对彀和条件的假定，形成路径探索的外生性前提；并在梯度构造上，通过对“域间层次”和“域内层次”的探索，明晰资源转化的路径。

5.2 川酒文化资源与区域经济发展彀和机制的设计思路

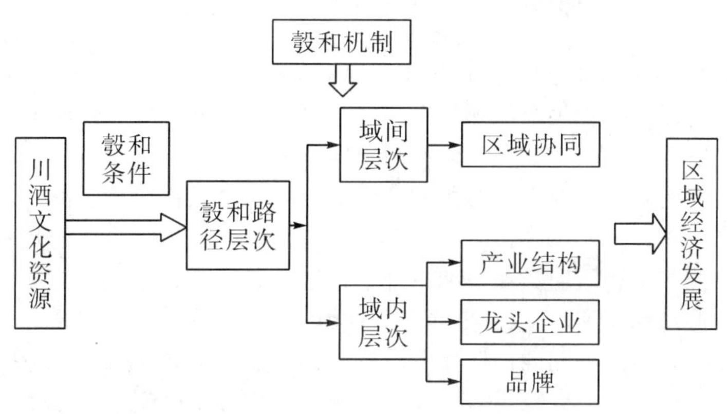

图4　川酒文化资源与区域经济发展彀和机制

在即将构造的“彀和机制”中，资源与区域经济发展成为两极，彀和机制旨在为联系两极提供合宜路径。在静态条件下，资源一极被假定为既定，其禀赋品质具有稳定性；区域经济发展为另一极，其发展绩效可用“繁荣”和“萧条”进行区分。此间彀和机制设计的根本目的性，即是基于川酒文化资源现实的禀赋条件，为区域经济的“繁荣”提供通路。

基于规范的目的性，在彀和机制的设计中，需要对彀和进行条件进行假定，并作为彀和机制中路径选择的外部条件。同时，在这种假定中，秉承了“有效性”思想，这不但有助于简化分析，而且更突出了彀和路径层次设计的主体性和重要性。在彀和路径层次的设计环节，通过“域间层次”和“域内层次”的结构设计，研究的视角由域间向域内渐次转移，并在路径层次上实现由宏观到微观、概括到具体的过渡，形成有机的统一的路径层次系统。它为资源向现实生产力转化，促进区域经济向“繁荣”趋势累进提供支持。

5.3 川酒文化资源现状与彀和机制的外部条件假定

5.3.1 川酒文化资源的现实条件

四川拥有集气候、水源、土壤“三位一体”的天然生态环境，为酿制纯正优质白酒提供了得天独厚、不可复制的环境。它是浓香型和酱香型世界顶级白酒的发源地，是固态蒸馏白酒高端品牌的集聚区。在省政府着力规划打造的“中国白酒金三角”区域内，有酿酒窖池 34 000 余口，其中 100 年以上窖池 1 600 余口，20 年以上窖池 14 400 余口。目前，这里孕育形成了享誉全球的五粮液、茅台、剑南春、沱牌、水井坊、泸州老窖、郎酒等国际品牌和中国最著名白酒品牌，且在白酒产业和文化名镇的结合发展上具有国内不可复制的独特地域资源与比较优势。这种丰裕的酒文化资源，为区域经济的发展选择提供了现实基础。

5.3.2 彀和条件

在针对川酒文化资源向区域经济发展现实生产力转化的彀和机制设计上，对“彀和条件”的假定主要包括制度环境（基础性制度安排）、政治倾向和信仰体系（卢现祥，2004）几个方面。

基础性制度安排。基础性制度安排是一系列用来建立生产、交换与分配基础的政治、社会和法律基础规则。它是一国的基本制度规定，决定、影响其他的制度安排。在这种制度环境中，宪法和法律结构又是至关重要的。[①] 它体现了一定社会的政治本质及其特征（诺思，2004）。借助于管理学的思维，可以将它定格在“概念”层面，并在“规范”的视角将其判定为有效，处于供求均衡状态。立足于这种思路，可以将该因素的基本特征归纳为外生性、普适性、基础性、合宜性和稳定性。

政治倾向。政治倾向反映官僚集团的价值取向和为政宗旨。在价值判断的基础上，通常将基础性制度安排插上“民主”与“专制”的标签，[②] 以反映当局的政治倾向性。同基础性制度安排的假定中相适应，在彀和条件中，做“开明政治”的假定。

信仰体系。连接现实和制度的是信仰。社会可能广泛持有信仰体系，反映出信仰的一致；也可能广泛持有根本不同的信仰体系，反映出社会观念的基本分歧。[③] 在反映现实的信仰改变的条件下，信仰的分歧与一致性的差异，影响着制度变迁的效率和安全。更直接地，连接现实和制度的信仰与现实在多大程度上一致，影响和决定着政策所能产生的结果，并决定着可能的制度变迁及其效率和安全。为保证假定的一致性，在彀和条件的假定中，强调社会普遍持有一致的信仰，且这种信仰在链接现实与制度中表现为有效，为机制的运行提供“正能量”。

由此，川酒文化资源向区域经济发展生产力转化的过程具备了理想的外部条件，也将彀和机制的重点和核心导向彀和路径层次的设计构造。

5.4 川酒文化资源与区域经济发展彀和机制的路径层次

在资源与区域经济发展彀和的层次路径上，由域间层次向域内层次的递推分析，沿用了抽象到具体的思路。区域经济发展上川酒文化资源的开发利用存在较强的独立性，但是，区域本身又从属于更高层次的经济系统，并由此在同一横断面上形成平行的“域间”关系；这种关系协调与否，将影响区域经济发展的选择和结果。因此，对于特定区域而言，高层次的彀和需要建立的是域间协同的机制。当域间协同得到解决，理论研究上即对它进行外生性假定，以此作为分析域内层次的外部条件。以下在一般性层面，就资源力转化的路径层次进行分析。

5.4.1 域间层次

1. 域间层次核心及其机制[④]

域间层次的核心是区域合作，其目标实现区域协同，为域内层次的选择构造理想的中

---

① 卢现祥. 新制度经济学［M］. 武汉：武汉大学出版社，2006：175.

② 苏奎. 制度变迁的效率与安全之边界问题［J］. 生产力研究，2010（05）：42-43；45.

③ 诺思. 理解经济变迁过程［J］. 经济社会体制比较，2004（01）.

④ 蒋瑛，郭玉华. 区域合作的机制与政策选择［J］. 江汉论坛，2011（02）：25-28.

观环境。区域合作是在某一特定区域内，不同利益主体依据一定的规章、协议或合同，在贸易、要素流动、基础设施建设、产业调整和环境保护等领域进行的交流与合作，以获取最大的经济效益、社会效益和生态效益的活动。资源稀缺性的约束将导致区域之间的利益矛盾和冲突，而在资源约束下，各利益主体又必须相互依赖，才能使“享受得到增进”。因此，区域合作是区域内各利益主体共同发展、进步的必然选择。

成功的区域合作机制应包含区域合作的目标机制、区域合作的动力机制、区域合作的市场机制、区域运行的协调机制及区域合作的利益分享、互助和扶持机制等。

第一，区域合作的目标机制是区域联盟的所有参加者要达到的一组目标组合，是参加者建立联盟的动因和最终的结果。区域合作目标机制包括制度目标、实体目标和终极目标三个层次，区域合作目标实现的关键在于目标的制度安排。①

第二，区域合作的动力机制。区域合作的动力来自于区域内部各要素相互作用产生的内在动力以及区域外部环境相互作用而产生的外部动力。区域合作的内部动力主要是指加入区域合作联盟后，由于联盟内部实行利益分享机制和利益补偿机制，会给成员方带来较大利益，而如果不参与合作则会被边缘化，就会使利益大受损失，很难发展。区域合作的外部动力是指区域外部环境的压力，区域合作的外部环境压力来自国家政策和区域外部成员间的合作两个方面。区域合作的动力机制是区域合作各方成员加入联盟的利益动机，区域合作的动力机制包括区域合作的利益分享机制和利益补偿机制等。

第三，区域合作的市场机制是指区域内各合作方通过相互磋商、相互沟通和相互协调而形成有效的市场运行机制。它是在区域内打破行政性垄断和地区封锁，打破区域内外的分割，突破不合理的分工界限，加强区域市场间协调，形成统一的区域市场。② 区域合作各方政府根据本区域的市场化进程，共同制定有效的区域市场交易规则，对市场外部性问题制定有效的规范性的法律措施，保障区域市场的竞争秩序。

第四，区域运行的协调机制是指对区域合作中出现的问题进行沟通、交流和仲裁的机构和规则。区域合作过程中，必须建立有效的协调机制。一般来讲，一个有效的协调机制应包括协商机制、仲裁机制和补偿机制。③ 协商机制就是设立专门机构，及时解决合作中出现的问题；仲裁机制是指设立权威机构，对区域合作中通过友好协商不能解决的问题，提交仲裁机构裁决；补偿机制是指对落后地区、财政收入不平衡地区、产业利益分配处于劣势地区进行援助和弥补。

第五，区域合作的利益分享、互助和扶持机制。区域合作的利益分享机制是指参与区域合作各方通过规范的制度来分配区域合作的利益。区域合作互助机制是指区域内发达地区的合作方要采取对口支援、社会捐助等方式支持欠发达地区的合作方，以达到区域协调发展，互利互惠的区域合作目标。区域合作的扶持机制是指区域内各合作方，按照公共服务均等化的原则，加强对区域内欠发达地区的支持力度，促进欠发达地区的经济发展。④

---

① 汤正仁. 泛“珠三角”区域合作机制探析［J］. 区域经济，2007（04）.

② 汪丽萍. 区域经济发展与地方政府［J］. 战略与管理，1999（06）.

③ 程必定. 区域经济空间秩序［M］. 合肥：安徽人民出版社，1998：22.

④ 作者不详. 中华人民共和国国民经济和社会发展第十一个五年规划纲要［EB/OL］. http://www.gov.cn/gongbao/content/2006/content_268766.htm.

2. 区域合作的政策选择①

第一，成立区域合作的共同体。成功的区域合作必须克服行政区划和经济区划的壁垒，不管是相邻国家间的区域合作还是一国内部的区域合作，都存在“双重区域”现象。区域合作共同体旨在协调行政区与经济区的组织结构。

第二，形成区域政策下的法律体系，保证共同体政策的贯彻和执行。其内容主要有：一是界定合作的利益主体和协调的范围；二是规定区域协调的总体规划与进度；三是有区域协调与促进机构的责任与义务；四是协调结果的公正与执行等。

第三，制定成员参与合作的激励措施，实现利益分享和有效补偿。

第四，建立区域合作的协商机制。区域合作的成功，都有赖于良好的区域合作协商机制。其应包含的内容主要有：一是区域重大事项协调委员会，负责区域发展战略的制定；二是区域政策执行与协调委员会，负责区域共同政策的贯彻与实施；三是区域协调管理委员会，负责区域利益的协调与分配，管理区域基金。

5.4.2 域内层次

在借助于有效的区域合作实现区域协同的基础上，域内层次的路径选择成为关键。在毂和机制的设计中，基于一定层次秩序设计了几条主要路径方向，即产业发展方式、产业结构、龙头企业和品牌。产业发展方式转变是根本，产业结构的合理化是基础，龙头企业是主导，品牌建设是保障。

1. 产业发展方式转变

在特定区域范围讨论川酒文化资源的开发利用问题，仍然需要以产业为依托。由于特定产业发展对区域经济发展的必要而非充分性，所以在区域经济发展的特定阶段，切实转变白酒产业发展方式，是决定和影响区域经济发展的重要条件。川内白酒产业当前的发展方式及其存在的问题，折射出其白酒产业发展方式转变的必要性、重要性和紧迫性。

产业发展方式的转变需要目标导向，而具体产业发展方式的转变需要构造新的适宜产业系统运行的相关机理，并在规范原则的指导下，通过产业发展方式转型的实践切实地将产业发展导向可持续发展的路径。确立当前白酒产业发展方式转变的目标成为推进这一进程的前提；在与白酒产业发展相关的系统要素间构造决定和影响白酒产业发展的机制，则是实现其发展方式转变的关键；确定白酒产业发展方式转变的推进原则，则是导致转型行为优化的基本保障。

（1）产业发展方式转变的目标内涵

一般将产业发展定义为产业的产生、成长和演进。将产业的演进、产业结构的优化、产业规模的扩大及产业效益的提高等看作产业发展的具体内容。在这种传统理论的导向下，产业作为一个整体被赋予“经济人”的人格特征，其系统运行的目标集中体现在经济效益目标上，产业的发展也在这样的目标导向下展开，而这种目标界定一开始便隐含了冲突的潜在风险。

在理论上，这种以经济效益目标为导向的产业发展属于“动力导向型”，它直接影响到对产业发展的定位。随着社会生产力的发展和科学技术的飞速进步，人们热衷于探求经济增长的动力实现机制，却忽视了为何要实现经济增长的价值目标。基于增长动力机制的产业发展战略使人的经济自由范围并没有取得显著的拓展，相反地，它明显滞后于经济增长的高速度。依据产业发展的描述性界定而实施的产业发展战略，导致物质财富极大丰富

---

① 蒋瑛，郭玉华. 区域合作的机制与政策选择［J］. 江汉论坛，2011（02）：25-28.

下人的意义的匮乏。"丰裕中的贫困"既是没有发展的经济增长的真实写照，也是长久以来产业发展偏离意义维度的客观结果。实现物与人的耦合既是产业发展的逻辑起点，也是产业发展的终极目标。在产业发展的进程中，以自我与他者的宏观关联追求自我的实现，既能使自我成为自我，又能让自我在与他者的和谐状态中得以不断演进。在这个意义上，产业发展应为了实现广义的人类中心主义而携手生态中心主义，否则就割裂了人与自然关系的片面人类中心主义最终会将人类的存在置于不可实现的境地。因此，应从关系概念出发，强调产业发展的整体性，即将在人类处于各种关系之中的一切事物纳入整体的范畴，超越主客二元对立，全面确立人与大自然、人与人、人与生态系统的整体关系，把人类的实践活动与大自然容许的限度纳入一个更大的整体。

产业的健康发展是经济社会全面进步的根本保障。在产业发展方式的转变问题上，首先需要厘清的是这种方式转变的目标，是赋予这种新的发展方式怎样区别于传统发展界定的内涵。国家"十二五"规划提出"加快建设资源节约型、环境友好型社会"，它为产业发展方式转变目标的确定提供了概念性指导。显然地，在新的产业发展方式下，其目标内涵应有的内容将充分体现"和谐"主旨。

（2）白酒产业发展方式转变的目标界定

在我国市场经济建设初期阶段，白酒产业发展过程中呈现的种种乱象恰恰反映了产业自身存在的问题，折射出白酒产业发展中内在和外在的不和谐性，并预示着确立规范的必要性、重要性和紧迫性。

白酒产业发展需要转入一条彰显"和谐"主旨的发展路径。

白酒产业具有其特殊性，它体现了自然资源与人文资源的融合，传统工艺传承与现代技术创新的融合，经济效益与社会责任的矛盾统一。要在这些关系中打造和谐路径，需要推动白酒产业发展上的区域协作、产业组织、品牌企业、生态环境可持续、文化传承和行为疏导等方面的系统化建设，体现经济效益、社会效益、生态效益、文化效应和人文效应的统一。

①经济效益。白酒产业发展的基本载体是企业。以企业的属性而论，任何产业领域中的企业对经济效益的目标追求，既是经济人理性的表达，也是企业基本的责任。区域协作、产业组织及品牌企业的建设等，都旨在通过资源的集约化使用，优化白酒产业资源的配置，最大程度实现节约、提升效率。②社会效益。产业的发展具有区域性和社会性，产业在于社会经济系统进行能量互换的过程中，实现自身的价值目标。也正是这种联系的存在，要求产业切实地承担社会责任，确定社会效益目标，实现产业发展成果在产业与社会间一定程度和一定方式下的共享。③生态效益。白酒产业在利用自然环境资源和人文资源的过程中，减少产业运行过程对环境的压力，保障生态环境的可持续性。④文化效应。白酒的产业发展酝酿了悠久的酒文化，它是一种宝贵的文化财富，白酒产业的发展肩负着酒文化的传承与创新的使命。⑤人文效应。白酒是一种特殊的消费品，对酒的消费行为中体现了精华与糟粕的混杂，理性与非理性的碰撞。关注人文效应，需要白酒产业通过转变自身的发展方式，引导白酒消费行为，实现去糟存精，留存优良的人文风气。

（3）推进白酒产业发展方式转变应遵循的原则

系统兼顾，逐步推进原则。白酒产业发展方式的转变并非某一局部的调整，推进这种转变需要兼顾系统内部要素的建设，切实推进产业组织、行业规范、企业和产品等方面的建设；同时兼顾产业系统与外部系统的关系，实现系统内有机整合与系统间协调相统一。同时，在发展转变的方式上，鉴于白酒产业本身的特殊性，以及产业发展的地域和层次差异性，并不适用“爆发式”的转变方式，分阶段有重点地渐进式演进，既是对白酒产业现有发展成绩的肯定，也是在不完全信息条件下发展理性的深刻表现。

政策导向，区别对待原则。使白酒产业发展方式的转变切实与国家阶段性的政策部署相一致，贯彻国家有关白酒产业发展的政策路线，实现规模控制、结构优化和品质提升的统一。我国白酒产业目前形成了三大产区，且产区内白酒产业发展绩效较好，在政策导向上应该考虑“产区内扶持，产区外限制”的区别对待原则，防止地方保护主义下盲目上马低水平建设现象的发生。

效率优先，目标多元原则。白酒产业的发展要立足于市场，其发展方式的转变同样要坚持效率优先的原则，切实实现资源配置效率最大化。同时，作为特殊资源性产业，它需要在发展中体现经济效益、社会效益、生态效益、文化效应和人文效应的统一。

区域协作，资源集约原则。白酒经过数千年的发展，形成了自己独有的特征。与其他行业不同的是，白酒对生产环境要求很高，有较强的地域依赖性。全国主要的白酒产业区域有苏鲁豫皖地区，传统的十七大名酒中，这一地区共有5个名酒，即古井贡、洋河、双沟、宋河和宝丰；赤水河流域地区，位于川、黔两省交界处，茅台、董酒、郎酒这3个国家名酒都分布在赤水河两岸；四川地区，四川是著名的白酒产区，全国十七大名酒中有6个名酒出自四川，即五粮液、剑南春、泸州老窖、全兴、沱牌、郎酒六大品牌，四川白酒主要分布在川南宜宾、泸州一带以及川西地区。白酒产业本身的相似性及空间地理上的毗连特征，使得产业发展进行区间协作成为可能（如四川推进的“白酒金三角”建设），并有利于促进资源的集约化利用。

（4）白酒产业发展方式转变的机制构造

在完全市场自发的条件下，市场规律的作用导致产业发展在目标取向上存在一种原始的归属感。产业发展的目标确定将集中表现为替代性选择，而非和谐共生。因此，要保证产业发展服从转变方式下的目标导向，就必须构建产业发展方式转变的作用机制，通过产业系统内外因素的制衡，约束和优化产业发展过程的选择，以保证产业发展目标的实现。

这里通过对关联主体的梳理，设计包括政府、产业（及企业）、消费者和社会第三方等主体在内的关系模型，对白酒产业发展方式转变的机制进行分析。如图5所示：

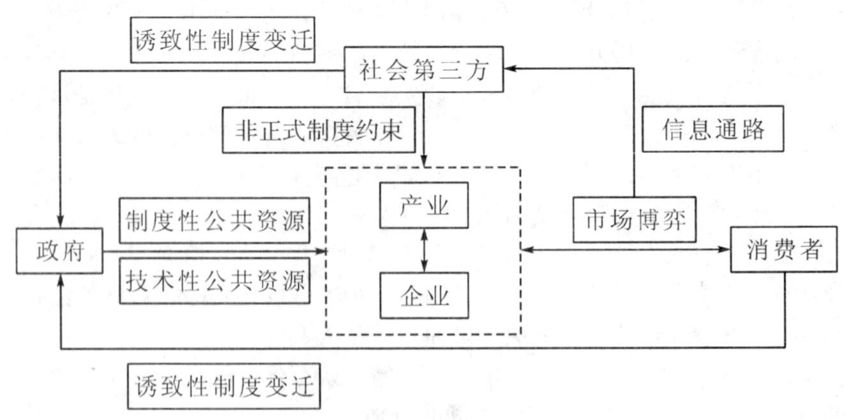

图5　白酒产业发展方式转变的作用机制

在图5中，产业被视为问题讨论的方向性客体，在其自身系统与外部的系统进行能量互换的过程中，实现他律与自律结合下的良性发展。

①政府视角。政府作为产业发展的外生变量，通过引导企业行为这一内生变量，作用

于产业发展。一个国家的经济发展过程，正是“国家寻找‘政府—市场’组合最优解的过程”。政府和市场之间存在多种替代与互补关系，因为市场在某一领域有效的同时也会在其他领域存在市场失灵。在“强”政府和“弱”市场下，政府很容易配置资源到所需要的行业，并且由于市场力量薄弱，“看不见”的调控程度较低，使得资源配置的过程直接、可控。

白酒产业发展中呈现出的问题成为市场“弱”化的直接证明，“强”政府成为产业发展方式转变的阶段性必然。当然，政府的强势并不意味着对市场的完全替代，其干预的边界止于“市场作为资源配置的主体”。从实现路径上来看，政府通过制度性公共资源和技术性公共资源的建设来影响产业发展方式的转变。从制度性公共资源的角度看，旨在通过有效的正式制度资源建设与供给，形成产业发展过程可供遵循的制度框架，并通过社会经济发展战略、产业政策、产业结构调整等直接影响着产业的发展与选择。这样的制度性资源体现了激励与约束的统一，并形成对产业发展选择的导向性约束。技术性公共资源供给有利于产业发展成本的外部化，在与政策导向相契合的发展路径上，产业的发展将更多地得益于政府的技术性公共资源的供给，实现在产业发展过程中成本节省。

②消费者视角。在市场经济系统中，消费者历来被冠以“弱势群体”的称号，这种“弱势”的构造是基于市场交易关系。由于历史和现实的因素及酒产品自身的特点，使得消费者对白酒产业发展及其路线选择更富敏感度，对其行为影响的反应更加强烈。在产业企业与消费者的持续博弈中，传统发展路径固有的问题将导致更多的失范行为，并强化市场交易中的摩擦与噪音。

这种摩擦和噪音作为一种事实，通过一定的信息通路成为社会第三方制造舆论的材料；同时，它作为一种诱致性力量影响政府的选择，推动自下而上的制度变迁，并最终通过政府主体间接地作用于产业发展，从而使产业在发展方式的选择上尽可能尊重“顾客至上”的价值标准。

事实上，树立人在发展中的主体性地位，以发展的人的意义超越发展的物的意义，显然会避免产业发展意义的陷落，从而降低经济发展的代价。

③社会第三方视角。这里将政府、产业系统及消费者之外的媒体和社团等作为社会第三方，它以舆论导向功能，影响社会层面对产业发展的评价性质和评价力度，由此影响产业发展的选择。独立第三方推动正能量影响力的过程中，势必强化产业发展中失范行为的机会成本，由此形成对产业发展的有效监督与约束，并影响产业发展的选择。与此同时，第三方行为也作为一种诱致性力量影响政府的选择，并约束产业发展选择。

④产业系统视角。任何产业都有其自身的技术经济特点，它是产业内在本质的规定性，包括规模起点、资本数量、技术条件、生产要素、生产组织与方式、市场容量等。产业的发展以市场为基础，而这种市场的广狭则取决于产业、消费者、第三方和政府的关系协调的性质和状态。因此，无论是从白酒产业视角，还是从所有产业的视角，如何有效构造系统内部因素并使之与外部系统因素相协调，成为实现产业发展方式创新和发展可持续性的根本保障。

2. 优化产业结构

四川省“十二五”规划提出：“着力推动产业结构优化升级，加快构建现代产业体系"①，从而将推进结构调整和产业优化升级摆到了更加突出的地位。

合理的区域产业结构应该是相互协调、相辅相成，能够充分支撑区域经济发展的各产业比例体系并与区域经济发展阶段相适应，与区域发展优势相适应，具有相当的完整性和系统性。实现产业结构合理需要遵循的基本原则是：协调原则、转型原则、特色原则、绿色原则、创新原则。②

协调是产业结构合理化的中心内容，他是指各产业之间有较强的互补和谐关系和相互转换能力。只有强化产业间的协调，才能提高其结构的聚合质量，从而提高产业结构的整体效果。③ 其表现为：第一，产业素质之间的协调，即相关产业之间不存在技术水平的断层，且劳动生产率的反差小。第二，产业间联系方式的协调，各产业部门在投入产出联系的基础上互相提供帮助，一产业的发展不以另一产业的发展为代价。第三，产业之间相对低位的协调。产业结构内部各产业的排列组合具有比较丰富的层次性，各产业之间的主次与发展的轻重缓急关系比较明确和适宜。第四，与产业发展相关的供需相适应。④

产业结构合理化调整的动力是结构调整中收益的存在。其调整机制是一种根据现有产业结构状态，通过输入某种信号和能量，引起结构的变动，从而形成新的产业结构状态的作用过程。理论上存在产业结构调整的市场机制与计划机制之分。市场机制调整很大程度上是一种经济系统的自我调整过程，即经济主体在市场信号的引导下，通过生产资源的充足和在产业部门之间的流动，使产业结构适应需求结构变动的过程。产业结构调整的计划机制是政府向经济系统输入某种信号，直接进行资源在产业间的配置，使产业结构得以变动。⑤ 显然地，在导致产业结构合理化的过程中，需要合理分配政府与市场在资源配置上的权重，并结合区域实际，确定特定产业在区域产业经济系统中的地位、资源倾向度及产业发展战略选择等。

3. 龙头企业

合理产业结构下的产业发展，资源的优势力需要优秀的企业来承载。培育、建设和发展龙头企业，发挥其带动辐射功能，具有现实性和必要性。

"龙头企业"是面对终端市场提供完整或整体功能的产品或服务的企业，同时它是规模化经营的企业。作为区域性成长的企业，其市场占有率应进入该区域内同行业的前几位（例如前三位），且要求做到以下三个"引领条件"中的一个以上：引领区域内该行业的价格、技术创新（含产品技术与工艺技术创新）、企业制度与管理创新。作为全国性成长企业，其市场占有率应进入全国同行业的前几位（例如前三位），且要求做到以下三个引领中的一个以上：引领全国该行业的价格、技术创新（含产品创新）、企业制度与管理创新。如果是跨国或全球性成长企业，那么其市场占有率应进入跨国或全球同行业的前几位（例如前三位），且要求做到以下三个引领中的一个以上：引领多国或全球该行业的价格、技术创新（含产品创新）、企业制度与管理创新。

概言之，即"龙头企业"是面向终端市场，提供完整（或整体）功能产品与服务，市场份额居同行前列，且符合引领行业价格、引领行业技术创新、制度与管理创新三个引领

① 作者不详. 四川省人民政府办公厅关于印发四川省国民经济和社会发展"十二五"规划基本思路的通知［EB/OL］. http://www.sc.gov.cn/10462/10464/10684/10692/2010/10/18/10145323.shtml.

② 何雄伟，孙育平. 环境约束下江西产业结构调整与优化路径选择［J］. 企业经济，2012（11）：145-149.

③ 周振华. 产业结构优化论［M］. 上海：上海人民出版社，1992.

④ 苏东水. 产业经济学［M］. 北京：高等教育出版社，2000：291-292-295.

⑤ 苏东水. 产业经济学［M］. 北京：高等教育出版社，2000：291-292-295.

条件之一的企业。[①] 在这种内涵的界定中，包含了如何打造、建设和发展龙头企业的政策与管理启示。

4. 文化资源品牌

优秀的品牌是企业核心竞争力的外显形态，而品牌本身则可能突破企业组织框架的束缚，成为区域经济发展的名牌，并建立起与区域经济发展的直接联系。这种联系的意义集中表现为区域品牌对区域经济发展的带动。

区域品牌对区域经济发展的带动机制[②]，是区域品牌形成过程中和形成后产生的一些变化对区域经济增长的内在原因和外在因素共同起作用，以使区域经济得到发展。同时，区域经济发展又反过来影响区域品牌，使区域经济和区域品牌共同持续发展。这种带动机制存在内在表现和外在表现。

区域品牌的内在带动机制包括：第一，外部规模带动机制。外部规模经济理论认为，[③] 在其他条件相同的情况下，行业规模较大的地区比行业规模较小的地区生产更有效率，行业规模的扩大可以引起该地区厂商的规模收益递增，这会导致某种行业及其辅助部门在同一或几个地点大规模高度集中，形成外部规模经济。通常由产业集群形成的区域品牌企业中，多数的企业规模比较小，内部规模经济难以观察，然而，由于分工的不断外部化和专业化生产的深入，各个企业的生产都集中于某个特定的产品和特定的经济环节，产品和服务可以同时满足其他厂商的需求，区域品牌的外部规模经济也就显现出来。相对于内部规模经济，外部规模经济对于产业集群区域品牌具有非常特殊的重要作用。第二，空间集聚带动机制。产业的集聚通常是因为有某种或某些优势资源的存在，这些资源是企业集群在某地诞生的个性化条件。空间集聚不仅带来生产上的外部经济性，而且还产生智力与管理外溢，使区域品牌企业获取规模经济和范围经济的好处。第三，整体优化带动机制。区域品牌的特性表明，集群区域品牌是一个天然的区域创新系统，在某一区域的机构集中能够形成一个共享的文化与学习区域，产生一个学习与知识传播的网络，积淀丰富的社会资本，从而促进区域系统的创新能力提升和技术进步。

区域品牌的外在带动机制包括：第一，关联带动机制。区域品牌形成的基础是产业集群，产业集群一般都有一个主导核心企业，通过该主导核心企业的衍生、裂变、创新与被模仿而逐步形成产业集群区域品牌。一个区域有某个领域的产业或企业出现，随即与之相互关联、相互竞争的原材料、零配件供应、产品制作、销售渠道甚至最终用户就会在空间分布上不断地趋向集中，汇集于区域的各企业，通过合作与交流，寻求规模经济，寻求互动式学习和创新，寻求在产业价值链上新的机会和更有影响力的竞争位置。第二，扩散带动机制。区域是一个复杂的开放系统，它与区域外围之间通过双向联系来获取自身发展不可缺少的原料、燃料、劳动力和技术，同时也为其他区域提供产品和服务。区域品牌的建立和发展，同样会形成对原材料、零部件及辅助产品等的较高需求，从而刺激相关部门的建立及生产规模的扩大，促进本地区经济的增长。[④]

基于以上认识，在促进品牌建设问题上的政策方向上，需要关注：树立用品牌引领经济发展的理念；搭建用品牌整合资源的平台；整体优化区域资源，奠定区域经济持续发展

---

① 吴金明，钟键能，黄进良．"龙头企业""产业七寸"与产业链培育［J］．中国工业经济，2007（01）：53-60.

② 罗云华，李昊泽．品牌带动区域经济增长机制探讨［J］．当代经济研究，2011（02）：80-83.

③ 刘阳．中国品牌［M］．北京：中国工人出版社，2006：156.

④ 熊爱华．区域品牌与产业集群互动关系中的磁场效应分析？［J］．管理世界，2008（08）：176.

的基础；发挥品牌效应，推动企业迅速发展壮大。

5. 商品化

（1）对商品内涵的理论认知

商品孕育着资本主义社会一切矛盾的胚芽（《资本论》第1卷，P47）。马克思通过对商品的分析构建了商品理论范式，并在范式中就系列概念、定义和公式进行系统分析，并在逻辑上奠定了对资本主义经济制度进行解剖的基础。

商品是用于交换的劳动产品，是使用价值与价值的矛盾统一体。它首先是一个外在对象，商品有用性使商品成为使用价值。“使用价值只是在使用或消费中得到实现。不论财富的社会形式如何，使用价值总是构成财富的物质内容，是交换价值的物质承担者。”（《马克思恩格斯全集》第23卷，P58-59）使用价值具有多样性、非同质性和具体性，它体现了商品的自然属性。

交换价值首先表现为一种使用价值同另一种使用价值相交换的量的关系或比例，是价值的表现方式或表现形式。在商品的交换关系本身中，商品交换价值表现为同他们的使用价值完全无关的东西。

在商品的交换关系或交换价值中表现出来的共同的东西，是商品的价值。价值是同一的幽灵般的对象性，是无差别的人类劳动的单纯凝结。商品的价值具有同质性，价值的实体是抽象劳动，价值的本质是价值作为凝结在商品中的一般的无差别的人类劳动。它体现了商品的社会属性。（《马克思恩格斯全集》第23卷，P53-54）

作为使用价值与价值的矛盾统一体，商品内在二因素的对立表现在：对同一主体而言，同一商品不可能既是使用价值，又是价值；使用价值是商品的自然属性，价值是商品的社会属性，体现人们之间相互交换劳动的社会关系；通过交换，商品内在的使用价值与价值的矛盾才能得到解决。二者的统一体现在：使用价值是价值的物质承担者，没有使用价值则价值无法凝结；有使用价值而没有价值的物品不是商品；有使用价值和价值而不用于交换的物品不是商品。

对商品的价值量的规定性，马克思认为：“可见，只是社会必要劳动量，或生产使用价值的社会必要劳动时间，决定该使用价值的价值量。”（《资本论》第1卷，P52）而所谓“社会必要劳动时间是在现有的社会正常的生产条件下，在社会平均的劳动熟练程度和劳动强度下，制造某种使用价值所需要的劳动时间。”（《资本论》第1卷，P52）价值量的规定性用劳动的持续时间来计量，即社会必要劳动时间，它是在现有的社会正常的生产条件下，在社会平均的劳动熟练程度和劳动强度下制造某种使用价值所使用的劳动时间。同一劳动时间内创造的商品的价值量相等；单位商品的价值量则与生产商品的劳动生产率的变化成反比。

价值规律是商品经济的基本规律，广义的价值规律是包括价值、价值实体、价值本质、职能、价值形式、价值量、价值规律和作用内涵的规律。狭义的价值规律是关于价值决定和价值实现的规律，即商品的价值量由生产商品所用的社会必要劳动时间决定，商品按照商品价值量决定的价格进行等价交换。价值规律在商品经济中的基本作用表现为引导资源配置，促进生产、管理效率的提高和促进竞争。

（2）商品建设与区域经济发展的逻辑关系

马克思关于商品二因素的解剖，在价值元素层面为我们明确了商品建设的基本价值取向，在使用价值层面明晰了有效商品建设的指导思想，并在二者的矛盾规律总结中寓示了在现实经济实践中遵循科学性与理性的重要性和重大性。理论关于价值量的分析，则为我们提供了衡量现实经济绩效的最抽象、最一般的标准。站在区域经济发展的视角，再论马克思主义的商品理论，必将有助于与启迪我们推动区域经济发展的智慧。

区域经济的建设与发展是一个系统工程，在其系统的微观层面，值得关注的是构建这种系统的基础元素。马克思将商品比作“财富细胞”，由此为区域经济的发展划定了起点。

区域经济的发展依赖于有效的商品建设，商品建设则是区域经济增长的基础支撑点。

商品作为财富的基本元素和商品经济的基本细胞，它的建设本身就具有引导区域经济发展选择的基础性功能。这种基础性借助市场供给与市场需求的有效衔接得到实现。显然，在区域经济发展中，这种衔接的有效性首先表现为一种可能性。这种衔接的真正实现，正如马克思所描绘的那样，需要一个“惊险的跳跃”过程。而跳跃的成功与否，则受商品本身建设质量的影响。

商品质量建设有一个广义的内涵，它跨越了商品选择、生产、流通、管理等环节，并集中反映在商品生产和交换两个基本面上。从社会再生产过程角度考察，生产是具有决定性的再生产环节，它决定了商品本身的建设质量，“生产什么”“生产多少”和“如何生产”等基本问题，在这一环节中得到回应，并由此决定了交换环节的价值实现效果（假定交换效率最大化的前提下）。商品交换立足于既定产品供给，决定和影响市场需求满足和价值实现的程度，并对商品生产反作用。

有效的商品建设成为有效资源配置、供求关系协调和劳动生产率提高的结论性表现，势必发挥支持区域经济发展中的基础性作用，通过商品建设自身的调整适应区域经济持续发展的调整要求，并随着商品及建设本身的发展，体现更多发展性内涵。

（3）理论启示下区域经济发展的路径选择

商品建设对区域经济发展的基础性，概括地反映了商品建设本身在经济发展中的系统地位，并使得如何实现有效的商品建设成为研究的必要，而理论的抽象恰为现实实践提供了依据和必要的启示。

①对生产的启示

a. 产品市场定位与结构组合。有效分析、判断和预测市场需求，以确保产品生产的合理性，保证供需初始的环节协调性。而从使用价值多元化中折射出来的需求的差异性和多样化，反映了产品结构建设的重要性，并表现出着力打造差异化产品的重大意义。

b. 重视商品质量。商品质量也称商品品质，是指商品满足规定或潜在需要的特征和特性的总和。商品质量的核心是满足消费者需求；商品质量是与商品用途有关的属性参数的综合；商品质量具有针对性、相对性和可变性。生产环节影响商品质量的因素则涉及原材料、生产组织、管理控制和物流过程管理等（郭洪仙，2007）。商品质量实质上便是商品满足某种需要的有用性，是从商品使用价值导出的一个范畴，商品质量是人们在实践中衡量商品使用价值的尺度，反映了商品使用价值在量上的大小，反映了社会对商品使用价值的认可程度，是商品使用价值评价和实现的前提（赵苏，2006）。“使用价值是价值的物质承担者”，商品的使用价值成为价值实现的根本前提，而商品质量水平则体现商品满足人们需要的能力，反映这种前提得到自由的程度。

由此，进行全面质量管理和建立质量保证体系至关重要。通过全面质量管理，组织全体成员同心协力，综合运用组织管理、专业技术和数理统计方法，经济地开发、生产和销售用户满意的产品和提供优质服务的管理活动，通过全体职工的工作质量保证产品质量，达到提高产品和服务质量的目的，以满足服务性、全员性、全面性、预防性和科学性的要求。通过质量保证体系的建设，从产品的开发设计、制造、销售的全过程，建立起来一套严密、协调、高效的管理系统，明确规定各部门、各环节、各人员在质量管理中的任务、责任和权限，订立各类标准，建立统一的管理机构和信息反馈系统，形成质量管理的有机工作体系，以保证生产出适应市场需求的产品。

c. 积极提高生产过程的劳动生产率。劳动生产率是一定时间内，生产一定量使用价值的效率，“使用价值是财富的物质内容”，生产商品的劳动生产率的提高，单位时间内商品的使用价值量的增长，促进财富在量上的积极累积。由此，理论的意义在于凸显提升生产过程劳动生产率的积极实践意义。通过组织实施现代企业管理，提升企业的管理水平，提高组织运作的效率，推动先进管理方法和技术的运用等，将是理论启示推动组织必需进行的一些现实选择。

劳动生产率的普遍提高，降低生产商品的“社会必要劳动时间”，单位商品的价值量与生产商品的劳动生产率的变化反向运动，会产生成本和营销意义上积极作用。

②对交换的启示

商品交换是“价值实现”的过程，成功的商品交换立足于商品供求关系的有效协调。在商品经济条件下，商品建设不仅仅体现在生产过程商品二因素的有效形成，更进一步体现在交换过程中商品内在矛盾是否能够得到成功的化解。商品理论对商品内在矛盾的揭示，及价值形式发展过程作为一般等价物的特殊商品货币的产生的阐述，提供了营销学意义上的启示。

市场营销是通过交换过程来满足需要的人类活动，是为了创造达到个人和机构目标的交换，而规划和实施的理念、产品和服务构思、定价、促销和配销的过程。不论对交换过程理解的角度如何迥异，商品本身始终是交换过程不可或缺的载体。营销根源于消费者的需要、欲望和要求，通过能够满足需要和欲望的商品，在市场交换中达到效用、价值的实现。

特定发展阶段使流通上升为商品建设的主导面，区域经济增长对商品建设的基础性依赖，也就更为集中体现在交换环节。当然，无论是区域内部的供求还是区域间的供求协调，都势必引导成功的商品交换，并都会对区域的经济增长起到积极的推动作用。

理论对商品价值形式及其发展的历史分析，反映了商品交换内在矛盾发展的基本要求，而如何现实地解决商品交换内在矛盾，促成成功的价值实现，有效地满足市场需求，并推动区域经济增长，则提出了一个因理论启示而被认识，但同时需要结合客观现实加以解答的任务。这里，关键的问题在于如何实现成功的营销。

交换的发展使我们需要以系统的和联系的观点看待这一过程。对交换（营销）环境的分析成为商品建设在该环节的起点，并决定供求关系的协调性；对消费者行为的分析则是准确把握供求的关键；市场细分、战略制定、策略运用和过程管理则是职能和组织保证。

（4）关于商品化的小结

马克思主义关于商品的理论论述，形成了一种解构商品问题的理论范式，并提供了在区域经济建设中应对商品问题的线索。区域经济的发展依赖有效的商品建设，商品建设是区域经济发展的基础支撑点。马克思关于商品二因素的解剖，在价值元素层面为我们明确了商品建设的基本价值取向，在使用价值层面明晰了有效商品建设的指导思想，并在二者的矛盾规律总结中寓示了在现实经济实践中遵循科学性与理性的重要性和重大性。理论关于价值量的分析，则为我们提供了衡量现实经济绩效的最抽象、最一般的标准。站在区域经济发展的视角，再论马克思主义的商品理论，必将有助于启迪我们推动区域经济发展的智慧。

6 结束语

任何制度或机制的设计都需面对理论向实践的跨越问题，为规范理论研究而进行的系列假定，将进一步增强这种跨越的难度。因此，在基于川酒文化资源的区域经济发展的实践中，尚需坚持实事求是的原则，并关注以下问题：第一，强化政府的制度供给，优化制度资源；第二，加强领导队伍建设，促进民主政治；第三，加强非正式制度的引导和培育，增进道德规范，培育公序良俗；第四，促进区域经济发展条件下“反哺机制”的建设，引导经济发展循环与可持续性。

参考文献

[1] 马克思. 资本论：第1卷［M］. 中共中央马克思恩格斯列宁斯大林著作编译局，译. 北京：人民出版社，1975.

[2] 马克思，恩格斯. 马克思恩格斯全集：第13卷［M］. 中共中央马克思恩格斯列宁斯大林著作编译局，译. 北京：人民出版社，1975.

[3] 李义平. 市场经济与政府管制［J］. 宏观经济研究，2001（1）：30-32.

[4] 郭洪仙. 商品学［M］. 上海：复旦大学出版社，2007.

[5] 卢现祥. 新制度经济学［M］. 武汉：武汉大学出版社，2006：175.

[6] 吴世经，曾国安. 市场营销学［M］. 成都：西南财经大学出版社，2000.

[7] 赫寿义，安虎森. 区域经济学［M］. 北京：经济科学出版社，1999.

[8]［美］胡佛. 区域经济学导论［M］. 王翼龙，译. 北京：商务印书馆，1990.

[9] 陆大道. 区域发展及其空间结构［M］. 北京：科学出版社，1998.

[10] 诺思. 理解经济变迁过程［J］. 经济社会体制比较，2004（1）.

[11] 苏奎. 制度变迁的效率与安全之边界问题［J］. 生产力研究，2010（05）：42-43；45.

[12] 蒋瑛，郭玉华. 区域合作的机制与政策选择［J］. 江汉论坛，2011（02）：25-28.

[13]［英］彼得·斯拉法. 李嘉图著作和通信集［M］. 蔡受百，译. 北京：商务印书馆，1997：111.

[14] 汤正仁. 泛“珠三角”区域合作机制探析［J］. 区域经济，2007（04）.

[15] 周振华. 产业结构优化论［M］. 上海：上海人民出版社，1992.

[16] 苏东水. 产业经济学［M］. 北京：高等教育出版社，2000：291-292，295.

[17] 赵苏. 商品学［M］. 北京：清华大学出版社，2006.

[18] 汪丽萍. 区域经济发展与地方政府［J］. 战略与管理，1999（06）.

[19] 程必定. 区域经济空间秩序［M］. 合肥：安徽人民出版社，1998：22.

[20] 何雄伟，孙育平. 环境约束下江西产业结构调整与优化路径选择［J］. 企业经济，2012（11）：145-149.

[21] 吴金明，钟键能，黄进良. “龙头企业”“产业七寸”与产业链培育［J］. 中国工业经济，2007（01）：53-60.

[22] 罗云华，李昊泽. 品牌带动区域经济增长机制探讨 [J]. 当代经济研究，2011 (02)：80-83.

[23] 刘阳. 中国品牌 [M]. 北京：中国工人出版社，2006：156.

[24] 熊爱华. 区域品牌与产业集群互动关系中的磁场效应分析 [J]. 管理世界，2008 (08)：176.

[25] 曾国安. 管制、政府管制与经济管制 [J]. 经济评论，2004 (2)：92-102.

[26] 钟庭军，刘长全. 论规制、经济性规制和社会性规制的逻辑关系与范围 [J]. 经济评论，2006 (2)：146-151.

泸酒产业文化科技资源库构建①

曾庆双②

1　泸酒产业文化资源库构建的背景

1.1　白酒产业发展的现状

2001—2011年是中国白酒产业发展的黄金十年，中国白酒产业从低谷一路高歌猛进，不仅抵挡住了汹涌而来的洋酒、葡萄酒，而且把具有庞大市场基础的啤酒踩在了脚下。然而，2012年白酒行业发生的危机，市场出现的各种不稳定因素也不断曝光，从酒精门到塑化剂事件再到甜蜜素，一系列指向白酒产业、做空白酒产业的利箭，从政府部门到社会各界射向中国白酒产业。2012年年底公安部及军委的禁酒令，让中国白酒产业雪上加霜。白酒行业将进入理性发展和品牌的感性营销阶段。

1.2　泸州市白酒产业现状

泸州白酒重点产区通过设立专门机构、建立专项发展资金、营造环境等方式加强政府推动，成效显著，促进了白酒产业的快速发展，2009年，泸州市白酒销售收入达252.2亿元，实现利税54.4亿元。累计完成产量84.1万千升。2010年白酒产量达98万千升，实现销售收入353亿元，比“十五”末增长4.7倍。泸州酒业已基本形成龙头企业为引领、“小巨人”企业为支撑和规模以上企业共同发展的梯级层次结构。2010年泸州老窖集团和四川郎酒集团分别实现酒业销售收入122.7亿元、50.3亿元，全市年销售收入超亿元的酒类生产企业已经达到34户。

1.3　资源库构建的意义及必要性

1.3.1　对泸酒文化继承、发展、发扬的需要

中国制酒源远流长，品种繁多，名酒荟萃，享誉中外。泸酒文化一直占据着重要地位，是绚烂的千年酒文化中浓墨重彩的一笔。泸酒历史源远流长，泸州酒业始于秦汉，兴于唐宋，盛于明清，发展在新中国。近年来，泸州老窖、郎酒等白酒传统酿造技艺先后被

---

① 基金项目：四川省哲学社会科学重点研究基地、四川省教育厅人文社科重点研究基地——四川理工学院川酒发展研究中心（CJY12-26）研究成果。

② 曾庆双（1964—），男，四川安岳人，硕士研究生，副教授，主要从事行政管理方面的研究。

确定为国家级非物质文化遗产；泸州老窖窖池群已经申报世界文化遗产。泸州老窖大力开发“双遗产”优势资源，泸州建设二郎特色文化名镇，对酒文化进行时尚、直观的宣传和弘扬。那么，如何继承、发展、发扬泸酒悠久灿烂的文化，保护、开发泸酒璀璨的历史与文化资源，形成强大的文化生产力，进而提升泸酒文化的软实力和泸酒产业的竞争力？如何使之转化成一种文化产业，为地方的政治建设、文化建设、经济建设作出更大贡献？如何将“科技、创意、创新”与文化继承和产业发展相结合，进而形成独具特色的发展之路？这些都需要泸酒产业文化研究中心（以下简称“中心”）进行系统、深入的研究。

1.3.2 泸州市城市建设的需要

在新的历史机遇面前，新的“156”发展战略为泸州未来的发展描绘了宏伟的蓝图。其中，“繁荣大文化，成就一个文明向上的泸州”提炼出“酒+N”的文化发展思路。“中心”的成立，突出酒文化建设主题，是泸酒文化继承发扬的平台，是将文化资源优势迅速转化为文化发展优势的基础，保护和发扬了泸酒技术及非物质文化，凝聚多方力量重点解决泸酒产业文化发展的重大科技问题。“中心”对于泸酒文化的弘扬、城市文明的建设、泸州文化大发展大繁荣都有积极的促进作用，同时也积极地推动了泸州的文化事业发展，对把泸州真正建设成为在国内外极具个性魅力的“中国酒城”起到推进作用。

1.3.3 为泸酒资源整体开发利用与创新提供综合性的研究平台

泸酒资源得天独厚，主要包括历史文化资源、自然资源、技术资源、人才资源、品牌资源等。泸酒的繁荣既是大自然的恩赐，又是泸酒文化长期积淀的结果。除了泸州老窖、郎酒集团两大龙头企业，国粹、御酒各大中酒企都提出了创新战略，泸州老窖等企业建立了的国家级、省级白酒工程技术研究中心。如何最大限度发挥泸酒资源优势，促进泸酒资源综合利用、泸酒技术向生产力快速转化、泸酒文化生产力的解放和发展，还有待进一步加强。这需要社会各界深入、系统、持续地研究。基于此，“中心”的建立将为泸酒资源的整体开发利用与创新提供综合性的研究平台。

1.3.4 为泸酒产业与区域经济的协调发展提供智力支撑

白酒产业是我市的支柱产业。2008 年，泸州以泸州老窖和郎酒的品牌号召力，建立了泸州酒业集中发展区。该园区规划面积 1 万亩，投资 150 亿元，计划最终在泸州打造出一个以白酒生产加工为枢纽、连接上下游产品配套产业的产业集群，形成多赢共赢的中国白酒原产地黄金经济圈。从泸酒产业发展全局来看，还需要进行详细规划以对这些战略形成更直接有效的支持，促使这些战略的落实。因而，“产、学、研”紧密配合缺一不可。

目前，白酒产业快速发展，市场竞争更加激烈。国内山东、河南、贵州等各大酒系正积极发展、虎视眈眈，国外洋酒品牌也进入中国市场，利用广告强势宣扬它们的文化。泸酒如何获得持续的竞争能力，如何发挥泸酒集群优势，使泸酒能为泸州经济建设与社会发展做出更大的贡献，这需要联合各方面的力量，实施“产、学、研”共建协作，各方面就此问题进行深入研究、统筹规划与综合分析，并充分发挥政府的主导作用。“中心”的建立就是要对泸酒产业进行全方位、系统且深入的研究，为政府的科学决策提供参考，为泸酒产业与区域经济的协调发展提供智力支撑。

1.3.5 泸酒文化研究力量须需进一步整合，提升泸酒核心竞争力

泸酒的繁荣和强盛需要政府政策的扶持，更需要企业综合利用各种资源、采取正确的企业战略和企业经营策略。泸酒产业的竞争优势和泸酒企业的核心竞争力都需要培育与提

升。泸酒企业如何准确地把握住市场的脉搏，通过管理创新和技术创新，创造白酒产量、质量、利润等全方位的提升而获得中国白酒行业的竞争优势还需要进一步的研究。这就急需搭建泸酒发展的研究平台、弥补企业自身研究的缺陷，借鉴世界酒类企业甚至所有企业管理的先进成果，急需一个公共的、公益的研究机构或研究平台，充分发挥政府、企业、高校、研究院所多方力量。“中心”的建立为泸酒集群化发展与企业核心竞争力的培育产生助推作用。

2　泸酒产业文化资源库构建的思路

泸州拥有雄厚的窖池资源、民间传统手工酿造技艺。资源库的建立，既可以集中展示泸酒产业发展的悠久历史和灿烂的酿造技艺，又可以加强泸酒产业文化技术与非物质文化遗产的深度研究与发掘，为泸酒发展提供精神力量；另一方面，建立网络交流平台，以信息技术促进非物质文化遗产的传承和保护，建立非物质文化遗产项目和传承人的纸质档案和数字化档案；全面了解和掌握泸酒非物质文化遗产资源的种类、数量、分布状况、生存环境、保护现状及存在问题；运用文字、录音、录像、数字化多媒体等各种形式，进行真实、系统和全面的记录，建立档案和数据库；组织力量进行科学认定，鉴别真伪；对非物质文化遗产实物、资料及物质载体妥善保管，予以保护，防止流失；充分发挥学院图书馆、展示中心等机构的作用，加大对泸酒非物质文化遗产的宣传。

本项目综合运用管理学、经济学、社会学、文化学、心理学等理论和方法，研究泸酒企业战略创新、管理创新、技术创新、文化创新、品牌创新、产品创新和营销创新的互动与动态调控，更好地促进酒类企业的发展。主要包括，泸酒企业的比较优势分析、泸州市中小型白酒企业竞争力研究、白酒企业战略重组与结构调整、大型酒企的市场运作与资本运作，对泸酒品牌与营销的研究主要从品牌打造与品牌营销、品牌延伸、整合营销、文化营销、广告战略以及低度白酒市场分析等入手。

为此资源库的构建具体分为以下 5 个模块：

（1）泸酒文化与非物质文化资源继承和保护：

从文化传承的角度对泸酒文化发展的脉络进行梳理，集中整合了历史文化和人物两种资源。

（2）泸州白酒企业文化与经营管理模式资源整合与研究。

（3）泸酒酿造技术及其应用资源整合与研究：研究泸州白酒的酿造技术特点及其应用现状。

（4）泸酒包装文化资源调查与研究：主要对泸酒具文化与酒包装文化相关资源进行整合。

（5）构建泸酒产业文化展示中心，提升资源库影响力。

3　泸酒文化与非物质文化资源继承和保护

泸酒历史源远流长，泸州酒业始于秦汉，兴于唐宋，盛于明清，发展在新中国。近年来，泸州老窖、郎酒等白酒传统酿造技艺先后被确定为国家级非物质文化遗产；泸州老窖窖池群已经申报世界文化遗产。泸州老窖大力开发“双遗产”优势资源，泸州建设二郎特色文化名镇，对酒文化进行时尚、直观的宣传和弘扬。资源库通过调研走访的方式，搜集了泸酒文化的相关资源。

3.1 泸酒文化发展历史资料搜集

泸州是我国酿酒历史最悠久的地区之一。在浩如烟海的史籍中，有不少关于泸酒的记载与传说。在泸州市博物馆中陈列的一只陶制角杯，经考证系2 000年前秦汉之际，专供宴饮宾客之用。1983年，泸州市郊出土的第8号汉棺上的巫术祈祷图中，两巫师高举酒樽，昂首相对，证明泸州当时不仅有酒，而且已懂得“酒以成礼”。唐代诗人郑谷，在他的《旅次遂州将之泸郡》诗里写道：“我拜师门更南去，荔枝春熟向渝泸”。所谓“荔枝春”，就是以荔枝为主体香成分的酒。宋人编成的文献通考记载，宋朝每年征收商税税额在十万贯以上的郡、州，全国26个，泸州就是其中之一。泸州每年征收的酒税在1万贯左右，占地方商税收的十分之一。酒税的征收数额从一个侧面反映了泸州酒业的兴盛。

在泸州酒史上，宋代是一个相当重要的时期，泸州人已掌握了烧酒制法。当时的大酒，在原料选用、工艺操作、发酵方式以及酒的品质等方面，都与今天泸州酿造的浓香型曲酒非常接近，可以说就是今天泸州老窖大曲的前身。

宋代大酒的出现，为泸州酒业的进程揭开了新的篇章。然而泸州酒文化的宋代遗存，却在长期的蒙古定蜀战争中遭到破坏。直到明王朝的建立，酒城泸州又开始了新的发展，这个新发展结果之一就是使当代的泸州人拥有了现存最完整、连续使用时间最长的，具有400多年悠久历史的泸州老窖窖池。

泸州老窖陈列馆里，珍藏着一只乳白色筒形粗瓷包装酒罐，上写“三百年老窖”，背有“豫记温永盛酒厂”的款记。据温氏11代传人温筱泉先生回忆：同治八年（公元1869年），温家九世祖温宣豫从泸州舒聚源酒坊购得十口陈年老窖池，酿制三百年老窖大曲。这一包装证明了大约在19世纪70年代，已有三百年老窖大曲的名称出现。而据此称今天的泸州老窖大曲已有400多年的历史，应是合理之说。

清代著名诗人张问陶来泸州一天，就留下了“城下人家水上城，衔杯却爱泸州好”的绝唱。城内旧有牌坊，署有：川南第一州。其繁富可见一斑。1915年，在巴拿马太平洋万国博览会上，泸州老窖大曲酒荣获金奖，即称誉世界。1916年，朱德随蔡锷起兵讨袁，驻防泸州，戎马之余，与温筱泉等人结成振华诗社，留下了“酒城幸保身无恙，检点机韬又一年”的爱国诗句。在这里朱德就把泸州命名为“酒城”了。

今天的泸州老窖以其“醇香浓郁，清洌甘爽，回味悠长，饮后尤香”的风格，驰名中外，成为我们珍贵的民族遗产，被誉为酒中泰斗。1952年在全国首届评酒会上，泸州老窖大曲酒与茅台、汾酒、西凤酒并列为全国四大名酒，以后在历届全国评酒会上，都蝉联国家名酒称号，被定为全国浓香型白酒典型代表。1996年11月，泸州老窖池群被国务院命名为全国酒类行业中唯一的全国重点文物保护单位，成为永载史册的国宝窖池，是名副其实的“中国第一窖”。

当远方的宾客来到泸州，一定会沉醉在泸州老窖的芳香之中，身不由己地闻闻酒之香，观酒之色，带着好奇和渴望倾听酒的故事，享受这久远的文化韵味。泸州因老窖闻名于世，老窖以美酒传于后人。

3.2 泸酒历史名人文化资源搜集

赵熙（1867—1948），文学家、书法家，名熙，字尧生，号香宋，属虎，四川省荣县北郊宋家坝人。出身贫寒，自幼好学，1887 年入乐山市九峰书院，光绪十九年（1892 年）中进士，授翰林院庶吉士。次年和 1895 年两次应聘主持重庆府府考。1897 年任重庆东川书院山长。1901 年应聘为泸州经纬学堂监督。

清末荣县诗人赵熙在泸州也以浪漫情怀夸道："割取江阳春色来，夜堂深吸晚云开。自天以上知何物，试劝长星共此怀。"（《友人送酒》）

温翰桢（1870—1961），字筱泉，泸州城厢人，祖辈经营"温永盛"大曲槽房。30 岁中举，曾任泸州师范传习所所长，云南迤西同知。

1911 年 10 月，成立川南军政府，温翰桢被推举为副都督。12 月，成立川南总司令署，孙中山复电对其嘉勉，并奖给他虎罴勋章一枚。

1912 年，温翰桢在革命艰难时刻，毅然加入同盟会，并与陈铸发起创办泸州女学会女子师范学校，任董事长，以此作为泸州同盟会活动基地。12 月，北京政府成立国会，他被推举为众议院议员。袁世凯解散国会后，他即赶回泸州，全国提倡实业救国，专心经营"温永盛"曲酒坊，使泸州老窖大曲质量提高，声誉倍增。

1917 年，朱德任靖国军第二旅旅长兼下川南清乡司令，驻防泸州，温翰桢为其筹集军款，参加诗社唱和。1926 年年底，刘伯承领导泸州起义期间，温翰桢积极在地方士绅中宣传起义的重大意义。次年 4 月，川滇联军 28 个团的兵力围攻泸州起义军，他挺身而出，约同地方士绅急电停战，呼吁和平。

1928 年泸县国民党内讧、护党大同盟被勒令解散，温翰桢曾任泸州市人民代表、政协常委、四川省文史馆研究员。1961 年病逝。

陈铸，据《泸县志》载："初麦面一石，秫秫面一斗浇水和匀，模制成砖，置于隙地上，以物覆之，很多天发酵，再翻之覆如故，听其霉烂，是为曲母。"

唐代大诗圣杜甫在《泸州纪行》一诗中写道："自昔泸以负盛名，归途邂逅慰老身。江山照眼灵气出，古塞城高紫色生。代有人才探翰墨，我来系缆结诗情。三杯入口心自愧，枯口无字谢主人"。

北宋诗人黄庭坚曾因贬谪来泸州住了半年，吟出了"江安食不足，江阳酒有余""余甘渡头客艇，荔枝林下人家"的诗句，写出了泸州酿酒、家家饮酒的习俗。

苏轼的《浣溪沙·夜饮》一词，"佳酿飘香自蜀南，且邀明月醉花间，三杯未尽兴尤酣。"倾注了苏轼对泸酒的偏爱和迷恋之情。时代大诗人杨升奄的"花骢小市频频过，落日凝光缓缓归"，就写出了夕阳西下在小市喝酒后缓缓归家的情景。

写泸州酒的诗，影响最大的是被称为"巴蜀第一才子"清代著名诗人张问陶，在他尝遍天下美酒之后来到泸州，船一到泸州，他就吟出"禁愁凭蜀酒，扶醉一开颜"的诗句。他在将离开泸州时，带着对泸州老窖深厚的感情，写下了被世人称道的好诗《泸州》（三首），其中之一的"城下人家水上城，酒楼红处一江明；衔杯却爱泸州好，十指寒香给客橙"，写出了泸州酿酒业的兴盛。朱德同志作为护国军旅长驻守泸州城时写道："护国军兴事变迁，风烟交警振滇滇；酒城幸保身无恙，检点机韬又一年"，从此泸州"酒城"的美名传遍全国。

3.3 泸酒少数民族酒文化资源搜集

泸州是一个多民族散居、杂居地区，地处四川盆地山区边沿，与云南、贵州省交界。全市有46个少数民族，众多民族交错杂居，民风民俗，五彩缤纷，和谐共处。各民族的酒在这里融合，各少数民族善饮也是不绝史载。正是这种对酒的执著，为酒城泸州带来了丰富多彩的少数民族酒文化。

本项目通过走访、调研、资料检索等方式，对泸州多个民族饮酒文化的资源进行了搜集、整合。主要包括了如下几个民族：

3.3.1 苗族特色酒

在苗族人民的生活中，从古至今，酒都是一种不可缺少的东西。无论是客人来访、办喜事、丧事，乃至大型的民族节日活动，还是家中的每日三餐，都离不开酒，饮酒对于他们已经变成一种神圣而不可改变的待客礼节、庆祝活动，并融入到苗族人民的生活中。

苗族酒种类丰富、酿酒历史悠久。一是苗族酒文化典范的“包谷烧酒”。取包谷若干为原料，清水洗后蒸煮再取出放冷，再用清水浸洗，后用甑蒸之。蒸熟透后，倒出放冷，和以酒曲，置晒簟内壅成堆，上用簟子盖好。经一星期的发酵后，酒香四溢，再取出甑蒸出酒，经过贮存就变成著名的包谷烧酒。包谷烧酒酒性烈，酒精度数高。二是用普通大米或粟米酿制的水酒，酒精含量较低，一般在30度左右。三是米酒，用糯米酿制而成，酒精浓度一般仅在15度左右，性平和，不易醉人，香甜可口略带苦味。四是重阳酒，为苗乡特产，因在重阳制作得名。将糯米或糯小米一次蒸熟后撒上酒曲，待发酵成醪糟，放入坛内，再加适量烧酒密封浸泡，一年半载后，糟已化，色微黄，其味醇香，以手试之，粘如糖浆，以口尝之甜如甘露。

3.3.2 彝族特色酒

彝族民间谚语说酒是“家支和解酒，姻亲喜庆酒，过年庆贺酒……”。可见，酒在彝族社会生活中无处不在，酒已经深深地与他们的生活相融，彝族人们几乎是随时随地都可以喝酒。

彝族的传统酒类大致也分为三种。一是甜酒，彝语称为“支别”，类似汉族的醪糟和苗族的米酒。二是白酒，即蒸馏酒，彝语称为“支儿”。三是泡水酒，彝语称为“支依”。泡水酒的制作工序简单却极讲究技巧，先将稻谷、糯米、玉米、高粱、荞麦煮熟，如果想让酒色变得金黄也可将原料炒成半熟再磨，再摊晾拌入酒曲，倒入缸中密封发酵，数月后启封，渗入净水浸泡，即成泡水酒。泡水酒醇香清凉甘甜，而且饮用方法很特别，将掏空的竹节插入坛中，以嘴顺酒，边饮边加水。竹节多用黄竹制成，用烧红的细铁丝将黄竹烙通便成“吸竿”。

3.3.3 满族特色酒

满族先氏早就有饮酒的风俗。古籍中就有女真人嚼米酿酒，饮能至醉的记载。与很多民族相似，满族人待客也离不开酒，“子弟侍立，执杯构必慕。”

在清代，著名的满族酒是松苓酒。其制法独特：除了需要优质白酒作为基酒外，还要在山中伐一古松根，将上好的白酒装在陶制的酒坛中，埋在其下，逾年后掘取。相传，这样便使古松的精华液汁吸入酒中，能起到清心明目、理肺化痰之奇功，故名“松苓酒”。满族的酒种类很多，除松苓酒外，见诸文籍的有清酒、酸酒、烧酒、黄酒、汤子酒，其中，相当一部分酒用来充当祭神、祖的供品。满族人民不止酒的品种丰富，而且饮酒的方式也颇为别致，与汉族等民族待客时候一般是先喝酒再吃饭的风俗不同，满足人民习惯食罢以薄酒传杯而饮。

3.3.4 土家族特色酒

土家族的酿酒始于其先民巴人。巴人不但能酿有名的清酒，还有酿制药酒的技能。巴人将草药入酒，制成药酒，价值万金。

土家族继承了巴人优良的酿酒技艺，并加以发展。土家人酿造的酒大致有以下几种：一为白酒，土家人用苞谷作原料酿造酒，是土家人最喜爱的酒。二为顺酒，是以往土家族最有名最富特色的酒。其酿法和饮法是以曲拌蒸晒干收贮，买酒者，吸完加水味尽而止，名曰顺酒。三为咂酒，是土家祖先酿制的一种美酒。俗以曲蘖和杂粮于坛中，久之成酒，饮时开坛沃以沸汤，置竹竿于其中曰咂酒，先以一人吸咂曰开坛。然后彼此轮吸，初吸时味甚浓厚，频添沸汤，则味亦渐淡。四为福米酒，也称甜酒。用糯米加玉米酿成，装入坛中，待酿好后连糟一起食用。类似于醪糟。

3.3.5 壮族特色酒

壮族人称 12 度左右的酒为“单酒”，30 度左右的为“双酒”，40 度左右的叫“三花酒”。酒的名字以所用酿酒原料来称呼，“米酒”来自于米，用木薯酿的叫“木薯酒”，榨甘蔗制糖的副产品酒叫“糖泡酒”民间普遍爱饮的米酿双酒，即“米双”。

壮族人民也有很多有特色的酒。比如妇女生育后坐月子时有喝“坐月酒”的习俗。坐月酒的做法很奇特，用刚开啼的小公鸡浸入用沙罐精酿的糯米酒中，严封罐口。再置于火灶旁加热三四小时后，滤去酒渣及鸡肉骨渣，取汁给产妇喝，香气扑鼻，味美可口，并且具有极好的滋补功能。

4 泸州白酒企业文化与经营管理模式资源整合与研究——以中小型泸酒企业为例

4.1 白酒行业循环经济发展现状

2013 年注定不是经济飞速发展的一年，许多行业面临结构调整，尤其是食品饮料行业。日前，面对白酒行业整体利润的下跌，商务部称这是白酒价值回归的体现。从商务部发布的数据来看，白酒行业的整体业绩与去年相比处于较低水平，白酒行业产量、销售额以及利润增幅均较去年出现不同程度的回落。商务部相关人士分析指出，造成这一现象的主要原因是白酒价格的理性回归。商务部这一说法对还是不对，业界意见不统一。2013 年对于白酒行业而言是非常特别的一年。2012 年的塑化剂事件和三公禁令让白酒行业的销售陷入低谷，尤其是高端行业白酒品牌茅台、五粮液等，库存压力骤然增大。为了缓解销售压力，它们不得不改变销售策略，降低价格，拉拢经销商。以上现象究竟说明是白酒行业的颓势，还是白酒价格的回归理性，可谓仁者见仁智者见智。

4.2 泸州白酒企业发展现状问题总结

4.2.1 缺乏循环经济的认知

目前，对大多数泸州白酒企业而言，对循环经济的认识还仅仅停留在节约和对废弃物的回收利用上，还没有站在整个社会资源节约和环境保护的高度，去主动减少废弃物的产生。

泸州白酒企业很少考虑不同产品或相关工业领域间的代谢和共生关系，以及如何形成封闭的循环产业链条等。从行业整体来看，中小白酒企业实施循环经济的工作还处于起步阶段，与“减量化、再利用、资源化”的要求还有很大的差距。

4.2.2 生产工艺落后

现在，中小白酒企业发展循环经济的技术支撑体系仍不完善：环保项目的投入少，设施落后，生产过程缺乏控制；资源再生及能源回收利用技术应用得比较少，产品深层次开发力度小。尽管针对中小白酒企业，已经开发出一批能源节约、清洁生产和“三废”综合利用的新工艺、新技术，但总体上讲，数量还较少，水平也较低，特别是缺乏关键的共性技术，因此，中小白酒企业难以形成发展循环经济的有力支撑。

4.2.3 中小白酒企业间没能自觉形成循环网络

在进行由“资源消费—产品—废物排放”的传统经济运行方式，向“资源消费—产品—再生资源”封闭的循环经济运行方式转变的时候，大部分中小白酒企业只考虑在本企业内部进行循环，却没有自觉地把整个区域的企业考虑进来，导致企业单兵作战，势单力薄。此外，企业内部因局限于现有技术条件，而无法对废弃物进行充分吸收和再利用的时候，无法形成类似生态工业园区内循环效应最大化的优势。

4.2.4 中小白酒企业管理薄弱，政策环境不配套

有的中小白酒企业急功近利，采取粗放经营，造成资源浪费；有的中小白酒企业只抓生产，不重视环保投入和安全管理，导致环境污染及安全事故频发；还有的中小白酒企业规章制度不完善，没有严格的岗位责任和激励约束机制，难以调动职工节约降耗、综合利用的积极性。此外，中小白酒企业在白酒业产业政策、产业结构、标准规范以及产业化示范和推广等涉及行业循环经济发展的重大问题上缺乏认真的研究和思考，没有形成适宜的政策培育环境。

4.2.5 中小白酒企业缺乏专业人才

人才资源既是现代经济的核心，也是生产力中最活跃的因素。要推行循环经济发展，企业必须拥有一批具备专业技能的人才。但是，由于中小白酒企业受资金和规模的限制，因此，面临严峻的人才争夺。与大企业相比，中小白酒企业在人才激励机制方面存在很大的差距，如何培养人才、招揽人才、留住人才并激发人才的最大能动性，成为中小白酒企业目前面临的重大难题。

表 1

岗位	学历	工作经验
业务主管	中专及以上	一年以上
业务代表	中专及以上	一年以上
区域经理	不限	不限
团购经理	大专及以上	不限
财务会计	不限	不限
销售经理	大专及以上	不限
国窖 1573 团购大客户经理	大专及以上	不限
国窖 1573 团购经理	大专及以上	不限
销售代表	不限	不限

4.2.6 中低档产品的竞争

中档产品市场历来是白酒行业竞争最激烈的市场。从价格来讲，主要是 20~50 元；从品牌上看，中档白酒涵盖了绝大部分白酒品牌，既有国家名酒，也有大量地产酒，还有不断涌现又不断被淘汰的各种新品牌。由于市场容量极大，价格易被消费者接受且厂商费用空间不小，这个市场成了大多数新竞争者进入白酒市场的突破口，成了低档白酒生产企业摆脱成本和利润压力，开辟健康经营模式的必经之路。

低档白酒售价多在 20 元以下，“薄利多销”将成为越来越无利可图的产品策略。这同啤酒市场不同，在啤酒市场，规模经济是主要的竞争手段，综观白酒市场，除二锅头、沱牌、尖庄和绵竹大曲之外，还没有其他白酒品牌在低档白酒市场形成规模。低档白酒市场利润空间虽然微薄，但市场潜力巨大。尤其是广大农村，几乎就是低档酒的天下。除了上述二锅头等，大多数低档酒属于地产品牌，在当地市场占据着较高的份额，如桂林三花、河北衡水老白干以及湖南的邵阳大曲等。

因此，中小白酒企业的核心竞争力现状，不仅仅是产品的竞争、中小白酒企业文化的竞争、不同市场的竞争，还有创新性的竞争、国家政策及市场环境，最后还有人才的竞争。因为，人才资源既是现代经济的核心，也是生产力中最活跃的因素。所以，如果我们想中小白酒企业在众多的企业中处于不败地位首先应解决中小白酒企业核心竞争力现状中的问题。

4.3 提升核心竞争力的策略及措施

4.3.1 以技术创新为核心策略

着眼市场需求进行有效技术创新。技术创新的目标是技术创新的有效性，即有市场价值、商业价值、社会价值。而实现“有效技术”创新的关键在哪呢？在于瞄准市场需求，开发适销对路的产品和技术。瞄准市场需求，开发适销对路的产品和技术，意味着我们要以市场为技术创新和产品开发的基点和动力，把技术创新和产品开发的理念建立在市场营销的概念基础之上，在确定产品或服务的创意时就要以市场需求为技术创新的出发点；意味着我们要把技术创新和产品开发作为一项系统工程，用一系列目标市场战略与技术创新战略相配套；意味着我们的技术创新和产品开发要重视应用价值、实用价值、经济价值，强调产品技术开发技术有效应用的统一；意味着我们的技术创新和产品开发必须以市场为最终检验标准，以市场为最终归宿。因此，我们的企业，尤其是高科技企业不但要善于捕捉所在领域世界最新技术成就，还要捕捉本行业国内外市场对高技术产品的需求，从而在新的方向上不致发生偏差。

自主技术创新战略模式是指以自主创新为基本目标的创新战略。所谓自主创新，是指企业通过自身的努力和探索产生技术突破，攻破技术难关，并在此基础上依靠自身的能力推动创新的后续环节，完成技术的商品化、市场化，获得利润，达到预期目标的创新活动。

实施自主创新战略应注意的问题：创新战略实施的效果，一方面取决于是否正确选择了适合本企业的创新战略；另一方面取决于是否充分认识了所选择创新战略的特点，从而扬长避短。为了成功实施自主创新战略，应特别注意以下几个方面的问题：充分利用专制制度保护知识产权；灵活恰当地进行技术转让；注意自主创新产品的自我完善；重视对创新后续环节的投入。

4.3.2　以信息化为动力策略

加强企业信息化建设，可以强化企业财务管理，促进管理创新，为企业带来巨大的经济效益。在我国，有许多主动型信心化的企业都取得了快速的发展和成功，如联想、海尔、邯钢等企业都通过信息化获得了巨大的经济效益。2000 年联想集团实现利润 8 亿多元，一半以上是企业信息化带来的：实现信息化以后，存货周转天数从 72 天降为 22 天，年降低成本 1.2 亿元；产品积压损失从 2%降到 0.19%，年降低成本 3.62 亿元；信息化可以提升企业的核心竞争力，那么企业怎样实现信息化呢？信息化涉及的环节很多，但最主要和最关键的两项：一是企业的核心业务和主导流程的信息化，二是人的信息化。

4.3.3　以企业文化为后盾策略

进入 21 世纪以来，企业经营管理模式发生了巨大的变革。在以知识和文化为竞争核心的知识经济的新形势下，企业文化建设对企业发展的经营绩效所起的作用也越来越显著。

4.3.4　管理思想创新，实施人本管理

在人类社会步入知识经济时代的今天，管理理论和实践聚集在一个焦点上，人是企业发展的根本，如何实施人本管理以提高企业核心竞争力是企业面临的巨大挑战。以人为本的企业文化强调以人为中心的管理，即尊重人、理解人、关心人、依靠人、发展人和服务人。通过有效激励来充分发挥人的主动性、积极性和创造性以最大限度挖掘人的潜能来实现人目标和组织目标的契合。

4.3.5　精神风貌创新，培育员工群体行为

企业员工是企业的主体，企业员工的群体行为决定企业整体的精神风貌和企业文明的程度。因此企业员工群体行为的塑造是企业文化建设的重要组成部分。培育企业员工群体行为除了组织员工政治思想学习、企业规章制度学习、科学技术培训，开展文化、体育、读书以及各种文艺活动外，还应包括三方面的内容：激励全体员工的智力、向心力和勇往直前的精神，为企业创新做出实际的贡献；把员工个人的工作同自己的人生目标联系起来，有利于员工形成事业心和责任感，建立起对企业、对奋斗目标的信念；每个员工必须

认识到，企业文化是自己最宝贵的资产，是个人和企业成长必不可少的精神财富。

4.3.6 组织创新，建立学习型组织

建构企业文化，其核心就是要塑造企业的精神文化。企业精神是企业全体员工共同一致、彼此共鸣的内心态度、一致状况和思想境界，而这一切唯有通过建立学习型组织，通过不断的公司培训和个人学习才能达成。企业文化的建设目标是将企业塑造成学习型的组织。未来最成功的企业将是个“学习团体”，学习越来越成为企业生命的源泉。学习型组织发展的潜力主要集中在人的身上，而不在技术、资金、信息等优势上；只有促使所有组织成员不断学习，不断完善自我，员工队伍的整体素质才能提高，才能有效提升企业核心竞争力，实现组织的永续发展。

5 泸酒酿造技术及其应用资源整合与研究

5.1 泸州白酒简史

泸州古称江阳，地处四川盆地南缘，扼长（江）沱（江）两江汇合处，位川、滇、黔、渝四省（市）结合部，是四川盆地人类最早出现和聚居的地区之一，是有 2 130 多年建置史的国务院公布的国家历史文化名城。

5.1.1 秦汉时期

泸州是我国酿酒历史最悠久的地区之一，酿酒史至少可以追溯到秦汉时期。泸州市博物馆有一只“陶质饮酒角杯”，国家文物部门鉴定为 2 000 多年前秦汉之际的器物，专供饮酒宾客之用。1983 年泸州市郊出土的第 8 号汉棺上的“巫术祈祷图”中，高举酒樽的两巫师，再次证明当时泸州不仅酒好，还有了“以酒成礼”的酒文化，也印证了中国酒文化中“无酒不成礼”的“酒道”。汉代著名词赋家司马相如的《凤求凰》中写道：“蜀南有醪兮，香溢四宇，促吾悠思兮，落笔成赋。”

5.1.2 隋唐时期

1999 年 2 月 3 日，在泸州老窖特曲（大曲）窖池南侧约 300 米处基建工地发掘一古窖址，挖出一批陶瓷器皿文物，有壶、杯、罐、碗、盘等 10 多种类酒具 200 多件，经考古专家考证鉴定，营沟头古窖是一个隋末唐初至五代时期主要生产民间陶瓷的窑址。可见当时饮酒即在民间广为兴起。据史载，泸州在隋代升为总管府，唐代武德七年（公元 624 年）升为都督府，唐贞观盛世之年，唐太宗派开国元老程咬金任泸州都督左领军大将军，可见泸州在当时政治、经济、文化方面的重要地位。程咬金对泸南少数民族酿制黄酒和汉族传统酿酒术相互交流，促进各民族团结，进一步推动酿酒技术的发展有功。唐昭宗景福二年（公元 892 年）大书法家柳公权的侄儿柳玭移任泸州刺史，他刚进州境，就有当地豪酋拜迎，敬献美酒，他们以庄园酿酒作坊的生产方式推动着泸酒酿酒生产的发展。唐代诗人郑谷在《旅次遂州将之泸郡》中写道：“我拜师门吏南去，荔枝春熟向渝泸。”春，在古代是酒的别名。所谓荔枝春，就是以荔枝为主体香成分的酒，这表明在距今 1 000 年前泸州荔枝已被作为酿酒原料之一，而且酒的质量较高，足以招徕郑谷这样的风流名士了。可见泸州酿酒的生产和消费在唐代已经相当发达了。

5.1.3 宋元时期

北宋诗人黄庭坚曾遭贬谪，来泸州住了半年，他看到泸州农业经济比周围地区发达，遍地栽种高粱用来酿酒，不由深情吟唱道："江安食不足，江阳（泸州）酒有余。"当时泸州官府人士，乃至村户百姓都自备糟床，家家酿酒。宋王朝在泸州设立市马场，每年冬至前后，叙永、古蔺、黔边等地的少数民族按照部落头人与宋王朝达成的协约，都要到泸州交售战马和其他商品，在这马队后面，成千上万的各族男女，用竹筏运载白椹、糯米、茶叶、麻、兽皮、杂毡、蓝靛等农副产品，从江门峡，顺永宁河经长江达泸州，再购买布帛、食盐和大量泸酒，运回泸南山区，这种茶马盐酒的贸易一直保留到明清。据宋《文献通考》记载，宋神宗熙宁十年（公元1077年）以前，宋王朝每年征收商税税额在十万贯以上的州郡，全国26个，泸州就是其中之一。当时泸州所设的6个收税的"商务"机关中，有一个是专征酒税的"酒务"，每年征收酒税在1万贯左右。宋太宗太平兴国七年（公元983年）以来，四川境内的奉节、泸州已出现小酒（米酒、黄酒）和大酒（蒸馏酒）。这种大酒在原料选用、工艺操作、制曲蒸酿、发酵方式、贮存醇化以及酒的品质方面都已经与今天泸州酿造的浓香型曲酒非常接近，可以说是泸州老窖特曲的前身。宋代泸州城里已有酒窖。宋代诗人唐庚放饮泸州佳酿后，作的一首"百斤黄鲈脍玉，万户赤酒流霞。余甘渡头客艇，荔枝林下人家"，描绘出一幅令人心驰神往的泸州风情胜景，成为讴歌泸酒的瑰丽杰作。遗憾的是泸州老窖文化的大批宋代遗存，却在宋元之际长达半个世纪的蒙古定蜀战争中毁坏。不过仅1984年在泸州小市城建挖方中，人们曾意外地发掘出五口年代不明的酒窖，据考证当为宋代遗存。

5.1.4 明清时期

朱元璋统一中国，建立起明王朝以后，酒城泸州的酿酒业开始了一个新的发展。现在泸州南城营沟头一排排整齐排列的酒窖，建于明代万历年间（1573年），是现存最完整、持续使用时间最长、具有431年悠久历史的老窖池群，是"国窖1573"的奇迹。

明代大诗人杨慎（升庵状元）对泸州酒城一往情深地写道："花骋小市频频过，落日凝光缓缓归。"诗人是说在泸州小市饮泸州美酒后归家的情景。杨慎又有诗："玉壶美酒开华宴，团扇熏风坐午凉。"杨慎还在小园中独擅风流，开怀畅饮泸州小市美酒，唱出"江阳酒熟花如锦，别后何人共醉狂"的醉时歌，吐露自己醉卧泸州的情愫，表现了自明代至清代的几百年间，泸州美酒曾以自己的高品质，赢得广泛的赞誉。

"郎泉牌"郎酒是泸州的第二个国家金奖名酒，出产在与茅台隔河相望的古蔺县二郎镇。古蔺和贵州的仁怀、赤水、习水、茅台诸县，历来盛产美酒，形成一条U字形的"赤水河酿酒带"。乾隆十年（1745），贵州总督张广泗疏凿赤水河，"黔岸"川盐，就从赤水河上运至二郎滩卸载，背"过山盐"到马桑坪，重新装船运往大定（今贵州省黔西县），再转运各地。作为赤水河上游的大宗物资集散地，同治年间，二郎镇上已有几十家盐号，背过山盐的背夫，多达数千人。光绪时，酒坊发展到20多家。光绪二十九年（1903），荣昌人邓惠川在镇上开办絮志酒厂（惠川糟房），仿效茅台酒的工艺而改进之，酿造"开坛酒香扑鼻，入口酱香浓郁"，风格与茅台酒近似的"回沙郎酒"，远销贵州、重庆和成都诸地。1933年，以经营木材贩运的"青山帮"商人雷绍清为首集资合股，在二郎镇创办集义酒厂，综合回沙郎酒和茅台酒酿造工艺，两次投粮，8次加曲糖化，窖外堆积糖化，窖内发酵，7次取酒。9个月为一个生产周期，后期贮存老熟3年，然后出厂销售。这种不是茅台、胜似茅台的酱香型美酒，正式定名为"郎酒"，质量更在"回沙郎酒"之上。

郎酒质优味佳、产量又特别少，因而倍加名贵。台湾学者周开庆在《民国川事纪要》中回忆：郎酒“每罐装酒一斤，抗战前一二年在当地之价，每罐大洋六七角，销售重庆、成都等地则值（大洋）一元；以郎酒茅台对饮，虽善饮者不能辨别，盖其品质原相若也。”

清代著名诗人张问陶在乾隆五十七年（公元1792年）腊七月初九乘船到泸州城下，停泊一天，写了泸州酒城风貌，距今虽已有两百多年了，仍传颂至今，成为吟诵这座酒城的千古绝唱。其一七绝“城下人家水上城，酒楼红处一江明。衔杯却爱泸州好，十指含香给客橙。”词中“衔杯却爱泸州”中何等夸奖泸州老窖大曲啊！其二七绝：“滩平山远人潇洒，酒绿灯红水蔚蓝。只少风帆三五叠，更余何处让江南。”临行时，张问陶又买了满满几坛泸州老窖大曲，顺江而下，观景畅饮，欢愉不已，当他夜泊长江三峡时，写下：“涪州朱桔夔州柚，乍解[illegible]看一船。口腹累人惭过客，山川迎我笑前缘。文章颇拟争千古，饮食何须费万钱。暂贮冰盘开窖酒，衔杯清绝故乡天。”诗人张问陶就着涪州的红桔与夔州的柚子，打开罐中泸州的“窖酒”，衔杯雅酌，乡思如缕。而他那“暂贮冰盘开窖酒，衔杯清绝故乡天”的诗句，想不到却为泸州人留下了一条珍贵的史料。证明两百多年前，“泸州老窖”已有了“窖酒”之称，而且酒体“清绝”，具有泸州地方志书所称的“清洌甘爽”的特征，令人衔杯喜爱，眷恋不舍。

清代光绪年间，泸州城下十余里江面上里三层外三层停泊着过往的盐米大船。像树林一样的船桅，俨然城墙外的又一道木栅。张船山（即张问陶）“城下人家水上城”说的就是这种繁华景象。泸州城内旧有牌坊，署曰：“川南第一州”，合全蜀直隶厅州论之，其繁富首屈一指。

清光绪五年（公元1879年）泸州可考的窖酒年产量超过10吨。到辛亥革命前夕，泸州城里已经遍布酒窖。曲酒酿造作坊可考者有温永盛、天成生、协泰祥、春和荣、永兴成、鸿兴和、义泰和、爱人堂、大兴和、新华等十余家，年产曲酒240吨以上。清代《阅微堂杂记》上载，元代泰定元年（公元1324年）泸州已酿出了第一代泸州大曲酒，民间流传“酒窖比井还多”的说法，正是泸州酒业兴旺昌盛的又一见证。

5.1.5 民国时期

民国时期，随着生产和交通事业的进一步发展，泸州老窖大曲远销省内外。广州、南洋等中外客商也来争相采购。抗战前夕，曲酒年产量达到达800吨。酒作坊之间，竞争非常激烈，一个个在工艺质量上精益求精，曲酒品质不断提高，抗战期间泸州曲酒年产量达1 800吨，冠甲全川全国，成为名副其实的“酒城”。

1915年的《东方杂志》《国民公报》《大公报》《申报》，均有号称“泸州第一”的温永盛糟坊生产的“三百年老窖”大曲（当时有342年，距今有431年的老窖池生产）夺得巴拿马博览会金奖的图片和新闻报道。具有“窖香浓郁、清洌甘爽、饮后尤香、回味悠长”特点的泸州老窖大曲饮誉美国旧金山，为中华民族争得了又一荣誉，让人分享文化古国的文明，感受华夏酒文化的辉煌。《中国食品工业年鉴》记载说，这是我国浓香型白酒最早获得的国际金奖产品。

5.2 泸酒酿酒原料资源整合

在现有12种香型白酒中，泸型白酒（即浓香型白酒）产销量最大，约占全国白酒的70%，深受广大消费者的喜爱。随着分析手段的发展，已揭示了白酒的风味与白酒中微量成分及其量比关系有着很大的联系。尤其在对泸型白酒的分析中，入窖发酵的原料与白酒的品质密切相关。

5.2.1 酿酒原料特点

我国酿酒主要用粮是：稻米、高粱、黍、粟、小麦等。白酒界有“高粱香、玉米甜、大麦冲、大米净”的说法，概括了几种原料与酒质的关系。我国名优酒中多是大曲酒，除了五粮液、剑南春等白酒是利用高粱搭配适量的玉米、大米、糯米、小麦，其他都是以高粱为主。粮谷原料以糯者为好。

（1）高粱：高粱根据所含淀粉结构不同，分为粳高粱、糯高粱两类。白酒界有“高粱香”的说法，这与高粱中微量的单宁及花青素等色素有很大关系。微量的单宁及花青素等色素成分，经蒸煮和发酵后，其衍生物为香兰酸等酚元化合物，能赋予白酒特殊的芳香；但若单宁含量过多，则能抑制酵母发酵，并在大汽蒸馏时被带入酒中，使酒带苦涩味，另一方面，单宁会妨碍人体对食物的消化吸收，还容易引起便秘，因此要选择单宁含量适量的高粱酿酒。

（2）玉米：玉米根据色泽分为黄玉米和白玉米，根据所含淀粉的含量分为糯玉米和粳玉米。通常黄玉米的淀粉含量高于白玉米。玉米的胚芽中含有大量的脂肪，会使酒醅发酵时生酸快、升酸幅度大，且脂肪氧化而形成的异味成分带入酒中会影响酒质。故玉米必须脱去胚芽的预处理才能用于酿酒。白酒界有“玉米甜”的说法，这是由于玉米中含有较多的植酸。植酸可发酵为环已六醇及磷酸，磷酸也能促进甘油（丙三醇）的生成。多元醇具有明显的甜味，故玉米酒较为醇甜。

（3）大米：大米同样根据所含淀粉分为粳米和糯米。但粳米中又有黏度介于糯米和籼米之间的优质粳米和籼米之分。现在已有多种杂交稻谷。各种大米又均有早熟和晚熟之分，一般晚熟稻谷的大米蒸煮后较软、较黏。大米的淀粉含量较高，蛋白质及脂肪含量较少。故有利于低温缓慢发酵，成品酒也较纯净。故白酒界有“大米净”的说法。

（4）麦类：麦类主要有大麦和小麦。小麦淀粉含量为67%，蛋白质含量为9.5%，脂肪含量为2.1%，灰分为2.5%，含淀粉量高。小麦蛋白质的组分以麦胶蛋白和麦谷蛋白为主，麦胶蛋白中以氨基酸为多。故小麦含有较多的面筋质。这些蛋白质可在发酵过程中形成香味成分。故五粮液、剑南春酒及叙府大曲酒等，均使用一定量的小麦。但小麦的用量要得当，以免发酵时产生过多的热量。大麦的蛋白质含量略高于小麦，黏性较差。

5.2.2 入窖用粮对酒质的影响

不同的原料、原料中淀粉含量和成分的不同会对酒质产生影响。很多机械化生产的白酒，虽然理化指标都符合白酒的标准，但其糖度和口味有所不同。入窖淀粉是指生产配料时投入原料所含淀粉量。直接影响到发酵效果、出酒率、基酒的质量。入窖淀粉对酒质的影响主要如下：

（1）淀粉在发酵过程中转化为可发酵型糖，为酵母菌发酵出酒提供原料，是酿酒所必需的原料；同时也是酒醅中微生物的生长代谢所必需的碳源和其他营养成分，是窖内微生物发酵产生热量的主要来源。泸型大曲酒多采用续糟配料循环的生产方式，淀粉是续糟中加入的最重要的物质。

（2）淀粉的高低与酒质密切相关。现代的分析结果已经表明了白酒的风味与白酒中微量成分及其量比关系有着很大的联系。提别是泸型白酒，与酯类的含量有着密切的关系。淀粉可促进已酸菌等生香功能菌的代谢；又由于糟醅淀粉浓度的提高，使出窖酒醅单位体积的酒精含量提高，利于酯类物质的生成。

（3）入窖淀粉具有降低糟醅酸度和水分的作用。通常发酵的糟醅中加入原辅料后，可降低糟醅水分 10%左右，为蒸馏环节中微量香味成分的提取创造了有利的条件；糟醅投料后可降低糟醅酸度 1/6 左右（旺季可降低糟醅酸度 1/4 左右），为下一排生产的微生物生长繁殖创造了有利条件。

（4）入窖淀粉影响发酵温度。窖池发酵的热源主要来自淀粉和糖，入窖淀粉浓度的大小直接影响到窖池温度。根据生产时间证明，平均每消耗 1%的淀粉，窖内发酵温度就上升 1.5℃~2℃。

5.2.3 原料不同粉碎度对酒质的影响

1. 入窖母糟感官分析

对不同粉碎度原料发酵 90~120 天后的感官分析表明（表 2），粉碎度较大的目糟更有骨力，悬头黏性好。这是由于在糊化过程中，原料颗粒所含纤维素与半纤维素不能被糊化。因此糊化后，粗颗粒中淀粉始终保持在网状纤维中成较大颗粒，流动性小，有利于糟醅保水；而细颗粒中淀粉糊化后，由于粉碎度大，破坏了纤维的网状结构而成液糊状，流动性大，糟醅保水性差，从而造成母糟感官上的差异。

表 2　**不同粉碎度母糟感官分析**

原料	母糟感官状态（发酵期为 90~120 天）
粉碎度较大，通过 20 目筛的比例较大	肉实大颗，有骨力，有弹性，柔而不腻，悬头黏性好
粉碎度较小，通过 20 目筛的比例较小	疏松，小颗，肉实程度差，悬头黏性差

2. 糟醅理化性质分析

糟醅入窖后，窖内各种物质与微生物会随着水分的下沉而沉淀，这是造成窖内各层糟醅发酵环境差异的主要原因。对于粗颗粒淀粉糊，由于流动性较小并且糟醅保水较好，各层糟醅发酵环境改变小，为微生物的生存繁殖创造良好的条件，发酵生酸良好，有利于营养成分和酸、酯成分的积累，糟醅的风格质量自然提高；对于细颗粒工艺，淀粉流动性大，糟醅保水性差，容易使糟醅上干下淹，较多的可发酵性物质进入黄水而损失掉，对发酵生酸生酯影响较大，营养成分和酸、酯成分积累较少。

3. 与产酒量关系

比较粗颗粒的方案产量和细颗粒的方案（表 3），粗颗粒工艺的产酒量高出 10%左右，耗粮量也随之下降，因用曲、用糠量都减少，糠耗下降最为明显。这是因为，原料粉碎粗，糖化发酵缓慢，升温也缓慢，一般封窖 10 天左右才升至最高温。而细颗粒工艺，升温快，一般 5~7 天即升到最高温。由于粗颗粒工艺升温缓慢，酒化菌生长缓慢，菌体健壮，具有较强的活力和持久的发酵能力，使主发酵期增长，同时有利于香味成分的积累，故出酒率高且酒质好。

表 3　**不同粉碎度对产量的影响比较**

类别	产量/（kg/甑）	粮耗/（t 粮/t 酒）	曲耗/（t 曲/t 酒）	糠耗/（t 糠/t 酒）
粗颗粒	55.5	2.70	0.54	0.51
细颗粒	51.0	2.94	0.59	0.74

5.2.4　泸型白酒入窖淀粉问题

经研究表明，在一定范围内，酒精的产量是随着糟醅淀粉浓度的增加呈增长趋势的，但是淀粉乙醇的转化率（出酒率）呈下降趋势。这种趋势维持到淀粉浓度达到临界值时结束，酒精的产量不再随着淀粉浓度的增加而增长。酿造泸型大曲酒，入窖淀粉浓度最大临界值在28%~29%，而这一现象主要是由于微生物发酵产物的增长（特别是乙醇的积累）可以极大地抑制微生物的代谢造成的。总结四川等地泸型白酒的实践得知，入窖温度在20 ℃以下，酸度在1.5~1.7时，糟醅中的淀粉转化率为9%左右。当入窖温度在25 ℃以上，酸度在1.9时，糟醅中只有7%左右的淀粉能被酵母菌发酵生成酒精。这是因为酵母菌利用还原糖的能力，还受到温度、酸度等多方面因素影响。酵母菌等有益微生物在偏酸性的环境中生长良好，而杂菌则在中性或偏碱性条件下繁殖，一般老窖酒质比较好，主要是因为老窖的酸度比新窖大。

如果入窖淀粉含量偏高，会使发酵升温快，前火猛、发酵不完全，出窖时淀粉和糖分较高，生酸也高；如果入窖淀粉过低，侧产酒少、母糟“没有肉头”“湿糙”，酒的浓厚感差。入窖淀粉含量与产量、质量有密切关系。并且也有部分酒厂的经验表明，如果为了提高出酒率，降低入窖淀粉浓度，一般为13%~15%（旺季），结果反而影响了酒质，糟醅很瘦，显糙，酒的口味淡薄。而我省名酒厂，入窖淀粉含量一般较高，为19%~22%（旺季），则生成的己酸乙酯较多，即“高进高出”，使糟醅“肉头”更好。

入窖淀粉含量也应随季节不同而增减。鉴于秋季转排（加糠退醅加水）的客观存在，母糟中成分有较大变动，破坏了微生物原有的生态环境，使基质中各种生化反应也随之而变。在这种情况下，即使原料的增加也难以使入窖淀粉及时达标，所以母糟一般处于较低淀粉状态。较低的淀粉量不利于己酸菌等生香微生物的代谢，也不利于酯类物质的生成。因此冬季气温低，入窖温度低，淀粉含量可高达18%~20%；而夏季气温高，淀粉含量适宜降低到13%~15%。此外还要根据生产的旺季、淡季控制不同的入窖淀粉浓度。

表4　　入窖淀粉含量与粮耗的关系

	每甑投粮/kg	入窖温度/℃	入窖淀粉/%	用曲量/%	发酵最高温度/℃	升温幅度/℃	出窖淀粉/%	粮耗/100
1	120	22.5	16.32	19.23	35	12.5	8.06	216.30
	130	22	17.26	20	38	16	8.70	226.11
2	110	23	15.29	19.13	35.5	12.5	8.07	238.88
	120	23	16.46	19.58	38	15.5	9.86	244.89

6　泸酒包装文化资源调查与研究

6.1　项目背景分析

泸州酒业，始于秦汉，兴于唐宋，盛于明清，发展在新中国，与源远流长的巴蜀酒文化一脉相传。泸州老窖与郎酒，是酒城泸州的两大白酒奇葩。而泸州也是国内唯一拥有两大知名白酒品牌的城市，泸州因酒而著名，酒因泸州而发展。伴随着信息技术的飞速发展，泸州的白酒行业也逐步在向电子商务发展。因此，网络市场的开拓提升了泸州白酒行业的发展空间，也是泸州白酒文化宣传的新机遇，通过网络调查，泸州的白酒文化博大精深，但是在互联网上却没有一个正规的网站来宣传泸州白酒文化。因此一个正规的网站，在互联网上对泸州白酒文化进行专业的优化与宣传推广，是必不可少的。

6.2 泸州酒具文化分析

酒之器皿随着酒的产生与发展及沿着我国的历史递传，在文化、经济、生产力、艺术水平等不同背景下，求新求变。泸州酒具具有其传统的独特风格与造型，酒器的发展过程也正是研究中华文化最宝贵的历史鉴证。随着纳溪县上马镇在农家翻地的时候，出土了一个麒麟——这个麒麟是青铜器——长 35 厘米，宽 27.5 厘米，身上负着两个小桶。上马镇麒麟的出土，更进一步拉开了泸州酒文化研究的大幕——来自北京、武汉的考古专家们分别着手密溪的石棺麒麟与上马的青铜麒麟的研究，最终，得出了权威性的结论：这是汉代的温酒器。整个温酒器以吉祥物麒麟为基本造型，其腹腔为炉膛，尾部为灶门，两侧圆鼓内盛大，与前胸和臂部通联，水可循环并可从口腔喷出，饮酒时炉膛内放木炭，将酒杯盛酒置于圆鼓内，随水温加升而温酒……麒麟温酒器构造独特，情趣生动，在我国古代酒器中尚属孤品，是酒城泸州的典型性、代表性器物。伴随着麒麟温酒器的出土，泸州酒文化无疑向历史的深度又迈了一步。

总结：酒具是酒文化最原始的载体，也是酒文化相关的器具总称。酒器的发展过程正是研究中华传统文化最宝贵的历史见证，泸州麒麟温酒器的发现，标志着泸州酒文化研究的重要进步。泸州的酒器具有其独特的风格与造型。

6.3 包装文化分析

6.3.1 泸酒包装对酒文化的作用

由于白酒的悠久酿造历史，使得白酒在几千年来的发展中沉淀了极其深厚的传统文化。而白酒存在的合理性就有了新的动态：生理需求转向心理需求。这就给酒的制造工艺以及酒的包装提出了更高的要求，中国是一个白酒文化悠久的国家，白酒文化不仅体现在白酒的种类上，更加体现在白酒的包装中。因为包装通过文化来标新立异，吸引消费者注意力。往往消费者通过白酒的包装就能够判定白酒的品质。因为白酒包装一般分为中低档、高档、极品三个档次，而包装的档次往往也是根据酒的品质来进行选择的。随着市场经济的迅速发展，白酒包装作为传达中国白酒文化最直接、最形象的载体，也日益受到白酒生产企业和消费者的关注，因为各大商场和超市里琳琅满目的白酒包装就是最好的佐证，所以白酒包装已成为我国包装业中的一大亮点。

6.3.2 泸酒包装的内容与种类

白酒的外包装主要是以纸材料的外盒与外箱为主，因为中低档白酒瓶的外型一般以酒瓶制造厂家来选择包装，除非高档酒才会专项去设计酒瓶模型。这样就只能以白酒的外包装来体现企业文化与企业形象。现阶段的白酒包装产品以更主动的姿态、更丰富的品种、更富于个性化的形态在白酒文化中扮演着一个满足个性化饮酒需求的角色。而白酒包装作为批量性化工产品，有着产品的基本属性，离不开功能、结构、材料与工艺等因素的影响，在最终成品上都会打上这些影响的烙印。随着白酒品牌日益增多，如何占领白酒销售市场成为各个白酒生产者考虑的首要问题，一款漂亮的白酒包装盒能够大大地提升白酒的销售量，有利于白酒品牌更好地占领市场。而包装盒的档次和种类也有很多，白酒包装一般分为中低档、高档、极品三个档次。而包装盒的种类分为原木酒盒、仿红木酒盒、皮质包装酒盒、金属酒盒、纸盒包装等。

6.3.3 泸酒包装在白酒行业的重要性

在包装行业发达的今天，如何设计制造与产品相匹配的包装是消费者认识白酒的第一步，也是关键的一步。只有实实在在地给产品定位、给包装定位，走出酒质与包装不相匹配的非理性怪圈，白酒品牌的生存空间才会更广阔。泸州老窖的成功，与它合理的产品和包装定位是分不开的，上乘的酒质，精美的包装，考究的包装用料，结合“天下第一酒坊”的文化挖掘，每一个细微之处，都显示出高档白酒的风范，让消费者真正感到物有所值、物超所值，体现了物质消费与精神消费的完美结合、高度统一。

6.3.4 泸州白酒包装行业背景分析

几十年来，白酒行业的发展引导着白酒包装的变化，酒包装从简至繁、再从复杂回归到简约，泸州的白酒包装行业也是如此。计划经济时代，酒由国家统一调控，供不应求，生产企业普遍没有营销意识。当时白酒的外包装十分简陋，只是用牛皮纸或报纸简单包裹进行销售，逐渐地才发展到使用灰卡纸、白卡纸包装盒，并印制山水图案及简单文字，这在当时基本可以满足消费者的需求。但是随着时代的变化，消费者审美的提升，这样的白酒包装已经不能满足消费了，白酒包装行业也面临着改革，泸州随着白酒行业的发展，白酒的包装设计已从纯粹、简单的产品设计，发展到市场、企业、营销三个坐标共同体现的品牌信息设计。在泸州白酒日趋同质化的今天，白酒的包装也就成了彰显个性的重要手段之一。这就势必要求泸州白酒包装设计的各种元素在使用上要推陈出新。

6.3.5 泸州包装企业介绍

1. 泸州美川包装有限公司

泸州美川包装有限公司位于经济繁荣、风景优美的酒都——泸州市，该公司以生产和加工纸类产品印刷为主，是一家集开发、电脑制作、加工等一条龙服务为一体的包装印刷厂。自成立以来该公司直致力于印刷包装行业的研究、创新和发展，一直为泸州当地的酒厂供应酒瓶、酒盒、无纺布袋、不干胶、激光防伪标等包装产品。

2. 四川蜀兴陶业有限公司

四川蜀兴陶业有限公司是一家拥有近30年生产经验的制陶企业，有着完善的生产技术。该公司老厂成立于1986年，坐落在拥有600多年土陶文化的中国土陶之乡——四川隆昌石燕桥镇。

3. 泸州市彩云包装制品有限公司

泸州市彩云包装制品有限公司是专业的无纺布产品制造商之一。该公司同泸州老窖及多家酒业公司都有合作，都在为它们生产加工酒类手提袋以及广告袋。地址：泸州市江阳区弥陀镇。

4. 泸州茂源陶瓷制作有限公司

泸州茂源陶瓷制作有限公司公司位于风光秀丽，人杰地灵的风景区玉蝉山脚下的泸县牛滩镇，地理位置优越、交通便利，距隆纳高速1千米，隆纳铁路福集站6千米，县城8千米，泸州市26千米，主要生产高、中档陶瓷酒瓶和高档日用陶瓷餐具。并且为泸州老窖、郎酒生产、设计白酒包装。

总结：白酒业与包装业是两个相互融合的互动产业，人们购买白酒由过去的单一地以“实用为主”（生理需求）开始转变。消费者饮酒，实际上是在品味一种心情、一种氛围、一种文化。这使得酒文化与酒包装成了紧密联系且不可分割的整体。包装不是纯艺术品，却有着深邃的文化内涵。

7　构建泸酒产业文化展示中心，提升资源库影响力

7.1　泸酒产业文化展示中心的主要内容

本项目在泸州职业技术学院及院外建设了酒产业文化展示中心，主要包括：

7.1.1　白酒品鉴中心

该基地是市场营销专业群与泸州老窖、一品坊酒业、国粹酒业等白酒企业共建的培养白酒营销人才的特色实训室，对接“泸州市高素质白酒产业人才基地”。实训室面积为50平方米，可容纳20人同时进行白酒评鉴训练。现有设备包括电脑1台、投影设备1套、空调1台、酒品展示柜1套、精品展示台2套、品酒桌椅4套、泸州本地主要酒样、专业品酒器皿等。

7.1.2　白酒营销实战演练中心

该实训室是与四川郎酒、国粹酒业等白酒企业共建的生产性实训基地，面积为50平方米，能同时容纳30人进行实训。目前主要设备有电脑1台、投影仪1套、空调1台、讨论桌椅4套、酒品展示柜1套等。

7.1.3　泸酒产业文化研究中心实训基地

该中心面积100平方米，与泸州老窖等白酒企业共建，主要设备包括酒品展示柜8套、酒品展台8套、电视1台、各类精品白酒及包装样品若干。

7.1.4　校外白酒实训基地

与泸州老窖股份有限公司、泸州御酒酒业有限公司、泸州一品坊酒业有限公司、泸州国粹酒业有限公司、泸州仙潭酒业有限公司等企业合作建设了包括泸州国窖广场、酒业集中发展区等在内的六个校外白酒实训基地。

7.2　泸酒产业文化展示中心的主要功能

7.2.1　承担校内酒类专业群实训教学项目

白酒品鉴中心现已承担了市场营销专业群白酒品评技能训练、白酒销售管理、白酒生产工艺与流程等多个课程的专项实训；白酒营销实战演练中心现已承担了白酒营销广告创意与策划、白酒推销谈判与技巧、白酒销售管理等多门专业课程的教学实训。

7.2.2　对公众展示宣传泸酒文化

泸酒产业文化研究中心实训基地现已面向全院师生及社会公众开放，到目前为止已经

开展了近 8 000 余人次白酒文化展示及宣传。

7.2.3 产学研结合的重要基地

2007 年，根据创建示范高职的要求，泸州职业技术学院在市场营销专业探索性地开设了酒类学课程，得到学生和社会的积极回应，之后，在总结开设经验的基础上，与泸州老窖股份有限公司、郎酒集团合作，先后开设了专业特色必修课程白酒生产工艺与流程、白酒文化、白酒推销谈判（行动导向课程），开设了专业实践课程白酒品评技能训练、白酒营销实务综合训练。同时，将一年一度的中国白酒金三角酒博会现场作为营销专业学生见习和开展相关服务的基地。对“市场调查”课程进行改革，其中市场调研部分设计为针对白酒企业进行调研。在教学中，增加白酒营销的案例。目前，以上课程已经逐渐定型，正在修改完善课程讲义，出版相关教材。

7.2.4 围绕白酒产业开展教改、科研和咨询服务

市场营销专业教师积极围绕白酒产业开展教学改革、科学研究和社会服务。已开展与白酒相关的科研项目研究 5 个，市级项目 16 个，院级项目 2 个，横向课题 2 个。教学团队成员与企业专家共同撰写、公开发表论文共 12 篇，其中 1 篇在今年 3 月被评为泸州职业技术学院优秀实践教学论文一等奖。截至今年 5 月已与部分企事业单位合作开展项目开发设计与研究 5 项。2012 年，成功组织了泸州市白酒高级酿造工的培训认证工作。学院教师通过“酒城讲坛”、泸州市人才交流中心、军转干培训中心等企事业平台，面向社会公众、企业单位、政府部门开展多领域、多层次的专题培训、讲座，截至 2012 年 5 月，受众已达 1 500 余人次。其中，还有部分讲座和培训辐射到泸州市周边城市（重庆、宜宾、内江、赤水等）。

参考文献：

[1] 袁仁国. 中国白酒产业结构及发展前景分析 [J]. 酿酒科技，2008（03）.

[2] 许晓玉. 白酒金三角中国的“波尔多”[J]. 酒世界，2010（05）

[3] 徐 发，谢 武. 我国白酒行业总体概况和发展趋势分析 [J]. 酿酒，2009（02）.

[4] 马 卉. 我国白酒产业现阶段面临的问题及解决对策 [J]. 现代商业，2009（03）.

[5] 黄永光，刘杰. 中国白酒金三角发展战略分析 [J]. 酿酒科技，2010（08）

[6] 吴勇毅. 微电影营销，酒企准备好了吗？[J]. 酒饮观察 ，2012（19）.

[7] 马 卉. 我国白酒产业现阶段面临的问题及解决对策 [J]. 现代商业，2009（03）.

白酒企业竞争力与社会责任

基于模糊综合评判的川酒企业竞争力评价研究[①]

刘自山[②]

摘要：打造白酒“金三角”是酒业产业结构调整的重要举措，本报告在文献调研和实地调研的基础上，结合四川酒类企业的特点，采用了半定量与定量结合的方法，从多方面建立了用于评价酒类企业核心竞争力的指标体系，然后运用贝叶斯网络与模糊层次分析法确定权值，避免了评价过程中的主观性。最后，运用该评价体系对泸州老窖、剑南春、五粮液、郎酒、沱牌酒等知名企业进行了实例验证，得出了五个公司核心竞争力的排名情况，与实际也很吻合，达到较好效果。

关键词：酒类企业；核心竞争力；贝叶斯网络；模糊层次分析

1 前言

本项目经中心学术委员会评审通过，四川省教育厅2012年6月18日下文批准正式成立以来，项目组成员按照项目申报书的内容、分工和要求，有条不紊地推进各项工作，进行了广泛的调研、讨论和深入分析，课题组在公开刊物上发表了5篇学术论文（含已录用）：

（1）基于模糊层次分析的酒企业核心竞争力评价；

（2）Evaluation Systems of Wine with BP Neural Network Models；

（3）Mathematical Optimization Models for Recognition and Oil-volume Marking for Tilted Oil Tank；

（4）Products of L_2（11）by Alternating Groups；

（5）Stable Perturbed Iteration Procedures for Solving New Strongly Nonlinear Operator Inclusions in Banach Spaces。

在“有机、生态、文化”第二届固态酿造产业技术创新论坛论文集和“川酒产业与区域经济协调发展”论文集上发表了两篇论文：

（1）基于消费者心理的川酒营销策略分析；

（2）四川酒类企业核心竞争力评价机制构建。

通过利用模糊综合评判的方法对川酒企业竞争力进行评价的探讨，基本达到了项目申

① 基金项目：四川省哲学社会科学重点研究基地、四川省教育厅人文社科重点研究基地——四川理工学院川酒发展研究中心（CJY12-37）研究成果。

② 刘自山（1968—），男，重庆垫江人，硕士，实验师，主要从事应用数学方面的研究。

报书的基本要求和目标。

2 项目研究现状

中国白酒制造业的历史十分悠久，自元代起我们的祖先就掌握了白酒酿造技术，并传承至今，形成了底蕴深厚的酒文化。因此，白酒制造业是我国所有酒类制造业中具有自主知识产权、独具特色和优势的领域。长期以来，白酒业作为我国重要的传统产业之一，对增加财政税收，促进地方经济发展都有着较大贡献。

纵观各类文献资料，在西藏企业核心竞争力培育研究——以拉萨啤酒公司为例，主要研究了在激烈的市场竞争中，企业的核心竞争力越来越受到社会关注，学界和企业界都认为它是企业生存和发展的关键，决定了企业的命运。培育强于竞争对手的核心竞争力，是引导西藏本土企业成功的关键因素。啤酒企业如何培育核心竞争力，主要研究了企业核心竞争力是指企业在开发技术、产品和市场营销等方面所具有的一系列互补性的知识与技能的有机综合体，是企业有效地配置和利用自身可支配资源与要素以期获得长期竞争优势的能力。它是企业的生命线，是企业运行、发展的动力源。一个啤酒企业能否在越来越激烈的市场竞争中脱颖而出，最重要、最关键的就是是否拥有核心竞争力。核心竞争力——企业制胜的根本，主要讨论了在激烈的市场竞争中，一个企业制胜的根本是什么？为什么有的企业能长盛不衰，有的企业只能成功一时；而有的企业却连一点成功的机会都没有？这些问题很难简单地从企业所处的行业、企业所有制结构、企业的组织形式、企业规模、企业管理层及员工的努力程度等方面为其找出明确的答案。

目前，国内有关白酒业的研究较少，但这些已有研究还有进一步探索的空间和综合比较分析的必要。归纳起来，可供参考的研究成果主要可分为以下几类：一是白酒酿造工艺技术方面的研究；二是具体对某个或某类白酒企业的研究；三是就整个中国白酒业的某个方面如营销模式、品牌塑造、行业现状及发展趋势等方面的探讨。但总的来说对酒类企业核心竞争力评价方面研究太少，特别是没有运用数学的方法来进行研究，从而制定一套科学、合理的评价指标体系。

3 四川白酒产业发展状况

白酒是指以富含淀粉质的粮谷如高粱、大米等为原料，以中国酒曲即大曲、小曲或麸曲及酒母等为糖化发酵剂，采用固态（个别酒种为半固态或液态）发酵，经蒸煮、糖化、发酵、蒸馏、陈酿、贮存和勾调而制成的蒸馏酒。白酒产业是我国传统产业之一，自 2003 年起开始全面复苏，进入了高速增长时期。

2004 年全国白酒总产量 312 万千升，我国白酒产量到达了近十年来的最低点，同时也成了白酒产业的转折点。当年实现销售收入 530 亿元，增长了 15%。近 60 亿元的利润总额不仅创下了 38.9% 的各行业最高增长，在酿酒行业利润总额中所占比重也达到了 57.6%；2005 年起，中国白酒消费出现恢复性增长，产量达到 349.4 万千升，同比增长 5.04%，实现销售收入 741.07 亿元，同比增长 39.8%；2006 年全国白酒行业销售收入 970.3 亿元，同比增长 31.09%，产量达 397.1 万千升，同比增长 18.18%；2007 年全国白酒行业销售收入达到 1 242 亿元，产量达 491 万千升。2008 年白酒产量 569.34 万千升，同比增长 15.79%，销售收入 1 574.85 亿元，同比增长 27.79%。2009 年，全国白酒产量达到 705.7 万千升，同比增长 23.95%，销售收入达到 1 708.1 亿元。2010 年全国白酒产量达到 890.8 万千升，同比增长 26.23%，实现销售收入 2 661.14 亿元，同比增长 35.17%。2011 年全国白酒产量达到 1 025.6 万千升，同比增长 15.13%，实现销售收入 3 746.67 亿元，同比增长 40.79%；2012 年全国白酒产量 1 153.16 万千升，同比增长 12.43%，实现销售收入 4 466 亿元，同比增长 19.2%。

四川拥有上千年的酿酒史，其生态环境为酿制纯正优质白酒提供了得天独厚的环境。四川盆地是我国发展白酒产业最为理想的地区之一。这里是浓香型和酱香型世界顶级白酒的发源地，也是固态蒸馏白酒高端品牌的集聚区。经过多年的发展，四川白酒品牌和生产技术在国内外都是首屈一指。四川白酒被行业认为是“最大的产业集群、最大的品牌群、最大的产能群、最好的政策洼地”。2008 年，四川省政府提出并倾力打造中国的“白酒金三角”是川酒提升核心竞争力，扩大品牌影响力的重要举措。作为四川省的传统支柱产业，白酒产业对四川省的经济社会发展起着重要作用。近年来，四川白酒得到了更快的发展。2007 年，四川省规模以上白酒企业共生产白酒 86.18 万千升，占全国白酒总产量的 17.5%，首次超过山东，排名全国第一。四川白酒产业连续 5 年保持年均 30%以上的速度增长，主营业务收入、利税、利润三项主要经济指标实现了翻倍增长。2009 年，全省白酒业拥有 16 个中国驰名商标，全年产量达 155.96 万千升，增长 40.70%，居全国第一；当年四川白酒产量、工业总产值、新产品产值、销售产值、出口交货值分别占到全国白酒业的 22.06%、34.02%、70.22%、34.30%和 83.8%，白酒盈利能力进一步增强，利税和利润分别占到全省工业的 9.6%和 10.39%。2012 年，四川省白酒行业完成产量 295.2 万千升，同比增长 14.8%，占全国白酒产量的 25.6%，实现主营业务收入 1 671.54 亿元，同比增长 23.72%，实现利润 292.63 亿元，同比增长 45.35%。规模以上白酒企业数达到 273 家，共有 33 家白酒企业进入全国白酒企业百强行列，五粮液、泸州老窖、剑南春、郎酒、沱牌、全兴六家传统名优白酒企业外，还涌现出了丰谷、江口醇、小角楼、高洲酒业等一批具有较强竞争实力的白酒企业。

4　基于模糊层次分析的酒企业核心竞争力评价

当今，酒类市场进一步开放，一方面外国实力雄厚的酒类企业不断进入我国市场，另一方面外商（尤其是大企业）在国内投资的大项目越来越多，这预示着我国的酒类企业家必须按照国际惯例与国际上有强劲实力的酒类企业进行竞争。由于种种原因，我国酒类企业只有不断提高核心竞争力，才可能赢得更大的市场存活。我国的酒类产品主要是白酒，而现在呈现小规模、多数量、工艺技术落后、产品质量差、市场营销混乱、重复建设和消耗污染严重以及地方保护主义盛行等特点。针对上述问题，研究酒类企业的核心竞争力是必要的。以四川酒类企业为例，假设各酒类企业发展相对稳定，所公布财务报告数据真实，每类酒市场价格短期内无太大波动。

4.1 评价指标体系的确定

由于酒类企业和其他企业具有一定的共通之处，在有限时间内，对影响酒类企业核心竞争力的关键因素，进行文字描述与图示法分析是切实有效的手段。下面以非定量描述法、半定量与定量结合法，对四川酒类企业进行核心竞争力分析，确定核心竞争力的影响因素。

根据调研和相关资料分析，影响企业核心竞争力的因素主要有如下内容（见表1）：

表1　　酒类企业核心竞争力综合评价指标

<table>
<tr><td rowspan="13">酒类企业核心竞争力 I</td><td>准则层</td><td>指标层</td><td>准则层</td><td>指标层</td></tr>
<tr><td rowspan="5">技术竞争力 I_1</td><td>信息化水平 I_{11}</td><td rowspan="5">市场竞争力 I_3</td><td>市场占有率 I_{31}</td></tr>
<tr><td>技术创新水平 I_{12}</td><td>市场开拓应对力 I_{32}</td></tr>
<tr><td>人员技术水平 I_{13}</td><td>品牌效益 I_{33}</td></tr>
<tr><td>机械化程度 I_{14}</td><td>营销员业务素质 I_{34}</td></tr>
<tr><td>资源回收利用率 I_{15}</td><td>顾客满意度 I_{35}</td></tr>
<tr><td rowspan="6">组织管理能力 I_2</td><td>管理制度完备性 I_{21}</td><td rowspan="6">规模及盈利状况 I_4</td><td>企业净资产 I_{41}</td></tr>
<tr><td>员工的精神状态及企业文化 I_{22}</td><td>年总产量 I_{42}</td></tr>
<tr><td>员工的平均受教育水平 I_{23}</td><td>年销售利润总额 I_{43}</td></tr>
<tr><td>劳动生产率 I_{24}</td><td>近几年的销售增长率 I_{44}</td></tr>
<tr><td>产品成本控制力 I_{25}</td><td>资产负债率 I_{45}</td></tr>
<tr><td>安全生产能力 I_{26}</td><td>企业规模的大小 I_{46}</td></tr>
<tr><td colspan="4">其他 δ</td></tr>
</table>

根据上述评价指标体系，首先，采用对比求和法与专家打分法确定各个指标的评分；然后，通过建立贝叶斯网络模型，使其层次结构更加分明；最后，运用层次模糊综合评价的方法来尽量消除评分的主观性，使其最终评价结果真实可靠。

4.2 评价模型的分析与建立

4.2.1 贝叶斯网络模型（MADMBN）的建立

由分析知，建立贝叶斯网络模型能很好地诠释表1评价酒类企业核心竞争力的层次结构以及各层次之间的相互关系，可以将联合分布指标转换为多个复杂度较低的概率分布，从而使概率参数表达的复杂度降低。贝叶斯网络模型网络结构如下：

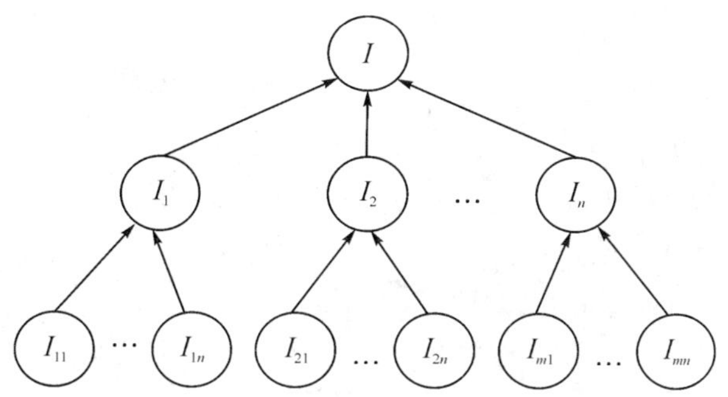

图 1　目标层—准则层—指标层节点表示

从上图可以看出，指标层直接影响准则层，进而影响目标层。又由于评判具有主观性和模糊性，所以对该模型运用模糊综合评价方法构造判断矩阵，使其核心竞争力评价得到量化、客观化、科学化。

4.2.2　模糊层次分析模型的建立

层次分析法（analytic hierarchy process，简称 AHP）是将决策企业核心竞争力有关的元素分解成目标、准则、方案等层次，在此基础上对酒类企业核心竞争力进行定性和定量分析。但是，由于客观事物的复杂性和人们对事物认识的主观性，在实际应用过程中如何使层次分析法更客观、更准确地反映所研究的问题，显得十分重要。模糊层次分析法（fuzzy analytic hierarchy process，简称 FAHP）针对主观判断的模糊性，综合运用模糊数学和层次分析法，可以有效地解决酒类企业核心竞争力评判的多目标问题。

步骤 1：基于改进层次分析标度法的模糊互补判断矩阵构造。

萨蒂等人引用数字 1~9 及其倒数作为标度构造判断矩阵，并且通过实验方法验证了判断结果的正确性。因而在模糊层次分析法中，引入一种 0.1~0.9 的标度法，用来建立模糊互补判断矩阵。

表 2　　0.1~0.9 标度法及其表达意义

标度	表达的意义
0.5	两因素相比较，同等重要
0.6	两因素比较，一因素比另一因素稍微重要
0.7	两因素比较，一因素比另一因素明显重要
0.8	两因素比较，一因素比另一因素要重要得多
0.9	两因素比较，一因素比另一因素极端重要
0.1，0.2 0.3，0.4	若因素 a_i 与因素 a_j 比较得到判断为 a_{ij}， 则 a_j 与 a_i 比较得到判断 $a_{ji}=1-a_{ij}$

根据以上规则，建立酒类企业核心竞争力的判断矩阵 $\boldsymbol{A}=a_{ij}$，其中 $a_{ij}+a_{ji}=1$；$i=1,2,\cdots,n$；$j=1,2,\cdots,n$。

步骤 2：准则层、指标层权重的确定。

在建立模糊互补判断矩阵时，充分利用模糊互补矩阵的优良特性，采用（1）式计算权重。

$$\omega_i = \frac{\sum_{j=1}^{n} a_{ij} + \frac{n}{2} - 1}{n(n-1)} \quad i = 1, 2, \cdots, n \tag{1}$$

步骤3：权重矩阵的建立。

对于模糊互补矩阵$\boldsymbol{A}$，由（1）式计算出权重向量$\omega = (\omega_1, \omega_2, \cdots, \omega_n)$，则权重矩阵$W = (\omega_{ij})_{n\times n}$，其中，$\omega_{ij} = \omega_i - \omega_j + 0.5$；$i = 1, 2, \cdots, n$。

步骤4：模糊互补判断矩阵相容性一致性检验。

模糊层次分析法给出了一致性检验的方法，若$\boldsymbol{A}$和$\boldsymbol{B}$都是模糊互补矩阵，则：

$$CI(\boldsymbol{A}, \boldsymbol{B}) = \frac{1}{n^2}\sum_{i=1}^{n}\sum_{j=1}^{n}|a_{ij} - b_{ij}|$$

为$\boldsymbol{A}$、$\boldsymbol{B}$的相容性指标；

$$CI(\boldsymbol{A}, \boldsymbol{W}) = \frac{1}{n^2}\sum_{i=1}^{n}\sum_{j=1}^{n}|a_{ij} - b_{ij}|$$

为$\boldsymbol{A}$的一致性指标，此式中，$\boldsymbol{W}$为$\boldsymbol{A}$的权重矩阵。

当$CI(\boldsymbol{A}, \boldsymbol{W}) \leqslant \alpha$时，则模糊互补判断矩阵$\boldsymbol{A}$是一致可接受的，并且$\alpha$代表决策者的态度，$\alpha$越小表明模糊互补判断矩阵的一致性要求越高。实验证明，$\alpha = 0.1$时，满足一致性要求。

4.3 最终评价机制

酒类企业核心竞争力准则层、指标层分别由决策专家权衡出模糊互补判断矩阵，当其通过一致性检验时，权重便可以作为评价尺度。下面得出最终评价机制函数：

$$f(x_j) = \sum_{i=1}^{p}\sum_{j=1}^{q}\omega_i(\omega_j x_j) \tag{2}$$

其中，p表示准则层的个数；q表示每一准则层下指标层的指标数；x_j表示每个指标的相应评分，一般q可变，每变化一组q对应一组ω_j；ω_i表示准则层各指标的权重；ω_j表示指标层各指标的权重。

4.4 应用实例

根据四川酒类企业特点，建立评价指标体系。由业内人士提供相关依据，经调研建立模糊互补判断矩阵，对于准则层的五个指标建立模糊互补判断矩阵如下：

$$\boldsymbol{A} = \begin{bmatrix} 0.5 & 0.6 & 0.7 & 0.7 & 0.8 \\ 0.4 & 0.5 & 0.6 & 0.7 & 0.7 \\ 0.3 & 0.4 & 0.5 & 0.6 & 0.6 \\ 0.3 & 0.3 & 0.4 & 0.5 & 0.6 \\ 0.1 & 0.3 & 0.4 & 0.4 & 0.5 \end{bmatrix}$$

根据矩阵$\boldsymbol{A}$由公式（1）可计算到权重向量$\omega_{1\sim5} = (0.24, 0.22, 0.195, 0.180, 0.165)$，并且建立的该矩阵$\boldsymbol{CI}(A, W) = 0.0976 < 0.1$，满足一致性要求。因此，$\omega_{1\sim5}$可以作为$I_1$、$I_2$、$I_3$、$I_4$、$\delta$五项指标的权重。

同理，可建立指标层的模糊互补矩阵，求得指标层各指标的权重。下面给出I_1、I_2、

I_3、I_4 准则层下指标层的模糊判断矩阵和权重。

I_1 指标层建立的模糊判断矩阵如下：

$$A_1 = \begin{bmatrix} 0.5 & 0.3 & 0.5 & 0.4 & 0.7 \\ 0.7 & 0.5 & 0.7 & 0.7 & 0.9 \\ 0.5 & 0.3 & 0.5 & 0.4 & 0.7 \\ 0.6 & 0.3 & 0.3 & 0.5 & 0.8 \\ 0.3 & 0.1 & 0.3 & 0.2 & 0.5 \end{bmatrix}$$

根据矩阵 $\boldsymbol{A}_1$ 由公式（1）可计算到权重向量 $\omega_{11\sim15}$ = (0.195，0.25，0.195，0.2，0.145)，并且建立的该矩阵 $\boldsymbol{CI}(A, W) = 0.0884 < 0.1$，满足一致性要求。因此，$\omega_{1\sim5}$ 可以作为 I_{11}、I_{12}、I_{13}、I_{14}、I_{15} 五项指标的权重。

I_2 指标层建立的模糊判断矩阵如下：

$$A_2 = \begin{bmatrix} 0.5 & 0.8 & 0.6 & 0.7 & 0.8 & 0.9 \\ 0.2 & 0.5 & 0.3 & 0.4 & 0.6 & 0.7 \\ 0.4 & 0.7 & 0.5 & 0.6 & 0.7 & 0.8 \\ 0.3 & 0.6 & 0.4 & 0.5 & 0.7 & 0.6 \\ 0.2 & 0.4 & 0.3 & 0.3 & 0.5 & 0.6 \\ 0.1 & 0.3 & 0.2 & 0.4 & 0.4 & 0.5 \end{bmatrix}$$

根据矩阵 $\boldsymbol{A}_2$ 由公式（1）可计算到权重向量 $\omega_{21\sim26}$ = (0.21，0.157，0.19，0.17，0.143，0.13)，并且建立的该矩阵 $\boldsymbol{CI}(A, W) = 0.0458 < 0.1$，满足一致性要求。因此，$\omega_{21\sim26}$ 可以作为 I_{21}、I_{22}、I_{23}、I_{24}、I_{25}、I_{26} 六项指标的权重。

I_3 指标层建立的模糊判断矩阵如下：

$$A_3 = \begin{bmatrix} 0.5 & 0.7 & 0.6 & 0.8 & 0.9 \\ 0.3 & 0.5 & 0.4 & 0.6 & 0.7 \\ 0.4 & 0.6 & 0.5 & 0.3 & 0.8 \\ 0.2 & 0.4 & 0.7 & 0.5 & 0.6 \\ 0.1 & 0.3 & 0.2 & 0.4 & 0.5 \end{bmatrix}$$

根据矩阵 $\boldsymbol{A}_3$ 由公式（1）可计算到权重向量 $\omega_{31\sim35}$ = (0.25，0.2，0.205，0.195，0.15)，并且建立的该矩阵 $\boldsymbol{CI}(A, W) = 0.0496 < 0.1$，满足一致性要求。因此，$\omega_{31\sim35}$ 可以作为 I_{31}、I_{32}、I_{33}、I_{34}、I_{35} 五项指标的权重。

I_4 指标层建立的模糊判断矩阵如下：

$$A_4 = \begin{bmatrix} 0.5 & 0.7 & 0.3 & 0.5 & 0.8 & 0.8 \\ 0.3 & 0.5 & 0.2 & 0.5 & 0.6 & 0.7 \\ 0.7 & 0.8 & 0.5 & 0.6 & 0.8 & 0.9 \\ 0.5 & 0.5 & 0.4 & 0.5 & 0.7 & 0.8 \\ 0.2 & 0.4 & 0.2 & 0.3 & 0.5 & 0.6 \\ 0.2 & 0.3 & 0.1 & 0.2 & 0.4 & 0.5 \end{bmatrix}$$

根据矩阵 $\boldsymbol{A}_4$ 由公式（1）可计算到权重向量 $\omega_{41\sim46}$ = (0.187，0.16，0.21，0.18，0.14，0.123)，并且建立的该矩阵 $\boldsymbol{CI}(A, W) = 0.0525 < 0.1$，满足一致性要求。因此，$\omega_{41\sim46}$ 可以作为 I_{41}、I_{42}、I_{43}、I_{44}、I_{45}、I_{46} 六项指标的权重。

由准则层建立的模糊互补判断矩阵，计算求得 5 项准则层指标的权重，发现技术竞争力和组织管理能力对酒类企业竞争力起主导作用。这就要求企业应该重视技术上的突破，加强对员工组织管理能力的培养；而不应该一味扩大企业规模，提升市场竞争力。同时，由指标层计算结果可知，提高技术竞争力的核心指标是技术创新水平，而加强组织管理能力的重心是建立完备的管理制度。另外，市场占有率和年销售利润总和对竞争力的影响水平不容小觑，企业决策者应充分权衡，把握时机，科学合理地提高企业竞争力。

根据所求得的 ω_{1-5} ，ω_{11-15} ，ω_{21-26} ，ω_{31-35} ，ω_{41-46} 和调研所得数据 x_j ，将其带入（2）式中，就可以得到当前形势下，四川酒类企业的核心竞争力评价值 $f(x_j)$ 。下面以泸州老窖为例计算其核心竞争力评价值。

对泸州老窖的各个评价指标进行专家组评分量化，使每个指标的评分区间为［0，10］（即 $0 \leqslant x_j \leqslant 10$，$x_j$ 为整数），然后运用统计学知识进行数据处理（降低主观性），结果如下表：

表 3　　统计分析处理后的专家调研评分（泸州老窖）

指标	I_{11}	I_{12}	I_{13}	I_{14}	I_{15}	I_{21}	I_{22}	I_{23}	I_{24}	I_{25}	I_{26}	δ
评分 x_j	8	7	8	7	6	7	6	7	8	7	9	
指标	I_{31}	I_{32}	I_{33}	I_{34}	I_{35}	I_{41}	I_{42}	I_{43}	I_{44}	I_{45}	I_{46}	6
评分 x_j	6	7	8	7	8	8	7	6	7	9	8	

由上表调研评分数据和已求得的 ω_{1-5} ，ω_{11-15} ，ω_{21-26} ，ω_{31-35} ，ω_{41-46} ，结合（2）式可计算出泸州老窖的核心竞争力评价值 $f(x_j) = 7.013\ 3$。同理可得，剑南春、郎酒、五粮液，沱牌的核心竞争力评价值依次为 6.725 4，6.807 2，7.551 8，6.532 4。

通过比较 $f(x_j)$ 的数字大小就可以评判出酒企业相对核心竞争力的强弱。根据川内酒企业的特点，查阅资料和调研收集四川酒类企业的相关数据，由以上构建的评价体系得出，四川酒类企业核心竞争力较强的企业依次为：五粮液、泸州老窖、郎酒、剑南春、沱牌酒。

4.5　总结

四川酒企业竞争力的评价，是一个多属性决策问题。文章针对评价指标的交错关系，首先建立贝叶斯网络模型，降低了评价的复杂度；接着运用模糊层次分析法，处理多属性决策问题也显得较为高效；最后通过实例分析，较好地反映了该方法的简便性、准确性和可靠性，为四川酒类企业构建了一种实践性强的评价机制提供参考。

5　酒类企业核心竞争力评价模型构建
——以四川酒类企业为例

5.1　问题的提出

加强对核心竞争力的识别和评价研究。以非定量描述法、半定量与定量结合法相结合为主要的研究方向，力图从定性和定量两个方面对企业的核心竞争力能够准确识别和正确评价。识别和评价正是培育和应用核心竞争力使企业获得竞争优势的前提。

四川酒类企业面对国际国内市场激烈的竞争，科学地构建、保持和增强核心竞争力，制定发展战略，提供理论和技术支持，同时，也直接关系到中国西部大开发战略和持续发展战略的顺利实施，对提高我国整体经济竞争力都是十分重要的。本研究试图通过建立数学模型确定四川酒类企业核心竞争力评价机制并进行实例分析。

5.2 基本假设

（1）假设四川酒类企业所公布数据无造假，真实可信；

（2）假设四川酒类企业在过去一年之内，行业地位无明显波动；

（3）不考虑重大自然灾害等因素的影响。

5.3 模型建立

5.3.1 模糊数学基本知识

1. 模糊集和隶属函数

定义1　论域 X 到［0，1］闭区间上的任意映射：

$$\mu_A: x \to [0,\ 1]$$
$$x \to \mu_A(x)$$

确定 X 上的一个模糊集合 A，μ_A 叫做 A 的隶属函数，$\mu_A(x)$ 叫做 x 对模糊集 A 的隶属度，记为：$A=\{(x,\ \mu_A(x)) \mid x \in X\}$，使 $\mu_A(x)=0.5$ 的点 x_0 称为模糊集 A 的过渡点，此点最具模糊性。显然，模糊集合 A 完全由隶属函数 μ_A 来刻画，当 $\mu_A(X)=\{0,\ 1\}$ 时，A 退化为一个普通集。

2. 模糊集的运算

常用取大“ ∨ ”和取小“ ∧ ”算子来定义 Fuzzy 集之间的运算。

定义2　对于论域 X 上的模糊集 A，B，其隶属函数分别为 $\mu_A(x)$，$\mu_B(x)$。若对任意 $x \in X$，有 $\mu_B(x) \leqslant \mu_A(x)$，则称 A 包含 B，记为 $B \subseteq A$；

（1）若 $A \subseteq B$ 且 $B \subseteq A$，则称 A 与 B 相等，记为 $A=B$。

定义3　对于论域 X 上的模糊集 A，B

（2）称 Fuzzy 集 $C=A \cup B$，$D=A \cap B$ 为 A 与 B 的并（union）和交（intersection）：

$$C=(A \cup B)(x)=\max\{A(x),\ B(x)\}=A(x) \vee B(x)$$
$$D=(A \cap B)(x)=\min\{A(x),\ B(x)\}=A(x) \vee B(x)$$

他们相应的隶属度 $\mu_c(x)$，$\mu_D(x)$ 被定义为：

$$\mu_c(x)=\max\{\mu_A(x),\ \mu_B(x)\},\ \mu_D(x)=\min\{\mu_A(x),\ \mu_B(x)\}$$

（3）Fuzzy 集 A^c 为 A 的补集或余集（complement），其隶属度：$\mu_{A^c}(x)=1-\mu_A(x)$。

3. 隶属函数的确定方法

模糊统计方法是一种客观方法，主要是基于模糊统计试验的基础上根据隶属度的客观存在性来确定的。所谓的模糊统计试验包含以下四个要素：论域 X；x 中的一个固定元素 X_0；x 中一个随机变动的集合 A^*（普通集）；x 中一个以 A^* 作为弹性边界的模糊集 A，对 A^* 的变动起着制约作用。其中 $x_0 \in A^*$，或者 $x_0 \in A^*$，致使 X_0 对 A 的关系是不确定的。

实际上，当 n 不断增大时，隶属频率趋于稳定，其频率的稳定值称为 x_0 对 A 的隶属度，即$\mu_A(x_0)=\lim\limits_{n\to 0}\dfrac{x_0\in A^* \text{的次数}}{n}$。

4. 模糊关系、模糊矩阵

定义4　设论域U，V，乘积空间上$U\times V=\{(u,\ v)\mid u\in U,\ v\in V\}$上的一个模糊子集$R$为从集合$U$到集合$V$的模糊关系。

设$U=\{x_1,\ x_2,\ \cdots,\ x_m\}$，$V=\{y_1,\ y_2,\ \cdots,\ y_n\}$，$R$为从$U$到$V$的模糊关系，其隶属函数为$u_R(x,\ y)$，对任意的$(x_i,\ y_j)\in U\times V$有：$u_R(x_i,\ y_j)=r_{ij}\in[0,\ 1]$，$i=1,\ 2,\ 3,\ \cdots mj=1,\ 2,\ 3,\ \cdots n$。

记$R=r_{ij\ m\times n}$，则R就是所谓的模糊矩阵，下面给出一般的定义。

定义5　设矩阵$R=r_{ij\ m\times n}$，且$r_{ij}\in[0,\ 1]$，i=1，2，…，m，j=1，2，…，n，则R称为模糊矩阵。

特别地，如果$r_{ij}\in[0,\ 1]$，$i=1,\ 2,\ 3,\ \cdots,\ n$，则称R为布尔（Bool）矩阵。当模糊方阵$R=r_{ij m\times n}$的对角线上的元素r_{ij}都为1时，称R为模糊自反矩阵。

当$m=1$或者$n=1$时，相应地模糊矩阵为$R=(r_1,\ r_2,\ \cdots,\ r_n)$或者$R=(r_1,\ r_2,\ \cdots,\ r_n)^T$，则分别称为模糊行向量和模糊列向量。

5. 模糊矩阵的合成

定义7　设$A=a_{ik\ m\times s}$，$B=a_{ik\ m\times s}$称模糊矩阵：$A^\circ B=C_{ij}$，为A与B的合成，其中：$C_{ij}=\max\{(a_{ik}\wedge b_{ik})\mid 1\le k\le s\}$。

5.3.2　模糊综合评价法

模糊综合评价方法，是应用模糊关系合成的原理，是从多个因素（指标）对被评价事物隶属等级状况进行综合性评判的一种方法，其具体的步骤为：

（1）确定被评判对象的因素论域，$u=\{u_1,\ u_2,\ \cdots,\ u_n\}$；确定评语等级论域$v$，$v=\{v_1,\ v_2,\ \cdots,\ v_n\}$，通常评语有$v=\{$很高，高，较高，…，较低，低，很低$\}$；

（2）进行单因素评判，建立模糊关系矩阵R：

$$R=\begin{Bmatrix} r_{11} & r_{12} & \cdots & r_{1m} \\ r_{21} & r_{22} & \cdots & r_{2m} \\ \cdots & \cdots & \cdots & \cdots \\ r_{n1} & r_{n2} & \cdots & r_{nm} \end{Bmatrix},\ 0\leqslant r_{ij}\leqslant 1$$

其中r_{ij}为U中因素u_i对于v中等级v_j的隶属关系；

（3）确定评判因素权向量$A=(\mathrm{a}_1,\ \mathrm{a}_2,\ \cdots,\ \mathrm{a}_m)$，$A$是$U$中各因素对被评事物的隶属系，它取决于人们进行模糊综合评判时的着眼点，即根据评判时各因素的重要性分配权重；

（4）选择评价的合成算子，将A与R合成得到$B=(b_1,\ b_2,\ \cdots,\ b_m)$

$$B=A\circ R=(a_1,\ a_2,\ \cdots,\ a_n)\circ\begin{Bmatrix} r_{11} & r_{12} & \cdots & r_{1m} \\ r_{21} & r_{22} & \cdots & r_{2m} \\ \cdots & \cdots & \cdots & \cdots \\ r_{n1} & r_{n2} & \cdots & r_{nm} \end{Bmatrix}$$

常用的模糊算子有：

①$M(\wedge,\ \vee)$，②$M(\cdot,\ \vee)$，③$M(\wedge,\ \oplus)$，④$M(\cdot,\ \oplus)$，经过比较研究，$M(\cdot,\ \oplus)$对各因素按权数大小，统筹兼顾，综合考虑比较合理。

5.4 模型求解

5.4.1 确定被评判对象的因素论域（以五粮液酒业为例）

通过查阅大量的相关资料，为了对四川酒业核心竞争力评价，现对指标层进行取权数分布：

表 1 企业核心竞争力评价体系

<table>
<tr><td rowspan="8">企业核心竞争力</td><td>因素层</td><td>指标层</td><td>因素层</td><td>指标层</td></tr>
<tr><td rowspan="3">营销能力</td><td>营销网络覆盖情况</td><td rowspan="2">创新能力</td><td>管理创新能力</td></tr>
<tr><td>营销人员比例及素质</td><td>产品创新能力</td></tr>
<tr><td>客户满意度</td><td rowspan="2">企业文化</td><td>企业文化适应性</td></tr>
<tr><td rowspan="4">管理能力</td><td>战略管理能力</td><td>企业聚合力</td></tr>
<tr><td>经营管理能力</td><td rowspan="3">外部环境</td><td>社会文化因素</td></tr>
<tr><td>管理者素质</td><td>替代产品威胁程度</td></tr>
<tr><td>经营安全性</td><td></td></tr>
</table>

5.4.2 确定评语等级论域

四川酒业各级评语的确定可以根据评价目标的具体情况而定，本文对核心竞争力的评语集设为：

$$X=\{\text{好，较好，一般，较差，差}\}$$

5.4.3 进行单因素评判，建立模糊关系矩阵 $\boldsymbol{R}$

营销能力单因素评价矩阵：$R_1=\begin{Bmatrix}0.6 & 0.2 & 0.2 & 0 & 0\\ 0.6 & 0.3 & 0.1 & 0 & 0\\ 0.7 & 0.2 & 0.1 & 0 & 0\end{Bmatrix}$

管理能力单因素评价矩阵：$R_2=\begin{Bmatrix}0.8 & 0.2 & 0 & 0 & 0\\ 0.7 & 0.2 & 0.1 & 0 & 0\\ 0.6 & 0.3 & 0.1 & 0 & 0\\ 0.4 & 0.4 & 0.2 & 0 & 0\end{Bmatrix}$

创新能力单因素评价矩阵：$R_3=\begin{Bmatrix}0.3 & 0.4 & 0.3 & 0 & 0\\ 0.6 & 0.3 & 0.1 & 0 & 0\end{Bmatrix}$

企业文化单因素评价矩阵：$R_4=\begin{Bmatrix}0.3 & 0.5 & 0.2 & 0 & 0\\ 0.6 & 0.3 & 0.1 & 0 & 0\end{Bmatrix}$

外部环境单因素评价矩阵：$R_5=\begin{Bmatrix}0.2 & 0.6 & 0.2 & 0 & 0\\ 0.5 & 0.3 & 0.2 & 0 & 0\end{Bmatrix}$

5.4.4 确定评判因素权向量

一级指标分配权值：企业核心作用竞争力：$Y=(0.3,\ 0.2,\ 0.3,\ 0.1,\ 0.1)$；

二级指标权值：

营销能力：$X_1=(0.4,\ 0.3,\ 0.3)$，管理能力：$X_2=(0.3,\ 0.4,\ 0.2,\ 0.1)$

创新能力：$X_3 =$（0.5，0.5），企业文化：$X_4 =$（0.3，0.7），外部环境：$X_5 =$（0.4，0.6）

营销能力综合评价：

$$S_1 = X_1 \cdot R_1 = \{0.4 \quad 0.3 \quad 0.3\} \cdot \begin{Bmatrix} 0.6 & 0.2 & 0.2 & 0 & 0 \\ 0.6 & 0.3 & 0.1 & 0 & 0 \\ 0.7 & 0.2 & 0.1 & 0 & 0 \end{Bmatrix}$$

$$= \{0.63 \quad 0.23 \quad 0.14 \quad 0 \quad 0\}$$

管理能力综合评价：

$$S_2 = X_2 \cdot R_2 = \{0.3 \quad 0.4 \quad 0.2 \quad 0.1\} \cdot \begin{Bmatrix} 0.8 & 0.2 & 0 & 0 & 0 \\ 0.7 & 0.2 & 0.1 & 0 & 0 \\ 0.6 & 0.3 & 0.1 & 0 & 0 \\ 0.4 & 0.4 & 0.2 & 0 & 0 \end{Bmatrix}$$

$$= \{0.68 \quad 0.24 \quad 0.08 \quad 0 \quad 0\}$$

创新能力综合评价：

$$S_3 = X_3 \cdot R_3 = \{0.5 \quad 0.5\} \cdot \begin{Bmatrix} 0.3 & 0.4 & 0.3 & 0 & 0 \\ 0.6 & 0.3 & 0.1 & 0 & 0 \end{Bmatrix}$$

$$= \{0.45 \quad 0.35 \quad 0.2 \quad 0 \quad 0\}$$

企业文化综合评价：

$$S_4 = X_4 \cdot R_4 = \{0.3 \quad 0.7\} \cdot \begin{Bmatrix} 0.3 & 0.5 & 0.2 & 0 & 0 \\ 0.6 & 0.3 & 0.1 & 0 & 0 \end{Bmatrix}$$

$$= \{0.51 \quad 0.36 \quad 0.13 \quad 0 \quad 0\}$$

外部环境综合评价：

$$S_5 = X_5 \cdot R_5 = \{0.6 \quad 0.4\} \cdot \begin{Bmatrix} 0.2 & 0.6 & 0.2 & 0 & 0 \\ 0.5 & 0.3 & 0.2 & 0 & 0 \end{Bmatrix}$$

$$= \{0.32 \quad 0.48 \quad 0.20 \quad 0 \quad 0\}$$

5.4.5 模糊综合评价结果

$$Z = Y \cdot S = \{0.3 \quad 0.2 \quad 0.3 \quad 0.1 \quad 0.1\} \cdot \begin{Bmatrix} 0.63 & 0.23 & 0.14 & 0 & 0 \\ 0.68 & 0.24 & 0.08 & 0 & 0 \\ 0.45 & 0.35 & 0.2 & 0 & 0 \\ 0.51 & 0.36 & 0.13 & 0 & 0 \\ 0.32 & 0.48 & 0.20 & 0 & 0 \end{Bmatrix}$$

$$= \{0.543 \quad 0.306 \quad 0.151 \quad 0 \quad 0\}$$

5.4.6 通过此模型对其他酒业进行模糊综合评价得出

泸州老窖模糊综合评价：

$$Z = Y \cdot S = \{0.3 \quad 0.2 \quad 0.3 \quad 0.1 \quad 0.1\} \cdot \begin{Bmatrix} 0.59 & 0.27 & 0.14 & 0 & 0 \\ 0.59 & 0.31 & 0.10 & 0 & 0 \\ 0.45 & 0.30 & 0.25 & 0 & 0 \\ 0.51 & 0.26 & 0.23 & 0 & 0 \\ 0.36 & 0.48 & 0.16 & 0 & 0 \end{Bmatrix}$$

$$= \{0.517 \quad 0.307 \quad 0.176 \quad 0 \quad 0\}$$

水井坊模糊综合评价：

$$Z = Y \cdot S = \{0.3 \quad 0.2 \quad 0.3 \quad 0.1 \quad 0.1\} \cdot \begin{Bmatrix} 0.55 & 0.28 & 0.14 & 0.03 & 0 \\ 0.55 & 0.3 & 0.15 & 0 & 0 \\ 0.40 & 0.35 & 0.25 & 0 & 0 \\ 0.51 & 0.29 & 0.2 & 0 & 0 \\ 0.32 & 0.48 & 0.2 & 0 & 0 \end{Bmatrix}$$

$$= \{0.478 \quad 0.326 \quad 0.178 \quad 0.009 \quad 0\}$$

沱牌曲酒模糊综合评价：

$$Z = Y \cdot S = \{0.3 \quad 0.2 \quad 0.3 \quad 0.1 \quad 0.1\} \cdot \begin{Bmatrix} 0.59 & 0.21 & 0.17 & 0.03 & 0 \\ 0.59 & 0.24 & 0.17 & 0 & 0 \\ 0.4 & 0.3 & 0.3 & 0 & 0 \\ 0.51 & 0.29 & 0.2 & 0 & 0 \\ 0.32 & 0.48 & 0.2 & 0 & 0 \end{Bmatrix}$$

$$= \{0.498 \quad 0.278 \quad 0.215 \quad 0.009 \quad 0\}$$

5.5 结果分析

通过模糊综合评判得出的结果：

五粮液 = {0.543　0.306　0.151　0　0}
泸州老窖 = {0.517　0.307　0.176　0　0}
沱牌 = {0.498　0.278　0.215　0.009　0}
水井坊 = {0.478　0.326　0.178　0.009　0}

从结果中可以得出四家酒业在四川酒业中均属于核心竞争力优秀的企业，但通过优秀因素的隶属度可以知道四家公司在核心竞争力上的排名为：五粮液>泸州老窖>沱牌>水井坊，这一结论与实际情况是吻合的。

5.6 模型评价与改进

本模型从半定量的角度对四川酒业的核心竞争力进行了评价，运用了模糊综合评判的相关理论，建立了企业核心竞争力评价体系，能较好地完成对企业核心竞争力的评价，但本模型在权值的确定中使用的是专家打分的方法，即存在着一定的主观性，可能会影响到最终的评判；也可以从财务指标的角度出发利用神经网络对四川酒业进行分类。以充分利用神经网络的权值不需人为主观设定，而是通过反向误差传播就行修改而定，更具客观性。

6　结束语

打造白酒“金三角”是酒业产业结构调整的重要举措，本报告在文献调研和实地调研的基础上，结合四川酒类企业的特点，采用了半定量与定量结合的方法，从多方面建立了用于评价酒类企业核心竞争力的指标体系，然后运用贝叶斯网络与模糊层次分析法确定权值，避免了评价过程中的主观性。最后，运用该评价体系对泸州老窖、剑南春、五粮液、郎酒、沱牌酒等知名企业进行了实例验证，得出了五个公司核心竞争力的排名情况，与实际也很吻合，达到较好效果。

由于有些真实的数据查找有一定的困难，课题组成员学识、经历、时间有限，在本课题的论述中难免有不足和错误之处，敬请各位批评指正。

参考文献：

[1] 在西藏企业核心竞争力培育研究——以拉萨啤酒公司为例 [J]. 西藏大学学报，2008 (3)：25-29.

[2] 啤酒企业如何培育核心竞争力 [J]. 啤酒科技，2007 (12)：3-4.

[3] 核心竞争力——企业制胜的根本 [J]. 化工质量，2002 (5)：7-8.

[4] 徐发. 我国白酒行业现状和发展趋势分析 [D]. 合肥：合肥工业大学，2010.

[5] 方美燕. 四川省白酒产业区际竞争力研究 [D]. 成都：西南财经大学，2009.

[6] 董家武. 白酒行业分析 [J]. 酿酒科技，2003 (01)：102-105

[7] 张国豪，张丞，等. 对中国白酒市场的剖析 [J]. 酿酒科技，2007 (10)：95-101.

[8] 赵凤琦. 白酒发展的战略思考 [J]. 中国酒，2008 (08)：22-23.

[9] 张娟，谭立永. 我国白酒行业的现状与发展趋势 [J]. 时代经贸，2007 (07)：75-76.

[10] 叶琪. 区域竞争力评价指标体系的国内外研究综述 [J]. 福建师范大学学报：哲学社会科学版，2008 (01)：91-96.

[11] 甘健胜. 区域竞争力评估的多目标层次分析模型 [J]. 福建行政学院学报，2002 (01)：26-29.

[12] 苏循亮，徐希望，刘巍. 地方名白酒发展趋势的探讨 [J]. 山东食品发酵，2006 (4)：29-31.

[13] 高月明. 对高端白酒发展的思考 [J]. 酿酒，2010，37 (3)：3-5.

[14] 李湘洪. 简述中国白酒的发展与趋势 [J]. 酿酒，2004，31 (1)：9-11.

[15] 孙西玉，梁邦昌. 中国低度白酒的历史沿革与白酒发展趋势 [J]. 酿酒科技，2007 (06)：73-76.

[16] 张斌. 全兴牌白酒发展问题研究 [D]. 成都：西南财经大学，2003.

[17] 王瑞雪，司书宾，张守华. 基于贝叶斯网络的模糊语言多属性决策模型 [J]. 机械科学与技术，2012，31 (3).

[18] 许树柏. 层次分析法原理 [M]. 天津：天津出版社，1988.

[19] 陈国华，韦程东，蒋建初，等. 数学模型与数学建模方法 [M]. 天津：南开大学出版社，2012：200-205.

[20] 赵忠，李波. 基于模糊层次分析法的供应链金融信用风险评价 [J]. 河南科学，2011，29 (1).

[21] 曹振龙. 模糊层次分析法在工程造价管理中的应用 [J]. 合作经济与科技，2011 (1).

[22] 徐泽水. 模糊互补判断矩阵的相容性及一致性研究 [J]. 解放军理工大学学报：

自然科学版，2002：94-96.

［23］徐泽水，不确定多属性决策方法及应用［M］. 北京：清华大学出版社，2004.

［24］杨静宗. 如何构建企业核心竞争力［M］. 北京：北京大学出版社，2004：172-181.

［25］管益沂. 企业核心竞争力［M］. 北京：中国财政经济出版社，2002：49-51.

［26］林民书. 核心竞争力是企业制胜之本［J］. 财经科学，2001（3）：27-29.

［27］赵扬 李坚强. 企业核心竞争力构成因素研究［J］. 经济师，2007（12）：216-217.

［28］樊睿萍. 培育和提升企业核心竞争力的途径［J］. 统计与咨询，2003（06）：40-41.

酒类上市公司社会责任现状和差异研究[①]

郭　岚[②]

1　选题

1.1　选题意义

随着经济全球化的不断推进，现代公司规模也随之不断壮大，企业作为社会中的一个重要的角色，其影响已经超出了经济范畴，对国家乃至世界的可持续发展也产生着深远的影响。企业社会责任的概念正在不断地颠覆以“股东利益至上”的传统价值观念，在欧美许多发达国家甚至已经把企业社会责任上升到了战略性管理层面。随着中国社会经济的转型，尤其在经历了“三鹿奶粉事件”“特大矿难事故”“太湖蓝藻事件”“黑砖窑”等一系列影响深远的社会事件后，社会期望企业年能够主动地承担起对环境变化、创造国内就业岗位等一系列的社会责任。2006 年 1 月开始实施的《中华人民共和国公司法》，在“总则”中把“承担社会责任”规定为公司必须履行的一项义务。因此，课题组认为如何促进企业履行社会责任将具有重要的意义。从实践层面上看，由于酒类产品生产其他排放的高污染性、高能耗，以及过度饮酒等所造成的负面效应，迫切需要我们重新去梳理酒类企业的利益相关者，探讨其应该履行的社会责任。从理论研究角度来看，一方面，近年来，国内外学者分别从企业伦理道德、利益相关者等不同角度对企业社会责任问题进行了研究，研究重点也有所不同，但结合行业特点的研究成果较少；另一方面，我国酒类企业社会责任问题的理论研究已经严重滞后于事务界。为此课题组经过深入研究认为基于企业伦理学、社会学等相关理论提出酒类企业的社会责任问题，并且通过上市公司相关数据进行实证分析，分析其动因和影响因素，以促进酒类企业积极履行社会责任，将有较大的理论意义。

1.2　国内外的研究现状述评

1.2.1　企业社会责任研究的现状与评述

自奥利弗·谢尔顿（Oliver Sheldon，1924）首次提出“企业社会责任”这个概念以来，理论界一直围绕着企业向谁负责，是否应该承担社会责任，履行社会责任是否增加企

① 基金项目：四川省哲学社会科学重点研究基地、四川省教育厅人文社科重点研究基地——四川理工学院川酒发展研究中心（CJYB10-03）研究成果。

② 郭岚（1981—），女，四川峨眉人，在读博士，副教授，主要从事企业管理方面的研究。

业成本降低利润进行了长期的争论。概括起来，国内外对企业社会责任的研究大致可以分为：第一，企业社会责任与企业管理（津加莱斯，1998；沃尔德曼，2004）。热点问题有企业社会责任与企业管理的关系（金玄武等，2010）；企业社会责任管理的实际操作；企业社会责任与企业人力资源管理、产品开发、市场营销战略的关系。第二，企业社会责任与企业发展的关系（拉索和福茨，1997；阿马尔里克，2004）。热点问题有企业社会责任与企业的可持续竞争能力的关系；企业社会责任与企业的业绩之间的关系（塞斯帕和塞斯通，2007；李正，2006；谭宏琳和杨俊等，2009）；企业社会责任与企业声望的关系。第三，企业社会责任与利益相关者（克拉克森，1995；Donaldson and Preston，1995）。热点问题有利益相关者的鉴别；企业社会责任与利益相关者之间的交互作用；如何根据利益相关者需求进行企业社会责任实际操作（Kigantto & Foolsema，2007）。第四，企业社会责任信息的披露（Mc. 威廉姆斯和西格尔，2001；沈洪涛等，2003，2005，2007，2008）。包括世界各国家企业社会责任情况；不同类型企业社会责任情况；企业社会责任报告形式；企业社会责任报告与实际的企业社会责任行动的关系。第五，企业推行企业社会责任的动因和途径分析（斯旺森，1995；麦格楠和费雷尔，2000；宋建波和李爱华，2010）。巴苏和帕拉佐（Basu & Palazzo，2008）认为企业履行社会责任具有特征性，这种特征性就是企业管理者思考、讨论与利益相关者的联系、企业自身在社会公益的角色，以及如何配置资源和力量努力来完成企业社会责任角色、联系的一系列过程中所显现的社会责任内在品质。由此，课题组认为，前人的研究证明企业承担社会责任的行为和维度能够与利益相关者在实践层面上结合，其履行社会责任的行为也必然会体现出企业的偏好、意愿与行为。但遗憾的是，他们的研究脱离了具体的行业背景，忽视了行业发展水平和特点对企业履行社会责任的影响。

1.2.2 酒类企业社会责任的研究与评述

酿酒行业是指以初级农产品（粮食、水果等）为原料，通过微生物发酵的方法生产酒精饮料的制造工业。由于产品原材料以及制作工艺的不同，按照《国民经济分类标准》（GB/T4754-2011），可以将酿酒行业细分为：酒精制造、白酒制造、啤酒制造、黄酒制造、葡萄酒制造、其他酒制造等子行业。我国是世界上最大的饮料酒生产和消费国，酿酒是我国的传统产业，长期以来在人民日常的社交、商务活动中扮演着重要角色，是国家税收的重要来源。它一方面拉动后向产业，包括农业、包装业、印刷业、机械设备业、运输业等相关产业的发展，另一方面在酿酒生产和废弃物的回收方面促进了循环经济等产业链条的延伸，如酒糟用于制作有机肥料、有机饲料、昆虫活性蛋白等。由于酿酒产业的快速发展，它承担着繁荣市场、扩大就业、服务“三农”的重要任务。但是，由于酒类产品原材料如高粱、小麦、葡萄等种植过程中的农药、化肥的过度使用对当地生态环境的影响；原材料采购过程中对农户、销售商的保护以及公平贸易等问题；企业生产过程中所具有的“高投入、低产出、高污染、高耗能”等生产工艺特点；酒类产品消费所带来的身体健康、理性饮酒、性暴力等问题，使得酒类产品从原材来种植、采购到最终消费的整个价值链过程均对环境和社会具有一定的负价值，因此酿酒企业一直作为饱受争议的主体而存在。国外主流的 KLD 社会责任评级指数以及社会责任投资（SRI）将酒类企业作为争议性产业（CBI 评级标准）排除在外，他们认为包含酒精饮料生产和销售企业是不道德的企业。但是，Colle & Yoerk（2009）对这种观念提出了质疑，他认为，“不能简单地将企业提供的产品或者服务作为 SRI 筛选的唯一原则，而是应该根据企业如何对待、管理企业产品的负面影响，如何对待企业特殊的利益相关者来评价企业是否具有社会责任”。

从企业价值链的角度来看，没有一个行业像酒类行业那样既能在产品消费阶段又能在产品原料生产阶段、产品加工阶段对社会及环境产生重要的影响，需要对其进行专门的研究。但是，Santini & Cavicchi（2011）研究发现：与葡萄酒产业可持续发展相关的研究论文在2005年之前仅有5篇，而2008—2010年则为34篇，因此酒类企业社会责任的研究本身是一个较为“年轻”的新兴研究领域。概括起来，国外研究的视角多从行业中观角度，重点探讨葡萄酒产业的可持续发展问题；研究的国家主要包括：新西兰、美国、澳大利亚、南非、智力和西班牙；研究的类型是定性研究辅以定量研究，研究技术和方法上多采用问卷调查、访谈法和案例研究法；研究的议题主要集中于人权及道德贸易问题、健康饮酒、酒后驾驶、合规的广告责任等社会议题，以及原材料有机生产、产品销售方面的环境责任；研究的热点和趋势是从战略企业高层管理者行为、消费者行为、供应链管理等角度探讨酒类企业社会责任驱动因素。由于各个国家的历史文化、社会经济结构等不同，研究的内容和侧重点呈现出多样化特点。酿酒产业是我国的传统行业，具有多品种、产业联系广泛、酒文化影响深远，消费人群众多，酿酒企业可上市融资等特点，这为我们从企业微观角度解读我国酒类企业社会责任的特殊内容提供了丰富的资源。令人惊讶的是，以酒类企业或酒类公司与社会责任为逻辑关联在中国知识网中进行搜索，竟然未见公开发表的理论成果。然而，《中国企业社会责任研究报告白皮书（2011）》（以下简称《白皮书（2011）》）已经开始意识到酒类企业的社会责任需要进行专门研究，并将含酒精及饮料酒制造业进行单独评分。研究发现，原材料安全卫生管理、包装减量化及包装物回收再利用、产品信息披露合规、理性饮酒宣传与健康生活方式倡导、产品质量管理、发展循环经济、节约能源和水资源，是酿酒企业必须履行的实质性社会责任议题。在此基础上，报告认为，该类行业的社会责任评分为21.8分，处于社会责任的起步阶段。值得注意的是，《白皮书（2011）》已经将企业履行社会责任内容和评价标注在结合具体行业特点方面进行推进，但是对于酒类企业履行社会责任的维度和社会责任的特殊性，学术界为仍未能给出一个系统性框架。

1.3 课题研究思路和方法

本课题以战略型社会责任观为视角，拟遵循文献综述、理论探讨、实证研究、成果总结等四个阶段，分层次对酒类上市公司履行社会责任行为差异进行研究。课题组从利益相关者理论、企业社会责任、公司公民以及企业战略等相关理论规范探讨战略型社会责任观指导下酒类企业履行社会责任的边界，企业履行社会责任的动机、酒类企业履行社会责任的维度和方式如何与企业战略一致；又从实证研究的角度，探讨影响酒类企业履行社会责任行为差异的动机和影响因素。

1.3.1 研究主要内容与基本框架

本项目的主要内容与基本框架如下图所示：

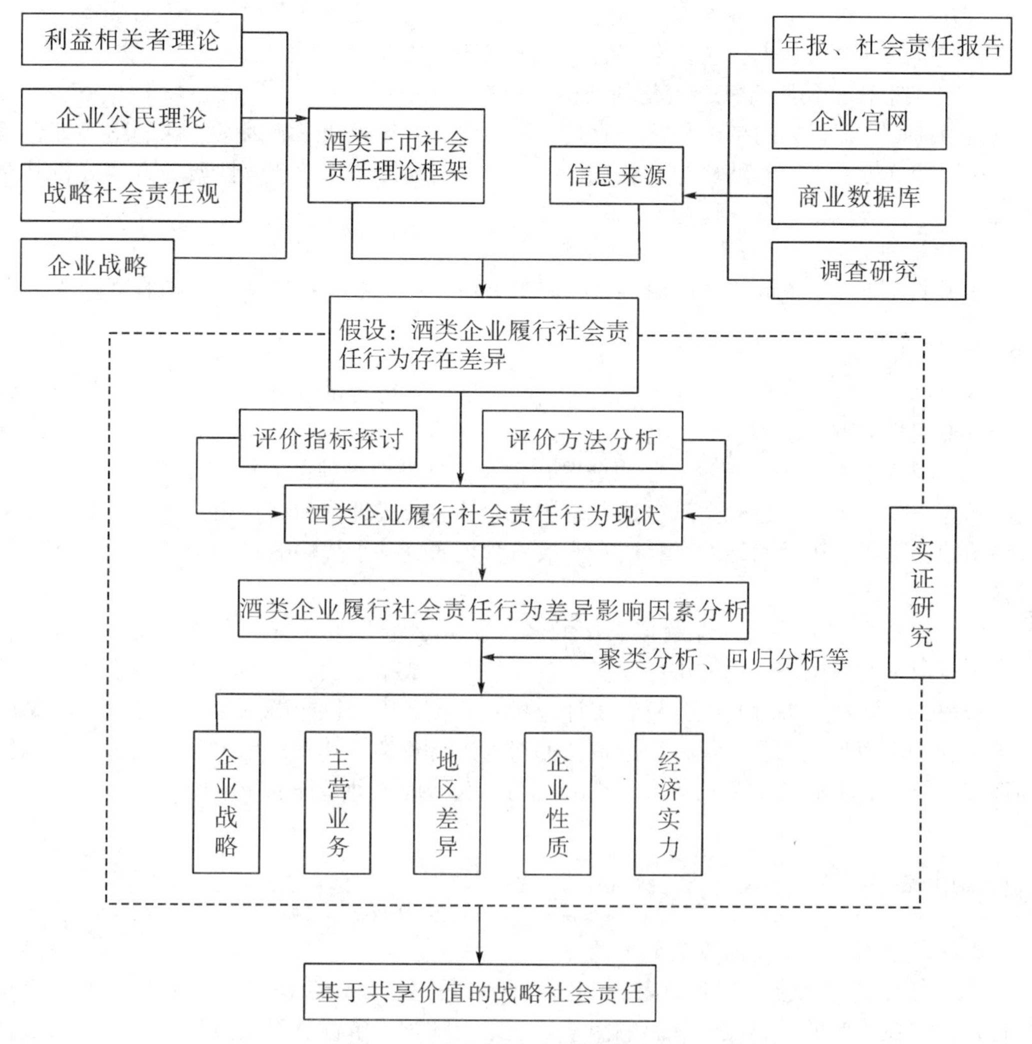

图 1　研究主要内容与基本框架

1.3.2　本项目的具体研究内容

1. 酒类上市公司社会责任维度分析

（1）通过调查研究、资料分析以及内容研究等方法，揭示我国酒类承担社会责任的现状和主要内容；

（2）在前期研究基础上，分析我国酒类企业的利益相关者、企业社会责任的维度，搭建分析酒类企业履行社会责任的理论依据；

（3）通过问卷调查的方式，选择公众与企业共同关注的社会责任项目，构建酒类上市企业社会责任的行为模式和行为标准。迈克·波特（2006）提出，可以通过创造共享价值（shared value），即通过那些能够提升企业竞争力同时改善企业所处区域的经济、社会和环境质量的政策和经营举措将企业的经济目标和社会目标联系起来。因此，有效的问卷调查可以帮助酒类确立企业履行社会责任行为的模式和标准。

2. 酒类上市公司履行社会责任现状分析

目前社会责任研究的方法主要有：KLD 指数、社会责任会计、社会声誉调查法以及内容分析方法，课题组将对各种方法的优劣以及各种方法的差异进行比较，从而选择一个较为客观准确的方法对酒类企业社会责任履行现状进行比较和分析。

3. 酒类上市公司履行社会责任的动机和影响因素分析

结合前期实证研究的结论分析企业履行社会责任的动因和影响因素。课题组将综合运用多种计量分析方法，分别从企业战略、主营业务、地区差异、企业性质等方面分析其对酒类上市公司履行社会责任行为的影响程度。

4. 对策研究

基于上述研究结论的，全面促进各类酒类上市公司主动履行社会责任的对策建议。

1.3.3 研究方法与途径

本项目采用规范分析与实证研究相统一、定性研究与定量分析相统一等方法进行现状分析、模型推演以及趋势预测，具体如下：

（1）基于利益相关者理论、公司公民、企业战略管理等理论的规范性研究。利用归纳和演绎等逻辑分析方法进行文献综述、利用企业社会公民理论和利益相关者理论分析基于战略的社会责任的边界和维度；利用企业战略管理研究基于战略的社会责任的模式和行为选择。

（2）经验研究方法。本课题拟采用的经验研究法主要包括三类方法：其一，数据收集：项目通过实地调研川内上市的酒类企业获得一手数据；从各类网站和国泰安研究用数据库获取二手资料，进行文献分析和统计分析；其二，用随机前沿方法，通过计量模型的参数估计，对酒类上市公司履行社会责任的行为进行分类；其三，用聚类分析、判别函数和回归分析法分析酒类企业社会责任行为的动机和造成这种差异的影响因素。

1.4 价值

本课题创新之处主要体现为如下两点：

（1）基于战略社会责任观，融合利益相关者理论、公司公民等理论来研究酒类上市公司社会责任行为的差异性及其影响因素。通过上述理论解读酒类上市公司履行社会责任行为的独特边界和维度；分析酒类企业的利益相关者以及这些利益相关者如何参与到公司治理中，影响企业履行社会责任的行为；酒类企业如何选择与利益相关者一致的社会责任行为，在商业经营的过程中实现利益相关者目标与企业经营目标的一致。这一研究问题和研究视角在国内理论界还少有研究。

（2）在研究过程中将综合运用多种先进的理论方法和研究工具，将战略社会责任观引入酒类企业社会责任行为研究中。目前，利用战略社会责任观研究企业社会责任行为，认为“企业履行社会责任行为与企业战略和利益相关者利益的契合能有效促进企业经营目标的实现”的理论研究极少，而通过实证方法进行探析的成果更是鲜有。本课题将就这些方面进行尝试：通过公司公民概念和利益相关者来确定社会责任行为边界和维度；通过SFA方法和面板数据科学地分析酒类上市公司履行社会责任行为差异；通过聚类分析等方法分析造成这种现象的原因。运用真实、客观的数据和先进的理论研究方法，以保证项目研究结论的客观性和科学性。

2 酒类企业社会责任内容和特色议题的研究

2.1 酒类企业社会责任的理论维度

企业社会责任概念已经发展了几十年，但是企业管理者一直纠结于企业应该履行什么样的社会责任。卡罗尔（Carroll）建立了企业社会责任的金字塔模型，认为企业应该承担与利益相关者相关的，包括经济、遵守法律、伦理道德以及企业可以自由裁量的自愿责任。在卡罗尔看来，企业的利益相关者主要是指那些企业与之互动并在企业里具有利益或权利的个人或群体，主要包括企业管理者、员工、股东、债权人、商业伙伴、消费者、政府、供应商以及 NGO 组织等。企业可以根据这些利益相关者对企业的影响来考虑企业具体需要承担的社会责任问题，主要包括环境问题类、员工问题类、社区问题类、一般社会问题类、消费者类、其他类（例如，考虑银行或债权人的利益）。上述研究虽然回答了企业应该为谁负责，应该履行什么样的社会责任，但是他们的研究仅仅是站在企业生产增值阶段考虑企业的利益相关者以及所应承担的社会责任。洛根和康纳（Logan & Connor）认为，企业的社会责任应该包括更加宽泛的利益相关者，企业应该从原材料采购、生产、提供服务，销售、废物回收等整个价值链的角度来考虑企业承担什么样的社会责任。在企业的后向价值链中，我们需要考虑原材料的公平采购、道德贸易、原材料生产者的低工资、工作环境、童工等社会问题；以及诸如像农产品等原材料生产过程中的有机、生态种植，运输过程中的“绿色供应链”等环境问题；在企业生产价值增值阶段考虑企业所处社区的志愿服务、员工、投资者、政府行业协会等社会问题以及企业生产的能源效率、循环利用和环境污染等问题；在企业的前向价值链中关注销售渠道的公平贸易、包装物的回收和处置、消费者的利益等问题。概括起来，企业社会责任的主要内容包括：第一，企业的基本价值、伦理、政策和公司的商业实践；第二，企业为社区发展自愿做出的贡献；第三，企业需要管理好从原材料需求和生产、产品增值到产品销售、使用和处置等整个价值链在内的合作伙伴的相关环境和社会议题。综上所述，文章认为，企业社会责任是在企业营利的同时对整个价值链的利益相关者扮演的各种社会角色。对于酒类企业来说，由于酒类产品生产和消费的特殊性，我们特别需要在包括责任广告和促销策略在内的企业社会责任的第三个方面给予极大的关注。

2.2 价值链角度的酒类企业特殊社会责任议题

酿酒企业的利益相关者包括政府与公众（包括行业协会和 NGO 组织）、投资者、消费者、雇员、商业伙伴、环境等。这些利益相关者在酿造企业价值链的不同阶段扮演了不同的角色，影响着酒类企业不同价值链阶段的社会责任议题。本部分从企业价值链角度，重点探讨酒类企业不同阶段的特殊社会责任议题，包括：环境责任，如有机、无污染的原材料来源，环境友好的产品生产、包装物和生产废物的回收和循环利用、废弃物管理、动物保护等；员工责任，重点关注生产增值阶段核心员工（酿酒师、勾兑师）的培养；消费者产品责任，包括原材料和包装的安全性和可溯性、产品生产中酿酒工艺创新与质量改善、销售阶段对假冒伪劣酒品的打击，尤为注意的是理性健康饮酒的宣传和责任广告；供应链责任，对酿酒企业来说不仅包括常见的下游销售渠道商的公平贸易问题，还包括上游食品添加剂、酿酒机械企业的合作、酒瓶包装企业的公平采购与合作等问题，更为突出的问题是企业对农户承担的社会责任。

2.2.1 企业后向联系中的特殊社会责任议题

1. 原材料生产中的农户责任

目前酿酒企业对于种植地的控制主要采取自有、“公司+农户”的订单农业和社会化采购等几种方式，根据企业生产性质和企业规模的不同所占比例会有所不同。在“公司+农户”的订单农业生产中，根据企业对农户承担的责任范围及其方式，我们将酿酒企业应对农户承担的社会责任分为两类：公平贸易经济责任和产品技术责任。前者主要是指以货币、实物等经济性要素，如以农户收入、订购价格、合同履约率为指标衡量，以保证农户经济利益，调动农户生产积极性为目的的责任。酿酒企业对农户提供的产品技术责任主要是指企业为满足消费者对有机酒、生态酒的需要以保证酒品质量或满足环境责任的要求，而为农户在各个生产环节提供的技术指导责任。以茅台酒生产为例，茅台集团为保证高质量的有机高粱生产，在与当地高粱种植户的合作中，一方面“通过订面积、订产量、订价格”保证收购价格的方式，在降低企业粮食收购风险的同时保证种植户的经济利益；另一方面通过免费提供良种、农膜及生物技术，专项担保风险金以及酒糟等制造出的有机肥料的免费使用等方式，建立起“绿色供应链”，以保证有机高粱从种子、肥料、收购等环节的有机、可追溯。

2. 原材料种植中的环境责任

众所周知，酒的品质从原材种植到酿造都与当地特有的气候、水源、土壤“三位一体”的生态环境紧密联系，在酿酒企业的后向联系中，存在与农业种植相关的生态环境：原材料生产过程中化肥、农药、杀虫剂等大量使用所带来的空气污染、水质污染和土壤硬化等环境问题；原材料运输和储存过程中如磷化氢等防虫、防潮药物的使用问题，这些问题不仅影响种植地的气候环境而且会进一步影响酒的品质。因此，酿酒企业承担的环境责任不是一种外生的责任，而是酿酒企业保障产品质量，实现可持续发展的内生需求。

3. 原材料采购和运输阶段的食品安全责任

酿酒企业食品安全问题既包括原材料生产阶段农药使用和残留问题，也包括原材料储存运输阶段的霉变、化学残留问题，更包括在酒类产品生产完成后酒品勾兑，食品添加剂的使用问题，甚至包括成酒装瓶包装物、清洗剂等带来的安全问题。目前酒容器使用的材料众多且质量参差不齐，就瓶身而言，包含玻璃、陶瓷、金属、不锈钢以及一些具有行业和地域特色的包装材料如木头、竹子等。包装物生产过程中存在的监管不严、质量标准不统一以及灌装清洗剂残留等问题，将成为影响酒体质量和酒品安全的一个重要安全隐患。我国2009年9月曾出台《酒类及其他食品包装用软木塞》国家标准，目的就在于规范和统一软木塞行业的技术标准，以保证酒类产品安全，稳定和提高酒类产品的质量水平。

2.2.2 产品增值阶段的特殊社会责任议题

1. 企业生产过程中的环境责任

酿酒企业生产过程中的环境责任主要包括：生产过程中产生的诸如，酒糟、废窖皮、瓶渣、炉渣、冷却水及洗瓶水、粉尘、噪音等工业污染物的回收利用和能源效率问题。酒类企业的能源效率包括原辅材料的消耗和资源能源消耗；所谓原辅材料的消耗主要是指用于生产的原辅料在生产过程中是否对生态环境造成不利影响以及材料在生产过程中是否得到充分利用，通常用出酒率进行衡量。根据《清洁生产标准——酒精制造业（2010）》规定酒类产品出酒率国家三级标准，糖分为48%、谷物类为52%；薯类为53%。就白酒酿造来说，平均1千克粮食，只能生产0.5千克酒，根据白酒香型的不同，粮食消耗率不同，以贵州茅台为代表的酱香型白酒为例，平均5千克粮食（2.4千克高粱、2.6千克小麦）出酒1千克。因此，提高出酒率，降低原辅料的消耗不仅是企业提高经营效益的需求，也是符合社会发展的趋势和要求。酒类企业的高能耗，主要包括对生产燃料如电、煤等使用效率，以及水资源的消耗情况。但是无论是白酒、啤酒、葡萄酒还是黄酒的酿造，其生产工艺流程最大能耗在于水资源消耗，主要包括：原材料清洗用水、发酵冷却装置用水、洗瓶机洗涤用水、输送装置、发酵车间清洗用水等。以葡萄酒生产工业为例，传统生产工业为0.5升水/升葡萄酒，而现代化机械酿酒后葡萄酒生产耗水量为2~5升水/升葡萄酒。大量生产水的使用会进一步带来含有高浓度COD、BOD有机废水排放问题，这使得降低水资源消耗率和提高废水利用率成为降低环境压力的重要方面。

酿酒企业的废物回收和循环利用主要体现为酿造生产过程废水、废气和酒糟、窖皮泥等固体废物的循环利用。在“低碳发展”理念下，二氧化碳的减排、碳足迹消除和循环利用将成为酿酒企业必须面临的一个环境问题。对于啤酒生产来说，二氧化碳是啤酒灌装的重要材料，提高二氧化碳的回收利用率不仅可以消除碳足迹、提高废气的循环利用率而且是降低企业生产成本的重要途径。而葡萄酒皮和粮食残渣可以通过回收制成果胶酶、高分蛋白等有机饲料、多元复合肥料等；窖皮泥等可以综合制造酒精、酒石酸和植物有机肥；冷却机等产生的热水等可以存储用于杀菌等工艺程序；污水可以处理后进行中水回用。这些废物水和废物的循环利用一方面可以，促进农业、化工业等循环经济产业链的延伸和发展，降低企业生产的环境污染；另一方面又可以为企业增收，创造经济效益。

2. 酿酒企业的员工责任

酒是具有生命力的产品，为了保证酿造酒体口感的一致性，新酿制成的酒品需要经过一段时间的陈酿和勾兑，醇香和美的酒质才最终形成并得以深化。勾兑师的工作便是将不同季节、不同窖池、不同酒质的酒品按照一定的比例进行混合调校，在确保酒品总体风格的前提下，以得到整体一致的市场品质标准。长久以来，酒品的勾兑调味被视为酿酒的最高工艺，是酿酒活动中的一种精神境界，勾兑师或酿酒师成为保证酒品口感的核心。因此，对酒类企业来说，对待员工的责任除了常见的安全生产、童工以及女性、残疾人士的平等就业问题，一个突出问题就是酿酒师及相关人员的技术培养问题。一方面，酿酒师和勾兑师的培养是一种在技术基础上进行的只可意会不可言传的精神培养过程，需要企业形成一种良好人员激励机制，留住企业的核心技术人才，保证传统勾兑和酿造技术的传承；另一方面由于行业生产特点，酿酒企业正在由传统人工酿造向半机械化的现代酿造转变，企业对其员工素质和生产技术的要求不断提高，酿酒生产及相关配套环节与相关科研机构关系更加紧密。因此，企业可以通过在相关科研机构设立专业实验室和科研项目建设，为企业培养相关技术人才。企业在获得良好社会责任声誉的同时，也为企业培养了各个层次的合格人才。

2.2.3 前向价值链中的社会责任

1. 责任广告和理性饮酒宣传

酿酒行业是消费者敏感度很高的行业，产品和消费者责任不仅需要建立良好的产品质量管理体系，产品召回制度以及对假冒伪劣酒的打击等，而且需要特别关注酒类产品的安全和理性饮酒问题。世界卫生组织曾明确指出：包含酒精饮品的消费将带来与健康相关的一系列社会问题，比如生命健康，酒后驾驶，出生缺陷，性侵犯以及与酗酒相关的虐待行为。但是，一方面，有节制的饮酒（葡萄酒）对身体也有一定好处，特别是对心脏疾病和高胆固醇症，在中国，黄酒甚至作为药引而入药，具有一定的辅助治疗效果；另一方面，酒是一种特殊的商品，其消费价值主要体现在情感的沟通上，饮酒可以减轻焦虑、释放情感上的痛苦，更多时候饮酒与庆典、欢庆等情感联系在一起。在中国，饮酒甚至与工作需要、商务和政务应酬紧密联系。虽然 2011 年 2 月，国家不断加大酒驾打击力度，但是，由于酒文化的影响人们往往将过度饮酒以及酒后驾驶等问题归结为在政策管制下个人理性行为的选择，而模糊了酒类企业对健康饮酒和责任广告宣传的社会责任。联合多美集团（Allied Domecq）、布朗—福曼（Brown-Forman）、库尔斯（Coors）、帝亚吉欧（Diageo）、中国的青岛啤酒等公司倡导有责任的市场广告，将广告是否针对未成年人、是否过多声称医用和酒的治疗价值、是否和暴力相关、是否存在性暗示、是否有宣传健康的生活方式等作为衡量企业责任广告的重要标准。

2. 包装物的回收和循环利用

由于酒类产品品种的不同，包装物所占制造成本的比重和循环利用效率也不同。一般来说，葡萄酒和黄酒的包装成本占制造成本的比重较为相似，约为 25%～27%，但是像 WRAP（The UK's Waste and Resource Action Program）倡议的 GlassRite[①]这类包装减量化项目将成为影响葡萄酒产业发展的一个重要环境责任议题；我国《清洁生产技术要求——白酒制造业（2002）》标准中明确要求白酒容器的设计要便于回收利用、外包装物品坚固、耐用利于回收或易降解，避免过度包装，但是白酒包装成本仍成为制造成本的最大部分，占比约为 48%～64%；对啤酒企业来说，由于企业的包装结构和包装物的循环利用不同，其包装成本敏感性也不同。如青岛啤酒的易拉罐产品较其他公司略多，且玻璃瓶回收率比例较低，青岛啤酒的包装占比接近 50%；相比之下燕京啤酒这种销售存在局部性的企业由于其玻璃瓶的使用范围和回收率较高，包装物仅占成本的 25%；青岛啤酒由于包装成本占比较高，包装成本的价格敏感性较高，当包装物成本上涨 10%，其毛利水平会下降 3 个百分点。因此对酒类企业来说，包装物的回收减量化和循环利用，不仅符合社会效益也符合企业自身的经济效益。

2.2.4 小结

酿酒是我国的传统产业，在国民经济和人民生活中扮演了重要角色，对上游农业、包装业、机械业和食品添加剂行业以及下游物流运输业、循环经济产业链延伸起到了积极的推动作用。由于酒是一种情感消费品，人们往往忽视酒类产品的负价值。酒类产品从原材料生产到最终消费整个价值链阶段均会对环境和社会产生重要影响。从价值链角度分析可以发现，生态酿酒、有机酒、酒品安全、理性健康饮酒、责任广告、履行对农户的经济和技术指导责任、履行对政府和公司的双重责任以及平衡企业利润和社会效益是酿酒企业特殊的社会责任议题。

3　酒类企业履行社会责任的现状分析

3.1　研究样本说明

中国从事白酒酿造和贸易的上市企业共45家，其中在香港和新加坡上市4家，深沪两市上市公司中酒类企业41家，剔除曾经退市的ST广夏，因公司资产重组主营业务转变为纺织业的新华锦，2011年12月上市的青青稞酒以及部分通过控股或参股方式经营的酒类酿造和部分酒类销售企业，得到从事酒类酿造的样本公司28家。本研究以28家酿酒企业2004—2011年年度报告和社会责任报告（或可持续发展报告）为社会责任履行的信息资料来源，通过手工收集和整理相关信息，共得到有效样本213个，样本企业在各酿酒子行业和年度分布情况如表3所示。

表1　　酒类企业年度和酒类品种分布情况

年份	白酒	果酒	黄酒	啤酒	葡萄酒	总计
2004	12	1	2	7	4	26
2005	12	1	2	7	4	26
2006	12	1	2	7	4	26
2007	12	1	2	7	4	26
2008	12	1	2	7	4	26
2009	13	1	2	7	4	27
2010	13	1	2	8	4	28
2011	13	1	2	8	4	28

3.2　评价指标体系

在钟宏武等研究的基础上，结合酒类企业社会责任的利益相关者和特殊行业议题确定酒类企业内容分析的指标体系，如表2所示。

表2　　酒类企业社会责任评价指标体系

利益相关者	一级指标	二级指标操作指标说明
政府与公众	依法纳税	依法纳税，促进经济发展
	守法合规	遵守相关法律、法规，反商业贿赂措施
	责任管理沟通	社会责任报告、社会责任或可持续发展声明或战略
雇员	平等就业	对雇员提供平等的就业、职位晋升、退休等机会。包括职员中女性管理者人数，少数民族，残疾人士，是否雇员童工等
	健康与安全	关心员工健康，提供安全的生产条件
	员工稳定性	人员流失
	职业发展	员工培训，职业生涯计划（特别注意酿造技术人员培训）

表2（续）

利益相关者	一级指标	二级指标操作指标说明
投资者	知情权	按照上市公司信息披露指引及相关规范及时披露相关信息
	经济回报	公司的成长性、投资收益
环境	污染控制	减少生产行为对周围环境产生负效应的措施，如噪声污染控制，绿色办公，签订改善环境的资源协议
	节能减排	单位能耗率，资源消耗水平，温室气体排放，污水排放
	循环经济	中水回用，废气、废渣等固体生产废物以及包装物的回收
	绿色产品	原材料的有机生产、绿色包装、绿色运输
	其他措施	所处区域自然生态环境、动物等的保护
消费者	产品、服务质量	产品创新、产品安全保证、产品安全性、客户关系管理
	责任广告	理性、健康饮酒，未成年饮酒教育，责任广告等
社区	慈善捐赠	公益捐赠、捐资助学、慈善公益基金或活动倡导
	志愿服务	员工志愿服务次数
	社区支持与发展	员工本地化，采购本地化，为所在社区创造就业机会和促进区域经济发展
商业伙伴	责任采购	责任采购比例与责任采购制度的建立，保证供应商的基本权利不受侵害
	销售集中度	建立良好的客户关系管理，保证经销商利益
	公平贸易	与竞争者和商业伙伴的公平竞争和保证销售商利益
	种植户责任	订单农业，保证农民经济利益和提供技术支持

根据 Wiseman 研究，首先将样本公司年报、社会责任报告或可持续发展报告中，社会责任信息披露的方式进行分类，给“量化信息”赋值 3，“非量化事例信息”赋值 2，“非量化简单信息”赋值 1，“无信息”赋值 0；第二，计算出酒类各类企业社会责任的总分值；第三，根据吴德军的方法将各项分值除以各项评价指标满分之和，得到酒类企业的各项社会责任指数 SDI_i 和社会责任总指数 $SDIT$ 。需要说明的是，$SDIT$ 计算过程中七个纬度和 42 项社会责任二级评价指标的权重相同，具体计算公式如下：

$$SDI_i = \frac{\sum_{j=1}^{n} x_{ij}}{3n}, \quad j = 1, 2, \cdots, n \qquad \text{公式(3-1)}$$

$$SDIT = \frac{\sum_{i=1}^{k}\sum_{j=1}^{n} x_{ij}}{\sum_{i=1}^{k} 3n}, \quad j = 1,2,\cdots,n, \quad i = 1,2,\cdots,k, \quad k = 7 \qquad \text{公式(3-2)}$$

其中，$SDIT$ 表示社会责任总指数，SDI_i ，表示第 i 个纬度的社会责任指数，x_{ij} 为第 i 个纬度，第 j 项指标的评分。

3.3 酒类企业履行社会责任的现状分析

3.3.1 现状描述

表 3　　酒类企业履行社会责任现状的统计描述

年份	样本数	均值	方差	最小值	中位数	最大值
2004	26	0.213 981	0.048 118 1	0.055 556	0.222 222	0.309 524
2005	26	0.231 99	0.050 610 2	0.055 556	0.238 095	0.301 587
2006	26	0.268 01	0.090 303 6	0.182 54	0.242 064	0.603 175
2007	26	0.270 757	0.076 958	0.158 73	0.261 905	0.531 746
2008	26	0.309 829	0.111 529 4	0.150 794	0.293 651	0.603 175
2009	27	0.344 503	0.125 588 7	0.198 413	0.293 651	0.619 048
2010	28	0.372 732	0.131 363 4	0.166 667	0.341 27	0.682 54
2011	28	0.433 39	0.141 434 9	0.222 222	0.420 635	0.746 032
总计	213	0.307661	0.123 857 4	0.055 556	0.269 841	0.746 032

3.3.2 特殊社会责任议题披露研究

从样本公司披露的社会责任信息（图 2）来看，与酒类企业特殊社会责任议题相关的信息中，自愿披露员工培训信息的公司数最多，其次为酒类产品的包装物的回收和利用信息；在 2008 年之前披露对种植户责任的信息为第三位，但是在 2008 年之后对生产排放物的回收和循环利益的信息大幅度增加，成为公司资源披露信息的第三位；值得注意的是对理性、健康饮酒的宣传和责任广告这一特有的社会责任议题并没有引起酒类企业的广泛关注。截至 2011 年，样本企业中仅有 4 家企业在社会责任报告或年报中提到责任广告、理性健康饮酒宣传或者对青少年饮酒等的宣传和教育活动。

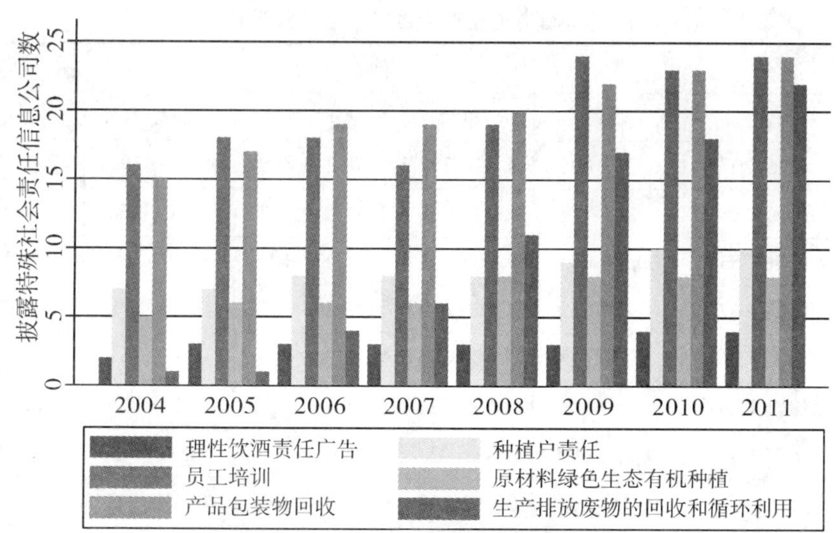

图 2　特殊社会责任议题披露现状分析图

资料来源：根据上市公司年报和社会责任报告整理。

出现这一现象可能的原因有：

（1）2002 年 1 月颁布实施的《上市公司治理准则》中明确提到应尊重职工的基本权益，保证相关信息的披露是公司应承担的责任；在 2006 年 2 月开始颁布实施的新会计准则中，对企业社会责任中职工薪酬、养老金、职工教育经费等相关内容的计量和披露进行了规范，因此企业在会计年报中将更多地公布与职工相关的培训计划和经费使用情况。

（2）一方面由于国家政策对包装减量化的要求影响酒类产业的发展；另一方面，因为包装物成本所占酒类产品制造成本比例较大，包装物的回收减量化和循环利用，不仅符合社会经济效益也符合企业自身的经济效益，企业更愿意履行该项社会责任。

（3）由于酒是一种特殊的商品，其消费价值主要体现在情感沟通上。在中国大陆，饮酒甚至与工作需要、商务和政务应酬紧密联系。在这种酒文化影响下，人们通常将健康饮酒、酒后驾驶等问题归结为在国家政策管控下个人理性行为的选择，从而忽视了酒类企业的在理性饮酒和责任广告宣传上的责任。

（4）生产排放废物的回收和循环利用信息增多原因分析。第一，从国家政策层面来看：2006 年起国家大力推进循环经济发展及相关产业园区建设和发展；2007 年 12 月国家环保总局不断提高酒类生产和制造中的工艺设备、资源能源利用指标、废物回收和利用指标。第二，从企业层面来看：生产过程中产生的诸如扔糟、废窖皮、瓶渣、炉渣、冷却水及洗瓶水、粉尘、噪音等工业污染物等问题一方面为企业赖以生存的外部生态环境的承载能力提出了极大的考验，另一方面，这些废物的循环利用可以在促进农业、化工业等循环经济产业链延伸的同时为企业增收。因此，“生态酿酒”，依托产业循环和低碳化发展成为酿造企业实现可持续发展的必然选择。

3.3.3 不同类型酒类企业社会责任履行现状

从表 4 和图 3 可以看出，2004—2011 年间黄酒类企业社会责任指数平均值最高为 0.388，白酒和啤酒次之；可以看出在 2006 年和 2009 年，白酒、啤酒、黄酒以及葡萄酒企业的社会责任指数均有较大程度的提高，但是因为果酒类上市公司仅香梨股份一家，因此该类企业社会责任并没有较大变化。

表 4　不同类型酒类企业社会责任指数的统计描述

年份	种类					
	白酒	果酒	黄酒	啤酒	葡萄酒	总计
2004	0.199 074	0.238 095	0.210 317 5	0.244 898	0.200 397	0.213 98
2005	0.224 868	0.285 714	0.242 063 5	0.249 433	0.204 365	0.231 99
2006	0.266 534	0.238 095	0.404 761 9	0.272 109	0.204 365	0.268 01
2007	0.274 471	0.230 159	0.376 984 1	0.268 707	0.220 238	0.270 757
2008	0.320 767	0.230 159	0.400 793 7	0.300 454	0.267 857	0.309 829
2009	0.354 701	0.230 159	0.384 920 6	0.358 277	0.295 635	0.344 503
2010	0.374 847	0.238 095	0.496 031 8	0.382 937	0.317 46	0.372 732
2011	0.451 77	0.261 905	0.591 269 8	0.433 532	0.337 302	0.433 39
Total	0.310 967	0.244 048	0.388 392 9	0.317 05	0.255 952	0.307 661

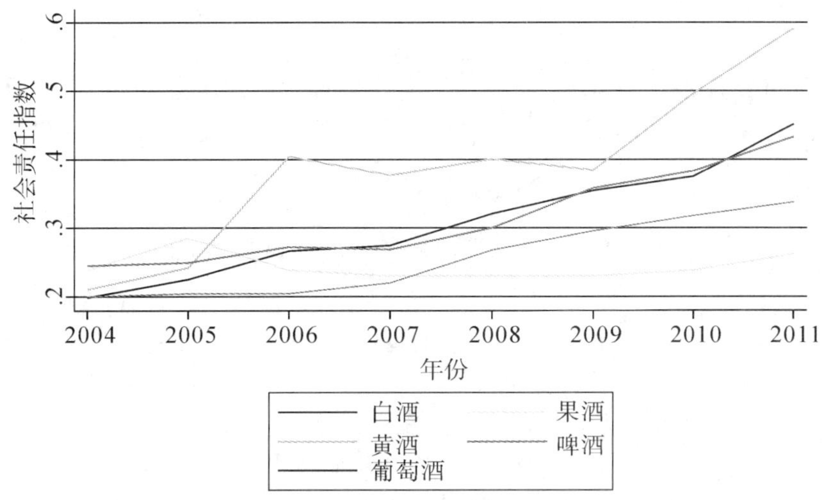

图 3　不同类型酒类企业社会责任趋势图

出现这种状况的原因在于：一方面，相应国家政策和行业标准的相继出台，促使酒类企业在 2006 年和 2009 年社会责任履行指数得到大幅度提高。如 2006 年开始实施的《中华人民共和国公司法》《深圳证券交易所上市公司社会责任指引》；2008 年 5 月公布的《上海证券交易所上市公司环境信息披露指引》等。另一方面，相关行业标准的完善和推进力度不同，使得酒类企业社会责任指数的改善程度也有不同。据不完全统计，从 2009 年 2 月起，国家相关部门相应出台了《清洁生产标准——葡萄酒制造业》《清洁生产标准——白酒制造业》《浓酱兼香型白酒国家标准》《关于加强白酒消费税征收管理的通知》《葡萄酒、黄酒工业水污染物排放标准》《发酵酒精和白酒工业水污染物排放标准》等 20 余条政策，分别从安全生产、市场竞争、污染物排放和治理、产品安全等方面对白酒、葡萄酒、黄酒、啤酒行业进行了要求，因此 2009 年起，酿酒企业社会责任履行情况大有改善。但是，我们可以注意到，出台的各种行业标准，缺乏对果酒生产的单独研究，因此，该类型企业社会责任指数变化不大。

3.4　小结

不同行业企业的利益相关者不同，所面临的社会责任内容可能体现出各自的行业特色，因此本节的研究将社会责任的度量向行业特色的结合进行了推进。酿酒行业社会责任研究本身是一个新兴的研究领域，由于国外禁止酒类企业上市融资，且酒类品种较为单一，因而国外研究多从行业中观角度对葡萄酒行业的可持续发展问题进行研究，缺乏微观企业数据的支持。本节以中国酒类上市公司为研究样本，结合其行业特色运用内容分析方法对其履行社会责任的现状和趋势进行了研究。研究发现：内容分析方法能够很好体现酒类企业社会责任的特殊社会责任议题；酒类企业对员工培训、产品包装回收和利用、生产废弃物的循环利用、种植户责任等特殊社会责任议题社会信息披露上有一定的积极性。值得注意的是，由于中国酒文化的影响，人们往往将过度饮酒以及酒后驾驶等问题归结为在政策管制下个人理性行为的选择，而模糊了酒类企业对健康饮酒和责任广告宣传的社会责任。由于行业规则和相关政策执行力度的不同，酿酒行业各子行业的社会责任履行情况大有不同。

4 产品特征及产品竞争对酒类企业社会责任履行影响分析

4.1 产品竞争对酒类企业社会责任影响的文献评述

产品市场竞争一直是产业组织研究的热点问题，但是从行业竞争角度研究企业社会责任的文献并不多。约翰逊（Jonhson，1966）将行业竞争结构引入企业捐赠关系研究，他通过1936—1961年美国公司捐赠情况的描述性统计分析发现，垄断竞争行业的公司比处于完全竞争或完全垄断行业的公司捐赠更多。之后，仅有乌西姆（Useem，1988等）为数不多的学者对行业竞争与企业社会责任的关系进行过相关研究。乌西姆（1988）研究表明，产品市场竞争强度越小，资源越集中，企业捐赠越多，柯特芮尔（l1990）深入研究了企业社会责任水平与市场的关系后发现，行业竞争越激烈，企业社会责任水平越低，小企业因为市场力量较小社会责任水平也较低。坎普等（2002）利用1985—2000年数据认为，竞争程度和社会责任行为之间可能呈曲线关系，强竞争行业企业可能会通过欺骗，压榨员工工资等途径来获取竞争优势，因为其社会责任履行程度更低。卢正文和刘春林（2011）认为，产品市场上的竞争压力以及“搭便车”等行为使得强竞争或完全竞争行业企业缺少履行社会责任行为的经济动力，而降低其慈善捐赠的行为；而弱竞争或相对垄断行业，拥有较为稳定的高利润，因而缺少通过慈善捐赠提高企业声誉的动机，因而其慈善行为较低；而处于正常竞争强度的行业因具有一定的冗余资源可进行慈善捐赠，也存在通过慈善捐赠提高企业声誉从而改善企业竞争力的动力，因而其履行社会责任的程度更高，故企业慈善捐赠行为与行业竞争度呈倒U型关系。但是，罗利和伯曼（Rowley & Berman，2000）曾尖锐地批评说，公司社会责任应该是一个多维度的构造，但在实证研究领域，大多数的研究依然采用单一维度进行衡量。因而仅从慈善捐赠来研究企业社会责任与产品竞争的关系是有失偏颇的。尽管如此，上述研究也为我们提供了研究的路径，企业社会责任履行程度是否与产品竞争间遵循同样的逻辑关系呢？故提出本课题的研究假设：

H1：企业产品种类与企业履行社会责任的差异显著。

H2：企业定位不同企业履行社会责任程度不同，白酒类企业与啤酒差异不显著，葡萄酒、黄酒与白酒企业履行社会责任程度差异显著。

H3：酒类产品竞争程度与企业履行社会责任差异呈倒“U”型关系。

4.2 相关变量定义和说明

4.2.1 对企业社会责任履行的度量

国内对社会责任的履行的计量方法主要采用内容分析方法和社会责任会计的方法，计算每股社会贡献率。李正等对社会责任会计计量方法提出了质疑，认为内容分析方法更为客观、科学。本文以钟宏武和郭岚等（2012，2013）研究为基础，将酒类企业社会责任问题分为：政府与公众、雇员、投资者、环境、消费者、社区、商业伙伴七类问题。其中环境责任包括有机、无污染的原材料来源，环境友好的产品生产，包装物和生产废物的回收和循环利用，废弃物管理，动物保护等；员工责任，重点关注生产阶段员工的健康和安全、酒类企业核心员工（酿酒师、勾兑师）的培养、失业员工的安置、员工其他福利；社区责任，考虑企业所在社区的利益，包括考虑弱势群体的利益、关注犯罪、公共安全和教育、公益或其他捐赠等；消费者产品责任，包括合格安全的产品、产品的创新与质量改善、假冒伪劣酒品的打击，对酒类企业来说，尤应注意的是理性健康饮酒的宣传和责任广告；投资者责任，即考虑银行、债权人和股东的利益，但对酒类企业来说需要在投资者经济利益和社会效益之间进行有效平衡；供应链上下游商业伙伴在公平贸易、平等竞争方面的责任，尤其是对种植户的社会责任问题；酒类企业政府和公众的责任是在自觉遵守法律法规、依法纳税、防止商业贿赂的同时履行对消费者的部分责任，根据国家法律和行业规定规划企业的发展方向。根据怀斯曼（Wiseman）和吴德军的方法计算酒类企业社会责任指数 SDIT。为了考察酒类企业履行社会责任的程度和意愿，文章以 SDIT 得分的第 33 分位数和第 66 分位数为分界点将样本公司社会责任履行程度 LSDIT 分为 3 组，进而将社会责任指数 SDIT 小于第 33 分位数的取值为 1，定义为“社会责任履行较差”；将社会责任指数 SDIT 大于第 66 分位数的取值为 3，定义为“社会责任履行优秀”；中间部分取值为 2，定义为“社会责任履行中等”。

表 5　　变量表

解释变量	变量名称	变量说明
SDIT	社会责任指数	根据 2004—2011 年年报和社会责任报告，运用怀斯曼（1982）方法计算所得
LSDIT	社会责任履行程度	定序变量，1 社会责任履行较差，2 中等，3 优秀
自变量		
variety	酒类企业产品品种	1 白酒，2 果酒，3 黄酒，4 啤酒，5 葡萄酒
province	企业所在区域	1 东部，2 中部，3 西部
position	产品定位	1 低端，2 中端，3 高端
LHHIHHI^2 HHI	行业竞争分类 行业竞争赫芬因德指数 行业竞争赫芬因德指数的平方	1 高度竞争行业，2 正常行业，3 低度竞争行业 根据刘志彪等（2003）方法计算得出，数值越大说明竞争越低
控制变量		
size	企业规模	以年末总资产的自然对数度量
ROE	企业盈利能力	净资产收益率 ROE 衡量
UCT	企业性质	企业终极控制人性质，1 为国有，0 为非国有

4.2.2　自变量定义和说明

1. 酒类企业品种分类

由于产品原材料以及制作工艺的不同，按照《国民经济分类标准》（GB/T4754-2011），可以将酿酒行业细分为：酒精制造、白酒制造、啤酒制造、黄酒制造、葡萄酒制造、其他酒制造等子行业。目前在酿酒上市公司中主要包括白酒、啤酒、黄酒、葡萄酒和果酒 5 类。由于从事果酒生产的上市企业只有 1 家，为避免统计检验偏误，将果酒企业并入葡萄酒行业，最终得到 4 类酒类企业，3 个酒类品种的虚拟变量。

2. 企业所在区域

根据上市公司注册地址，将公司分为东部、中部和西部地区。文章将注册地为“上海、山东、福建、浙江、江苏、北京、广东、河北”等几个省市的公司列为 1 东部地区；将注册地为“安徽、湖南、吉林、山西”等省份的公司列为 2 中部地区；将注册地为“西藏、新疆、甘肃、贵州、四川、重庆”等省市的公司定义为3西部地区；从而形成2个虚拟变量。

3. 产品定位

根据施玫琳研究和酒类主要产品的市场定位分为1低端；2中端；3高端。

4. 行业竞争

学术界公认，目前还没有一个合理的指标可以用来准确反映竞争强度。现今最常用的用来反映行业竞争强度的指标是行业的市场集中度比率、交叉价格弹性、行业企业数目、赫芬因德指数（HHI）、企业销售额对竞争对手竞争行为的敏感度等。因此，文章主要采用刘志彪等的方法，根据各年份该酒类品种上市公司的数目和主营业务收入计算所得。赫芬因德指数是指，在产业内企业数目一定的条件下，赫芬因德指数越小，企业在行业内比重越小，市场竞争强度就越大；反之，赫芬因德指数越大市场竞争强度就越小。

4.3 模型设定

本研究的实证分析共分为两个阶段。第一阶段，文章采用ologit定序响应模型来分析影响酒类企业履行社会责任程度的概率。ologit模型能够提供有关哪些因素更能显著影响企业决定履行社会责任的程度。第二阶段，文章将利用平衡面板数据对实际影响企业社会责任履行程度的因素进行回归分析。本研究采用STATA12.0分析计算以下模型：

$$LSDIT = LHHI + province + variety + position + size + UCT + ROE \quad (4-1)$$

$$SDIT\_SDI = HHI + I^2HHI + province + variety + position + size + UCT + ROE \quad (4-2)$$

4.4 实证分析

4.4.1 描述性统计分析

由表6可以看出社会责任指数为0.31，说明酒类企业履行社会责任的水平并不高，而最大值为0.75，最小值为0.06，说明酒类企业履行社会责任的差异较大，而行业整体的竞争程度为2.01，说明整个酒类行业企业多数处于中等竞争状态。从表7的数据来看，将酒类行业的竞争程度划分为低度竞争、中等竞争以及高度竞争后，我们可以发现中等竞争程度的酒类企业履行社会责任的指数最高，为0.317，而高度竞争的酒类企业履行社会责任的指数最低，为0.299。这提示我们，酒类企业履行社会责任的程度可能与企业所处的竞争环境有关。

表6　　基本统计量

variable	mean	sd	min	max
SDIT_ SDI	0.31	0.12	0.06	0.75
variety	2.61	1.62	1	5
position	1.82	0.75	1	3
LHHI	2.01	0.82	1	3
province	2.24	0.87	1	3
UCT	0.34	0.78	0	5
ROE	0.08	0.19	-1.38	0.41
size	21.47	1.06	19.38	24.33

表 7　　分竞争程度的基本统计量

LHHI	SDIT_SDI	variety	position	province	UCT	ROE	size
低竞争	0. 307	1. 515	2. 121	2. 258	0. 167	0. 083	21. 553
中等竞争	0. 317	2. 222	1. 764	2. 306	0. 264	0. 107	21. 543
高度竞争	0. 299	2. 653	1. 600	2. 160	0. 360	0. 052	21. 327
Total	0. 308	2. 155	1. 817	2. 239	0. 268	0. 081	21. 470

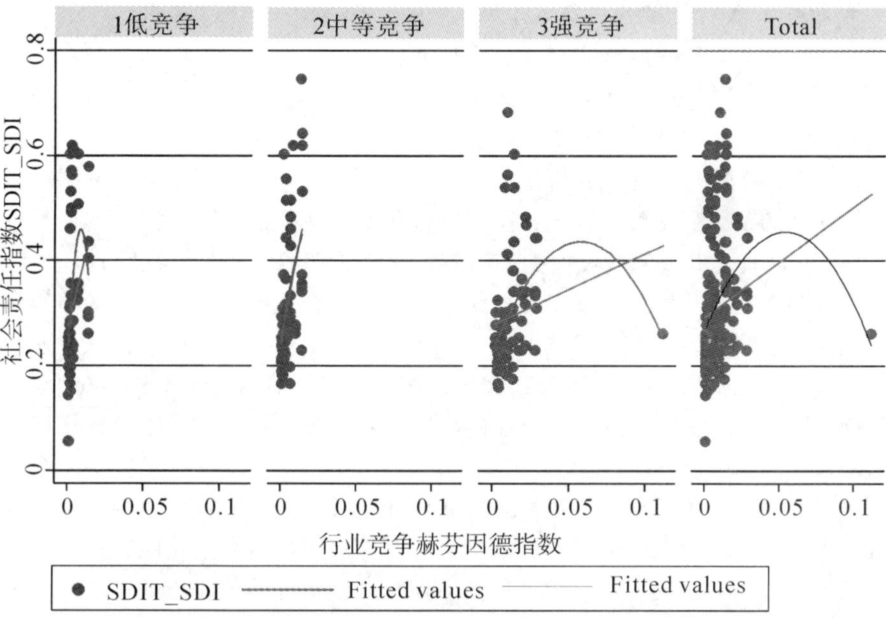

行业竞争程度：1 低竞争, 2 中等, 3 强竞争。

图 4　分竞争程度的酒类企业社会责任履行程度

从表格 8 变量间的相关系数来看，酒类企业履行社会责任的程度与酒类产品定位间的相关系数为 0. 230，与竞争程度的相关系数为 0. 176，与省份间的相关系数为-0. 201，与企业规模以及企业的盈利能力间的相关系数分别为 0. 511 以及 0. 346，且上述变量均通过了 1%的假设检验，说明这些变量可能是影响酒类企业履行社会责任的重要因素。因此，我们在控制企业类型、企业盈利能力以及企业规模基础上，分别研究酒类产品品质、产品定位、竞争程度、所在区域等对酒类企业履行社会责任程度的影响。

表 8　　变量相关系数

	SDIT_SDI	variety	position	HHI	province	UCT	ROE	size
SDIT_SDI	1							
variety	−0. 069	1						
position	0. 230***	−0. 497**	1					
HHI	0. 176**	0. 215***	−0. 131*	1				
province	−0. 202***	−0. 187***	−0. 056	−0. 069	1			

表8（续）

	SDIT_SDI	variety	position	HHI	province	UCT	ROE	size
UCT	−0.133 *	0.325 ***	−0.075	0.035	0.125 *	1		
ROE	0.346 ***	−0.176 **	0.351 ***	0.044	−0.076	−0.093	1	
size	0.511 ***	−0.086	0.524 ***	−0.062	−0.169 **	−0.269 ***	0.443 ***	1

注：*** 为1%条件显著；** 为5%条件显著；* 为10%条件显著。

4.4.2　酒类企业履行社会责任行为分析

为了检验酒类企业履行社会责任的程度以及行为差异，本节根据酒类企业社会责任的履行指数按年划分为3个层次，履行程度分为好，中等以及低，运用有序响应的ologit模型4-1进行检验，检验结果见表9第3列；在验证酒类企业履行社会责任差异行为差异基础上，运用FGLS模型进行回归分析，验证企业履行社会责任程度差异，见表9第4列。第3列和第4列的回归数据可以看出，中等竞争程度的酒类企业履行社会责任的程度与低度竞争为0.631，通过10%的假设检验，而高度竞争的酒类企业履行社会责任的程度与低度竞争不存在显著差异，因此初步验证假设，认为酒类企业履行社会责任的差异收到酒类企业所处竞争环境影响，中等竞争的酒类企业履行社会责任的程度更好；从企业履行社会责的FGLS回归模型来看，企业竞争度HHI以及LHHI分别为6.346和−46.460，且通过1%的假设检验，可以进一步说明酒类企业竞争程度与酒类企业履行社会责任指数存在倒"U"型关系。从企业所在区域来看，中部地区、西部地区与东部地区履行社会责任程度呈负的差异性，我们认为企业所处区域影响企业履行社会责任的程度，中部发达地区履行社会责任程度较高。结合表9第4列的数据来看西部地区与酒类企业履行社会责任的程度呈显著的负向关系，越是处于西部地区的企业履行社会责任的程度越低，与东部地区差异就越大。从酒类产品品种差异上看，白酒与啤酒在履行社会责任的差异上不显著而与葡萄酒和黄酒履行社会责任的差异较大。中端酒与低端酒类企业履行社会责任行为差异较大而高端酒类企业与低端酒类企业履行社会责任行为的差异较小。结合酒类产品竞争现状来看，酒类企业在中端酒类处于高度竞争状态，而高端酒类企业处于垄断竞争，因此进一步验证了竞争程度以及酒类产品特征对酒类企业履行社会责任行为差异影响的研究。

表9　　估计值

解释变量	预期关系	因变量/模型	
		模型1	模型2
LHHI_2	+	0.631 *（1.75）	
LHHI_3	−	0.839（1.61）	
HHI	+		6.345 ***（7.07）
I^2HHI	+		−46.460 ***（−5.67）
are_provinc_2		−1.375 **（−2.49）	−0.031（−1.33）
are_provinc_3	−	−0.468 ***（−3.33）	−0.054 ***（−2.74）
alc_variety_2	−	−2.182 ***（−3.18）	−0.104 ***（−3.86）

表9(续)

解释变量	预期关系	因变量/模型	
		模型 1	模型 2
alc_variety_3	+	1.543*(1.66)	0.030(0.5)
alc_variety_4	-	-1.509**(-2.17)	-0.080**(-2.28)
pru_positio_2	-	-1.002*(-1.88)	-0.087***(-2.82)
pru_positio_3		-0.942(-1.17)	-0.041(-1.02)
size	+	0.806***(3.29)	0.041***(3.99)
ROE		-0.320(-0.36)	0.023(1.51)
cn_uct_1		0.401(0.92)	0.006(0.43)
_cons			-0.512**(-2.49)
/cut1		14.398	
/cut2		16.296	
样本数		203	203
Wald chi2(12)		75.11	135.09
R2		0.169	

注：1. *** 为1%条件显著；** 为5%条件显著；* 为10%条件显著；
2. （）内为t值。

4.5 小结

通过采用ologit定序响应模型来分析影响酒类企业履行社会责任程度的概率以及FGLS进行平行面板数据回归分析。课题组认为ologit模型分析结果显示：酒类企业竞争程度、产品品种、酒类企业定位以及企业所处区域将影响酒类企业履行社会责任的概率选择；从第二阶段，FGLS回归分析的结果来看，酒类企业白酒与啤酒履行社会责任程度差异不大，而与黄酒以及葡萄酒履行社会责任程度差异较大。酒类企业各个行业竞争的程度与酒类企业履行社会责任的差异呈倒“U”型关系，结合酒类产品的定位来看，中端酒类产品竞争较为激烈，因而在既有闲置资源又有竞争的情况下积极履行社会责任，提高社会声誉更有意义；而低端酒由于其竞争最为激烈因而没有更多的闲置资源来履行社会责任；高端酒由于处于垄断，因为没有通过履行社会责任提高声誉的动机，因此其履行社会责任的意愿较低。

5 基于共享价值的酒类企业战略型社会责任选择

企业履行社会责任通常存在利润最大化、利他主义、提高声誉、应对社会活动家威胁、政府管制等几种动机，在其他条件相同的情况下，利润最大化动机比其他动机能导致更好的财务绩效，战略型企业社会责任也比其他性质的企业社会责任更有可能激发企业去进行社会责任投入。但这些争论都还仅停留在“动机”的理论争论上，缺乏实践指导性。迈克尔·波特认为，如果公司能够用他们选择核心业务那样的方法和框架来分析企业社会责任的机会，他们就会发现：企业社会责任其实并不简单意味着成本、约束或者说是慈善活动的需要，而是企业实现创新和提高竞争优势的潜在机会。而企业的“共享价值”（shared-value）是企业履行社会责任的“社会利益”和“经济利益”内在统一的基础，同时可以借助价值链模型和钻石模型“自内而外”以及“自外而内”地分析企业内部价值活动和行业环境因素中涉及的社会责任。企业可以通过第一个模型进行自检，找出重要的战略环节结合第二个模型中的机会，履行“战略型社会责任”。由于内外部环境变迁涉及因素过多，企业仅需要抓住对自己最有利的一些方面即可。课题组认为，波特的观点和方法论提供了一条切实可行用于分析具体行业甚至是具体企业履行社会责任的途径，基于此提出的社会责任战略可以使企业获得成本节省和产品差异化的竞争优势。

5.1 酒类企业社会责任价值链模型

价值链模型由波特提出，它由基本活动和辅助活动两部分组成，主要用于分析公司行为和竞争优势。其基本活动包括内部物流、生产运营、外部物流、市场营销和售后服务等，辅助活动包括基础设施、人力资源管理、技术开发、采购管理等。战略型社会责任强调要把社会责任融入企业的决策中，融入到价值链的各个节点，形成规范化、制度化，直到成为企业文化的一部分，一旦企业具有社会责任的战略理念，那么必然会促进价值链的创新。企业承担社会责任能为价值链管理带来更多的社会效益，并由此给企业带来更多的稀缺资源和良好的生存环境，企业社会责任和价值链管理协调互助是一种合作博弈，它可以有效实现系统效应，能够创造共享价值，使双方实现共赢，既有利于社会，也有利于企业，所以彼此应该把对方纳入一个战略性的框架，最终推动社会的可持续发展。根据这种理念，我们把社会责任融入了酒类企业价值链模型的各个环节，如图5所示。

在内部物流环节，传统的粮食防潮防虫会用一些药物如磷化氢等，这些药物残留会给粮食带来污染从而影响酒的质量，最终影响消费者的利益和健康；在生产运营环节，生产周期长，导致消耗的水、煤等能源多，加剧资源的损耗，生产过程中产生大量的废水、废气、废渣，如果不能妥善处理会严重污染环境；在产品质量上，很多企业生产质量标准不够规范和健全，仍旧沿袭陈旧落后工艺，有些在工艺执行过程中管理不严，操作不规范，造成酒质差、出酒率低、产品成本增加，很多企业没有全面的质量保证体系，有的分析检测人员未经正规培训，产品缺乏有效的质量监督把关和保障；在销售环节，价格虚高、假酒泛滥等现象都严重地损害了消费者的利益。在辅助活动中，涉及的社会责任包括对于员工的安全、培训、薪酬、公平等责任，还包括对原料、产品及环境安全的技术研究，对供应链上的利益相关者的保护以及自然资源的保护等。

目前，一些大型企业从自身的利益或者声誉出发，在某些方面较好地履行了社会责任，如“三废”的治理等。但是还有很多企业并没有意识到或者没有能力改造价值链环节，履行相应的社会责任。

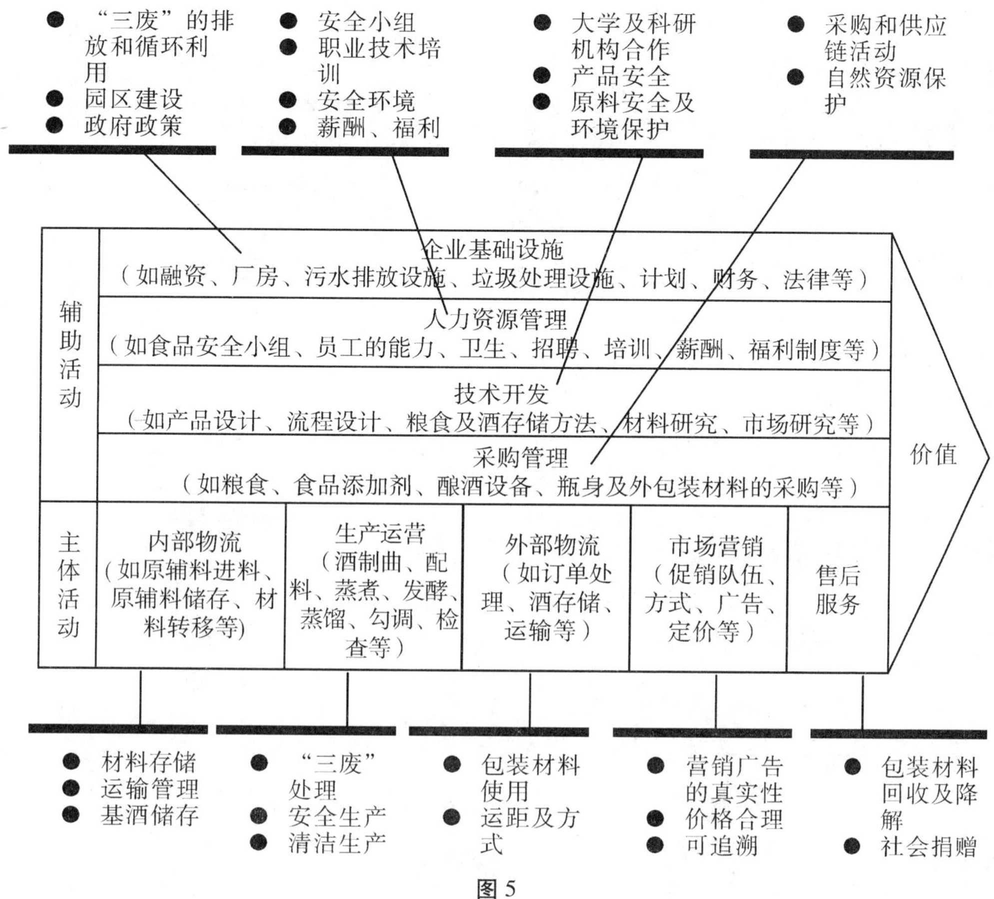

图 5

5.2 白酒类企业外部环境的钻石模型及所涉及的社会责任

钻石模型是波特提出的分析国家和地区"竞争力"的宏观分析工具，其基本观点是一个国家在某个行业取得国际成功的可能性程度是该国生产要素、需求条件、关联和辅助性行为以及战略、结构和竞争环境四个方面综合作用的结果，它也可以用于分析一个行业的竞争环境。其中：生产要素条件指的是在该产业发展中所投入的各种资源，包括自然资源、基础设施、人力资源、知识资源、资本资源等，其中高级生产要素比初级生产要素更重要；需求条件，包括国内需求和国际需求，其中国内大量需求和挑剔的客户是关键；相关产业和支持性产业，指这些产业的相关产业和上下游产业是否具有竞争力；企业战略、结构和竞争，指企业的组织和管理形态，以及竞争对手的表现。这些要素并不是孤立存在的，而是相互影响、相互加强，共同构成一个动态的竞争系统。企业通过有意识的承担社会责任，可以对钻石模型中的每一个点产生影响，以改善其赖以生存和发展的竞争环境，从而使其具有一定的竞争优势。通过竞争环境四要素的分析，企业可以找到能同时实现社会目标与经济目标的慈善行动领域等。如图 6 所示，文章在借鉴波特的钻石模型基础上，对白酒企业的行业环境和相关社会责任进行了探析。

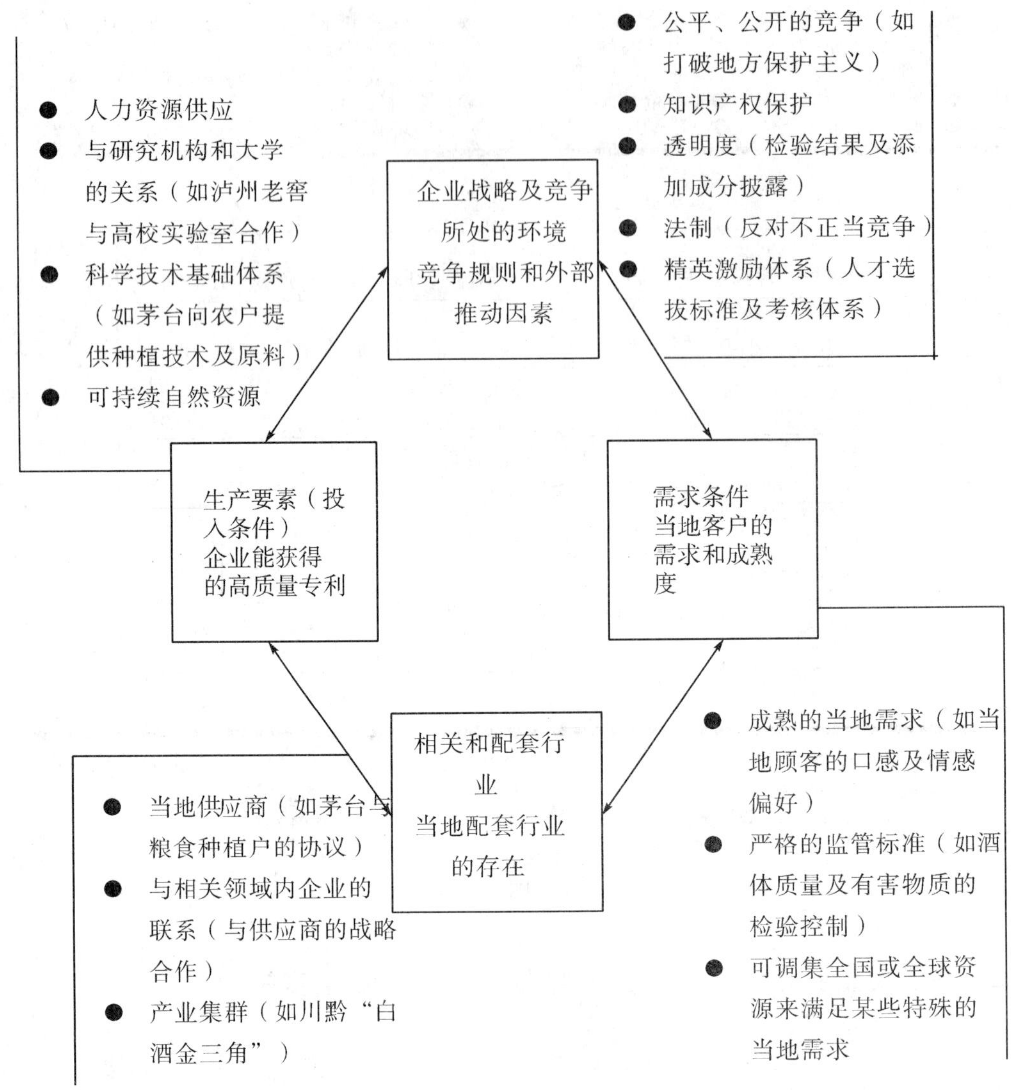

图 6　白酒行业钻石模型

（资料来源：The Competitive Of Nations，Porter，M. E，1990. 作者有修改）

5.2.1　生产要素

生产要素包括人力资源、天然资源、知识资源、资本资源、基础设施等。从行业的人力资源供给来看，在全国相关高校都有相关专业培养酿酒技术和管理人才，但由于酒类酿造的个体差异性，这些通用型的人才并不能完全符合各个企业对于人才的特殊要求；低端的劳动力供应比较充足，但近年来劳动力成本大幅度提高，大大增加了企业的人力成本。原材料价格普遍上涨，也会增加企业的成本。自然环境是酿酒企业依托的一种重要天然资源，但由于整体自然环境的变坏及很多中小型酿酒企业的乱排乱放加剧了环境的恶化，为企业的可持续发展埋下了隐患。在这些生产要素中，很多企业也发现了机会，比如泸州老窖与高校实验室合作开发新技术、茅台向农户提供种植技术及原料等。

5.2.2　需求条件

目前白酒行业已经进入成熟期，未来 5 年内的年均复合增长率在 4%~5%的水平，但高端酒由于基数小和需求增加，增速将高于行业平均，低档产品将呈萎缩态势。由于人们对于健康的日益重视，替代产品如啤酒、红酒、果酒对白酒的替代性也有增强的趋势。知名品牌主要面向全行业范围内的市场，而地方性品牌主要面对当地市场，具有很强的地域性。

5.2.3 关联和辅助性行业的表现

酿酒行业各子行业的产业链相似，主要包括上游的种植业和食品添加剂业，酿酒机械业和瓶身包装业，以及下游的批发零售业和物流业。在白酒产量中，从香型来看，大约70%为浓香型白酒，1%为酱香型，12%为清香型，其他香型占17%，在这些香型中，除了酱香型基本是采用原香外，其他香型都要添加食品添加剂，而这些食品添加剂厂的设备都比较落后，为了节约成本很多原材料也采用不符合国家标准的材料如糖精钠和甜蜜素等，损害最终成品质量及消费者的健康。酒瓶身包装目前使用的材料众多且参差不齐，就瓶身而言，包含玻璃、陶瓷、金属、塑胶、不锈钢以及一些具有地域特色的包装材料如木头、竹子等，酿酒企业一般不自己生产瓶身包装，都是从供应商处采购，这些包装生产过程中也存在监管不严、质量标准不统一等问题，因为这些包装大部分直接接触酒体，因此可能会对酒体造成直接污染。下游的批发零售和物流业都比较发达，但是存在价格混乱及虚高等现象，甚至很多批发零售商为了经济利益而制假售假，从而给消费者带来损失。从整个酿酒行业环境来看，呈现出宣传费用高、包装费用高、产品价位高、回扣高而品质低的特点。这些现象表明企业总体积极主动履行社会责任的意愿不强甚至没有。但在一些地方如泸州，将这些配套的行业与白酒主业进行产业集群，共建产业园区，在一定程度上能解决以上提到的一些问题。

5.2.4 企业战略及竞争所处的环境

从酿酒行业的竞争情况来看，目前生产企业众多产业集中度低，白酒生产产能过剩，规模以上（500 万元以上）企业 1 607 家，贡献了白酒行业产量的 95%。而总体来说，政府致力于推动整个酿酒产业结构调整，2009 年，各种酒类品种差异化税收的调整会导致产业优胜劣汰，禁酒令和酒驾新规的出台也会导致白酒销量的下降；而黄酒和葡萄酒成为国家支持和鼓励发展的酒类产品，产能进一步扩大。

5.3 基于“共享价值”的酒类企业战略型社会责任的履行

根据波特的观点，企业所面临的环境中的社会问题主要分为三类：第一类为普通社会问题，这时候企业所要履行的社会责任是一种反应型社会责任，即做一个良好的企业公民。这是企业必须履行的社会责任底线，但是不会给企业带来战略优势。第二类是价值链主导型社会问题，在这个层面上企业能够履行的社会责任是改造价值链活动，因为这能帮助其强化公司战略。第三类是竞争环境主导型社会问题，在这个层面上企业能履行的社会责任包括开展战略型慈善事业及抓住环境中的机会，结合企业的优势创造“共享价值”，即履行战略型社会责任。因此，企业既要利于自身的经济利益又要促进社会利益，就应该从价值链和外部环境所涉及的社会责任着手，由于资源和战略重点的不同，每个企业不可能履行所有的社会责任环节，因此只能结合企业的规模、战略重点做一些“战略型社会责任”的安排：

5.3.1 人力资源及技术资源的储备实现“共享价值”

目前酒类生产行业正向“生态化酿酒”转变，员工素质和生产技术的要求不断提高，白酒企业拥有的传统员工和传统技术已不能满足生态化生产的要求，白酒生产技术改造与科研机构联系日益紧密，因此企业与高校科研机构在人力资源培训及技术资源上的“共享”成为可能。如果白酒企业一方面可以依托科研机构的专业实验室，通过提供研究课题和经费的方式，以较低的成本获得技术支持；另一方面，在与相关院校的合作中，企业通过资助某些专业和针对性的课程设置，获得企业需要的技术人才。如泸州老窖股份有限公司与四川理工学院共建的省级重点建设学科发酵工程实验室，以及和泸州职业技术学院合办的泸州老窖实验班，既履行了社会责任获得了良好的声誉，同时给科研院校带来了实在的好处，而且为企业培养了各个层次的合格人才，是一个典型的实现了“共享价值”的“战略型社会责任”的实例。

5.3.2 产业价值链条上与原料种植户战略合作实现“共享价值”

每个酿酒企业除了生产环节的差异之外，生产原辅料的差异也能使企业产品提高“差异化”，企业可以与当地种植户联合，通过改造基本的科学技术基础体系，从各个环节保证高质量的原辅料供给。如国酒茅台的生产，高度依赖贵州仁怀茅台镇的气候、水源、土壤“三位一体”的天然生态环境，其生产原材料必须使用当地生产的有机红高粱以及当地赤水河的水，所以高质量的当地有机红高粱和当地水土无污染是茅台酒生产的最基本条件，也是茅台酒生产的重要战略环节。为了能获得保质保量的原料，同时为了保护赖以生存的自然环境，茅台集团与当地高粱种植户合作，完善“绿色供应链”，免费提供良种、农膜及生物技术，并拿出资金作为专项担保风险金，通过订面积、订产量、订价格，保持收购价格稳定，而且将酒糟等制造出的有机肥料提供给农民种植使用，整个生产环节不使用任何农药，保证了有机高粱从种子、肥料、收购等环节的有机、可追溯。在内部物流环节，茅台酒厂申请了国家的重点项目，和政府合作，在产业园规划建设容量30万吨的现代化大型存储仓库，该仓库采用先进的低温低氧、充入惰性气体等科学方式保管粮食，避免粮食发生霉变，也保证了粮食保管过程中的无农药。以上措施满足了企业战略发展的要求，同时让当地的种植户收入实现了增长，而且这种有机无污染的种植模式很好地保护了环境，为环境的可持续提供了一道屏障，为企业和社会都实现了多方面的“共享价值”。

5.3.3 生产环节采用“生态酿酒”方式实现“共享价值”

在酿酒的生产过程中，会产生大量的废水、废气、废渣，如果这“三废”不能合理治理，直接排放，对环境的污染是相当大的。白酒生产的特点之一就是对当地环境的高度依赖，环境的损害在给企业可持续发展埋下隐患的同时损害企业的声誉和形象，因此实现“三废”的治理和循环利用也是企业的一个战略问题。事实上，通过一些合理的技术和手段可以“变废为宝”，实现资源的循环利用，将为企业节约生产成本带来一定的经济效益。

5.3.4 利用产业集群履行社会责任实现“共享价值”

产业集群是在适当大的特定区域范围内，由生产某种产品的、具有竞争与合作关系的若干个同类企业，及与有交互关联性的企业、专业化供应商、服务供应商、金融机构及政府机构和科研院所等其他相关机构组成的群体。以泸州市为例，2006年泸州建立了酒业集中发展区，创造了灌装企业、包装企业、物流企业等白酒行业配套企业分工协作、共同发展的格局。产业集群的社会责任表现在两个方面，一是产业集群内部企业相互间的社会责任，相关配套企业都是为主体白酒企业服务的，再加上以集群方式集中发展，其投资和项目都具有“资产专用性”，即对主体企业的依赖程度很强，因此主体企业应该对这些直接利益相关者负责任，比如不能因此提高自己的讨价还价能力损害相关企业的利益等，应该和这些配套企业形成战略联盟，共同出资进行相关产品的研究和质量把关从而保证最终白酒产品的质量，这样的合作方式带动了上游企业的技术发展实现了他们的利益，同时保证了自身产品的品质最终实现了“共享价值”。另一种责任是产业集群作为整体对于外部环境的责任，很多大型酒类企业都要进行社会捐赠或者做一些慈善事业，这些慈善事业的效应会让很多同行业的企业“搭便车”，会稀释企业履行社会责任的成果，所以，进行产业集群后，大型白酒企业可以联合相关企业进行“战略型慈善事业”，找到本企业、相关企业和慈善事业的结合点，大家共同出力共享成果从而实现共同的“共享价值”。

5.4 小结

酿酒企业基于“共享价值”所承担的战略型社会责任是既有利于企业的经济利益又促进社会效益的行为，结合自己的资源优势及战略有选择性地实施战略型社会责任，是酒类企业提高竞争力的较好的现实选择，从价值链和外部竞争环境的角度，为酿酒企业提供了一个可以参考和借鉴的模式，为酒类企业有目的地履行战略型社会责任指明了方向。

6 课题研究结论

酒类企业社会责任的研究本身是一个较为“年轻”的新兴研究领域，各国学者分别从酒类企业污染问题、有机生态产品、理性饮酒、人权和种族歧视等方面进行了研究。本文结合酒类企业生产特点从企业生产价值链角度，分析了我国酒类企业社会责任从产品原材料生产、采购到最终消费者整个价值中存在的社会责任的特殊议题。由于酒类产品原材料如高粱、小麦、葡萄等种植过程中的农药、化肥的过度使用对当地生态环境的影响；原材料采购过程中对农户、销售商的保护以及公平贸易等问题；企业生产过程中所具有的“高投入、低产出、高污染、高耗能”等生产工艺特点；酒类产品消费所带来的身体健康、理性饮酒、性暴力等问题，使得酒类产品从原材料种植、采购到最终消费的整个价值链均对环境和社会具有一定的负价值。

课题组在结合酒类企业社会责任的特殊内容的基础上，构建了酒类企业社会责任评价指标体系，运用内容分析法对28家酒类上市公司从2006—2011年履行社会责任的情况进行了分析。研究发现：内容分析方法能够很好体现酒类企业社会责任的特殊社会责任议题；酒类企业对员工培训、产品包装回收和利用、生产废弃物的循环利用、种植户责任等特殊社会责任议题在社会信息披露上有一定的积极性。值得注意的是，由于中国酒文化的影响，人们往往将过度饮酒以及酒后驾驶等问题归结为在政策管制下个人理性行为的选择，而模糊了酒类企业对健康饮酒和责任广告宣传的社会责任。由于行业规则和相关政策执行力度的不同，酿酒行业各子行业的社会责任履行情况大有不同。

在前期研究基础上，课题组分别运用ologit定序响应模型和FGLS分别对酒类企业履行社会责任行为的概率以及履行社会责任的程度进行了分析，课题组认为，结合酒类产品定位特征和产品竞争，酒类企业产品竞争程度与酒类企业履行社会责任的行为差异间呈倒

"U" 型关系；酒类企业所处的地理位置以及产品类型也是酒类企业履行社会责任的重要影响因素。

因此，结合酒类产品的生产特点，课题组运用波特竞争模型和价值链分析，认为酿酒企业基于"共享价值"所承担的战略型社会责任是既有利于企业的经济利益又能促进社会效益的行为，结合自己的资源优势及战略有选择性地实施战略型社会责任，是酒类企业提高竞争力的较好的现实选择。

参考文献

[1] 赵璐. 董事会特征对公司社会责任表现的影响——基于利益相关者理论 [D]. 成都：西南交通大学，2008.

[2] 施玫琳. 酿酒行业研究报告 [R]. 国民财经研究中心，2011.

[3] COLLE S D, YORK J G. Why Wine is not Glue? The Unresolved Problem of Negative Screening in Socially Responsible Investing [J]. Journal of Business Ethics , 2009, 85: 83-95.

[4] LOGAN D, CONNOR J O. Corporate social responsibility and corporate citizenship: dedinitions, history, and issues [C] // Grant, M. and O'Connor, J., eds. Corporate Social Responsibility and Alcohol: The Need and Potential for Partenship. New York : Routledge, 2005: 5-28.

[5] SANTINI C, CAVICCHI A. Sustainability in the Wine Industry: key questions and research trends [C] . 6th AWBR International Conference 2011, 7.

[6] BEK D, MCEWAN C, BEK K. Ethical trading and socioeconomic transformation : criticalreflections on the South African wine industry [J]. Environment and planning A, 2007, 39 (2): 301-319.

[7] MEWAN C, BEK D. Placing Ethical Trade in Context: WIETA and the South African wine industry [J]. Journal of Third World Quarterly, 2009, 30 (4): 723-742.

[8] HOUGHTON E, PEDLOW G, BOTHA A. Report on the framework for responsibility [C] //Grant, M. and O'Connor, J., eds. Corporate Social Responsibility and Alcohol: The Need and Potential for Partenship. New York : Routledge, 2005: 29-41.

[9] BRUGAROLAS M, MARTINEZ-CARRASCO L, BERNABEU R, et al. A contingent valuation analysis to determine profitability of establishing local organic wine markets in Spain [J]. Renewable Agriculture and Food Systems, 2010 (25): 35-44.

[10] GABZDYLOVA B. Corporate Social Responsibility: Environmental Concern in New Zeland's Wine Industry [D]. Canterbury: University of Canterbury, 2008.

[11] 钟宏武，张蒽，翟利峰. 中国企业社会责任报告白皮书 2011 [M]. 北京：经济管理出版社，2011，12. P12-13.

[12] CARROLL A B. A Three-Dimensional Conceptual Model of Corporate Social Performance [J]. Academy of Management Review, 1979, 4: 497-505.

[13] CARROLL A B. The Pyramid of Corporate Social Responsibility: Toward the Moral Management of Organizational Stakeholders [J]. Journal of Business Horizons, 1991 (7-8): 39-48.

[14] CARROLL A B. Business and Society: Ethics and Stakeholder Management [M].

Cincinnati: south-west, 1993: 2.

[15] FREEMAN R E, GILLBER D R. Managing Stakeholeder Relationgship [M]. in S. P. Seth and C. M. Falbe (eds). Business and Society, Lexington, MA: Lexington Books, 1987: 397-432.

[16] 李正，向锐. 中国企业社会责任信息披露的内容界定、计量方法和现状研究[J]. 会计研究，2007，7：3-11.

[17] 欧阳小迅. 我国农产品供应链社会责任管理分析——基于市场激励和国家有限干预框架下的思考 [J]. 2011，25 (02)：133-136.

[18] ORLEY J. Corporate Social Responsibility and Product A Safe: A Role for Public- Private Partnership [C] //Grant, M. and O'Connor, J., eds. Corporate Social Responsibility and Alcohol: The Need and Potential for Partenship. New York : Routledge, 2005: 29-41.

[19] 吕兴海. 论白酒工业清洁生产及污染控制 [J]. 甘肃环境研究与监测，1997，10 (1)：7.

[20] GB/T 23778-2009，酒类及其他食品类包装用软木塞 [S]. 北京：中国标准出版社，2009.

[21] 李家民. 从生态酿酒到生态经营——酿酒文明的进程 [J]. 酿酒科技，2010，4：112.

[22] 清洁生产技术要求——白酒制造业（征求意见稿） [S/OL]. [2012-08-10]. http://wenku.baidu.com/view/145c10d3195f312b3169a543.html.

[23] HJ 581-2010，清洁生产标准——酒精制造业 2010 [S]. 北京：中国环境科学出版社，2010.

[24] 何星海，马世豪，王琦. 葡萄酒、黄酒工业水污染物排放标准（征求意见稿）[S/OL]. [2012-08-04]. http://www.es.org.cn/download/2011/1-6/2125-2.pdf.

[25] 佚名. 白酒的酿造工艺流程 [EB/OL]. [2012-08-10]. http://wenku.baidu.com/view/930ef3c46137ee06eff91806.html.

[26] ORLEY J, LOGAN D. perspectives on partnerships for corporate social responsibility in the beverage alcohol industry [C] //Grant, M. and O'Connor, J., eds. Corporate Social Responsibility and Alcohol: The Need and Potential for Partenship. New York : Routledge, 2005: 43-55.

[27] SCOTT J. The impact of ethical consumers for Australian wine [J]. Journal of Australian & New Zeland Wine Industry, 2007 (10): 1-5.

[28] WISEMAN J. An Evaluation of Environmental Disclosures Made in Corporate Annual Reports [J]. Accounting , Organizations and Society, 1982, 7 (1) : 53 -63.

[29] 吴德军. 责任指数、公司性质与环境信息披露 [J]. 中国财经政法大学学报，2011，5：49-54.

[30] JOSHON O. Corporate Philanthropy: Ananalysis of Corporate Contribution [J]. Journal of Business, 1996, 39 (4): 489-504.

[31] CAMPBELL D, MOORS U, METZUER M. Corporate Philanthropy in the U. K. 1985-2000 Some Empirical Findings [J]. Journal of Business Ethics, 2002, 39 (1/2): 29-31.

[32] 卢正文，刘春林. 产品市场竞争影响企业慈善捐赠的实证研究 [J]. 管理学报，2011，7：1067-1074.

[33] ROWLEY T, S BERMAN A. Brand New Brand of Corporate Social Performance [J]. Business and Society, 2000, 39, 397-418.

[34] 郭岚，汪芳. 酒类企业社会责任特殊议题的价值链分析 [J]. 四川理工学院学报（社会科学版），2012，12：18-23.

[35] 郭岚，曾绍伦. 酒类企业社会责任履行现状评估 [J]. 酿酒科技，2013，4.

[36] 刘志彪，姜付秀，卢二坡. 资本结构与产品市场竞争强度 [J]. 经济研究，2003，7：60-67.

[37] BARON D P. Private Politics, corporate social responsibility and integrated strategy [J]. Journalof Economics and Management Strategy, 2001, 10: 7-45

[38] SIEGE D S, D F VITALIANO. An empirical analysis of the strategic use of corporate social responsibility [J]. Journal of Economics and Management Study, 2007, 16 (3): 773-792.

[39] PORTER M E, M R KRAMER. The Link between Competitive Advantage and Corporate Social Responsibility [J]. Harvard Business Review, 2006, 80 (12): 78-92

[40] JONES T M. Instrumental stakeholder theory: A synthesis of ethics and economics [J]. Academy of Management Review, 1995, 20: 404-437.

[41] 陈涛. 谈战略型企业社会责任的培育 [J]. 商业时代，2010，23：87-88.

[42] 史原，刘志业. 企业社会责任与价值链管理双赢模式的探究 [J]. Commercial Accounting，2010，17.

[43] 杨志琴. 地方白酒企业应如何发展 [J]. 酿酒科技，2000，2：100.

[44] PORTER M E. The Competitive Advantage of Nations [M]. New York: Free Press, 1990.

[45] 黄元斌，樊玉然. 基于产业集群的中国“白酒金三角”建设探讨 [J]. 江苏商论，2011，3：28.

附表 1

后向联系
前向联系
社会议题
环境议题
利益相关者
当地居民的责任、雇员关系、原材料安全卫生管理
童工、雇员关系、安全生产、商业伙伴责任
责任管理与沟通、投资者责任、员工责任、社区责任、安全生产、守法合规、产品责任
商业伙伴责任、第三方认证、国外规定
酒后驾驶、产品广告和信息披露合规、理性饮酒宣传与健康方式生活倡导
供应商转包商
公平交易
公平交易
原材料生产、加工
直接供应商
生产企业
分销渠道
零售/社会议题
生产资源可持续性：农药、水、化肥、有机生产
遵守环境规则、本地化采购
资源的有效性、可持续性、循环利用、减排降污、安全生产、碳足迹、周围环境管
食品链的有效性、国外环境管理
过渡包装、包装回收利用、碳足迹消除等
NGO 组织、消费者、当地居民、生产者
NGO组织、竞争者、政府
所有者、投资者、员工、社区、政府、NGO组织、消费者
第三方机构、海外管理机构、渠道商
政府、文化、行业协会、NGO组织、消费者

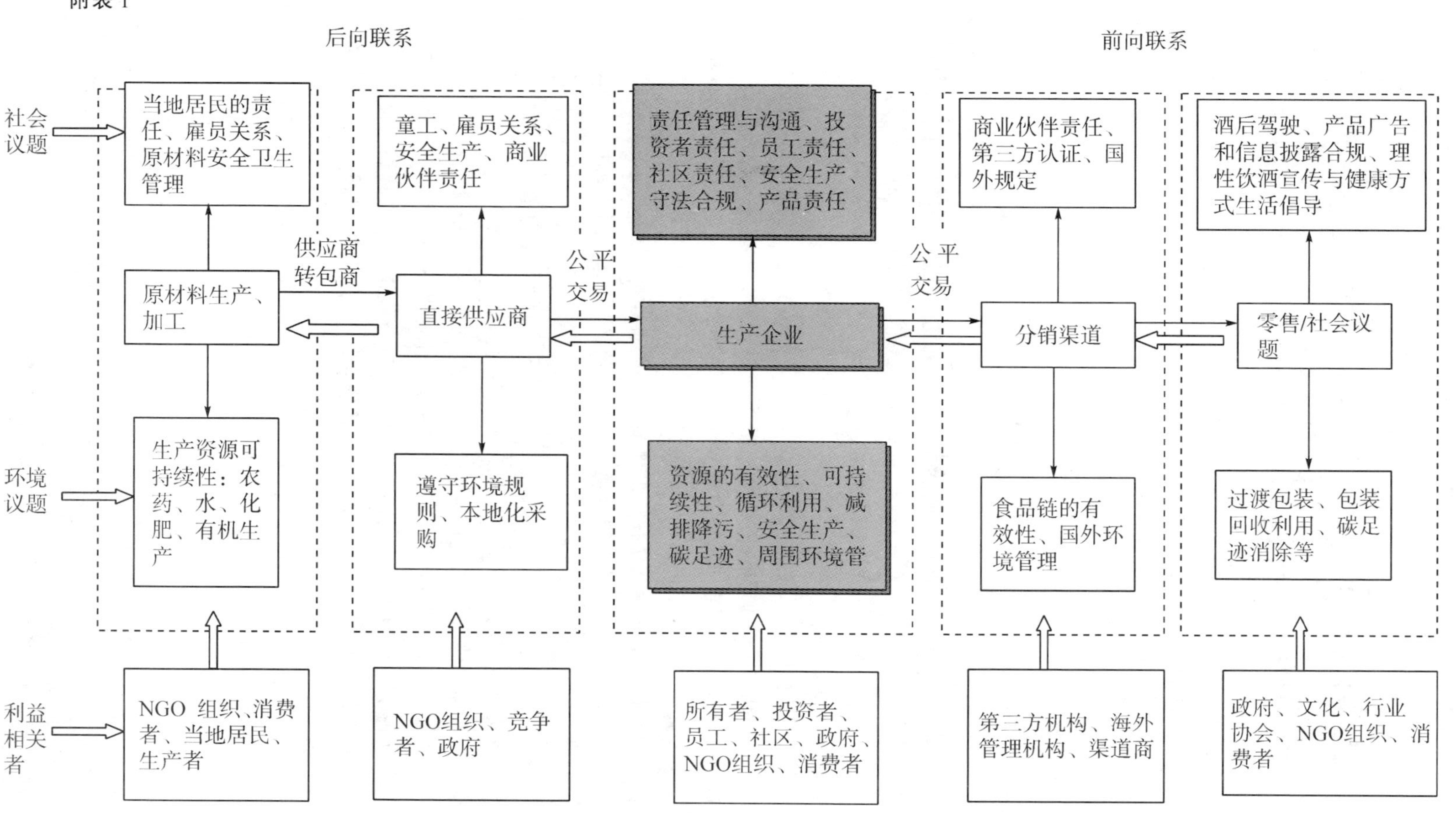

我国白酒上市公司生产效率研究[①]

——基于2008—2011年白酒上市公司面板数据

凌泽华[②]

1 研究背景

白酒产业是我国的传统产业，经过几千年酒文化的发展，白酒已成为我国独具特色的优势产业。随着我国经济水平的发展、居民生活水平的提高，白酒产业在我国得到了较快的发展。据不完全统计我国现有白酒企业3万多家，骨干企业5 400家，有20多万个白酒品种。据中国酿酒协会统计表明，中国白酒产量为2008年430万吨左右，2009年420万吨。2009年实现利润100.2亿元，同比增长25.39%；上缴税金139.7亿元，同比增长18.4%。据此可知白酒行业为我国经济的快速发展起到了十分重要的作用。

白酒业在快速发展的同时，也面临较大的外部市场压力。一方面消费者对白酒的需求也在发生深刻变化；同时也面临着与葡萄酒、啤酒、黄酒、果酒以及洋酒等酒类产品激烈竞争的局面。白酒行业本身也存在一些问题，如产业集中度不高、过度竞争、资本利用效率低等。白酒上市公司是众多白酒制造企业中的优秀代表，他们的经营管理状况为整个白酒行业的发展起标杆的效用。本文以我国白酒上市公司作为研究对象，总结和反思白酒上市公司的经营发展，分析和探讨其经营生产效率，对于整个中国白酒产业的今后全面健康的可持续发展具有重要的现实意义和长远的战略意义。

本文采用数据包络分析法（Data Envelopment Analysis，DEA）来探讨我国白酒上市公司在2008—2011年的生产（技术）效率（Productive Efficiency，or Technical Efficiency，本文简称TE），目的在于通过分析白酒上市企业的生产效率，总结其在发展中成功的经验和发现不足，使白酒上市企业向先进的同行标杆学习，从而提高我国白酒行业整体生产效率与经营效果。

本文的第二部分是对有关文献的综述；第三部分是生产效率以及相关模型的建立；第四部分是实证结果及分析；最后一部分是在实证分析的基础上提出的相关建议和结论。

---

① 基金项目：四川省哲学社会科学重点研究基地、四川省教育厅人文社科重点研究基地——四川理工学院川酒发展研究中心（CJYB10-10）研究成果。

② 凌泽华（1976—），男，重庆永川人，在读博士，讲师，主要从事人力资源管理方面的研究。

2 文献综述

DEA 是一种线性规划方法，最初由 Charnels、Cooper 和 Rhodes（1978）基于 Farrell（1957）关于生产效率的观点提出，用于评估公共部门和非营利部门的效率。随后该方法被广泛运用于银行及其分支机构效率测定，进而发展到包括制造业、服务业等各类盈利性企业的效率测定。

目前国内研究白酒企业的文献的研究主题主要有产业政策、营销战略以及技术创新等方面，而在白酒企业的生产效率的实证研究很少。张若钦运用 Malmquist 指数分析方法对我国白酒类上市公司 2003—2007 年经营绩效的变动情况进行了综合评价，测算并对比了 12 家上市公司五年间全要素生产力（TFP）水平的变动情况，并对技术、纯技术效率以及规模效率的变动指标进行了对比分析，针对白酒行业各公司存在的问题，提出一些政策建议。

其他与白酒企业同属制造行业的生产效率的文献主要有：徐二明、高怀建立了一个企业竞争力的内在决定因素及其作用机制的理论分析框架。在此基础上，利用数据包络分析方法和 Malmquist 指数，针对我国大中型钢铁企业，根据企业价值创造的效率和有效性分析评价了我国大中型钢铁企业竞争力及其动态演变趋势。白雪洁、戴小辉利用数据包络分析法（DEA）对中国 12 家主要的轿车生产企业 2001—2004 年的生产经营效率进行总体分析与评价，并利用 Malmquist 生产力指数对这些企业的效率变动进行了分析。研究结果表明，中国主要轿车企业的生产经营效率总体上呈现逐年提高之势；动态效率分析的结果表明中国轿车业总体上还处在依靠规模扩张的量的增长阶段，行业技术进步对效率提升的作用微弱。徐文学从科技创新的视角、应用数据包络分析（Data Envelopment Analysis，DEA）方法对我国家电行业的企业效率进行研究，试图通过分析找出家电企业在自主创新和引进、消化、吸收基础上的再创新等方面存在的问题，并提出相应的建议。樊宏运用 33 家上市公司面板数据和 DEA 方法的改进模型，从投入产出结合角度对我国 2000—2004 年间钢铁、汽车、房地产三大行业的运行效率进行实证研究，定量分析 5 年间三大行业运行效率的变化趋势，并进行比较研究，得出与事实相吻合的七个结论。韩晶基于 DEA-TOBIT 两步法对 2002—2005 年中国 28 家钢铁业上市公司进行的实证研究。严兵运用随机前沿生产函数和 1999—2006 年产业面板数据，研究了制造业内外资企业全要素生产率和技术效率的动态变化特征。实证结果表明，内外资企业全要素生产率均不断提高，由于内资企业增速更快，二者之间的差距开始缩小。

3 研究方法与相关模型

3.1 数据包络分析法 DEA

DEA 是一种无参数法，是用来衡量具有多项投入与多项产出的决策单元（Decision Making Unit，简称 DMU）的相对效率的一种方法。其以线性规划的方法评估一组同质的决策单位，并求出各个 DMU 的相对效率值，将生产效率相对最优的 DMU 的观测值以前缘的方法进行包络，这在经济学上的意义是指所有可能最佳投入产出组合点所组成的边界，据此形成一条包络线，即所谓的效率前缘。这时，所有有效率的受评估单位组成效率前缘，无效率的决策单位落在该前缘之内，并可以通过观测其与效率前缘的距离判断它的改进方向与程度。DEA 方法的优势在于以下几点：首先它是一种可以用于评价多投入、多产出的决策单位的生产效率的方法。由于 DEA 不需要指定投入产出的生产函数形态，因此它可以评价具有较复杂生产关系的决策单位的效率；其次，它具有单位不变性的特点，DEA 衡量的 DMU 的效率不受投入产出数据所选择单位的影响；再次，DEA 模型中投入、产出变量的权重由数学规划根据数据产生，不需要事前设定投入与产出的权重，不受人为主观因素的影响；最后，DEA 可以进行差异分析、敏感度分析和效率分析，可以进一步了解决策单位资源使用的情况，供管理者进行经营决策参考。

DEA 模型分为投入导向和产出导向两种形式，投入导向的模型是在给定产出水平下使投入最少，产出导向则是给定一定量的投入要素，追求产出值最大。在 DEA 方法演进过程中最经典的是规模报酬不变条件（CRS）下的 CCR 模型，其次是规模报酬变化（VRS）下的 BCC 模型，在其后的发展过程中也针对不同条件出现了大量的新的模型形式。在本文研究中主要用到了下面的 CCR 模型和 BCC 模型。

3.1.1 CCR 模型

首先我们假定有 n 个决策单元（DMU），每个决策单元有 m 种投入与 s 种产出。x_{ij} 表示第 j 个决策单元的第 i 种投入；y_{rj} 表示第 j 个决策单元的第 r 种产出。它们分别记为：$X_j=(x_{1j},\dots,x_{mj})^T$；$Y_j=(y_{1j},\dots,y_{sj})^T$。模型 1 为计算第 j 个决策单元的生产效率 TE 的 DEA 模型。

$$
\begin{aligned}
&Min(\theta-\varepsilon(E_1^TS^-+E_2^TS^+))=TE\\
&St.\ \sum_{j=1}^{n}\lambda_jX_j+S^-=\theta X_{j0}\\
&\sum_{j=1}^{n}\lambda_jY_j-S^+=Y_{j0}\\
&\lambda_j\geq 0,\ j=1,\ \cdots,\ n\\
&S^-\geq 0,\ S^+\geq 0
\end{aligned}
\tag{1}
$$

其中的 λ_j 为第 j 决策单元的权重，E_1^T 和 E_2^T 为单位向量，S^- 和 S^+ 为松弛变量，ε 为非阿基米德无穷小量。若模型 1 的最优解存在：λ_j^*，S^{-*}，S^{+*}，θ^*，则有以下的判别：①若 $\theta^*=1$，且 $S^{-*}=S^{+*}=0$，则 DMU_{j0} 为生产有效率，否则为生产无效率；②若 $\sum_{j=1}^{n}\lambda_j^*=1$，则该决策单元为规模报酬不变（$CRS$）；$\sum_{j=1}^{n}\lambda_j^*<1$，则为规模报酬递增；$\sum_{j=1}^{n}\lambda_j^*>1$，则为规模报酬递减。

3.1.2 BCC 模型

CCR 模式是假设在固定规模报酬下来衡量整体效率，但由于并不是每一个 DMU 的生产过程都是处在固定规模报酬之下，有鉴于此，Banker，Charnels 和 Cooper（1984）去除了 CCR 模型中规模报酬不变的假设，而以规模报酬变动取代，发展成 BCC 模型。BCC 模型能将纯技术效率和规模效率区分开来，可以衡量受评估单位在既定的生产技术情况下，是否处于最适生产规模状态。具体来讲就是在模型 1 的基础上加上如下的约束条件称为模型 2：

$$\begin{cases} 模型 1 \\ s.t. \sum_{j=1}^{n} \lambda_j = 1 \end{cases} \tag{2}$$

由模型 2 可以解得决策单元的纯技术效率 PTE。最后用 CCR 模型下计算的技术效率 TE 值除以 BCC 模型下计算的纯技术效率值 PTE 就得到各决策单位的规模效率值 SE：$TE = PTE \times SE$。

3.1.3 DEA 模型的投影分析

若第 j_0 决策单元的实际投入产出为 $(X_0, Y_0)^T$，λ_j^*，S^{-*}，S^{+*}，θ^* 为模型 1 或模型 2 的解，则第 j_0 决策单元对应的 $(X_0, Y_0)^T$ 在生产前沿的投影为：

$$X_0^* = \theta^* \times X_0 - S^{-*}, \quad Y_0^* = Y_0 + S^{+*} \tag{3}$$

决策单元 j_0 在 DEA 相对有效面的投影，实际可以为改进非有效决策单元 j_0 额提供了一个可行的方案，同时也指出了非有效的原因。显然。若原来的 $(X_0, Y_0)^T$ 非有效，则可以通过在不减少输出 Y_0 的情况下，使得原来的投入 X_0 减少（$X_0 - X_0^*$）；或则在不增加输入 X_0 的前提下，使得输出增加 S^{+*}。

3.2 Malmquist 生产力指数模型

本文使用 Fare，Grosskopf，Lindgren 和 Ross（1992）定义的 Malmquist 生产力指数（Malmquist Productivity Index，简称 MPI），也就是 Caves，Christensen 和 Diewert（1982）所提出的第 s 期及第 t 期的以产出为导向（output orientated，下标为 O）的（如果是以投入为导向的（input orientated），下标为 I）、规模报酬不变（C）、投入要素强可处置（S）条件下的 Malmquist 生产力指数的几何平均数（$M_O(X^t, Y^t, X^s, Y^s)$）表示如下：

$$M_O(X^t, Y^t, X^s, Y^s) = \left[\frac{D_O^t(X^t, Y^t)}{D_o^s(X^s, Y^s)} \times \frac{D_O^s(X^t, Y^t)}{D_o^s(X^s, Y^s)}\right]^{0.5} \tag{4}$$

该 Malmquist 生产力指数涉及两个单期的产出距离函数 $D_O^s(X^s, Y^s)$ 和 $D_O^t(X^t, Y^t)$，同时也涉及两个跨期产出距离函数 $D_O^t(X^s, Y^s)$ 和 $D_O^s(X^t, Y^t)$。如果 $M_O(X^t, Y^t, X^s, Y^s) > 1$，表示受评估的 DMU 生产力有改善；否则相反。而 Malmquist 生产力指数可以分解为技术效率变动（Efficiency change，简称 Effch）及技术变动（Technology change，简称 Techch）的乘积，故（4）式可以改写为：

$$M_O(X^t, Y^t, X^s, Y^s) = \frac{D_O^t(X^t, Y^t)}{D_O^s(X^s, Y^s)} \times \left[\frac{D_O^s(X^t, Y^t)}{D_O^t(X^s, Y^s)} \times \frac{D_O^s(X^S, Y^s)}{D_O^t(X^s, Y^s)}\right]^{0.5} \tag{5}$$

其中：$\text{Effch} = \dfrac{D_O^t(X^t, Y^t)}{D_O^s(X^s, Y^s)}$ 代表的效率变动，表示管理方法的优劣与管理阶层决策的正确与否对效率的影响，如果 Effch > 1，表示正确的管理方法与决策使得效率改善；反之如果 Effch < 1，表示错误或不当的管理方法与决策使得效率恶化。$Techch = \left[\dfrac{D_O^s(X^t, Y^t)}{D_O^t(X^t, Y^t)} \times \dfrac{D_O^s(X^s, Y^s)}{D_O^t(X^s, Y^s)}\right]^{0.5}$ 表示技术进步与否，如果 Techch > 1，代表技术进步，Techch <1 代表技术退步。

3.3 样本和指标的选择

目前在中国证券市场上公开上市的白酒企业共有13家，但是由于ST皇台2008—2011年4年期间营业利润、净利润皆为亏损，考虑到在DEA模型的运用中要求指标皆为正数的要求从而判定ST皇台为异常公司，在本次研究中予以剔除。故而样本选择为12家沪深两市的白酒上市公司，跨期为2008—2011年，数据源于各自公司公开的年报。

按照本次研究DEA模型的要求，所选指标必须能够客观反映投入的变化对于产出的影响，能够反映本次评价的目的和内容。所以选择投入指标上，选取三个最基本的投入要素：年末总资产（*X*1），即企业年末资产的价值总和，包括固定资产和流动资产；劳动人数（*X*2），即每年年末的在册职工人数；主营业务成本（*X*3），一定程度上决定企业利润的大小。产出指标上包括：净利润（*Y*1），反映企业的总体盈利状况；主营业务收入（*Y*2），与主营业务成本相对应。

4 实证结果与分析

本部分是应用DEAP2.1软件对所选定的12家白酒上市公司的生产效率进行分析。这部分包含两个内容：采用DEA的CCR模型和BCC模型对白酒上市公司2008—2011年这四年平均生产效率的横向比较分析；以及采用Malmquist指数模型对白酒上市公司2008—2011年这四年的Malmquist全要素生产指数纵向比较分析。

4.1 白酒上市公司2008—2011年这四年平均生产效率的横向比较分析

鉴于DEA数据包络分析方法本身限定在样本组内的相对效率比较，不能进行不同样本组之间的相对效率的直接比较，所以我们采用的是2008—2011年这四年的投入产出的平均数构成的截面数据样本，以此来考察最近四年来的白酒上市企业的生产效率。

4.1.1 生产效率分析及投影分析

应用模型1，表1提供了12家白酒上市公司在2008—2011年四年的平均生产效率（TE）与相应的学习标杆（公司前面的数字为公司代号）。

表1　　白酒上市公司平均生产效率与参考集合

公司名称	TE	参考集合	公司名称	TE	参考集合
1 古井贡	0.972	7	7 山西汾酒	1.000	7
2 贵州茅台	1.000	2	8 水井坊	0.892	2　7　6
3 金种子酒	0.863	7　6	9 沱牌曲酒	0.396	2　7
4 酒鬼酒	0.630	2　6　7	10 五粮液	0.731	7　2　6
5 老白干酒	0.913	7	11 洋河股份	0.940	7　6
6 泸州老窖	1.000	6	12 伊力特	0.708	6　7
平均PE	0.837				

由表1可知12家白酒上市公司的平均生产效率为0.837，反映了我国白酒上市企业整体生产效率水平处于较高水平。12家白酒上市企业中，低于平均生产效率的企业共有3家，分别是酒鬼酒、沱牌曲酒和五粮液，它们的生产效率分别是0.630、0.396和0.731。12家白酒上市企业中生产有效率的企业一共3家，分别是贵州茅台、泸州老窖和山西汾酒。说明这三家企业在2008—2011年四年间的生产效率达到了相对最优。其余的9家企业的平均生产效率未能达到相对最优，说明它们在公司资源利用、管理等方面存在一定问题，具有提升效率的空间。

下面以五粮液白酒企业个体为例，其相对生产效率值为0.731，低于平均生产效率值0.837。在2008—2011年四年间，其平均资产总额投入为24 981 213 142.09元，与贵州茅台的平均资产总额投入24 003 064 975.04元相当；其平均员工投入为23 628.00人，为贵州茅台平均员工投入（9 757.50人）的2.42倍；其平均主营业务成本为4 712 330 804.41元，为贵州茅台的平均主营业务成本（1 088 532 364.71元）的4.33倍。但是五粮液的平均净利润为4 063 200 593.66元，仅为贵州茅台平均净利润（5 785 933 397.93元）的70%；而五粮液的平均主营业务收入为13 624 341 831.52元也只是贵州茅台的平均主营业务收入（11 986 443 501.31元）的1.14倍。综合来看，五粮液若要提高相对生产效率则应该以减员增效、降低主营业务成本、提高主营业务收入等作为其经营管理的重点。

从模型1的投影分析，我们以生产效率最低的沱牌为例进行分析。沱牌曲酒的实际平均投入产出向量$(X1, X2, X3, Y1, Y2)^T$=（3 014 383 830.34，3 431.5，413 092 247.66，91 727 705.44，854 189 923.14）^{T}。由表1可知，沱牌曲酒的参考集合即学习标杆为贵州茅台和山西汾酒，由计算可知，其在包络前沿面的投影为$(X1*, X2*, X3*, Y1*, Y2*)^T$=（1 193 367.296，1 276.320，163 539 484.847，250 378 193.067，854 189 923.14）^{T}。即为沱牌曲酒若要达到生产有效率，需要以贵州茅台和山西汾酒为标杆，总资产投入由3 014 383 830.34元减少至1 193 367.296元，员工人数由3 431.5人减少至1 276.320人，主营业务成本由413 092 247.66元减少至163 539 484.847元；而产出方面在主营业务收入不变的情况下，净利润由91 727 705.44元增加至250 378 193.067元。

4.1.2 纯技术效率、规模效率分析

从模型1的实证结果看出，造成白酒上市企业生产低效率的原因来自于资源的未能有效利用，但生产的低效率有可能来自于生产规模的低效率等原因。下面应用模型2对12家样本公司的纯技术效率和规模效率进行分析，以进一步找出其生产效率低下的原因。表2给出了12家白酒企业在2008—2011年间的平均生产效率TE、纯生产效率PTE和规模效率SE，以及规模报酬情况。

表2　　白酒上市企业的TE、PTE和SE

企业	TE	PTE	SE	规模报酬	企业	TE	PTE	SE	规模报酬
1古井贡	0.972	0.995	0.977	irs	7山西汾酒	1.000	1.000	1.000	
2贵州茅台	1.000	1.000	1.000		8水井坊	0.892	1.000	0.892	irs
3金种子酒	0.863	1.000	0.863	irs	9沱牌曲酒	0.396	0.548	0.722	irs
4酒鬼酒	0.630	1.000	0.630	irs	10五粮液	0.731	1.000	0.731	drs
5老白干酒	0.913	1.000	0.913	irs	11洋河股份	0.940	1.000	0.940	drs
6泸州老窖	1.000	1.000	1.000		12伊力特	0.708	0.953	0.744	irs
平均值	TE0：837，PTE：0.958，SE：0.868。irs：规模报酬递增，drs：规模报酬递减。								

由表 2 从整体来看 12 家白酒上市企业的纯技术效率的平均值与规模效率的平均值分别为 0.958 和 0.868。一共三家企业是生产有效率的，分别是贵州茅台、泸州老窖和山西汾酒。在余下的 9 家生产无效率的企业中，其生产无效率来自于纯技术有效率但规模无效率的有 6 家：金种子酒、酒鬼酒、老白干酒、水井坊、五粮液和洋河股份。这表明，这 6 家白酒上市企业在不考虑规模因素影响的情况下其生产有效率，但由于其经营规模不合理，导致了企业整体生产效率的低下。因此，对于这 6 家企业而言，内部经营改善的重点是提高企业经营的规模效率而非纯技术效率。

具体的，对规模无效率的 6 家白酒企业在提高规模效率的方式上还有所区别。因为在这 6 家白酒上市企业中，除了五粮液和洋河股份两家企业规模报酬递减外，其余家几家白酒企业皆是规模报酬递增。因此，对于规模报酬递减的五粮液和洋河股份两家企业而言，尽管它们纯技术有效率，具有专业技术优势，但过大的规模和业务的复杂化加大了经营协调上的困难与成本，可能反而降低了企业的规模效率。所以可以通过合理缩小经营规模、加强现有资源整合等方式实现规模效率，进而提高整体上的生产效率。对于其余 4 家规模报酬递增的白酒企业（金种子酒、酒鬼酒、老白干酒和水井坊）而言，可通过适当扩大经营规模来实现规模效率，进而提高企业整体上的生产效率。这包括采取合理使用劳动力与资产的投入，进行专业化经营，规模的适度扩张，加强市场开拓能力等多种方式。

对于其余的 3 家生产无效率白酒上市企业（古井贡、沱牌曲酒和伊力特），其生产无效率则同时来源于纯技术无效率与规模无效率，且均处于规模报酬递增阶段。则一方面需要通过管理创新、技术创新、业务创新等创新手段大幅度提高公司自身的经营能力即纯技术效率；另一方面需要适度扩大经营规模，合理地使用劳动力与资产的投入以实现规模有效率。

4.2 白酒上市公司 2008—2011 年这四年 Malmquist 全要素生产力的纵向比较

下面，我们分析从 2008—2011 年白酒上市的企业的全要素生产力，以便深入地探讨白酒上市企业生产效率的动态变化。表 3 提供了 2008—2011 年年度的全要素生产力（Total factor productivity change，简称 tfpch）。表 4 提供了 12 家白酒上市企业 2008—2011 年的平均全要素生产力指数表。按照前面的模型分析有：tfpch = effch×techch，techch = pech ×sech。

Tfpch 为全要素生产力指数，effch 为生产效率变化指数，techch 为技术变化指数，pech 为纯技术效率变化指数，sech 为规模效率变化指数。

4.2.1 白酒上市企业整体的全要素生产力指数年度分析

表 3　　12 家白酒上市企业整体 2008—2011 年度全要素生产力指数表

年度	effch	techch	pech	sech	tfpch
2008—2009	1.092	0.927	1.014	1.077	1.012
2009—2010	1.021	1.054	0.988	1.033	1.076
2010—2011	1.011	1.050	1.040	0.972	1.062
平均	1.041	1.009	1.014	1.026	1.050

如表 3 所示，在 2008—2009 年度白酒上市企业整体的全要素生产力指数为 1.012，表明在该年度其生产率水平整体增加 1.2%；生产效率变化指数为 1.092，表明在该年度相对生产效率水平上升 9.2%；技术变化指数仅为 0.927，表明该年度内技术水平在下降，下降幅度为 7.3%。从生产效率变化指数的分解来看，相对生产效率水平的上升来源于纯技术水平和规模效率水平的双双上升，分别上升了 1.4%和 7.7%，也就是说生产效率水平的上升主要源于规模效率的上升。

2009—2010 年度全要素生产力指数为 1.076，表明在该年度其生产率水平整体上升 7.6%；生产效率变化指数为 1.021，表明在该年度相对生产效率水平上升 2.1%；技术变化指数为 1.054，表明该年度内技术水平上升 5.4%。从生产效率变化指数的分解来看，其相对生产效率水平上升 2.1%主要源于规模效率水平上升 3.3%。由于纯技术效率水平下降了 1.2%，一定程度上导致生产效率水平的进一步上升。

2010—2011 年全要素生产力指数为 1.062，则为在该年度其生产力水平整体上升 7.6%；生产效率变化指数为 1.011，表明在该年度相对生产效率水平仅仅上升 1.1%；技术变化指数为 1.050，表明该年度内技术水平上升 5.0%。从生产效率变化指数的分解来看，相对生产效率水平仅仅上升 1.1%，源于一方面纯技术效率水平上升了 4.0%，另一方面规模效率却下降了 2.8%。

2008—2001 年四年平均全要素生产力指数为 1.05，表明白酒企业整体生产力水平年均增加 5%，累积增加了 15.0%。虽然各年度增长幅度不一，但全要素生产力指数表明在 2008—2011 年四年间白酒上市企业整体上的生产率呈现上升趋势。平均来说这种上升源于生产效率和技术水平的双双上升；而生产效率水平的上升又源于纯技术效率和规模效率的增加。

4.2.2 各企业的全要素生产率指数分析

表 4　　2008—2011 年白酒上市企业全要素生产力指数表

企业	effch	techch	pech	sech	tfpch
1 古井贡	1.060	0.961	1.034	1.026	1.019
2 贵州茅台	1.000	1.070	1.000	1.000	1.070
3 金种子酒	1.059	0.945	1.000	1.059	1.000
4 酒鬼酒	1.100	1.015	1.000	1.100	1.117
5 老白干酒	1.232	0.970	1.048	1.176	1.195
6 泸州老窖	1.000	1.179	1.000	1.000	1.179
7 山西汾酒	1.000	1.009	1.000	1.000	1.009
8 水井坊	0.988	1.027	1.000	0.988	1.015
9 沱牌曲酒	1.034	1.016	1.089	0.949	1.050
10 五粮液	1.028	1.004	1.000	1.028	1.032
11 洋河股份	0.979	0.928	1.000	0.979	0.909
12 伊力特	1.029	1.003	1.001	1.029	1.032
平均	1.041	1.009	1.014	1.026	1.050

首先进行全要素生产率指数分析。由表 4 可知 12 家白酒上市企业中，全要素生产率指数增长的有 10 家；持平的有一家，即金种子酒；下降的一家为洋河股份。平均全要素

生产率指数为 1.050，表明年均增长率为 5%。在增长的 10 家中，超过平均增长率的为 4 家，分别是贵州茅台（7%）、酒鬼酒（11.7%）、老白干酒（19.5）和泸州老窖（17.9%）。总体而言呈现出以白酒上市企业为代表的中国白酒行业的全要素生产率增长的态势，反映了白酒行业的可持续发展能力的增强。

白酒行业的全要素生产率增长源于技术变化指数和生产效率变化指数的同时增长。从技术变化指数来看，共有 8 家企业呈现增长，4 家企业出现下降（古井贡、金种子酒、老白干酒和洋河股份），平均而言增长率为 0.9%。从生产效率变化指数看，共有 7 家增长，3 家持平（贵州茅台、泸州老窖和山西汾酒），2 家下降（水井坊、洋河股份），平均而言增长率为 4.1%。

其次进行生产效率变化指数的分析。由公式 techch = pech×sech 可知生产效率变化指数的大小同时又受到纯技术效率变化指数大小和规模效率变化指数大小的影响。12 家白酒上市企业中纯技术效率变化指数增长的有 4 家，分别是古井贡、老白干酒、沱牌曲酒和伊力特，其余 8 家企业的纯技术效率变化指数为 1.0，表明这 8 家企业的技术效率水平持平，没有进步。而在 12 家白酒企业中 6 家企业的规模效率指数增长，3 家保持不变（贵州茅台、金种子酒和山西汾酒），3 家下降（水井坊、沱牌曲酒和洋河股份）。

5 结论

本文应用数据包络分析的方法，对 2008—2011 年我国白酒上市企业的生产效率分别进行了横向和纵向的比较分析。

研究表明，12 家白酒上市企业的平均生产效率为 0.837，反映了我国白酒上市企业的整体生产率水平较高。其中贵州茅台、泸州老窖和山西汾酒三家企业处于相对生产有效。其余 9 家企业中，古井贡、沱牌曲酒和伊力特 3 家企业生产无效率，且这 3 家企业的生产无效源于纯技术无效率与规模无效率，且均处于规模报酬递增阶段，所以对此需要从纯技术效率和扩大规模增加规模效率两个方面着手；金种子酒、酒鬼酒、老白干酒、水井坊、五粮液和洋河股份这 6 家白酒上市企业在不考虑规模因素影响的情况下其生产有效率，内部经营改善的重点是提高企业经营的规模效率。对于规模报酬递减的五粮液和洋河股份两家企业而言，可以通过合理缩小经营规模、加强现有资源整合等方式实现规模效率，进而提高整体上的生产效率。对于其余 4 家规模报酬递增的白酒企业（金种子酒、酒鬼酒、老白干酒和水井坊）而言，可通过适当扩大经营规模来实现规模效率，进而提高企业整体上的生产效率。

从纵向的 Malmquist 生产力指数比较分析来看，在 2008—2011 四年期间，12 家白酒上市企业整体上生产率水平呈上升态势，年均增产率为 5.0%，白酒行业的全要素生产率增长源于技术变化指数和生产效率变化指数的同时增长。

参考文献

[2] A CHARNELS, W W COOPER, E RHODES. Measuring Efficiency of Decision Making Units European [J]. Journal of Operations Research, 1978 (2).

[3] FARRELL M J. The Measurement of Productive Efficiency [J]. Journal of the Royal

Statistical Society, 1957 (120).

[4] 张若钦. 白酒类上市公司综合效率分析 [J]. 经济研究导刊, 2008 (11).

[5] 张若钦. 基于 Malmquist 指数的白酒类上市公司效率分析 [J]. 时代经贸 (下旬刊), 2008 (8).

[6] 徐二明, 高怀. 中国钢铁企业竞争力评价及动态演变规律分析 [J]. 中国工业经济, 2004 (12).

[7] 白雪洁, 戴小辉. 基于 DEA 模型的中国主要轿车企业生产效率分析 [J]. 财经研究, 2006 (10).

[8] 徐文学. 基于科技创新视角的我国家电上市公司企业效率分析 [J]. 科学管理研究, 2009 (6).

[9] 樊宏. 中国钢铁、汽车、房地产行业运行效率研究 [J]. 数量经济技术经济研究, 2007 (2).

[10] 韩晶. 中国钢铁业上市公司的生产力和生产效率 [J]. 北京师范大学学报: 社会科学版, 2008 (1).

[11] 严兵. 效率增进、技术进步与全要素生产率增长 [J]. 数量经济技术经济研究, 2008 (11).

[12] BANKER R D, A CHARNELS, W W COOPER. Some Models Forestimating Technical and Scale Inefficiencies in Data Envelopment Analysis [J]. Management Science, 1984, 30: 1078-1092.

[13] FARE R, GROSSKOPF S, LOVELL C A K. Productivity Change in Swedish Pharmacies 1980) 1989: A Nonparametric Malmquist Approacho [J]. Journal of Productivity Analysis, 1989 (3): 85.

[14] CAVES D W, L R CHRISTENSEN, W E DIEWERT. The economic theory of index numbers and the measurement o f input, o ut put, and productivity [J]. Econometrica, 1982, 50: 1393-1414..

[15] BARRO R J, X SALA - I - MARTIN. Convergence [J]. Journal of Political Economy, 1992 (01): 223-251.

四川省白酒制造企业科技创新环境研究[①]

杨晓宇[②]

摘要：本报告在文献调研和实地调研基础上，阐述了科技创新环境内涵，在比较分析的基础上，界定了科技创新环境、科技创新能力和科技创新绩效的相互关系，构建四川白酒制造企业科技创新环境的评价指标体系；在分析四川白酒制造企业创新环境现状的基础上，提出完善四川白酒制造企业科技创新环境的对策。

关键词：白酒制造企业；科技创新环境；评价指标；完善对策

1　前言

自2007年以来，四川省白酒产业连续四年保持年均36.5%以上的速度增长，主营业务收入、利税、利润三项主要经济指标实现了翻倍增长。截至2012年年末，四川省规模以上白酒企业达273户，完成产量295.2万升（折合为65度，商品量），比上年增长14.8%，占全国白酒产量的25.6%；实现主营业务收入1 671.54亿元，利润292.63亿元，利税467.61亿元，分别比2011年增长23.72%，45.36%和36%。白酒产业已成为四川省的支柱产业，对当地的政治、经济、文化、社会生活等产生了极其重要的影响。在长期持续、高速的发展过程中，受产业规模过剩、产品结构不合理，以及企业科技创新能力不强、创新效率不高的影响，特别是2012年下半年白酒“塑化剂”事件和2013年上半年的“三精勾兑”事件，以及国家连续控制“三公”消费支出，使由于收入持续增长拉动、投资规模扩大驱动而快速发展的四川白酒行业增速减缓。2013年，四川省规模以上白酒企业达到309家，完成产量和主营业务收入分别比2012年增长9.8%和5.51%。但是实现利税和利润总额近十年来首次出现负增长，分别比上年下降10.72%和15.7%，如表1所示。

四川省白酒企业未来发展过程中，除了要重视产能和产品结构调整、整合构建产业集群、转变发展理念和方式以外，还尤其要重视增强科技创新能力，提高科技创新效率，选择科技创新驱动的发展路径。四川省白酒产业要继续保持在中国白酒市场的优势地位，提升白酒企业科技创新能力是其必然的路径选择。受传统经营模式的影响，四川白酒制造企业的科技创新能力还有待提升，制约其科技创新的瓶颈因素依然存在。四川省白酒企业的科技创新能力的提升离不开科技创新环境的优化，系统性地研究四川省白酒产业科技创新环境，并提出完善对策不仅十分重要，而且相当迫切。

① 基金项目：四川省哲学社会科学重点研究基地、四川省教育厅人文社科重点研究基地——四川理工学院川酒发展研究中心（CJYB10-12）研究成果。

② 杨晓宇（1968—），男，四川自贡人，硕士研究生，副教授，主要从事企业管理与创新发展方面的研究。

表 1　　2007—2013 年四川省白酒制造业基本情况表

年份	规模以上企业		产量		销售收入		利润和利税	
	绝对数（户）	占比（%）	绝对数（万千升）	占比（%）	绝对数（亿元）	占比（%）	利润总额（亿元）	利税总额（亿元）
2007	184	16. 41	86	17. 41	460	36. 51	59. 10	110. 55
2008	218	18. 79	112	19. 68	590	36. 15	65. 29	124. 73
2009	253	17. 63	156	22. 07	798	37. 15	94. 46	167. 25
2010	257	15. 99	230	25. 81	1 057	37. 76	151. 86	261. 32
2011	257	21. 01	309	30. 12	1 479	39. 47	207. 43	319. 77
2012	273	21. 16	295	25. 59	1 671	37. 42	292. 63	467. 61
2013	309	21. 95	336	27. 41	1 791	35. 69	261. 26	394. 20

2　白酒企业科技创新环境概述

2. 1　科技创新环境的内涵

2. 1. 1　创新的概念

熊彼特在 20 世纪初提出了“创新”的概念及其创新理论，他认为：创新就是建立一种新的生产函数，即把一种从未有过的关于生产要素和生产条件的“新组合”引入生产体系。经济增长最重要的动力在于企业的创新能力，而创新活动的主体则是企业家，创新是企业家精神的精髓，企业家不同一般人的地方就在于企业家能够发现问题并进行创新。所以，企业创新是指企业家以先进的科学技术和管理方法为依托，对生产要素进行重新组合，建立新的生产经营体系，进而获得经济效益的过程。其后，波特提出了“创新链”的概念，尽管对其含义人们有不同的解读，但至少有三个环节是必不可少的，即思想的产生、技术发明和转化、市场化，而从这三个创新点出发则衍生为一个整体性的创新域。创新可以影响产业结构的发展和经济的发展，是企业运用自身的资源与能力来开发新的产品或服务的实践，被认为是企业提高竞争力的有力工具，是构成企业竞争优势和核心竞争力的重要内容，为企业可持续发展提供有力的支撑和坚实的基础。创新也成为企业在下一轮经济增长中获取制高点的关键，各国、各地和各企业都对此日益重视，对创新要素和资源争夺也愈发激烈。彼得·德鲁克更加深入地解释了创新的功能与概念：创新是创业企业家特有的工具，是一种赋予资源以新的创造财富能力的行为。创新就是创造了一种资源，任何使现有资源的财富创造潜力发生改变的行为，都可称为创新。

2. 1. 2　创新环境的概念

企业科技创新能力受三个方面因素的影响：创新科技人才、创新科技资源和创新科技环境。科技创新人才的获得、使用、开发，科技创新资源的有效配置和充分利用依赖于科技创新环境的状态，所以，科技创新环境在增强科技创新活力、推动科技进步中有着至关重要的作用，是决定企业科技创新能力的基础要素。在科技创新环境恶劣的条件下，即使企业拥有科技创新人才和资源，依然难以实现科技创新的价值。在公元一世纪的亚历山大时代，希罗（Hero）描述了河水带来的力量，但一直到一千七百年以后，希罗的构想才被瓦特发明的蒸汽机所实现；晶体管的基础理论产生于1931年，直到1947年才发明了晶体管，1955年被新力公司用于收音机成功进入市场。创新并非一个必然的过程，实现创新的“环境”比提供创新的“构想”还要重要。这也是工业革命发轫于英国伯明翰、高新技术革命孕育于美国硅谷的原因所在，正是良好的创新环境促使了工业革命时期伯明翰地区企业和知识经济时代美国硅谷企业的持续发展。

创新环境研究自20世纪90年代以来一直是国际学术界创新研究的重点领域之一。1985年，欧洲创新研究小组（GREMI）的学者们在研究欧洲高新产业区过程中率先提出了创新环境的概念，认为企业是环境的产物，创新环境是培育创新和创新性企业的场所。阿道普（Aydabt）将创新环境描述成导致创新的区域制度、规则和实践系统，该系统协调着区域的各种行为者组成的投入产出网络。与美国经济社会学家格兰诺维特（Granovetter）的根植性（Em-beddedness）思想相似，这些学者强调创新网络根植于特定的创新环境之中。梅拉特（Maillat）认为创新环境是指企业外部的技术、文化、技能、劳动力市场等非物质的社会文化因子。斯托普（Storper）等学者认为创新环境是指促使创新的区域性制度、规则和惯例的系统，它所强调的是生产者（企业）、研究者、政治家等之间与企业间为促进创新而形成的复杂的网络关系。盖文启认为区域创新环境应该包括两方面的含义：一是促进区域内企业等行为主体不断创新的区域环境（静态的环境）；二是为进一步促进区域内创新活动的发生和创新绩效的提高，区域环境随时进行的自我创新和改善的过程（动态的环境）。黄桥庆等将区域创新环境理解为在特定的区域内各种与创新相联系的主体要素（产生创新的机构或组织）、非主体要素（创新所需的物质条件）以及协调各要素之间关系的制度及其政策的总和。创新环境学派主要代表人物伽马格尼（Camagni）认为，合作关系或称地域网络构成了创新环境的核心组成部分。贾亚男把区域创新环境分为互相联系、彼此依赖的四个层次网络系统，即基础层次网络系统、文化层次网络系统、组织层次网络系统和信息层次网络系统。蔡秀玲认为区域创新环境主要由基础设施环境、社会文化环境、区域制度环境、区域学习环境四部分构成。基础设施环境是有利于主体进行创新的静态创新环境，社会文化环境、区域制度环境、区域学习环境能促进区域内创新活动发生和创新绩效提高，属于动态创新环境。黄桥庆等将创新环境的基本构成划分为四个方面的内容：①基础设施环境；②创新资源环境；③政策与制度环境；④社会文化环境。基础设施环境和创新资源环境属于区域创新的硬环境，而政策制度环境和社会文化环境则属于科技创新的软环境。

2.2 四川白酒制造企业创新环境评价指标体系

2.2.1 指标类别

综合相关学者的研究成果，并兼顾全面性和可行性，将四川白酒企业创新环境分为经济环境、基础设施环境、政策制度环境、创新资源环境、社会文化环境五大类，并分别通过十九个二级指标予以衡量，通过实证分析的方法分析各创新环境的现状，以及对四川省白酒制造企业科技创新绩效的影响。在评价过程中既进行纵向比较，又和全省制造业的平均水平比较。

表 2　　四川白酒制造企业科技创新环境评价指标体系表

<table>
<tr><th>目标层 A</th><th>准则层 B</th><th>指标层 C</th></tr>
<tr><td rowspan="19">A：白酒制造企业科技创新环境（X）</td><td rowspan="4">B1：经济环境</td><td>C11：国内生产总值</td></tr>
<tr><td>C12：公共预算收入</td></tr>
<tr><td>C13：市场集中度</td></tr>
<tr><td>C14：非公有制经济占比</td></tr>
<tr><td rowspan="4">B2：基础设施环境</td><td>C21：公路密度</td></tr>
<tr><td>C22：铁路密度</td></tr>
<tr><td>C23：每万户电话用户数</td></tr>
<tr><td>C24：每万人互联网用户数</td></tr>
<tr><td rowspan="4">B3：政策制度环境</td><td>C31：使用来自政府部门的科技活动资金额</td></tr>
<tr><td>C32：研究开发费用加计扣除减免税</td></tr>
<tr><td>C33：规模以上有研发机构的企业占总企业数的比重</td></tr>
<tr><td>C34：省级以上科技计划项目立项数占总立项数比重</td></tr>
<tr><td rowspan="3">B4：创新资源环境</td><td>C41：规模以上企业 R&D 人员平均数</td></tr>
<tr><td>C42：科技创新平台数量（省级以上重点实验室、企业技术中心、工程技术研究中心、技术创新联盟等）</td></tr>
<tr><td>C43：购买国内技术经费支出</td></tr>
<tr><td rowspan="4">B5：社会文化环境</td><td>C51：规模以上企业专利申请平均数</td></tr>
<tr><td>C52：规模以上企业发表科技论文平均数</td></tr>
<tr><td>C53：R&D 经费来源中企业资金比重</td></tr>
<tr><td>C54：规模以上企业新产品开发项目平均数</td></tr>
</table>

2.2.2　指标权重

运用层次分析法计算四川白酒制造企业科技创新环境评价体系的指标权重。

1. 构建成对判断矩阵

在建立好四川白酒制造企业科技创新环境评价的层次分析结构模型之后，有必要在各层次的元素中进行比较，构造出正反比较矩阵。在层次分析法中需要采用合理的手段对每一层次中各元素的相对重要性给出判断，这些判断又通过引入合适的标度用特定的数值表达出来，便可以写成判断矩阵的形式对于以上判断矩阵的一般情形，为了使得决策判断得以定量化、精准化，形成数值判断矩阵而便于相关运算，则需要根据一定的比率标准将上述判断定量化。这个比率标准可以采用层次分析法理论中的有关定义，见表 3。

结合四川白酒企业科技创新环境的实际情况，通过相关的专家咨询及查阅有关资料，依据表 3 的标准对各指标进行成对比较，分别构建出四川白酒制造企业科技创新环境评价体系各层次指标对应的判断矩阵，见表 4 至表 9。

表 3　判断矩阵的标度及其含义

标度	含义
1	表示两个要素相比，具有同样重要性
3	表示两个要素相比，一个要素比另一个要素稍微重要
5	表示两个要素相比，一个要素比另一个要素明显重要
7	表示两个要素相比，一个要素比另一个要素强烈重要
9	表示两个要素相比，一个要素比另一个要素极端重要
2 4 6 8	表示上述两个相邻判断的中值
倒数	要素 i 与 j 比较得到判断 Cij，则要素 j 与 i 比较的判断值为 Cji = 1/Cij

表 4　判断矩阵 X-B

X	B1	B2	B3	B4	B5	Wi
B1	1	3	1/3	1/2	1	0. 165 9
B2	1/3	1	1/2	1/3	1/3	0. 079 2
B3	3	2	1	1/3	1/2	0. 190 1
B4	2	3	3	1	2	0. 350 1
B5	1	3	2	1/2	1	0. 214 7

一致性比例：0. 090 0，对“创新环境”的权重：1. 000 0，λmax：5. 403 3。

表 5　判断矩阵 B1-C

B1	C11	C12	C13	C14	Wi
C11	1	1/2	1/3	1/5	0. 089 1
C12	2	1	1/3	1/4	0. 131 6
C13	3	3	1	1	0. 352 2
C14	5	4	1	1	0. 427 1

一致性比例：0. 024 8，对“创新环境”的权重：0. 165 9，λmax：4. 066 3。

表 6　判断矩阵 B2-C

B2	C21	C22	C23	C24	Wi
C21	1	1/3	5	3	0. 263 4
C22	3	1	6	5	0. 541 4
C23	1/5	1/6	1	1/4	0. 057 9
C24	1/3	1/5	4	1	0. 137 3

一致性比例：0. 083 7，对“创新环境”的权重：0. 079 2，λmax：4. 223 4。

表 7　判断矩阵 B3-C

B3	C31	C32	C33	C34	Wi
C31	1	4	5	2	0. 483 9
C32	1/4	1	3	1/3	0. 143 0
C33	1/5	1/3	1	1/4	0. 072 3
C34	1/2	3	4	1	0. 300 8

一致性比例：0. 043 7，对“创新环境”的权重：0. 190 1，λmax：4. 116 6。

表 8　　　　判断矩阵 B4-C

B4	C41	C42	C43	wi
C41	1	5	8	0. 723 4
C42	1/5	1	4	0. 206 2
C43	1/8	1/4	1	0. 070 4

一致性比例：0. 092 2，对“创新环境”的权重：0. 350 1，λmax：3. 095 9。

表 9　　　　判断矩阵 B5-C

B5	C51	C52	C53	C54	Wi
C51	1	5	7	6	0. 609 4
C52	1/5	1	4	5	0. 245 0
C53	1/7	1/4	1	1	0. 071 8
C54	1/6	1/5	1	1	0. 073 8

一致性比例：0. 079 0，对“创新环境”的权重：0. 214 7，λmax：4. 211 0。

2. 判断矩阵的一致性检验

由于多阶判断的复杂性，往往使得判断矩阵中某些数值具有前后矛盾的可能性，也就是说各判断矩阵并不能保证完全协调一致。当判断矩阵不能保证具有完全一致性时，相应判断矩阵的特征根也将发生变化，于是就可以用判断矩阵特征根的变化来检验判断的一致性程度。在层次分析法中，引入判断矩阵最大特征根以外的特征根的负平均值，就是一致性检验的指标，记为 CI=（λmax-n）/（n-1），当 λ1=λmax-n 时，有 CI=0，此时矩阵具有完全一致性。CI 的值越大判断矩阵的一致性越差。当阶数大于 2 时，判断矩阵的一致性指标 CI 与同阶平均随机一致性指标 RI 之比称为随机一致性比率，记为 CR。当 CR=CI/RI <0. 10 时，即认为判断矩阵具有满意的一致性。RI 的值见表 2-9。

表 10　　　　随机一致性指标取值表

阶数	1	2	3	4	5	6	7	8	9	10
RI	0. 00	0. 00	0. 58	0. 90	1. 12	1. 24	1. 32	1. 41	1. 45	1. 49

逐个验证判断矩阵是否具有满意的一致性分别见表 3 至表 9。

3. 层次总排序

进行了层次单排序之后的一步就是层次总排序。一次沿递阶层次结构由上而下进行计算，即可计算出最低层因素相对于最高层的相对重要性或相对优劣的排序值，这个过程就是层次总排序，见表 11 和图 1。

表 2-10　　　　四川白酒制造企业科技创新环境评价体系指标总排序

	B1	B2	B3	B4	B5	层次 P 总排序 W	顺序
	0. 165 9	0. 079 2	0. 190 1	0. 350 1	0. 214 7		
C11	0. 089 1					0. 014 8	16
C12	0. 131 6					0. 021 8	12
C13	0. 352 2					0. 058 4	6
C14	0. 427 1					0. 070 9	5

表2-10(续)

	B1	B2	B3	B4	B5	层次 P 总排序 W	顺序
	0.165 9	0.079 2	0.190 1	0.350 1	0.214 7		
C21		0.263 4				0.020 9	13
C22		0.541 4				0.042 9	9
C23		0.057 9				0.004 6	19
C24		0.137 3				0.010 9	18
C31			0.483 9			0.092 0	3
C32			0.143 0			0.027 2	10
C33			0.072 3			0.013 7	17
C34			0.300 8			0.057 2	7
C41				0.723 4		0.253 3	1
C42				0.206 2		0.072 2	4
C43				0.070 4		0.024 6	11
C51					0.609 4	0.130 8	2
C52					0.245 0	0.052 6	8
C53					0.071 8	0.015 4	15
C54					0.073 8	0.015 8	14

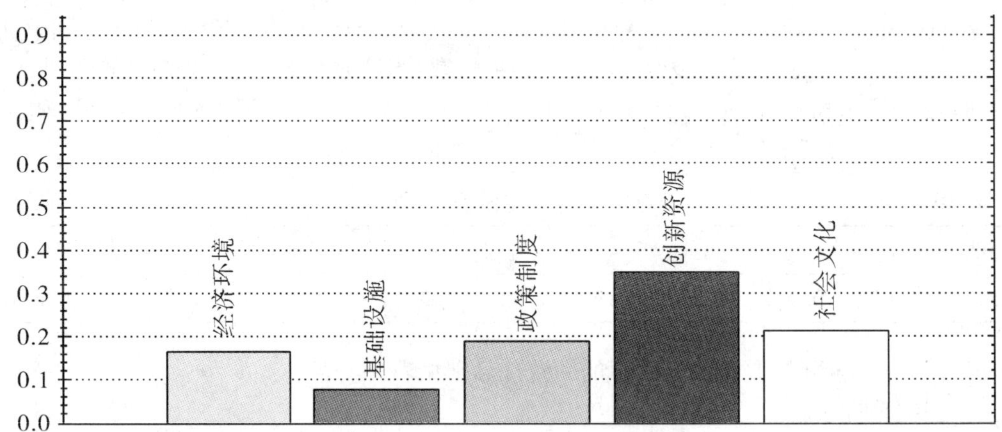

图1　四川白酒制造企业科技创新环境评价体系准则层排序图

3　四川省白酒制造企业科技创新环境分析

中国的酒有五千年以上的悠久历史。在漫长的发展过程中，形成了独特的风格。这就是以生长霉菌为主要微生物的酒曲为糖化发酵剂，复式发酵、半固态发酵为特征。这成为中国酿酒业的典型代表，是经过不断的创新而形成的。四川白酒制造企业经过持续创新，形成了独具特色的白酒配方和制作工艺，同时，也形成了特定的创新环境。

3.1 经济环境

经济环境包括白酒制造企业所属区域的经济实力和市场运行状况。经济实力反映了创新所需的资金和动力支持，衡量经济实力的指标有人均国内生产总值（GDP）、公共预算收入、企业销售利润率和失业率等，较强的经济实力会吸引更多高层次的科技人才，会有更多的资金用于基础设施的建设，塑造更加良好的物质和文化环境，从而会提高企业的科技创新水平。市场需求和市场竞争是企业科技创新的外部动力和压力，两者统一在市场环境中，企业只有在公平、统一、开放、竞争有序的市场环境中，其科技创新活动才具有较为公平的资源获取机会和开放的资源配置机制，才能提高科技创新资源的可获得性。

四川省白酒制造企业聚集区域的经济实力增长较快。以泸州市和宜宾市为例，2013年两市的经济总量和增速都位居全省前列，各项经济指标增速均高于全省平均水平。泸州市国内生产总值连续两年超过1 000亿元，2013年达到1 140.5亿元，比上年增长11.2%，在全省21个地市州中排名第8位，增速位列第3位，人均国内生产总值为26 835元，公共预算收入首次超过百亿元，达到109.6亿元；宜宾市国内生产总值连续三年超过1 000亿元，2013年达到1 342.89亿元，比上年增长8.1%，总量居全省第四位，经济总量增速比全省平均水平低1.9个百分点，人均国内生产总值为30 110元，地方公共预算收入101.6亿元，同比增长22.5%。2012年，泸州市和宜宾市规模以上白酒制造企业销售利税率分别为27.10%、29.76%，远高于四川省规模以上工业企业销售利税率13.15%的平均水平；泸州市和宜宾市城镇登记失业率分别为3.05%、3.62%，比四川省平均水平低1.05和0.48个百分点。

在市场结构方面，截至2013年，泸州市和宜宾市非公有制经济增加值占国内生产总值的比重分别为59.2%、56.8%，规模以上白酒制造企业分别达到132户和47户，除四川省宜宾五粮液集团有限公司、泸州老窖集团有限责任公司、四川郎酒集团有限责任公司三家企业外，其他企业的市场集中度较低，属于完全竞争市场，具有公平、统一、开放、竞争有序的市场特点，进入和退出几乎没有非市场因素的限制。

3.2 基础设施环境

白酒生产需要优良的气候、水土等地理条件，白酒中各种风味成分由发酵系统中丰富的微生物群落发酵生成，这些微生物来源于环境，是优质白酒生产的基础。我国最优良的成片酿酒区域在四川、贵州等省，其他优良的酿酒区域主要集中在安徽、河南、江苏、山东等省的部分区域。就四川而言，基本形成了川南和川北两大区域，其中川南区域以泸州市和宜宾市为核心区域，川北区域覆盖成都、德阳、邛崃和巴中等地。除成都以外，这些区域的共同特点是地理相对位置偏僻、交通和通信设施较落后、社会经济发展水平较低，但企业依据地域优势仍能进行低水平的生产经营，并得到发展。近十年来，随着国家西部大开发战略的实施和四川省基础设施建设进程加快，这些区域的交通、能源、通信设施有了根本性的改善。以泸州为例，随着成自泸赤高速公路、自乐高速公路、川黔高速公路、宜泸渝高速公路、泸州至合江快速通道建成完工，以及渝昆、内泸、乐自泸贵铁路和进港铁路、合江铁路支线的建设，通过航道、港口整治和机场搬迁，将形成空运、水运和陆路交通“三位一体”的川南交通枢纽。通过城市给水、排水、电力、电信、燃气、环卫等方面的改善，将为泸州彻底改善白酒制造企业科技创新的基础设置环境。在西部地区中，四川省的基础设施条件处于第1位，基础设施环境不断优化，为四川白酒制造企业的科技创新活动奠定了良好的基础。

3.3 政策制度环境

我国著名经济学者吴敬琏认为：制度高于技术。在此可以将美国与日本的发展进行对比，以探讨制度环境对企业创新以及发展的影响。20世纪80年代，日本政府、企业、文化界都陶醉在成为经济大国的成功情绪之中，美国经济正陷于困境。现在回过头看，这一时期正是各自的转折点。以半导体行业为例，另谋出路的因特尔（Intel）等经历了一番脱胎换骨后重现活力，而日本半导体企业开始陷入与新兴工业化国家（地区）的激烈竞争中，四小龙的综合成本比日本企业更低，日本产品的竞争力开始下降。不幸的是，日本的大企业没有如美国企业一样壮士断腕，而是利用自己与银行、政府的密切关系寻求保护。银行降低利率以促进出口，政府想尽各种办法保护本国产业。这种保护短期内有效，但从长期看，问题会越积越多，难免总有掩盖不住的一天。积重难返的政策和制度导致了20世纪90年代以来，日本制造业企业不仅拿不出像20世纪70、80年代那样顺应时代要求又具有强大市场竞争力的新产品，以实现产业结构的实质性升级，而且在近十年的大部分时间里生产下降、失业剧增以至企业倒闭。由此可见政策、制度、体制环境对一个国家或者一个产业的创新发展具有的重要作用。政策与制度环境包括企业内外两个方面。外环境主要指政府及相关部门、行业协会针对白酒制造企业科技创新的引导性、鼓励性的政策和制度安排，包括宏观和中观两个层次；内环境主要指企业本身基于可持续发展的要求在科技创新方面的长期政策和激励、约束的制度性安排，属于政策与制度环境的微观层次。

3.3.1 宏观环境

从国家层面来看，为了解决白酒行业共性、关键和基础性的难题，由中国酿酒工业协会白酒分会技术委员会组织实施了“中国白酒169计划”和“中国白酒158计划”。“中国白酒169计划”于2007年立项研究，项目承担单位为江南大学，协作单位有江苏洋河酒厂股份有限公司等二十多家单位。该研究项目包括6个部分：中国白酒健康成分研究，中国白酒特征香味物质的研究，贮存对白酒品质的影响研究，白酒重要呈香、呈味物质形成机理的研究，中国白酒香味物质阈值的测定，白酒年份酒研究。2012年12月25日，进行了“中国白酒169计划”项目验收。经过五年研究，项目取得了一系列的重大成果，有2个项目获得省部级科技成果奖，22个研究项目通过省部级鉴定，鉴定结论为“国际领先”或“国际先进”，2个成果通过中国轻工业联合会和科技部验收。其中，四川白酒企业只有四川剑南春集团有限责任公司、四川郎酒集团有限责任公司和五粮液股份有限公司三家企业作为协作单位参加了该项目。

2011年，由中国酿酒工业协会牵头，旨在提高中国酿酒行业机械化水平的“中国白酒的158计划”开始实施。该项目主要进行制曲机械化研究、发酵工艺机械化研究、蒸馏工艺机械化研究、调酒计算机集成制造技术研究和灌装、包装、成品库、智能管理的研究等，并在全国60%规模以上白酒企业推广实施，力争降低劳动强度60%以上、节煤35%、节水45%，提高优质品率15%以上。

2013年，中国酒业协会白酒分会决定集中行业智慧和行业力量启动“品质诚实、服务诚心、产业诚信”的“中国白酒3C计划”。该计划提出：白酒发展应该坚持品质诚实，以质量为主导，争取更多公众对白酒品质诚实的关注和信任，从源头上解决白酒行业的诚信危机；白酒行业要切实关注消费者，诚心为消费者提供诚信的、高品质和高品位的服务；白酒行业要通过科技进步和管理进步，建立具体可行、公开透明的质量评价体系，完善中国白酒质量检测项目、升级白酒检测标准和手段，推进诚信管理体系建设、正确应对行业突发性事件。通过“3C 计划”的实施，构建和谐的公众关系，树立良好的行业形象，营造有利的舆论氛围，加快白酒产业结构调整，适应白酒消费需求。“中国白酒 3C 计划”主要内容之一就是“品质诚实”科研计划，具体内容为中国白酒品质鉴别技术研究（包括传统白酒中添加食用酒精的鉴别技术、传统白酒中添加食品添加剂的鉴别技术、年份酒的鉴别技术）、中国白酒品质提升技术（包括白酒有益微生物的应用研究、白酒中影响口味的风味化合物的研究、白酒中的功能物质研究、白酒中不良风味物质的剖析与消除、白酒群体微生物优化改良、新型固态法白酒酿造技术的研究与应用、白酒计算机感官品评及质量管理系统推广）、中国白酒品质安全技术（包括 EC 控制技术的研究、微生物安全、农药残留）。

3.3.2 中观环境

四川省基于白酒制造企业的科技创新政策和制度安排体现在《四川省工业“7+3”产业发展规划纲要》《四川省酿酒工业“十二五”发展规划》等规划和科技计划项目立项中。2013 年和 2014 年第一批省级科技计划项目立项中，白酒产业分别立项 9 项和 16 项，占总立项数的 0.8%和 1.2%，数量依然偏少。2012 年 12 月，中国白酒金三角（川酒）地理标志产品保护申报工作启动。该项工作由四川省委省政府发起，四川省质量技术监督局负责，四川省标准化研究院、四川省酒类科研所及包括川酒“六朵金花”在内的 50 多家名优酒厂，共同参与编写中国白酒金三角（川酒）的生产技术规程，起草《地理标志产品中国白酒金三角（川酒）浓香型白酒》等 8 项标准，制定中国白酒金三角（川酒）产品抽检方案并作出产品质量检测报告，成立品质认证机构，对金三角产区白酒进行品质认证。这些工作能有效改善白酒制造企业科技创新的中观环境，推动企业走创新驱动的发展道路。但是，由于长远的、可持续性、有针对性的白酒产业科技创新规划缺失，导致白酒制造企业，特别是中小白酒制造企业可持续的创新能力不强。截至 2012 年年末，四川规模以上白酒制造企业户均 R&D 项目数为 0.469 3 个/户，远低于四川制造企业 0.844 6 个/户的水平。截至 2014 年 4 月 9 日，四川白酒制造企业拥有中国专利 4 625 项，其中发明专利只有 143 项，仅占 3%；在 309 家规模以上白酒制造企业中仅有 30 家企业拥有专利，不足规模以上企业数的十分之一。专利拥有数量排名前十位的是四川省宜宾五粮液集团有限公司、四川水井坊股份有限公司、四川剑南春集团有限责任公司、泸州老窖集团有限责任公司、四川省绵阳市丰谷酒业有限责任公司、四川小角楼酒业有限责任公司、四川沱牌舍得集团有限公司、四川郎酒集团有限责任公司、四川江口醇酒业（集团）有限公司和泸州国粹酒业有限公司，共计拥有专利数 4 457 项，占专利总数的 96.37%。2012 年，四川规模以上白酒制造企业研究开发费用加计扣除减免税平均数为 4.329 5 万元/户，远低于制造业 8.221 8 万元/户的平均水平。

3.3.3 微观环境

从企业层面来看，除了一、二线品牌的企业对于企业的科技创新有明确的政策导向和制度安排以外，90%以上的规模以上白酒制造企业缺乏科技创新的相关政策和制度安排。2012 年的统计数据表明，只有 5%的规模以上白酒制造企业开展 R&D 活动，低于制造业

6%的平均水平，建立科研机构的企业仅有17家。截至2013年，国家级企业技术中心只有四川剑南春集团有限责任公司技术中心和宜宾五粮液股份有限公司技术中心两家，占全省的3.9%，省级企业技术中心11家，占全省的2.2%。同时，企业科技创新的投入较少。2012年，四川省规模以上白酒制造企业R&D经费支出占主营业务收入的比重仅为0.64%。

3.4 创新资源环境

作为世界上最早利用微生物制曲酿酒和利用蒸馏技术创造蒸馏酒的国家，中国对酿酒生产技术和科学文化的创造、发展作出了杰出的贡献。四川白酒酿造具有悠久的历史，形成了五粮液、剑南春、泸州老窖、郎酒、沱牌舍得和水井坊等全国性一线品牌，以及江口醇、小角楼、金潭玉液、丰谷、仙潭、梦酒、叙府、国粹等为数众多的区域性二线品牌。同时，经过多年的沉淀和发展，形成了独具特色的白酒酿制工艺、方法和控制条件，培养了数量众多的高级酿酒专业技术人才和高技能人才。

3.4.1 人力资源环境

截至2013年年末，四川省共有中国酿酒大师17名，占全国白酒产业酿酒大师数的38.6%；中国白酒国家评委37人，占全国总数的17.6%；省级白酒评委357名、高级技师100余名、技师500余名，各类“白酒专家”数量继续位居全国首位。但是和占全国白酒产量27.43%的地位相比较，中国白酒国家评委的数量较少。同时，中国酿酒大师除分布于传统的“六朵金花”白酒企业外，只有成都长城川兴酒业有限公司有1名，而中国白酒国家评委在“六朵金花”白酒企业以外也仅仅分布于泸州酩鑫酒业有限公司、四川江口醇酒业（集团）有限公司、四川泸州三溪酒厂、四川仙潭酒业集团有限责任公司、四川省绵阳市丰谷酒业有限责任公司等九家企业和四川省酿酒研究所，企业分布范围仅占309家规模以上白酒企业的4.85%，高端人才的聚集度极高，导致其他企业的科技创新人力资源环境较差。2012年，四川省规模以上白酒制造企业R&D人数为2 763人，户均仅有10.12人；在R&D人员中，博士学历仅占1.3%，硕士学历仅占4.78%，本科学历占43.69%，说明高学历的人员数量偏少，专科及其以下学历人员较多。

3.4.2 技术环境

技术环境指的是企业所处的社会环境中的技术要素及与该要素直接相关的各种社会现象的集合，包括区域的科技创新平台建设、企业设施设备的先进程度，企业之间以及企业与科研机构之间合作创新的状况，通过技术环境，企业可以获得先进的技术，通过构建创新联盟，有利于知识在企业创新系统之间流动，从而促进企业的科技创新。2013年，四川省白酒制造业已建成四川省川酒产业技术创新联盟、四川省绿色酿造技术创新联盟和四川省酒类安全技术创新联盟，但仅仅覆盖了四川省酿酒协会、宜宾五粮液集团公司、泸州老窖集团公司、四川剑南春集团公司、四川水井坊股份有限公司、四川沱牌曲酒股份公司、四川郎酒集团、四川大学、四川理工学院、四川省食品发酵工业研究院、四川省酒类科学研究所、四川省酿酒研究所、中国科学院成都生物研究、四川省农业科学院水稻高粱研究所、江南大学、宜宾学院十六个单位，科技创新成果共享范围有限。截至2012年，四川省规模以上白酒制造企业资产性支出占R&D经费内部支出的比重为5.8%，远低于制造业11.30%的平均水平，资产性支出占主营业务收入的比重为0.035%，也低于制造业0.056%的平均水平；用于R&D的仪器设备原价占资产总值的比重仅为1.31%，技术改造经费支出占主营业务收入比重为0.905 3%，企业用于R&D的设施设备总量和先进程度尚有不小的改进余地。衡量技术环境的一个重要指标是企业之间以及企业与科研机构之间合作创新的情况。2012年，四川省规模以上白酒制造企业R&D经费外部支出中对境内高等学校支出占主营业务收入的比重为0.011 8%，引进技术经费支出占主营业务收入的比重为0.001 194%，购买国内技术经费支出占主营业务收入的比重为0.024 5%，说明企业之间以及企业与科研机构之间合作创新的状况不容乐观。

3.5 社会文化环境

社会文化环境反映企业所在区域思维水平的思维方式和价值取向等精神成果的总和。如果企业所在区域具有良好的创新文化和传统，形成良好的创新氛围，可以使得创新活动更加容易实现和产业化，有效提高企业对创新资源的利用效率。四川白酒制造业具有悠久的创新历史，形成了强烈的创新意识。早在1988年，四川省宜宾五粮液集团有限公司和四川剑南春集团有限责任公司就已经在传统工艺基础上进行了科技创新，并申请了国家专利。随着四川白酒制造业进入发展的快车道，企业家的科技创新意识更加强烈。自1999年开始，四川白酒制造企业专利申请数达到三位数，2000年开始，专利公开数也达到三位数，并保持至今。这也是四川白酒制造业在2007年产量、主营业务收入、利润和利税额首次超过山东省并延续至今的重要原因。

除以上环境因素外，创新服务环境也会影响企业科技创新绩效。科技创新服务环境包括科技服务机构、金融服务机构以及地方法律法规的支持，企业的科技创新少不了服务环境的支持。各服务机构是市场经济中非常活跃、不可替代的元素，是科技、经济互动发展，促进科技创新成果转化为经济效益的一个重要纽带。通过多年建设，四川省已建立起了比较完善的覆盖技术研发、科技咨询、科技成果评估和转让、科技招商引资、科技金融、科技营销等科技服务体系。四川白酒制造业虽然已成为泸州市、宜宾市、德阳市等地的支柱产业，并且在全国白酒制造业中占有重要地位，具有很强的影响力。但是，就全省而言，其主营业务收入、利润、利税和就业人数所占比重较小，导致了缺乏结合白酒产业特点，针对全省白酒制造企业服务的科技服务体系。特别是中小型白酒制造企业，由于创新能力有限，对科技创新服务的强烈需求难以得到满足，从而严重制约了企业科技创新活动的开展。

4 四川白酒企业科技创新环境优化对策

营造一个良好的创新环境对四川白酒制造企业的发展具有重要的作用。针对四川省白酒产业的实际情况，科技创新环境的优化应该围绕以下几个方面加强建设。

4.1 加强人才开发，提供智力支撑

落实白酒产业科技创新人才培养、引进和激励的相关政策，按照“总量增加，结构优化，存量盘活”的原则加强科技人力资源开发，增加科技人员总量。一是加大科技人才，特别是高端科技人才和科技领军人才的引进力度。创新人才引进模式，建立科技人才发展

专项资金，鼓励企事业单位在科技项目实施、科研课题研究、技术研发和引进、科技成果转化中引进科技人才。二是深入推进“专业技术人才知识更新工程”，提高科技人员素质。实施“科技领军人才培养计划”，对骨干企业、重点科研项目的科技人才进行研发组织、成果转化、产业培育等培训，在重点产业和产业高端领域，促进一批科技骨干成长为科技领军人才。实施“科技创新企业家培育计划”，加强企业家队伍建设，强化科技进步意识，大力培养与科技发展相适应的企业经营管理人才和高技能人才，促进科技创业者成长为现代企业家。实施“专业技术人才培育计划”，通过与高校、科研院所联合进行业务培训、学术交流和科技攻关，着力培训、培养高级技术人才，为科技创新和成果转化奠定人才基础。三是完善科技人员激励机制。进一步健全以政府奖励为导向、用人单位和社会力量奖励为主体的科技人才奖励体系。积极推行期权、年薪制、协议工资制、项目工资制、技术入股等激励措施，使技术要素参与分配落到实处。四是建立科技人才保障体系。完善高学历人才津贴发放办法，鼓励用人单位为做出突出贡献的科技人才建立补充养老、医疗保险。通过政府保障性住房和公共租赁性住房建设优先解决科技人员的住房问题。

4.2　整合科技资源，激发创新活力

以产学研产业技术创新联盟和区域协同创新为纽带，探索和完善白酒制造业科技创新资源共享的新机制、新方法、新模式，整合科技资源，形成科技创新和成果转化合力。一是以行业公共科技资源平台建设为重点，推进科技信息、科学数据、仪器设备、科技成果等方面的科技资源共享；二是鼓励具有国际、全国一流研发能力的企业或研究机构立足全球、全国，以领先技术为核心，聚集人力、资金、技术等创新资源；三是大力推进创新要素向大型企业（集团）集聚，促进民营和国有资源、大型和小型企业优势互补，推动产学研用相结合，将行业科技资源优势有效转化为科技创新和成果转化能力优势；四是推动企业加强对外科技合作和交流，突破行政区划，立足产业、行业发展整合国内外、区域内外的科技资源。

4.3　完善投入体系，加大投入力度

增加白酒制造业科技创新的投入，多渠道筹集资金，形成财政、企业、民间多层次、多渠道、多元化的投入体系。加大财政科技引导性投入力度，调整优化财政支出结构，设立四川省白酒产业科技创新专项资金，大幅增加应用研究、技术研发、科技基础设施建设和科技服务方面的支出。加强政府投入的管理，建立和完善监督机制和财政科技经费的预算绩效评价体系，改进政府科技投入方式，由注重科技创新到科技创新和成果转化并重，使政府科技投入充分发挥效果。积极争取国家、省有关资金的支持，及时了解有关政策，引导企业、科研院所通过承担国家、省级科研项目、科技攻关以及成果产业化项目增加投入。

进一步确立企业科技投入的主体地位，鼓励企业加大对科技创新和成果转化的投入力度，规模以上白酒制造企业技术开发支出占主营业务收入的比重达到3%。支持有条件的企业在国内主板、中小企业板以及创业板上市，支持符合条件的企业发行公司债券、集合债券和集合票据，引导社会资金投入白酒产业的科技创新。

鼓励面向白酒制造业的科技创新和成果转化的融资创新。构建科技风险投资机制，建

立科技风险投资基金，鼓励风险投资机构加大对科技创新创业、成果转化、产业化的投资力度。积极支持商业银行开展知识产权质押贷款试点，对资产少、科技含量高的科技创新和成果转化项目，探索实行信用担保以及与专利等无形资产挂钩的担保模式，引导各类商业金融机构对企业科技创新和成果转化、对国家和省级立项的科研项目和产业化项目给予信贷支持，鼓励保险机构开展科技创新贷款保证保险等业务。

4.4 大力发展科技服务产业

探索白酒产业科技服务业发展新模式，吸引聚集省内外科研、设计、检测机构，培育科研、设计、检测企业。大力发展科技服务业，鼓励政府、企业使用科技服务，培育壮大科技服务市场规模。引进科技服务专业人才，培养造就一支熟悉国际科技咨询业务、善经营的科技服务企业家队伍和专家队伍。培育扶植一批科技服务企业，引进一批国内外知名的科技服务机构，建成覆盖技术研发、科技咨询、科技成果评估和转让、科技招商引资、科技金融、科技营销的全方位科技服务体系。

促进知识产权服务业发展。建立针对白酒制造业的知识产权中介服务平台，提高中介服务机构的代理、信息咨询、司法鉴定和许可转让等服务水平。建立健全知识产权评估制度，鼓励和规范有条件的中介机构开展知识产权价值评估和中小白酒制造企业知识产权托管服务。

实施白酒产业重点科研平台开放工程，建设白酒产业科技信息和大型科学仪器设备、技术标准、专利、图书文献等科技资源共享数据库，发挥重点实验室、工程技术研究中心、企业技术中心的设备、人才、技术优势，为中小白酒制造企业提供分析检测、委托研发、合作研发等服务，提高行业科技资源的开放度和有效利用率。组织开展白酒产业科技产品、新技术展示和交易活动，推动科技贸易。

参考文献

[1] 曾刚，李英戈，樊杰. 京沪区域创新系统比较研究 [J]. 城市规划，2006 (3)：32-38.

[2] PHILIP COOKE, KEVIN MORGAN. The associational firms, regions and innovation [M]. Oxford: Oxford University Press, 1998.

[3] 王缉慈. 知识创新和区域创新环境 [J]. 经济地理，1999，19 (1)：11-14.

[4] SAXENIAN A. Regional advantage: culture and competition in Silicon Valley and Route 128 [M]. Cambridge, MA: Harvard University Press, 1994.

[5] AYDALOT P H, KEEBLE D. High technology industry and innovative environments: the European experience [M]. London: Rout-ledge, 1988.

[6] CAMAGNIR. Innovation networks: spatial perspectives [M]. Lon-don: Belhaven press, 1991.

[7] MAILLATD. Innovative melieux and new generations of regional policies development [M]. Oxford: Oxford University Press, 1998

[8] STORPERM. The regional world [M]. New York: Guilford Press, 1997: 16-17.

[9] 王缉慈. 创新的空间——企业集群与区域发展 [M]. 北京：北京大学出版

社，2001.

[10] 蔡秀玲．“硅谷”与“新竹”区域创新环境形成机制比较与启示［J］．亚太经济，2004（6）：61-64.

[11] 黄桥庆，赵自强，王志敏．区域创新环境的类型及其特征［J］．中原工学院学报，2004，15（5）：11-13.

[12] 贾亚男．关于区域创新环境的理论初探［J］．地域研究与开发，2001，20（1）：5-8.

[13] 李婷，董慧芹．科技创新环境评价指标体系的探讨［J］．中国科技论坛，2005（07）：30-31.

[14] 翁媛媛，高汝熹．科技创新环境的评价指标体系研究——基于上海市创新环境的因子分析［J］．中国科技论坛，2009（02）：31-35.

[15] 江永真，侯卫国．区域A主创新环境评价模型构建及实证分析［J］．福建行政学院学报，2011（01）：100-105.

[16] 荣飞，李荣．区域技术创新环境评价研究［J］．河北大学学报（哲学社会科学版），2005（03）：87-91.

[17] 黄丹旗．区域技术创新环境评价与管理研究［J］．福州大学学报（哲学社会科学版），2007（06）：25-27.

[18] 杨志江，罗掌华．区域自主创新能力评价指标体系的构建［J］．韶关学院学报·社会科学，2011（09）：70-74.

[19] 徐丽杰．基于层次分析法的自主创新能力比较研究［J］．科技管理研究，2012，20（10）：44-48.

[20] 王立新，高长春，任荣明．企业创新能力的评价体系和评价方法研究［J］．东华大学学报：自然科学版，2006（06）：72-77.

[21] 曹洪军，赵翔，黄少坚．企业自主创新能力评价体系研究［J］．中国工业经济，2009（09）：64-68.

[22] 许婷婷，吴和成．基于因子分析的江苏省区域创新环境评价与分析［J］．科技进步与对策，2013（02）：37-41.

[23] 赵晓庆，许庆瑞．技术能力积累途径的螺旋运动过程研究［J］．科研管理，2006（1）：40-461.

白酒企业管理决策与营销发展

基于创新能力培育的川酒企业人力资源开发的研究[①]

刘小莉[②]

摘要：员工的创新能力是企业获得核心竞争力的源泉，员工的创新意识和开拓精神对企业自主创新能力的获得具有重要的意义。创新依赖于对人力资本的投资和开发。本报告从创新能力培育的角度，通过对川酒生产企业人力资源开发现状的调研，分析了基于创新能力培育的川酒生产企业人力资源开发中的问题及对策，以期能对川酒生产企业在竞争中保持优势提供借鉴。

关键词：创新能力；川酒企业；人力资源开发

白酒产业作为四川省的支柱产业，一直保持着较高的盈利能力。但川酒生产企业创新能力不足，人才缺乏，知识更新缓慢，缺乏创新激励机制和创新文化等问题，影响川酒生产企业的竞争力。自主创新是指企业主要通过自身的自主性努力，有效运用企业内外的各种创新资源攻破技术难关，形成有价值的自主核心技术和自主知识产权，提高竞争力。从自主创新的要求来看，人力资源开发是指在特定的组织中，通过职业管理来塑造员工，实现员工能力的充分发挥和潜力的最大释放，最终实现组织与员工共同开发的动态管理过程。创新能力是企业科技水平、管理水平、员工队伍素质和经济实力的综合体现，也是一个企业保持自身竞争优势的基本保证。人力资源开发对企业自主创新至关重要，企业如何有效地开发和利用人力资源，最大限度地开发企业员工的创新能力，是提高企业自主创新能力的重要途径。没有人力资本，企业创新活动将无法开展。企业的知识吸收能力是促进技术溢出效应的主要因素。人力资源对知识技术的吸收能力对于新技术的开发起着非常重要的作用。鉴于此，本课题组成员以川酒生产企业创新能力培育为着眼点，在四川省范围内做了此次基于自主创新能力培育的川酒生产企业人力资源开发的研究活动。旨在系统分析说明人力资源开发对于川酒生产企业自主创新方面的支撑和贡献，围绕企业自主创新能力培育这个核心探讨人力资源开发工作的具体措施和对策。

1　研究的目的

《食品工业“十二五”发展规划》指出：酿酒产业的发展方向与重点是优化酿酒产品结构，重视产品的差异化创新。注重挖掘节粮生产潜力，推广资源综合利用，大力发展循

① 基金项目：四川省哲学社会科学重点研究基地、四川省教育厅人文社科重点研究基地——四川理工学院川酒发展研究中心（CJYB10-14）研究成果。

② 刘小莉（1972—），女，四川德阳人，硕士研究生，副教授，主要从事人力资源管理方面的研究。

环经济，推动酿酒产业优化升级。鼓励白酒行业通过改造升级，加快淘汰落后产能，优化产品结构，完善质量保障体系，提高产品质量安全水平。川酒生产企业要实现上述目标必须依赖创新，要确立以人力资源为中心的发展战略，适应竞争要求获得持续发展。

创新是企业发展的力量之源，川酒生产企业由于受传统经营模式的影响，普遍存在结构不合理、人力资源素质偏低、产品创新不足的问题，员工的创新行为很难取得重大的技术突破，这就需要整合各方面资源，加强企业人力资源开发，建立创新激励机制，营造有利于的创新的学习型组织，做到人尽其才，积极开发具有企业自我知识产权的核心技术，形成自己的知识产权和核心竞争力。本研究的目的在于川酒生产企业在激烈的竞争中如何获取新的动力源泉，通过研究川酒生产企业如何有效地开发和利用人力资本，最大限度地开发企业员工的创新能力，来提高川酒生产企业自主创新能力。川酒生产企业核心竞争力取决于员工创造性地利用其所掌握的知识技能，开拓性地整合企业内外部资源的能力，实现川酒生产企业的可持续发展。

以下通过文献数据追踪与实地调研数据结合起来分析基于自主创新能力培育的川酒企业人力资源开发的现状，找出问题及原因，探讨并提出相应的对策。

2　川酒企业人力资源及创新能力的现状分析

四川白酒生产企业近 6 000 家，而规模以上的仅有 126 家。2011 年全国规模以上的白酒生产企业 1 200 家，吸纳从业人员 42.32 万人。

2.1　川酒企业的竞争状况

四川白酒产量已经达到中国白酒总产量的 1/4，具有举足轻重的地位。多年来行业内对川酒的公论是“最大的企业群、最大的品牌群、最大的产能群、最好的政策地”。高端白酒市场上，除了茅台以外，五粮液、国窖 1573、水井坊和剑南春都属于四川省。根据《2012 年中国白酒行业市场研究报告》显示，白酒行业已经入一个相对平稳的发展时期，行业格局发展在发生变化。一方面茅台、五粮液这样的一线企业仍然占据着高端市场份额；另一方面，次高端白酒保持稳健的发展势头，力求在竞争中居上。四川省和贵州省政府积极推动“中国白酒金三角”战略，并希望上升为国家战略。

表 1　　2011 年白酒类上市公司年报数据一览表

名称	酒类主营收入（亿元）	净利润（亿元）	毛利率（%）
贵州茅台	184.023 5	87.631 5	91.57
五粮液	203.505 9	61.574 7	71.45
泸州老窖	84.279 1	29.050 3	65.55
水井坊	14.819 1	3.204 7	76.88
沱牌舍得	12.629 9	1.952 1	58.58

资料来源：上市公司年报。

近年来，四川省凭借西部大开发的有利时机，坚持以改革和创新为核心，开拓市场，调整结构，以专业人才为保证，实施名牌战略，形成了宜宾、泸州、绵竹三大白酒产业城，川东南、川东北两大带的全新格局模式：川东南带以泸州、宜宾两市为核心，三大品牌为支柱，拥有良好的白酒产业资源和技术，形成该地区的产能优势，有力支撑了川酒的品牌孵化能力；川东北带以射洪、绵竹为核心，两大名酒为支柱，形成了川酒新品牌的诞生基地。

宜宾五粮液集团有限责任公司和剑南春集团有限责任公司被评为2010年度中国轻工业酿酒行业十强企业。中国质量领先企业调查组委会组织的2010年度消费者信赖品牌公益调查结果中显示，四川五粮液、剑南春、水井坊、国窖进入食品医药保健品行业前100名品牌。

表2　　2010年中国制造业企业500强（轻工）行业主要指标

名称	企业数	营业收入（万元）	利润（万元）	资产（万元）	纳税总额（万元）	从业人数
全国	500	1 322 397 207	52 445 294	1 368 319 343	102 110 531	10 623 419
酿酒制造业	4	7 912 605	987 410	9 087 853	1 503 328	111 846

资料来源：中国轻工业年鉴2011。

表3　　2010年中国制造业企业500强（轻工）行业酿酒制造业企业

	总排名	营业收入（万元）
四川省宜宾五粮液集团有限公司	89	3 503 882
青岛啤酒股份有限公司	173	1 802 611
北京燕京啤酒集团公司	227	1 330 815
中国贵州茅台酒厂有限责任公司	236	1 275 297

资料来源：中国轻工业年鉴2011。

川酒行业的竞争日益激烈。川酒行业的生产能力大于市场需求，导致市场恶性竞争突出。随着啤酒、葡萄酒、果酒类产品的发展，白酒的发展空间缩小。四川小酒厂盲目生产，数量众多，企业结构严重不合理。流通秩序混乱，假冒伪劣产品毁坏川酒企业信誉度。另外，川酒企业在形成产业集群方面需要加强引导。生产过程中的“三废”治理问题也需要加强。川酒生产企业竞争呈现国际化趋势。五粮液出口创汇超过30亿美元，出口量占整个白酒行业的92%。2006年水井坊与国际品牌帝亚吉欧合作。剑南春于2007年与法国轩尼诗和瑞典国有制酒公司 Vin & Spirit 集团合作，开发高端白酒“天成祥”于2008年正式上市。面对激烈的竞争和行业的调整，川酒企业如何适应市场变化，形成企业的核心竞争力，是摆在川酒企业经营者面前的一个重要课题。

尽管白酒行业整体增长速度放缓，但在结构性调整中，谁能创新，谁就拥有机会。价格在300~800元之间的次高端白酒成为三公消费限制高档白酒的受益者，川酒生产企业在次高端白酒领域获得了政策性的新的增长点。

2.2　川酒企业的技术进步情况

科学技术的进步在白酒企业发展的进程中发挥着重要作用。在生物技术、信息技术、机械加工制造等领域取得的技术成果在白酒企业的发展中发挥了关键作用。科学技术是川酒企业发展的根本。比如，“人工老窖”的发明应用缩短了窖池的成熟周期，该技术大大推动了浓香型白酒的发展；气相色谱分析技术的运用，分析出了白酒骨架成本、微量成分，为新型白酒发展提供了理论基础。但是，每一次技术革新既推动了白酒行业的发展，也降低了白酒行业的技术门槛，竞争者很容易进入，使得行业竞争更加激烈。竞争加剧又进一步推动川酒企业运用生物工程等高新技术来提升传统的生产效能。科技创新是川酒企业在竞争中的必然选择。

近几年基础酒的流通，特别是四川的基酒质优价廉。基酒的流通促进了生产技术的流通。人才技术的广泛交流，专家教授的学术交流，新型白酒技术培训班等极大地推动了白酒质量的提高。新型白酒的发展是行业的重大科技进步，是川酒企业新的增长点。

随着生物学、密码学、光电、微电子学等高新技术的介入，防伪技术日趋完善。一些适应现代物流和检验需求，能够具备身份验证、物流查询等特点的新防伪技术逐步占领市场。川酒行业采用新兴的防伪技术，在包装上采用了标志类的防伪，包括激光全息标志和电码防伪标签等。

酿酒行业污染负荷较大，一直是国家环境保护中污染治理的重点行业。除酒精糟液外，固态法白酒糟粕的污染治理也是重点。因此，川酒生产企业需要推进酒精酒糟深度加工综合利用的进程，充分发挥酒糟的饲料利用率。比如五粮液集团以“三废是放错位置的资源”微环境治理的理念，将“三废”回收利用，充分实现了“减量化、再利用、再循环”，使企业初步形成了以酒类产品为主导的循环经济圈和液态酿酒循环经济圈为特色的循环经济模式。

2.3 川酒企业的人才构成状况

川酒企业经多年的培养，已建立起了一支总量较为稳定，结构趋于合理的技术创新人才队伍。川酒企业在技术人才拥有量方面的优势，比如五粮液集团有限公司经过多年的传承和发展，生产工艺技术不断完善，高新技术与传统工艺相结合，创新出了多项具有自主知识产权和难以移植的酿酒技术。宜宾拥有国家级酿酒大师 3 名（全国 18 名），国家级白酒评委 12 名（全省 44 名），四川省白酒评委 19 名。五粮液集团有限公司自 1915 年首获“巴拿马万国博览会”金奖以来，相继在世界各地的博览会上共获 36 次金奖。又比如，全兴股份有限公司现有正式职工 1 701 人，其中生产人员 1 182 人（占比 69.5%），销售人员 97 人（占比 5.7%），技术人员 240 人（占比 14.1%），财务人员 45 人（占比 2.6%），行政管理人员 137 人（8.1%）。其中获得中专以上学历的人数为 254 人，仅占 15%。初级以上职称的员工人数有 309 人，占 18%左右，该公司呈现出员工整体素质偏低的状况。科技人才方面，公司拥有的专业技术人员能够满足该企业的发展，拥有高级技术职称的 17 人，中级职称的 56 人，拥有省、市和国家级评委 8 名，与四川省酒类科研所合作兴办了省级企业技术中心，重视对酿酒生物菌群的深入研究，提高了名优酒的出酒率。全兴酒业拥有一大批具有自主知识产权的科研成果，其中，获部、省科技进步奖 7 项，国家科委推广成果应用奖 1 项，市科技进步奖 10 项。再比如，四川将台酒业公司拥有管理人员 15 名，其中工商管理硕士 1 名，本科生 10 名，营销人员 30 名，国家级白酒评委 1 名，省级评委 3 名，专家顾问 6 名，技术工人 60 名，从整体上看，人力资源比较薄弱，高层次人才较少，普通员工的技术水平有待提高，需要进行培训。可见，行业内领先的川酒企业在创新型人才保有量上具有绝对优势，中小型川酒企业呈现出员工素质较低，技术人才短缺，创新型人才资源匮乏的局面。

川酒企业要进一步加强技术创新型人才的培养和交流，加快科技人才队伍建设。人才是推进企业技术创新的重要因素，技术创新必须坚持以人为本，牢固树立人才资源是第一资源的思想，优化人才成长和鼓励创新的环境，改变“重物轻人”的观念，把“以人为本”的理念具体内化到川酒企业各项具体政策制度当中去。

2.4 川酒企业研发项目、专利以及产学研合作情况

川酒企业在技术创新过程中既注重自主创新，同时也注重与外部的合作与交流，借助外力促进跨越式发展。企业技术创新模式主要有四种，即引进创新模式、合作创新模式、自主创新模式、综合创新模式。合作创新是指企业、科研机构、高等院校之间的联合创新行为，它通常以合作伙伴的共同利益为基础，以资源共享或优势互补为前提，有明确的合作目标、合作期限和合作规则，合作各方在技术创新的全过程或某些环节共同投入、共同参与、共享成果、共担风险。数家四川白酒企业已经设立了博士后工作站，高校与企业在酿酒技术领域展开合作已成为新的热点。以泸州老窖为例，仅2012年上半年，泸州老窖就申请专利79件，专利授权16件，获得国家科技进步二等奖1项，行业及部级科技进步一等奖两项。五粮液集团先后获得国家部级科技成果奖6项，四川省科技成果奖5项，市级科技成果奖3项，共拥有专利申请数1 588项，授权专利1 150项。

泸州老窖联合四川移动通信有限责任公司、北京点击科技有限公司以及英特尔（中国）有限公司，建立了泸州老窖协同信息管理系统，整合了国际上领先的协同应用、无线互联与移动终端设备等方案，成功实现了需求、成本、收益与投资风险的完美和谐统一，构建了平滑、安全、实用的信息化体系，提高了电子商务与信息化协同水平，缩短了企业信息交流时间及成本，全面提升了企业生产经营在市场竞争中的应对能力。泸州老窖信息化的成功，不仅使其传统竞争优势得到了增强，也为其他企业提供了借鉴。泸州市建设国家、省白酒标准检测中心，建立白酒生产技术研发、白酒成分分析、产品质量检验和技术人才培养为一体的酒业技术研发平台；通过举办一系列酒业科技研讨会和促销会，促进创新技术向生产力转化，实现包装、印刷、玻璃制造、纸制品、广告等酒类相关产业进一步完善，提升酒类产业竞争力。

川酒企业积极开展各类认证。川酒企业开展最多的是ISO9000国际质量体系认证，危害分析和关键控制点（HACCP）认证在白酒行业的应用也开始推广。危害分析和关键控制点认证是基于对食品生产全过程中可能出现的生物危害、物理危害、化学危害的分析，确定生产过程中的关键控制点，制定相应的操作程序和管理规程，以确保生产出来的食品符合安全管理标准，是一种科学、高效、简便、合理而又专业性很强的食品安全管理体系。

2.5 川酒企业没有形成企业集群，难以发挥集群优势

创新是企业发展的力量之源，单个白酒企业由于受资金、科研等资源的制约，其独立创新行为很难取得重大的技术突破，这就需要整合各方面资源，加强企业之间的技术交流和信息共享及与外部科研部门技术合作，创新集群系统。然而，在四川白酒“定点生产”工业园区内企业之间缺乏必要的技术交流和资源共享，企业的创新往往是单打独斗，协作

创新和崇尚合作的氛围不浓厚。园区内企业与外部科研机构的技术合作较少。究其根源，主要有两方面的原因：一是企业合作的意识不强；二是缺乏强有力的引导企业之间的技术交流和企业与大学、研究所等研究机构技术合作的政策措施。

四川作为白酒产业的主要生产基地，除泸州外，其他地方如宜宾地区（五粮液、叙府、南溪白酒原酒）、成都地区（全兴、水井坊、剑兰春、邛崃白酒原酒）等地区均没有形成企业集群，很难发挥集群优势，同时由于没有形成企业集群，经常还会出现产业内部定位重复、价格战及广告战等不利白酒产业发展的竞争秩序。泸州市所拥有的白酒工业生产许可证数比整个山东省多，产业集聚优势十分明显。泸州市酒业集中发展区建设进程明显加快，招商引进入驻企业 31 家，陆续建成投产 19 家。目前，发展区灌装生产能力可达 13.5 万吨，基酒储存能力可达 7 万吨，物流吞吐量可达 30 万吨/年。

四川中小企业存在量多、规模小、集约化程度低、创新意识不强、市场竞争无序、资源浪费严重、产品结构失衡、质量良莠不齐等矛盾和问题，从而制约了白酒业的持续、健康发展。

3　人力资源开发对提升川酒企业创新能力的作用

人力资源开发是指一个企业或组织团体在组织团体现有的人力资源基础上，依据企业战略目标、组织结构变化，对人力资源进行调查、分析、规划、调整，提高组织或团体现有的人力资源管理水平，使人力资源管理效率更好，为组织创造更大的价值。20 世纪 60 年代，美国经济学家舒尔茨和贝克尔创立了人力资本理论，开辟了人类关于人的生产能力分析的新思路。该理论认为人力资源是一切资源中最主要的资源，在经济增长中，人力资本的作用大于物质资本的作用。川酒企业要想在日益激烈的酒类市场竞争当中取得生存与发展，就应当持续不断地寻找市场中新出现的机会，并且深入挖掘自身的内部资源，从而形成更加独特的核心竞争力。川酒企业核心竞争力主要表现为格式化的知识、能力、信息、资源以及价值观等。但是，并非川酒企业全部知识与技能均可形成本企业的核心竞争力，唯有当其同时具备了价值性与不可模仿性、难以替代性等，才能真正形成企业自身的核心竞争力，而人力资本同时也具有核心竞争力之特性。

3.1　人力资源的价值性能够实现客户所看重的核心价值

人力资源所具有的价值性主要体现于运用合理有效的人力资源管理活动以切实降低企业的成本，加大企业的经济收益或者创造出更多具有价值的产品。人力资源的价值性能够实现客户所看重的核心价值，从而做到节约成本，提升企业的经济效益。川酒企业具有人力资源的质量与数量，可以说是企业竞争力之源泉。比如，只要成功地识别与引进优秀员工，让其胜任其岗位的工作，就肯定能带来较高的工作效率。帕累托“80/20”效率法则恰好就证实了优秀的人力资本在企业经营管理中具有无法取代的重要作用，也就是企业当中 20%的人能够拥有本企业 80%的财富，而其他 20%的员工创造出了企业 80%的产值。各大川酒企业的竞争优势主要就体现在少数优秀人力资本之中，企业应当为员工们提供适合他们成长与发展的良好工作环境以及硬件设施，而员工也应当不断努力，持续提升本人的人力资本存量。

3.2　人力资源具有的稀缺性能够提升产品的独特性

不管是在怎么优越的条件之下，一个人所能得到的人力资本并且维持的时间都是相当有限的；人力资本的形成以及存量的不断增加则需要不断投入劳动、时间与金钱等稀缺性资源。不同的企业得到稀缺性资源的机会并不平等，但是，在哪些人能够得到这些资源的权力上，不同企业间并不具备天然的不平等性，只是因为不同企业在自身知识与能力上所具有的不平等性，造成了在资源获得与能力决策等方面的差异。因此，川酒企业唯有不断进行创新，才能切实在竞争激烈的酒类市场竞争中赢得主动权。人作为经济活动当中唯一能够产生创新作用的重要因素，一种白酒产品所具有的独一无二性主要依赖于生产、开发这种白酒的员工所具有的创新能力。不同的白酒企业因其所具有的影响企业盈利能力的创新人力资源的状况之不同而导致不同的产品独特性，且员工即便是具有了创造性的想法，其优秀的工作绩效也常常会归功于白酒企业有效人力资源管理所产生的创新精神。所以，川酒企业唯有通过识别和开发本企业人力资源之稀缺性，才能真正形成人无我有的竞争性优势，从而帮助川酒企业获得利润的新增长。

3.3　人力资源具有的难以模仿性是白酒企业获得长期竞争优势的重要基础

川酒企业在实际上用在获得某一竞争优势的大量战略均难以继续保持，这是因为其容易为其他企业所模仿。然而，企业自身所具有的独特的发展历程、文化氛围和特异能力等方面的积累就不容易被其竞争对手加以模仿。所以，运用人力资源所具有的难以模仿性造成的竞争优势常常会比运用其他手段获得的竞争优势显得更加持久。川酒企业加大对创新型人力资源的投资力度，能够让企业员工更为有效地开发与运用企业自身的资源配置，从而让企业能够保持生产、经营、管理等多个环节的协调统一与高效运转，进而形成别的企业所难以替代的独特优势，进而形成本企业的长期竞争优势。

4　基于自主创新能力培育的川酒企业人力资源开发的对策

基于创新能力培育的川酒企业人力资源开发其关注的焦点应当集中在人的创新能力的识别与培育、创新行为的诱导和激励上。人力资源开发的目标：一是通过开发活动提高人的才能；二是通过开发活动增强人的活力或积极性。通过开发来增强人在工作中的活力，才能充分、合理地利用人力资源，提高人力资源的利用效率。以下环节是基于自主创新能力培育的川酒企业人力资源开发的重点内容：

4.1　强化创新管理者的培养

创新管理者具备创新型人才的管理开发能力。所以，要加强对人力资源的创新能力的培育，首先要强化创新管理者的培育，不断改进与优化人力资源的配置。可以先从川酒企业人力资源的招聘抓起，合理地提升白酒行业的入门门槛。白酒企业的管理者应当具有比较高的要求，至少要具备大局观、比较强的组织能力。川酒企业创新管理者应当具备比较丰富的知识与技术能力。川酒企业创新管理者在对人才进行使用的过程中应当处理好企业员工的岗位安排与任务合理配置，不但要实现每一位员工和其岗位之间的相互匹配，让每一位员工的才能均能得到最好的发挥，并且要实现本企业人力资源各项效能的最大化。要依据川酒企业市场竞争之所需，应用价值链管理，把企业的主要员工配置于能够发挥其能力的岗位之上，并且加强对创新人才实施委任与轮岗、更新知识技能等方面的重点培养，从而实现人力资源的最优化配置，不断提高川酒企业的核心竞争力，创造出更大的价值。

4.2 完善创新型人才的测评

创新型人才潜能的测定即明确个人是否具备组织发展所需要的创造性思维和潜能，这是人力资源创新能力开发的首要步骤。对川酒企业来说，创新能力是企业主动适应环境，把握机会，不断开发新产品和新技术的能力，是企业创造力和顽强生命力的体现。川酒企业要做好创新人才的胜任特征和创新能力的培育。

4.3 培训是员工创新能力培育的有效途径

员工对企业自主创新至关重要。没有人力资本，企业创新活动将无法开展。员工知识水平决定了企业对知识做出反应的灵敏度和准确性。企业中的个人或技术团队成员的知识经验越丰富、知识类别越多，越能在工作中创新。有关研究表明，企业自主创新能力与该技术领域中工作人员数量有明显的正相关关系。奇建尼等（Kilkenny M. et al，1999）提出的人力资本模型表明："经济绩效与经验、培训程度和总收入正相关，教育和培训方式可以提高生产率。"员工的技能和能力是可以通过培训提高的。员工创新能力以企业内部培训系统与外部的教育系统为基础。企业内部的培训系统使想法、信息和知识得以有效吸收，员工的学习能力形成创新能力。劳和恩哥（Lau & Ngo，2004）的研究表明："培训在企业文化建设中作用重大，是唯一能带来高水平创新绩效的人力资源管理实践。"可见，企业所实施的培训会对企业创新产生强烈的激励作用。创造学的基本原理是：人人都有创新能力；人的创新能力不是天生的，它可以通过教育、训练而得到提高；当今世界上的一切都不是完美的，他们可以通过创造而变得更完美。员工的创新能力并不是天生的，在很大程度上取决于后天的学习和训练。因此，企业应重视员工素质提升，加大员工培训经费投入，对员工加强创新方面的学习、训练，提升创新技能，从而提高企业的创新水平和持续发展能力。

关于创新能力的培训，战略意义上的员工创新能力培训在理念与技术上不同于岗位知识与技能培训，它建立在创新能力和胜任力测评的基础之上，针对的是员工从事创新活动的关键胜任特征，目的是增强员工取得高绩效的能力、适应未来环境的能力和胜任力发展潜能。组织员工培训主要包括相互联系的三个方面：确定培训内容、设计并实施培训方案、评价培训效能。对于川酒企业的技术研发人员来说，虽然他们在工作中主要是处理与机器、数字或生产工序相关的问题，但优秀的研发人员往往是运用人际技能和团队合作来完成技术创新工作的。创新是创造性地应用知识去提高经济社会中技术和产品的商业价值。如熊彼得所定义的，创新是新技术的大规模商业应用，创新者在市场上敏锐地捕捉新的商业机会，以出色的想象力预见性地开发出新产品，引导消费潮流和技术潮流，等待客户与市场的承认。因此，对研发人员的培训不能仅仅包括专业知识培训，还应该包括影响力培训、成就导向培训、思维风格培训、人际技能培训、团队合作培训、客户服务意识培训等方面。设计并实施培训方案是操作性极强的步骤，除了组织中从事培训的人员的躬亲实践外，理论方面的探讨多围绕着培训的程序、培训的类型、培训的方法、培训的组织实施展开。评价培训效能是对上述两个环节的效用的衡量与评估。

川酒企业的人力资源开发应在传统的学校教育基础上，发展在职培训、考察学习、网上大学、远距离教学、学术讨论、人才沙龙等多种手段，提倡终身教育和自组织学习，以适应企业竞争导致的人才争夺对人力资源的要求。企业通过有针对性的培训是一种提高员工创新能力的有效方法。基于创新能力的企业培训可以开发员工个人潜能，促进企业的技术创新。

4.4 依据市场化原则实施人力资本定价

白酒企业的人力资本价值主要包括了交换价值与剩余价值两大部分。前者主要是指员工的工作能力、技能价值等，具体可以表现为企业员工的工资、奖金以及福利等各个方面的收入；后者主要包括了员工为企业创造出来的经济效益、潜在效益等。白酒企业的人力资本定价可以说是人力资本市场化配置的一种主要表现形式。在中国特色社会主义市场经济体制之下，白酒企业的人力资本定价肯定要严格地遵循市场化运作之原则，不断建立起白酒企业人力资本定价的市场化调节体系。也就是依据人力资本市场的实际供求与竞争体系来调控白酒企业的人力资本定价。

4.5 加大对人力资本创新能力的投资

为进一步加快川酒企业人力资本的积累和增值，一定要加大人力资本创新能力的投资。川酒企业要加大资金方面的投入，运用灵活多变的培训形式，不断降低培训的成本，持续提升培训的效能。要合理应用川酒企业的培训基金和政府的培训补贴，应用培训激励等手段，多层次和多形式地开展培训，从而提升川酒企业人力资本创新能力的效能。要有计划、有组织地开展系统性职前培训与继续教育培训工作。对川酒企业各层次的人力资源开展有针对性的培训教育，从而获得职业资格等级证书等为考察培训质量的标准，从而为各类创新主体提供充足的继续教育与提升自身能力的培训机会，帮助其更好地实现自身价值。要坚持以人为本的原则，培养具备较高分析、决策等能力，并具有较高技术和管理水平的创新型专业人才，从而建立起更高素质的管理和技术创新型人才队伍。

4.6 切实帮助员工做好职业生涯管理

职业生涯管理是长效的创新激励手段，它将个人需要与组织目标结合起来，实现了组织意志向个人意愿的转变，不仅从个人角度增强了创新能力开发的可行性，而且从组织机制上保证了创新能力开发的长效性和战略性。完备的职业生涯管理系统包括职业选择、职业生涯目标的确立、职业生涯路径体系，还包括各类培训、咨询、讲座、组织外学习等活动，同时也包括对组织的诸多相关的人力资源管理政策和措施，比如职业评议制度、内部升迁制度等。组织为了突出创新意识和创新能力培育这一人力资源开发的目标，可以通过各种管理手段和政策干预引导个体在职业生涯规划中做出倾向性的选择。

在当前的竞争态势下，川酒企业应当要求员工不断加强学习，充分更新知识的储备，对于新技术进行持续的探索，从而促进川酒企业员工的持续完善与发展。当然，川酒企业员工的自我发展欲望并不只是局限于对目前现有的职务与工作的胜任，其目标应当是为其今后的职业发展奠定良好的基础，创造出更好的条件。川酒企业应当协助员工实施职业生涯方面的规划，对于员工的自我发展欲望进行激励和支持，如此，才能更加有效地控制企业和员工个体在目标整合过程中所出现的偏差，并且避免由此而导致的员工在工作主观能动性上的缺失。川酒企业人力资源创新管理应当对员工实施系统化的培训教育工作，从而为员工们提供持续提升个人技能的良好机会，帮助员工具备终生就业的能力。

4.7 完善创新能力开发的激励机制

完善激励机制有助于员工创新能力的发挥，这是将具体的创新能力开发活动上升到机制保障的层面。川酒企业要给员工发挥创造能力的机会，奖励他们的创新成果，员工就会在工作中积极发挥创新能力。激励机制包括两个方面的内容：一方面培训本身就是激励员工创新激情的一种必要手段；另一方面，将员工在工作中发挥创新能力的情况纳入绩效考核指标体系中，根据培训效果对员工进行晋升、薪酬或精神层面的激励。

在人才争夺日趋激烈的状况下，白酒企业在人力资源开发战略上都把拥有一支高素质的人才队伍作为追求目标。为了得到最好的人才，各企业不惜采用高薪酬、高福利等政策吸引人才。川酒企业为了吸引包括高级管理人员到技术工人在内的各类人才，可以因人而异地增加其享受福利待遇的项目，诸如医疗保险、健康保险、养老保险、带薪休假等福利，加强对人才的吸引力和保留力度，激励他们努力工作。川酒企业还可以考虑建立自助餐式的福利政策，由企业给予员工一定的福利点数，员工可在点数范围内随意挑选喜欢的福利项目（每项福利均标有所需点数），使福利的效用达到最大化。同时，与之相辅相成的还有公开激励措施，员工有发明创造、为企业节省支出、增加收入甚至为企业推荐了人才等，都可以按金额的一定比例提成。创新的过程充满了风险，为了激励创新，要给创新者足够的回报，为此川酒企业必须保护创新者的知识产权，建立以保护知识产权为核心的创新激励机制，采取以智力成果获得期权或股权的形式实现对创新者的中长期激励。

4.8 创建学习型川酒生产企业

学习型企业的最大特点在于创新，与加强员工创新能力培育的目的一致。因此将两者结合起来，更能提高企业的自主创新能力。彼得·圣吉认为成功企业必定是学习型组织，有竞争力的企业必定是比竞争对手学习得更好更快的企业。学习型企业不仅致力于学习知识和技能，而且把学习作为员工和企业共同成长的方式。在学习型企业中的成员扬弃旧的思维方式，彼此相互学习，坦诚交流，熟悉企业运作流程，认同企业的发展战略，制定自己的职业发展规划，共同实现愿景。企业创新的前提是企业学习，要求把培训转化为持续创造能力，实现员工和企业共同发展。同时，企业对创新型人才的吸引力也在于提供培训和经验的能力，甚至比报酬更重要。

白酒企业面临的市场竞争日趋激烈，同时，科学技术进步正推动着白酒行业的发展，创新是创造财富的源泉。除了培训项目规划外，还可以通过换岗交流，跨部门跨地区流动任职来培养员工的技术及管理的创新能力；也可以在企业内组成跨部门学习团队，促进知识在组织内扩散与分享。

企业核心竞争力取决于员工创造性地利用其所掌握的知识技能，开拓性地整合企业内外部资源的能力，实现可持续发展。川酒企业应当全面树立起以人为本的理念，建立起以创新型人才为发展基础，致力于实现企业持续发展的经营管理机制，依据提升川酒企业创新能力的要求，健全完善人力资源开发的激励体系，从而推动川酒企业自主创新能力的提升。

参考文献

[1] 陈一君. 基于白酒产业结构的四川白酒企业集群研究［J］. 改革与战略，2009（8）.

[2] 刘叶问. 现代企业创新型人力资本管理问题研究［M］. 长沙：湖南师范大学出版社，2008.

[3] 孙冰. 管理之痛——人力资本最大化［M］. 天津：南开大学出版社，2009.

[4] 严鹏. 企业创新能力的研究［J］. 生产力研究，2007（19）.

[5] 何敏. 人力资本对我国企业管理的创新研究［J］. 企业导报，2009（9）.

川酒上市公司财务指标比较研究[①]

张春国[②]

摘要：财务指标比较研究是运用特定的指标，采用科学的方法，对企业一定期间的经营绩效及其相关内容进行客观评价，以衡量企业财务目标实现的程度。川酒上市公司财务指标比较研究是运用一系列指标和方法，评价其为股东创造价值的能力。酿酒企业普遍采用预收款销售，因“窖藏”而存货很高，导致流动比率、速动比率偏高成为正向评价指标，应收账款周转率奇高、而存货周转率很低又成为酿酒行业的另一特色；选择15个评价指标，采用因子分析法评价酿酒行业上市公司的财务竞争力，用K-均值聚类分析法对因子综合得分进行分类，将酿酒行业上市公司分为5类；选择6个指标，采用DEA模型评价白酒上市公司2009—2011年经营绩效。川酒上市公司在财务竞争力和经营绩效上各有千秋。

关键词：川酒；上市公司；财务竞争力；经营绩效；因子分析；聚类分析；DEA

1　前言

1.1　相关文献综述

早在20世纪末就有学者对白酒类上市公司的财务指标进行过研究。陈金绪、李建良（1998）认为湘酒鬼现金收不抵支，经营活动现金收支有恶化迹象。秀荣（1998）认为白酒类上市公司整体表现为盈利能力强，货款回笼速度较快，偿债能力适中，但行业特点造成存货余额普遍较大，存货周转速度慢，股本扩张能力一般。陈晖霞（2001）认为白酒行业市场需求稳定，产品附加值高，相关上市公司业绩较好，并能保持相当的增长率。胡运生（2002）认为2001年白酒类上市公司整体业务萎缩，业绩下滑，白酒行业需依靠多种经营和产业转型谋求出路；赵雷（2002）也认为2001年白酒类上市公司整体业绩滑坡，生存压力增大。张芸（2006）认为2005年白酒企业出现了两极分化，贵州茅台、五粮液和汾酒业绩较好，全兴股份业绩一般，泸州老窖、古井贡和沱牌曲酒业绩较差，而伊力特则出现了亏损。张若钦（2008）认为泸州老窖、贵州茅台、水井坊、古井贡酒等公司的要素生产力居于行业领先地位，品牌企业五粮液正在丧失其原有的优势地位，沱牌曲酒则颓势尽显，酒鬼酒、金种子酒等通过重组剥离已焕发出生机。方美艳（2009）认为四川白酒

---

① 基金项目：四川省哲学社会科学重点研究基地、四川省教育厅人文社科重点研究基地——四川理工学院川酒发展研究中心（CJYB10-11）研究成果。

② 张春国（1964—），男，四川威远人，副教授，主要从事财务管理方面的研究。

业的优势表现在：整体基础较好；行业规模大，在国际国内白酒市场上已占有较大的市场份额；知名企业和知名品牌众多，行业整体效益较好；政府历来重视并积极扶持。四川白酒业的劣势包括：产业集中度较低，区域内竞争过于激烈；物流状况较差；人才尤其是营销人才极度缺乏；部分白酒企业与原产地在发展中逐渐显现出“瓶颈”效应。对白酒类上市公司财务指标的研究呈现出以下四个特点：一是在不同时期，同一家白酒企业的绩效存在较大的差异，就连五粮液也不例外，说明白酒行业的经营绩效不够稳定；二是对白酒行业上市公司的研究不具有持续性，某些年份有关白酒上市公司的研究文献很少见；三是白酒行业上市公司的经营业绩普遍好于其他行业，而川酒在白酒行业中整体经营业绩较好，评价普遍较高；四是对白酒行业上市公司进行研究基本都涉及川酒，说明川酒在中国白酒行业中占有相当的地位，但从来没有以川酒为整体加以研究的。

1.2 研究的目的、意义

四川是全国著名的白酒产区，全国 17 大名酒中有 6 个出自四川。川酒也是四川最具特色的优势产业之一，更是四川食品工业的支柱产业。在我国经济持续高速发展特别是消费升级的大背景下，川酒对四川社会经济发展的贡献越来越大，受到省委省政府的高度重视，为此制订了“打造长江上游名酒经济带”和“中国白酒金三角”的发展战略，给四川白酒行业的发展注入了强劲动力，四川白酒产业不断跃上新台阶，2007 年四川白酒以 86 万吨的产量超过山东省位居全国第一，替代山东连续十五年位居中国白酒产量第一的霸主地位；2010 年四川白酒实现主营业务收入 1 056. 81 亿元，突破千亿元大关，提前两年实现千亿元产业目标。为有效保护中国白酒金三角（川酒）地理标志产品，规范中国白酒金三角（川酒）地理标志专用标志的申请、使用和管理，保持中国白酒金三角（川酒）的质量和特色，四川省办公厅于 2012 年 8 月 1 日发布了《中国白酒金三角（川酒）地理标志产品保护办法》，标志着川酒将迎来新一轮发展契机。

川酒上市公司是四川白酒行业的代表，本课题从两个角度展开研究：一是以川酒上市公司整体作为研究对象，通过比较川酒上市公司和全国白酒行业其他上市公司的财务指标，评判川酒上市公司的运营能力、盈利能力和发展能力，揭示川酒上市公司的发展趋势、变化原因及其内在逻辑关系，明确川酒在中国白酒行业中的地位和竞争能力，寻找川酒的优势与不足，剖析影响川酒发展的外部环境因素，为实施“打造长江上游名酒经济带”以及“中国白酒金三角”战略提供建设性建议。二是以每个川酒上市公司作为研究对象，分别对其偿债能力、营运能力、盈利能力以及股本扩张能力等财务竞争力进行研究，以评价公司的财务风险、资产运营效率和投资价值；应用实证分析结果对每个川酒上市公司的影响因素进行研究，探寻每个川酒上市公司经营管理的薄弱环节，有针对性地提出改进建议，以期对川酒上市公司的管理决策提供一定的帮助。

2 川酒上市公司财务指标的比较研究

2.1 主要研究方法

本课题采用静态分析和动态分析相结合的方法，运用因子分析法评价 2010 年 26 家酿酒行业上市公司的财务竞争力，在此基础上采用 K-均值聚类分析法对酿酒行业上市公司的财务竞争力加以分类；运用数据包络（DEA）模型对 2009—2011 年 14 家白酒上市公司的相对绩效进行动态评价。

2.2 酿酒行业上市公司财务竞争力评价

2.2.1 样本及评价指标的选择

参照财政部颁发的《国有资本金效绩评价规则》，结合国资委颁发的《中央企业负责人经营业绩考核暂行办法》，选用了绩效评价体系和考核办法中的部分指标，结合酿酒行业上市公司的特点，主要从偿债能力、营运能力、盈利能力、发展能力和财务规模五个方面来评价酿酒行业上市公司财务竞争力，最终选取 15 个评价指标（见表 1）。

表 1　财务竞争力评价指标

评价内容	评价指标	计算方法	评价标准
偿债能力	流动比率 x_1	流动资产/流动负债	正
	速动比率 x_2	速动资产/流动负债	正
	资产负债率 x_3	负债总额/资产总额	逆
营运能力	流动资产周转率 x_4	营业收入/流动资产平均余额	正
	总资产周转率 x_5	营业收入/总资产平均余额	正
盈利能力	销售毛利率 x_6	销售毛利/销售收入净额	正
	资产报酬率 x_7	净利润/总资产平均余额	正
	净资产收益率 x_8	净利润/净资产平均余额	正
	基本每股收益 x_9	净利润/普通股平均总股本	正
发展能力	主营收入增长率 x_{10}	本期主营收入/上期主营收入-1	正
	总资产增长率 x_{11}	期末资产总额/期初资产总额-1	正
	净资产增长率 x_{12}	期末净资产/期初净资产-1	正
财务规模	期末总资产 x_{13}		正
	主营业务收入 x_{14}		正
	经营现金净流量 x_{15}		正

以 2010 年年报数据完整的 26 家酿酒行业上市公司为研究样本，样本数据来自同花顺金融网站（http://www.10jqka.com.cn/）。

2.2.2 因子分析适用性检验

首先采用倒数方法将逆向评价指标正向化，接下来采用 Z-score 标准化法，根据财务数据的均值和标准差对财务数据标准化，使标准化后的变量均值为0，方差为1。对标准化后的数据进行巴特利特球度检验和KMO检验，以判断数据是否适合进行因子分析。检验结果KMO值0.626，大于0.60；在Bartlett检验中，卡方检验结果表明，Bartlett球形检验的卡方统计值为354.766，相伴概率0.000小于显著性水平0.05。KMO检验和Bartlett检验均表明该研究适合进行因子分析。

2.2.3 测定公因子数量，求解因子载荷

利用SPSS17.0进行主成分分析获得的因子特征值与贡献率（主要部分）见表2。数据表明，有五个变量的特征值大于1，它们一起解释了财务竞争力方差的87.794%，就是说提取的公因子数量达到5个时的累计方差贡献率达到87.794%，表明公因子包含了较为充分的原始信息量，丢失信息较少，用它们来代替原有变量进行财务竞争力评价是可行的。从碎石图（见图1）也可以看到能够表现因子的特征值在第5个之后发生明显的拐点，根据特征值大于1，累积方差贡献率不小于70%的原则，可以将公共因子数目确定为五个，分别用F_1、F_2、F_3、F_4、F_5来表示。

表2　　因子特征值与贡献率

因子	初始值			提取的因子载荷			旋转后的因子载荷		
	特征值	方差%	累积方差%	特征值	方差%	累积方差%	特征值	方差%	累积方差%
1	6.109	40.724	40.724	6.109	40.724	40.724	3.140	20.933	20.933
2	2.397	15.979	56.702	2.397	15.979	56.702	2.912	19.414	40.347
3	1.937	12.912	69.615	1.937	12.912	69.615	2.635	17.568	57.915
4	1.665	11.100	80.715	1.665	11.100	80.715	2.512	16.750	74.664
5	1.062	7.079	87.794	1.062	7.079	87.794	1.969	13.130	87.794
6	0.400	2.665	90.459						
7	0.386	2.572	93.031						

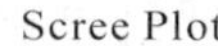

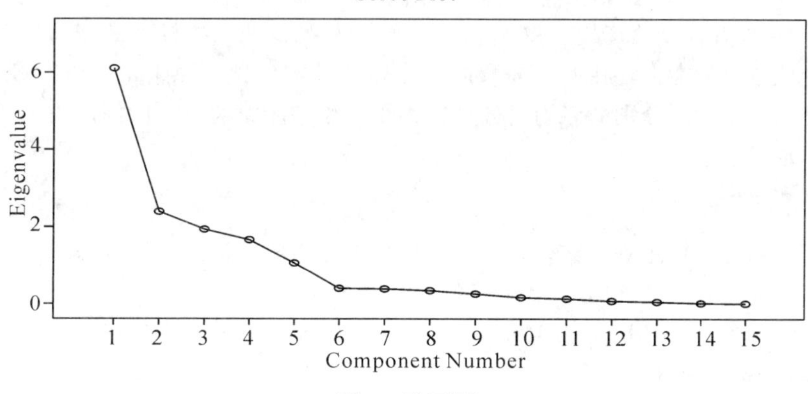

图1　碎石图

2.2.4 建立因子载荷矩阵，对因子命名

确定5个公共因子后，采用最大方差法进行因子旋转得到5个因子旋转后的因子载荷矩阵（见表3），分析各个指标在因子上的载荷大小，对因子进行命名。

表3　　旋转后的因子载荷矩阵

指　标	Component				
	1	2	3	4	5
期末总资产（亿元）	0. 958	0. 217	0. 049	0. 088	0. 002
主营业务收入（亿元）	0. 923	0. 135	0. 007	0. 088	0. 218
经营现金净流量（亿元）	0. 909	0. 306	0. 084	0. 150	-0. 069
销售毛利率（%）	0. 257	0. 863	-0. 017	0. 012	-0. 136
资产报酬率（%）	0. 243	0. 785	0. 225	0. 376	0. 280
净资产收益率（%）	0. 166	0. 737	0. 160	0. 348	0. 418
基本每股收益（元）	0. 487	0. 661	0. 152	0. 251	-0. 035
资产负债率（%）	-0. 054	-0. 094	0. 914	-0. 112	0. 086
流动比率	0. 031	0. 234	0. 905	0. 146	-0. 127
速动比率	0. 234	0. 159	0. 842	0. 312	-0. 064
净资产增长率（%）	0. 033	0. 051	0. 264	0. 852	0. 203
总资产增长率（%）	0. 284	0. 240	0. 117	0. 840	0. 121
主营收入增长率（%）	0. 071	0. 398	-0. 208	0. 705	-0. 323
流动资产周转率（次）	0. 022	-0. 110	-0. 168	-0. 090	0. 918
总资产周转率（次）	0. 095	0. 306	0. 085	0. 283	0. 784

从表3看出，公共因子 F_1 在期末总资产 x_{13} 、主营业务收入 x_{14} 和经营现金净流量 x_{15} 三个指标上的载荷较高，该因子主要反映企业的财务规模；因子 F_2 主要在销售毛利率 x_6、资产报酬率 x_7、净资产收益率 x_8 和基本每股收益 x_9 四个指标上的载荷较高，该因子主要反映企业的盈利能力；因子 F_3 主要在资产负债率 x_3、流动比率 x_1、速动比率 x_2 三个指标上的载荷较高，该因子主要反映企业的偿债能力；因子 F_4 主要在净资产增长率 x_{12} 、总资产增长率 x_{11} 、主营收入增长率 x_{10} 三个指标上的载荷较高，该因子主要反映企业的发展能力；因子 F_5 主要在流动资产周转率 x_4、总资产周转率 x_5 两个指标上的载荷较高，该因子主要反映企业的营运能力。在此，提取的五个因子基本包含了原来15个指标所反映的信息，可以把这五个因子分别命名为财务规模因子、盈利能力因子、偿债能力因子、发展能力因子和营运能力因子。

2.2.5　计算因子得分

根据因子得分系数矩阵，结合各财务指标标准化后的数据，计算各样本公司在公共因子 F_1、F_2、F_3、F_4、F_5 上的得分。各因子的得分函数如下：

$$F_1=-0.056Z_1+0.048Z_2-0.014Z_3+0.024Z_4-0.053Z_5-0.082Z_6-0.093Z_7-0.118Z_8+0.058Z_9-0.075Z_{10}+0.041Z_{11}-0.033Z_{12}+0.382Z_{13}+0.382Z_{14}+0.338Z_{15}$$

$$F_2=0.064Z_1-0.076Z_2-0.062Z_3-0.075Z_4+0.063Z_5+0.488Z_6+0.317Z_7+0.31Z_8+0.23Z_9+0.065Z_{10}-0.152Z_{11}-0.226Z_{12}-0.113Z_{13}-0.162Z_{14}-0.061Z_{15}$$

$$F_3=0.352Z_1+0.313Z_2+0.396Z_3-0.047Z_4+0.005Z_5-0.053Z_6+0.025Z_7+0.005Z_8+0.004Z_9-0.17Z_{10}-0.036Z_{11}+0.037Z_{12}-0.011Z_{13}-0.022Z_{14}-0.006Z_{15}$$

$$F_4=-0.045Z_1+0.071Z_2-0.123Z_3-0.062Z_4+0.035Z_5-0.226Z_6-0.027Z_7-0.031Z_8-0.054Z_9+0.354Z_{10}+0.419Z_{11}+0.469Z_{12}-0.041Z_{13}-0.027Z_{14}-0.025Z_{15}$$

$F_5 = -0.074Z_1 - 0.051Z_2 + 0.067Z_3 + 0.492Z_4 + 0.387Z_5 - 0.108Z_6 + 0.097Z_7 + 0.174Z_8 - 0.063Z_9 - 0.228Z_{10} + 0.005Z_{11} + 0.06Z_{12} - 0.028Z_{13} + 0.088Z_{14} - 0.071Z_{15}$

Z 值为各财务分析指标的标准化数据。

根据得分函数计算的各样本公司在每个公共因子上的得分值及排名情况见表 4。

结合旋转后各因子的贡献率和样本公司在各因子上的得分，计算样本公司因子综合得分，计算公式如下：

$$F = \frac{20.933 \times F_1 + 19.414 \times F_2 + 17.568 \times F_3 + 16.750 \times F_4 + 13.130 \times F_5}{87.794}$$

各样本公司综合得分及排名结果见表 4。

表 4　　因子得分表

上市公司	因子 F_1		因子 F_2		因子 F_3		因子 F_4		因子 F_5		综合 F	
	得分	排名	得分	排名	得分	排名	得分	排名	得分	排名	得分	排名
贵州茅台	2.206	2	1.704	2	0.922	6	-0.582	22	-1.013	21	0.825	1
洋河股份	0.733	5	0.997	6	0.000	12	2.240	2	-0.585	18	0.735	2
五粮液	2.877	1	-0.046	12	0.017	11	0.353	6	-0.572	17	0.661	3
青岛啤酒	2.194	3	-0.890	20	-0.230	14	-0.159	15	1.539	3	0.480	4
泸州老窖	-0.195	8	1.541	3	0.122	10	0.162	7	0.544	7	0.431	5
金种子酒	-0.601	22	-1.364	26	1.139	2	3.109	1	0.331	11	0.426	6
张裕 A	-0.290	11	1.909	1	0.299	8	-0.425	20	0.418	9	0.394	7
古井贡酒	-0.838	26	1.334	5	-0.499	17	0.686	4	0.879	5	0.258	8
山西汾酒	-0.583	21	1.346	4	-0.190	13	0.381	5	0.193	13	0.222	9
惠泉啤酒	-0.392	14	-0.956	22	3.312	1	-1.325	24	0.758	6	0.218	10
燕京啤酒	1.169	4	-0.943	21	-0.550	18	-0.179	17	0.930	4	0.065	11
金枫酒业	-0.662	23	0.206	9	1.006	4	-0.424	19	0.232	12	0.043	12
水井坊	-0.710	24	0.821	8	0.983	5	-1.371	25	-0.156	15	-0.076	13
重庆啤酒	-0.282	9	-0.036	11	-1.167	26	-0.412	18	2.031	1	-0.084	14
兰州黄河	-0.485	17	-0.376	16	0.551	7	-0.094	12	0.105	14	-0.091	15
古越龙山	-0.532	19	-0.958	23	0.288	9	1.315	3	-0.826	20	-0.154	16
伊力特	-0.535	20	0.167	10	-0.378	15	-0.094	11	-0.190	16	-0.213	17
西藏发展	-0.358	13	-0.962	24	1.111	3	-0.171	16	-0.802	19	-0.228	18
啤酒花	-0.422	15	-0.570	17	-0.991	23	-0.542	21	1.810	2	-0.257	19
珠江啤酒	0.063	6	-0.882	19	-0.725	19	-0.102	13	0.417	10	-0.282	20
老白干酒	-0.524	18	-0.197	13	-1.149	25	0.031	8	0.523	8	-0.314	21
酒鬼酒	-0.820	25	0.885	7	-0.771	21	-0.024	9	-1.117	23	-0.326	22
沱牌舍得	-0.336	12	-0.346	15	-0.435	16	-0.107	14	-1.097	22	-0.428	23
ST 中葡	-0.428	16	-0.344	14	-0.728	20	-0.044	10	-1.578	26	-0.568	24
* ST 通葡	-0.283	10	-0.850	18	-0.902	22	-0.652	23	-1.277	24	-0.751	25
ST 皇台	0.036	7	-1.191	25	-1.037	24	-1.570	26	-1.496	25	-0.986	26

一般而言，因子得分在 0 以上，说明该因子能力较强，得分越高该能力越强；综合得

分在0以上，其财务竞争力较强，并且得分越大财务竞争力越强。从综合得分及排名情况看，贵州茅台、洋河股份及五粮液等12家公司的综合得分为正数，表明财务竞争力较强，位居三甲中的贵州茅台和五粮液是我国最知名的两大白酒品牌，洋河股份则是最近几年崛起的白酒企业。知名品牌如青岛啤酒、泸州老窖、张裕A、山西汾酒等综合排名靠前。而水井坊、重庆啤酒以及兰州黄河等14家公司综合得分为负数，表明财务竞争力较弱，垫底的则是三家ST公司。

2.2.6 聚类分析

采用K-均值聚类分析方法对各样本公司因子得分进行分类，通过尝试，最终分为五类较为合理。第一类只有贵州茅台和五粮液两家公司，这两家公司的规模因子得分和综合得分居前，其余因子得分也较为靠前，属于大品牌、规模效益好、财务竞争力极强的公司。第二类包括西藏发展、酒鬼酒、沱牌舍得、ST中葡、*ST通葡和ST皇台6家公司，这类公司属于营运能力很差、综合素质也很差，需要从各个方面来提升财务竞争力。第三类包括洋河股份、金种子酒和古越龙山3家公司，这类公司的发展能力非常突出，偿债能力表现较好，财务竞争力比较靠前，但在财务规模和盈利能力上需要提升。第四类数量最多，包括青岛啤酒、泸州老窖、张裕A、古井贡酒、山西汾酒、燕京啤酒、重庆啤酒、兰州黄河、伊力特、啤酒花、珠江啤酒、老白干酒12家公司，这类公司既不在某方面特别突出，也不在某方面特别差，但都还有提升的空间和潜力，财务竞争力表现一般。第五类包括惠泉啤酒、金枫酒业和水井坊3家公司，这类公司的偿债能力突出，盈利能力和营运能力较好，但财务规模和发展能力需要提升，财务竞争力居于中上水平。

2.2.7 提升川酒上市公司财务竞争力的建议

从表4综合得分及排名情况看，川酒上市公司中，五粮液财务竞争力综合排名第三、泸州老窖排名第五，川酒上市公司在前5名中抢得两个席位，说明川酒在全国酿酒行业中具有极强的财务竞争力。这一结果较刘红、帅富成（2008）对酿酒行业上市公司绩效评价中泸州老窖综合绩效排名第六、五粮液排名第八的状况有较大提升。而水井坊、沱牌舍得分别由原排名第10、第12位分别降至现在的第13位和第23位。

五粮液在规模因子上排名第1，发展能力因子上排名第6，其余三个因子上排名居中，综合排名第3。作为我国知名的高端白酒品牌，有着极强的财务竞争能力。公司紧紧抓住“中国白酒金三角”建设这一战略机遇，2010年商品酒生产能力达到45万吨，成为世界上最大的酿酒生产基地。“五粮液”品牌在2010年中国最具价值品牌评估中以526亿元综合排名第四，连续16年位居食品行业榜首。五粮液在加快国际化战略推动下，本着“创新求进，永争第一”的企业精神，加强产品开发和技术管理创新，加大核心品牌和重点品牌的打造力度，不断提升高端白酒的市场占有率，加强营销渠道拓展和网络建设，因此预期其财务竞争力是可以持续的。

泸州老窖各项因子排名都较为靠前，综合排名第5。作为中国白酒一线品牌，泸州老窖有着很强的财务竞争能力。泸州老窖管理层清醒地认识到企业面临“前有标兵、后有追兵”的竞争态势，本着提升核心品牌、抢占高端白酒市场，强化基础管理、梳理公司结构和组织架构，加大管理型人才和技术管理型人才的培养、保障公司长远发展等经营策略，相信其财务竞争力也是可以持续的。

水井坊综合排名居中，沱牌舍得综合排名靠后。二者都属于二线白酒品牌，都面临品牌更名后，如何进一步获得市场特别是消费者认可的问题。公司应努力提升品牌知名度，品牌是白酒行业的核心竞争力，应加强品牌宣传和营销网络建设，不断提高市场占有率；在研发投入上，应该根据实际情况，着力于中高端二线白酒研发，走系列化白酒发展之路；加强质量管理，不断提升产品品质；加大技术型人才和管理管理型人才的培养；充分借助“中国白酒金三角”建设这一战略东风，利用四川省政府发展四川白酒优势产业的各项政策，两家公司的财务竞争力将会有显著提升。

2.3 基于 DEA 模型的白酒行业上市公司经营绩效评价

2.3.1 DEA 方法的基本原理及模型

DEA 方法是使用数学规划模型评价同时具有多个输入和多个输出的同类型决策单元（DMU）相对效率的一种非参数系统分析方法，应用领域涉及经济、金融、社会、科研、教育、医疗、资源环境等各种以盈利、非盈利为目标的机构或组织。

DEA 方法的基本思想是把每一个评价对象作为一个决策单元（DMU），由众多类似的决策单元构成被评价群体。每个决策单元都具有相同的输入和输出两类评价指标，以评价指标的权重为变量进行运算，通过计算输出、输入比率，确定各决策单元是否有效。DEA 有效包括技术有效和规模有效，技术有效是指该决策单元用最少的输入实现出最大的输出，而规模有效不仅要求该决策单元达到技术有效，还要求它投入规模必须为最佳。

本研究采用 C^2R 模型对我国白酒行业上市公司经营绩效进行评价。

2.3.2 DEA 模型的特点及适用性

DEA 作为绩效评估方法，与其他方法相比具有突出的优点。首先，DEA 方法可以用于对具有多投入、多产出的多个决策单元的生产（或经营）绩效评价，它可以避免传统方法因为各指标量纲的不同而寻求权重因素所带来的诸多困难，其评价结果相对而言比较客观；其次，DEA 模型中投入、产出指标的权重可以建立数学规划模型，然后根据实际的数据产生，而不是事先给定投入与产出的权重系数，消除人为主观因素的影响，可以避免在权重分配时评价者的主观意愿对评价结果造成人为的影响；最后，DEA 方法是一种典型的非参数估计方法，应用该方法评价时无须设定评价函数的具体形式，投入产出采用隐函数的形式，不同决策单元的评价函数及其参数是可变的，针对各决策单元都将通过数学规划模型的手段给出最优的投入产出函数，使用起来相对简单。

DEA 方法是运用数学工具评价经济系统生产前沿面相对有效性的非参数方法，它适用于多投入、多产出、多目标决策单元的绩效评价，评判各决策单元的技术有效性和规模有效性。

2.3.3 样本及评价指标的选取

以现有 14 家白酒上市公司作为样本，选取年初资产总额（万元）（X_1）、营业成本（万元）（X_2），以及期间费用（万元）（X_3）3 个总量指标作为输入指标，选取营业收入（万元）（Y_1）、净利润（万元）（Y_2），以及经营活动现金净流量（万元）（Y_3）3 个总量指标作为输出指标。样本数量超过评价指标数量的 2 倍，符合 DEA 分析方法的要求。收集各公司 2009—2011 年报数据作为评价指标，资料来源于同花顺网站（http://www.10jqka.com.cn/）。

2.3.4 数据无量纲化

由于所收集的评价指标具有不同的量纲，且有些输出指标还是负数，运用 C^2R 模型难以求出线性规划模型最优解。为便于求解和分析，需要将所有评价指标无量纲化。

设某评价指标为 z_{ij}（i 为分析指标顺序号，j 为 DMU 顺序号），令 $\text{Max}\ z_{ij} = m_i$，m_i 为第 i 项指标的最大值，$\text{Min}\ z_{ij} = n_i$，n_i 是第 i 项指标的最小值。考虑到各 DMU 在同类评价指标上的差距达上百倍之巨，将每一项评价指标转化为 $z'_{ij} = 0.001 + \frac{z_{ij} - n_i}{m_i - n_i} \times 0.999$，成为 0.001 至 1 之间的正数，基本能体现各评价指标之间的实际差距。

2.3.5　计算分析

将无量纲数据导入 MaxDEA5.2 软件，运用 C^2R 模型，得出各上市公司 2009—2011 年白酒行业各上市公司的技术效率、纯技术效率以及规模效率，分别见表 5、表 6。

表 5　2009—2011 年白酒行业上市公司技术效率及纯技术效率对比表

上市公司	技术效率					纯技术效率				
	2009 年	2010 年	2011 年	平均值	排序	2009 年	2010 年	2011 年	平均值	排序
ST 皇台	1	1	1	1	1	1	1	1	1.000 0	1
古井贡酒	0.489 1	0.812 8	1	0.767 3	9	0.703 5	1	1	0.901 2	9
贵州茅台	1	1	1	1	1	1	1	1	1.000 0	1
金种子酒	0.683 5	0.676 4	0.708 2	0.689 4	10	0.891 2	0.834 4	0.766 8	0.830 8	11
酒鬼酒	1	0.640 7	0.834 8	0.825 2	7	1	0.699 1	1	0.899 7	10
老白干酒	0.669 7	0.572 7	0.624 9	0.622 4	12	0.8	0.637 3	0.810 7	0.749 3	12
泸州老窖	0.742	1	1	0.914 0	5	0.92	1	1	0.973 3	7
青青稞酒	1	1	1	1	1	1	1	1	1.000 0	1
山西汾酒	0.721 9	0.896 6	0.935 9	0.851 5	6	1	1	1	1.000 0	1
水井坊	0.542 4	0.527 5	0.698 9	0.589 6	13	0.685	0.609	0.699	0.664 3	13
沱牌舍得	0.410 7	0.538 1	0.496 2	0.481 7	14	0.488 5	0.560 2	0.500 4	0.516 4	14
五粮液	0.659 2	0.688 7	0.691 4	0.679 8	11	1	1	1	1.000 0	1
洋河股份	0.684 2	0.840 3	0.861 1	0.795 2	8	1	1	1	1.000 0	1
伊力特	0.979	0.856 3	0.969 5	0.934 9	4	1	0.916 9	0.978 6	0.965 2	8
平 均	0.755 8	0.789 3	0.844 4	0.796 5	—	0.892	0.875 5	0.911 1	0.892 9	—

1. 技术效率分析

从表 5 看出，白酒行业连续 3 年技术效率的平均值逐年提升，这得益于我国人均国内生产总值增长到特定阶段带来的消费升级。三年总平均的技术效率达到 0.796 5，说明白酒行业投入的冗余度达 20.35%，投入、产出效率还有较大的提升空间。就个股而言，连续 3 年处于生产前沿面的上市公司只有贵州茅台、青青稞酒、ST 皇台 3 家，从而反映出这 3 家公司的技术水平、管理能力与其经营规模相适应，其投入与产出达到最佳匹配。川酒上市公司中，泸州老窖的技术效率处于较高水平，五粮液、沱牌舍得和水井坊效率低下，投入冗余程度相当严重，三年平均分别达到 32.02%、41.04%、51.83%。

2. 纯技术效率分析

从表 5 可以看出，白酒行业的纯技术效率比技术效率更好一些。有 6 家公司连续 3 年的纯技术效率均为 1，达到纯技术绩效有效，2011 年纯技术绩效有效的公司数量达到 9 家之多，占样本数量的 64.29%，而技术有效的公司数量只有 5 家，占样本数量的 35.71%。

分析结果表明我国白酒行业投入要素组合较为合理，取得了较好的产出效果。川酒上市公司中，五粮液、泸州老窖表现较好，水井坊和沱牌舍得的投入要素组合很差。

表 6　　2009—2011 年白酒行业上市公司规模效率对比表

上市公司	2009 年		2010 年		2011 年	
	规模效率	规模报酬	规模效率	规模报酬	规模效率	规模报酬
ST 皇台	1	不变	1	不变	1	不变
古井贡酒	0.695 2	递减	0.812 8	递减	1	不变
贵州茅台	1	不变	1	不变	1	不变
金种子酒	0.766 9	递减	0.810 7	递减	0.923 5	递减
酒鬼酒	1	不变	0.916 5	递增	0.834 8	递减
老白干酒	0.837 1	递减	0.898 5	递减	0.770 8	递减
泸州老窖	0.806 5	递减	1	不变	1	不变
青青稞酒	1	不变	1	不变	1	不变
山西汾酒	0.721 9	递减	0.896 6	递减	0.935 9	递减
水井坊	0.791 9	递减	0.866 2	递减	0.999 8	递增
沱牌舍得	0.840 8	递减	0.960 6	递减	0.991 6	递增
五粮液	0.659 2	递减	0.688 7	递减	0.691 4	递减
洋河股份	0.684 2	递减	0.840 3	递减	0.861 1	递减
伊力特	0.979	递减	0.933 9	递减	0.990 8	递增

3. 规模效率分析

从表 6 看出，连续 3 年规模报酬保持不变的公司有贵州茅台、青青稞酒、ST 皇台 3 家，到 2011 年增加了古井贡和泸州老窖两家。连续 3 年规模报酬递减的公司有金种子酒、老白干酒、山西汾酒、五粮液和洋河股份 5 家，到 2011 年又增加了酒鬼酒，说明这几家公司在总资产、营业成本和期间费用上投入过大，影响了投入产出效率，应着眼于投入规模及成本费用控制，提高投入产出的规模报酬。没有连续 3 年规模报酬递增的公司，但 2011 年规模报酬递增的公司有水井坊、沱牌舍得和伊力特 3 家，这些公司可考虑适当增加投入、扩大公司规模，以增加公司产出，提高规模效益。

2.3.6　提升四川白酒经营绩效的几点建议

在国家拉动内需以及居民消费升级大背景下，白酒行业出现了难得的发展机遇，但不是每一个企业都能抓住这一提升企业经营绩效的难得机会，表现在白酒行业上市公司整体技术效率以及规模效率都不是很高，就连一些知名白酒品牌如五粮液、洋河股份、水井坊等公司的表现都不尽如人意，反而让 ST 皇台的经营绩效在白酒行业居于领先水平。我们只能这样理解：ST 皇台这样的公司在常规评价标准下，其绩效表现并不理想，但在 DEA 评价方法下，却能比其他白酒上市公司以相对低的投入获得相对效率很高的产出，反过来说明其他白酒企业存在着相当大的提升空间。为此对川酒上市公司提出以下几点建议：

1. 抓住消费升级给川酒带来的高速发展机遇

白酒行业步入高速发展期，行业发展速度远超过国内生产总值增速，仅以本研究收集到的数据为例，14 家白酒上市公司 2009—2011 年的营业总收入分别为 387.76 亿元、526.26 亿元、767.9 亿元，2010 年、2011 年环比分别增长 35.72%和 45.92%；3 年的净利润总和分别为123.28亿元、162.03亿元、259.17亿元，2010年、2011年分别比上年增长31.43%、59.95%。业界预计未来10年将成为中国白酒业的稳定发展时期，因此，每一个四川白酒企业都应该抓住这一难得的发展机遇拓展品牌形象、构建营销网络、加强成本控制，以使企业在竞争中处于有利地位。

2. 深挖企业内部潜力，提高管理的精细度

虽然白酒行业迎来了高速发展期，但川酒技术效率并不高，在资产总额、营业成本以及期间费用的投入上冗余较大，规模效率也不理想，较多的公司出现规模报酬递减的状况。这说明川酒企业必须加强企业内部经营管理和内部控制，在提高管理的精细度上狠下功夫，建立专业化、标准化、信息化的业务管理流程，加强产品结构调整和国内外市场营销力度，在扩大经营规模、增加营业收入的同时挖掘内部潜力，大力控制生产成本和经营费用，以提高投入产出效率，努力实现股东财富最大化目标。

3. 充分利用产业优势，做大做强川酒产业

虽然国家对白酒产业制订了一些限制政策，如“限制广播电视酒类广告发布”以及“从严征收白酒消费税”等，给行业发展带来了一定的影响。但四川白酒产业具有得天独厚的产业优势：首先，中国的酒文化源远流长，各川酒酿造企业又分别具有各自独特的产业优势，比如独特的地域环境优势、独一无二的酿酒工艺、厚重的品牌和历史文化积淀等，为四川白酒产业的发展奠定了坚实的基础。其次，为扶持川酒产发展，四川省专门制定了“中国白酒金三角”战略规划，《四川省名优白酒保护和发展条例》以及《中国白酒金三角（川酒）地理标志产品保护办法》等政策法规，为四川白酒产业的腾飞插上了翅膀。再次，目前大量白酒企业规模小、产能偏低的现状，为优势白酒企业提高行业集中度、进行并购重组留出了巨大的空间。最后，就是国家拉动内需以及居民消费升级对白酒产业的长期拉动。这几大因素为四川白酒企业做大做强营造出巨大的空间。

3 结束语

本研究采用因子分析法对2010年26家酿酒行业上市公司的财务竞争力进行静态评价，并运用K-均值聚类分析法对26家公司的综合得分进行分类，将酿酒行业上市公司分为5类，川酒上市公司的财务竞争力有好也有差，基于此有针对性地提出了提升每一家川酒上市公司财务竞争力的对策。采用DEA模型对2009—2011年14家白酒上市公司的经营绩效进行动态评价，发现川酒上市公司的技术效率、纯技术效率和规模效率并不理想，但都在朝好的方向演变，基于此提出了提升川酒经营绩效的对策。

上述评价指标及评价方法的选择较为科学，评价结果也应该是客观和公正的，因为评价结果与川酒的市场表现基本吻合，在此基础上提出的对策应该具有现实意义。当然也不排除采用不同的评价指标、选用不同的评价方法会得出不同的结果，这有待于进一步的研究结果来证实。

参考文献

[1] 王俊峰，陈先斌. 因子分析模型在企业财务竞争力评价中的应用 [J]. 经济研究导刊，2010（20）.

［2］朱晓. 上市公司财务竞争力研究与分析［J］. 财会通讯（学术版），2007（7）.

［3］袁晓燕. 基于因子分析法的分析上市公司绩效评价［J］. 开发研究，2010（3）.

［4］马胜春. 中国旅游业上市公司绩效评价——基于因子分析［J］. 财会研究，2011（1）.

［5］王翠春，张志红. 基于因子分析法的上市公司财务竞争力评价［J］. 山东经济，2009（6）.

［6］杨位留. 我国农业上市公司财务竞争力综合评价实证研究［J］. 科技与管理，2008（5）.

［7］刘红，帅富成. 基于因子分析的酿酒行业上市公司绩效评价［J］. 金融经济，2008（24）：62.

［8］徐文学，汪涛. 创业板上市公司绩效评价体系的构建［J］. 商业会计，2010（16）.

［9］贾燕，刘荣. 国有控股上市公司财务竞争力实证研究［J］. 价值工程，2010（2）.

［10］朱星宇，陈勇强. SPSS 多元统计分析方法及应用［M］. 北京：清华大学出版社，2011.

［11］刘振栋，刘丽，王中海. 基于因子分析和聚类分析的钢铁行业上市公司绩效评价［J］. 冶金经济与管理，2009（5）.

［12］蹇令香，子芝兰，高鹤. 基于DEA 模型的中国航运上市公司经营绩效评价［J］. 大连海事大学学报：社会科学版，2011（5）.

［13］丁小东，徐菱，姚志刚. 基于 DEA 方法中国交通运输行业绩效评价［J］. 武汉理工大学学报 . 2011（3）.

［14］马丽，齐捧虎. 基于数据包络分析法评价我国物联网上市公司绩效［J］. 未来与发展，2011（6）.

［15］田青青. 上市公司高管人力资本与企业绩效的实证研究——以医药行业为例［J］. 四川理工学院学报：社会科学版，2012（2）.

［16］魏权龄. 数据包络分析［M］. 北京：科学出版社，2004.

［17］周欢怀，包欢乐. 基于 DEA 的中小企业技术创新绩效评价实证研究［J］. 工业技术经济，2011（6）.

［18］万燕鸣. 中国钢铁行业效率研究——基于 2002—2008 年数据的数据包络分析［J］. 技术经济，2011（2）.

［19］黄健柏，汤春效. DEA 方法在经济运行效率评价中的应用研究［J］. 全国商情（经济理论研究），2008（16）.

［20］李美娟，陈国宏. 数据包络分析法（DEA）的研究与应用［J］. 中国工程科学，2003（6）.

［21］魏权龄. 数据包络分析（DEA）［J］. 科学通报，2000（17）.

自由现金流量与股利分配政策[①]

——基于酒业上市公司的实证研究

郑 蓉[②]

1 研究背景及意义

2011年是国内白酒业价格持续飞涨的一年，不涨价就不是好酒似乎已成为业界的共识。巨额的涨幅直接造成茅台酒2011年净利润同比增长65%以上，五粮液营业收入同比增长30.14%，达到201.26亿元。价格的突飞猛涨究竟是喜还是忧？带着这个疑问申请人查阅川酒上市公司代表五粮液公司近三年的财务报表数据后发现，五粮液公司总资产中货币资金所占的结构比呈直线上升之势，已经从2009年的36%飙升至2011年的58%。如此之高的货币资金存量着实令人难以置信，因为从财务管理的角度看，即使处于行业的成熟期，企业也不应该有如此之高的存量现金流。存量现金流过高必定代表着资金管理效率的低下，是投资不足或代理问题严重的表现。而这样一家存量货币资金已高达近200亿元的企业，除了自发形成的流动负债外，其长期负债的总计却仅为一百万元。按理说存量现金流如此高的企业应该对股东有丰厚的回报，而事实上该公司不仅时有不作任何分配的行为，而且即使派现其单位派现额最高也没超过每股0.3元，且管理费用占收入的比例却呈现节节攀升之势。这难道是白酒业的行业特征？为此申请人查阅了与之类似的茅台酒公司。结果发现该公司的资产负债结构与五粮液极其类似，但其主营业务利润率是五粮液的近两倍，销售费用及管理费用占营业收入的比重却都呈逐年下降的趋势。并且茅台酒连续多年分红的单位派现额均不低于1元，最高甚至达到每股2.3元。同为国内白酒行业的龙头企业，同样在行业利好的背景下持有高额的存量自由现金流，但两者利润的质量、结构与分红的表现却为何迥然不同？针对这些问题，课题组从自由现金流与股利分配的关系入手，对酒业上市公司财务行为与业绩变化的规律做出探寻。这一研究成果一方面对国内自由现金流与股利分配的相关理论研究起到补充作用，另一方面能为国内白酒行业的健康持续发展提供有益的建议。

---

① 基金项目：四川省哲学社会科学重点研究基地、四川省教育厅人文社科重点研究基地——四川理工学院川酒发展研究中心（CJY12-11）研究成果。

② 郑蓉（1974—），女，四川资阳人，硕士研究生，副教授，主要从事财务管理方面的研究。

2 研究的理论依据

自由现金流这一理论起源于延森（Jensen）在1976年所创立的代理成本学说，到20世纪90年代中后期，自由现金流量理论在研究领域、研究方法及研究视角上都得到了不断的丰富与发展。该理论认为，当存在正的自由现金流量的时候，如果没有净现值大于零的项目，就应该把剩余的现金返还给投资者，否则就容易出现因富余现金资源而引发的股东与公司管理层之间的代理成本问题。而这种成熟型企业易患的通病，延森认为主要有两种办法可以解决——负债与并购。此外，延森还认为自由现金流量可以预测什么样的收购更容易摧毁而不是创造价值。国内学者将这一理论用于中国资本市场后发现，费用异常增长、非相关多元化、募集资金变更及委托理财都是自由现金流代理成本在中国资本市场的表现形式（符蓉，2007）。

3 研究目标、方法及路径

3.1 研究目标

本课题的研究目标主要有三个：第一，以前期关于股利分配政策影响因素的研究为基础，进一步确定经营业绩、现金流水平、行业特征、经营成长性、资本结构、控股权等对派现意愿及派现水平的作用方式与影响水平，从而为资本市场的合理管制及调控提供可行的建议；第二，通过对自由现金流量、股利分配及代理成本之间的相关性研究，剥开自由现金流悖论的表象，找出国内市场派现缺乏抑制自由现金流相关代理成本的根本原因，从而为优化国内上市公司的资本结构、改善其公司治理状况提供可行的建议；第三，对白酒行业内部的业绩、分配、成长性、自由现金流及代理成本进行深入的分类比较，从而为延长行业整体生命力、推迟行业未来的衰退进程提供切实的依据。

3.2 研究方法与过程

本课题主要通过以下研究方法和路线展开项目的研究：首先，通过文献研究法对自由现金流量及股利分配政策的相关理论及应用研究成果进行梳理，并以此作为后续研究的起点及归纳演绎的基础。其次，以代理成本及货币支付限制作为联系自由现金流量与股利分配理论研究的纽带，通过归纳演绎，从理论上推导由于自由现金流量水平、股利分配政策与企业业绩和价值变化的交互作用关系。最后，根据自由现金流量、现金股利分配水平、企业业绩、所处生命周期等主要相关因素建立回归模型，并综合应用多元线性回归、逻辑回归及事件研究法等方法对酒业上市公司的数据进行比较实证研究，并对特殊的企业行为进行案例分析，以找出研究对象的一般规律及特殊现象。

4 理论研究成果

4.1 行业因素——被忽略的重要相关影响因素

自由现金流理论是延森于1986年首次提出的，该理论认为，当企业存在正的自由现金流量却又没有净现值大于零的项目时，就应该把剩余的现金返还给投资者，否则就容易出现因现金富余而引发的公司股东与管理层之间的代理成本问题。要避免或缓解这一矛盾，最有效的方式之一便是通过高额的分红或股票回购迫使公司吐出大量冗余现金。此后，伊斯特布鲁克（Easterbrook，1984）、朗和利曾伯格（Lang & Litzenberger，1989）、沃格特（Vogt，1994）等学者从不同角度的研究都证明：当企业的成长性不高时，支付大量现金股利确实可以在降低企业自由现金流的同时减轻其代理成本。然而，法乔（Faccio，2001）、克劳斯和郁塔路（Klaus & Yurtoglu，2003）对东亚、西欧和德国样本的研究却提醒我们：只有对存在控股股东的公司给予一定的监督约束，才能促使资金富余公司进行高额的现金股利分配。即分红对自由现金流与代理成本的抑制作用的发挥是有条件的，而较为成熟的资本市场及相对完善的公司治理机制正是延森这一理论成立的重要背景。因此，中国股市作为弱势有效市场，对该理论在国内的适用性存在争议也就是情理之中了。部分支持自由现金流的学者认为，由于低增长公司的现金股利公告具有明显为正的超额累计收益，因此国内投资者对股利所具有的约束自由现金流代理成本作用更为关注（杨熠和沈艺峰，2003）。谢军（2006）通过对不同成长性样本的比较研究也得出，控股股东对现金股利的发放符合自由现金流理论，并且低现金股利不利于股东财富最大化（许辉和祝立宏，2010）。但持相反意见的学者则认为，我国上市公司现金股利支付不仅与企业的自由现金流量间不具有相关性［李和肖（Lee & Xiao），2002］，甚至与其企业价值之间也没有明显的相关性（何涛和陈晓，2002）。或许正是国内过于集中的控股权结构、特殊的筹资顺序及市场发育水平才导致以代理理论为基础的自由现金流理论无法解释中国上市公司的股利分配政策（原红旗，2004）。当然，还有部分学者的观点跟与前两者皆不同。如徐国祥和苏月中（2005）提出了“现金股利悖论”，认为国内股市特殊的股权结构使得不论是增加或减少现金股利都可能会增加总代理成本。而肖珉（2005）则认为自由现金流假说与利益输送假说在国内市场的影响是同时存在的，只是两种假说影响力的较量因公司特征不同而表现各异。可见，对于自由现金流理论在国内市场有用抑或无用的研究至今仍无定论。而课题组在查阅相关文献的实证设计时却发现，除谢军外的大部分学者对该理论的检验都没有控制行业因素，只是通过对成长性指标的控制或分类来加以研究。而课题组认为，同一行业内的企业，除了成长周期基本相似外，其行业的竞争环境、公司的治理结构、盈利模式及财务管理策略也都有不少相似之处。特别是当国内不少行业仍存在显性及隐性的进入壁垒的情况下尤为如此。即行业对自由现金流等相关理论的研究的影响是非单一的。因此，分行业的研究可能会提供一些很有意义的数据及结论。特别是当白酒行业总体进入低成长或成熟期后，由于其行业内部各个上市公司的自由现金流水平及其派现政策存在较大的差异，本课题的研究为自由现金流理论的检验提供一个很好的契机。

4.2 中西方股利政策的差异是监管政策与市场环境共同作用的产物

在西方成熟市场使用权益资本的上市公司必须给予股东回报，其股利政策相对稳定，现金股利一直以来都是最重要的股利分配形式，股权筹资永远排在负债与留存收益融资之后。与西方国家相比，我国资本市场的股利分配特点可谓是风格迥然，独树一帜。不分配一直是中国不少上市公司股利决策的重要选择之一（李常青，2001；原红旗，2004；罗宏，2006，等），尽管2000年后，随着国家半强制分红政策的出台，这一趋势有所缓解，但不分配现象仍然突出。其次，在西方资本市场中，从未有过将转增股本作为股利分配的方式之一，但中国股市却完全不同，单独发放股票股利曾一度是中国股市中很被热捧的一种股利分配方式。尽管从1993年起发放股票股利的公司数目就呈一直下降的态势，但近年来转增股本公司比例的增多（原红旗，2004），表明股本扩张，或者说股利政策多变、随意，“逆优序融资偏好”仍是我国上市公司股利分配的一个重要特点。

股利分配形式偏好的任何一次变化都有其深刻的政策背景根源。1998年后分配股票股利的减少与资本利得的征税密切相关，同样，近两年派现公司数的增加也与分红管制政策息息相关。送转分配作为股本扩张的最重要的手段之一，历来就是国内上市公司的共同嗜好。但对于同时有着不断的强烈的股权再融资愿望的国内上市公司而言，不派现将使得其股权再融资的愿望难以不断地实现。迫于证监会的压力，即使只想送转，但也一定不忘不时地在送转的同时适当派现，这正是当前半强制分红管制的显著成效所在。陈晓（1998）和陈浪南等（2000）都认为股票股利具有明显的信号传递作用，而现金股利宣告的信号效应很弱，或几乎不存在。而国内上市公司的决策具有典型的迎合特色。即当市场上多数投资者都偏好或不偏好某一种股利分配形式时，采用这类股利政策的公司股价就会相应地上涨或下跌。于是为了提升公司股价，管理层就可能改变其原有的股利政策，以迎合市场投资者的收益分配偏好。因此，当市场对于高送转具有显著的正向效应和填权效应，可以使上市公司的股东受益，而纯派现分配在股利公告效应期内的超额累计收益总体显著为负（郑蓉，2013）。因此，市场对于派现的冷淡或象征性派现广泛存在也不足为奇了。

5 实证研究成果

5.1 研究设计

5.1.1 样本及数据来源

本文以在A股上市的白酒业上市公司为研究对象，以2003—2012年为样本数据的观测期间。共选取13家公司130个年度样本观察值作为研究的总体样本。其中，白酒行业的划分以证监会2000年颁布的《上市公司行业分类指引》为标准。样本数据主要来自国泰安CSMAR数据库，部分补充资料来自Wind资讯数据库。具体样本如表1所示：

表 1 样本代码及名称

000568	000596	000799	000858	000995	002304	600197
泸州老窖	古井贡酒	酒鬼酒	五粮液	皇台	洋河股份	伊力特
600199	600519	600559	600702	600779	600809	
金种子酒	贵州茅台	老白干酒	沱牌曲酒	水井坊	山西汾酒	

5.1.2 研究假设

根据自由现金流理论，现金股利对自由现金流及代理成本的抑制作用的发挥必须通过经过两个环节方能实现：第一，通过高额的派现显著地降低企业的自由现金流水平；第二，由于企业高管可运用的闲置资金显著地降低，从而使企业的随意性支出[①]明显地下降、代理成本显著降低（符蓉，2007）。然而，在国内的经营与管理环境下，这两个环节的任何一个环节可能都难以实现。首先，国内上市公司普遍不愿意派现，即使派现也往往以象征性地派现居多。这就造成部分上市公司有高自由现金流却不一定高派现，从而导致派现对自由现金流代理成本的促动作用不明显的表象。其次，自由现金流理论成立的条件是在相对成熟的市场环境与公司治理机制下，负债与并购能发挥其应有的威慑作用。而国内上市公司的负债程度总体偏低，即使某一期上市公司确实因高派现而增加对外负债，但增加负债后多半也难以构成相应的破产威胁。一方面可能在于上市公司增加负债后仍留有不少负债的能力或空间，另一方面国内特殊的融资分配环境及半强制分红规定，使得高派现后的上市公司在拥有好的投资项目时，完全有条件通过配股增发等股权再融资手段来补充相应的资金缺口。最后，即使我们假定某上市公司因决策的失误而导致经营陷入严重困境而面临接管或并购。如果该公司是国有上市公司，那么国有股绝对控股的事实使得并购接管的局面难以形成；如果该公司是民营上市公司，壳资源的炒作使得经营失败的卖壳方不一定真的会承担损失。最终将导致高派现对上市公司代理成本的约束作用难以发挥。鉴于此，本文提出以下假设：

H1：上市公司自由现金流水平的高低与其派现水平高低无显著相关性；

H2：上市公司高派现不能显著降低其代理成本。

5.1.3 变量及模型的选择

公司股利政策的形成受多种因素的影响，主要有法律性限制、契约性限制、公司内部的有关限制和股东的意愿等。林特勒（Lintner，1956）认为，现金股利的变动是由当年的税后利润及前一年的现金股利水平所决定的。凯莱（Kalay，1982）认为资本结构的变动、债务合约的变动都影响股利和投资决策。克拉奇利和汉森（Crutchley and Hansen，1989）在进行公司特性对股利政策的影响研究中发现，股利发放与公司规模大小、盈余变动均呈正相关关系。穆罕默德（Mahmoud 等，1995）认为大公司为了降低代理成本，通常发放较高的股利。吕长江、王克敏（2002）认为企业规模、股东权益、盈利能力、流动能力、代理成本及国有股控股程度和负债率等因素对我国上市公司股利分配政策具有重要影响。吕长江、韩慧博（2001）运用 Logit 模型研究分析发现，盈利能力和经营风险是影响股利分配倾向的最主要的因素。赵春光等（2001）认为每股现金股利与股票价格、主营业务利润

---

① 随意性支出是指与公司未来增长无关的支出，该支出的下降对企业的正常经营和发展没有任何影响。这类支出通常会导致企业价值减少，是自由现金流量代理成本的表现形式之一。

增长率正相关，而与市盈率和是否分配股票股利负相关。原红旗（2004）认为影响我国上市公司股利政策的因素中，最重要的是当期盈余，其次是累计盈余。公司规模与股票股利呈显著的负相关关系，大股东决策公司的股利政策，流动性并不是我国上市公司股利选择的重要制约因素。根据上述研究成果，本课题在参照杨熠和沈艺峰（2004）及谢军（2006）的研究设计的基础上，建立检验模型如下：

$$Y = a_0 + a_1\text{Explain} + \sum_{i=2}^{t} a_i\text{Control} + \varepsilon \tag{1}$$

Y 代表因变量。对假设 H1 的假设分为两个步骤，首先用 Logist 回归考查样本自由现金流水平的高低与上市公司是否派现是否具有相关性，此时 Y 为派现意愿 DUMC；若相关再考察自由现金流水平的高低与其派现水平的高低是否具有相关性，此时 Y 为每股现金股利 CD 或股利支付率 CDR。在检验假设 H2 时，Y 为代理成本变量 Agency。由于高自由现金流所导致的高代理成本有很大部分会体现于管理者为了满足自身的享乐需要而增加的物质或非物质的在职消费支出，而这些支出大多会在企业的管理费用中列支，因此本文以代理成本在企业主营业务收入中所占的比重来表征企业的代理成本水平。Explain 代表相关解释变量为 FCF 与 HCDR。Control 代表控制变量，主要为对股利分配或代理成本有重要影响的因素：每股收益 EPS、企业负债水平 DEBT、公司规模 SIZE、企业成长性 Grwoth、控股权 L-share 及年度虚拟变量 Year。各变量的具体定义如下表：

表 2　　变量定义表

变量名称		定　义
被解释变量	DUM	派现分配与否，为二元变量。分配现金股利时取 1，不分配时取 0 Dum = Ln［P_i/（1-P_i）］，P_i为企业派现分配的可能性，$1 \geqslant P_i \geqslant 0$
	CDR	股利支付率，等于每股现金股利与每股收益的比值
	CD	每股现金股利，包含样本以各种分配方式分派的每股现金股利之和
	Agency	代理成本，Agency = 管理费用/营业收入
解释变量	FCF	每股自由现金流，FCF = 股权自由现金流/总股数
	HCDR	虚拟变量高派现与否。当样本股利支付率高于行业平均股利率时取 1，反之取 0
控制变量	L-Share	第一大股东持股比例，采用 CSMAR 数据库股权集中指标 1%
	EPS	普通股每股收益
	DEBT	资产负债率 = 总负债/总资产
	Growth	营业收入增长率 =（本年营业收入-上年营业收入）/上年营业收入
	Size	资产规模，以总资产的自然对数表示
	Year	年度虚拟变量

5.2 描述统计与数据初步分析

5.2.1 白酒行业历年股利分配特征

表 3 白酒行业历年股利分配特征描述统计①

年份	2003	2004	2005	2006	2007	2008	2009	2010	2011	2012
不分配	48%	46.15%	42.31%	38.46%	50.00%	38.46%	25.9%	32.1%	23.1%	7.7%
派现	48%	53.85%	57.69%	61.54%	50.00%	53.85%	62.9%	67.9%	76.9%	92.3%
送或转	4.0%	0.00%	0.00%	0.00%	0.00%	7.69%	11.1%	0.00%	0.00%	0.00%

2003—2012 年，白酒行业历年不分配股利公司所占比例总体呈波动性下降的趋势，特别是 2012 年，其不分配的公司仅有 1 家，所占百分比较 2003 年下降了 40.3%。与此同时，其派现公司的比例却呈波动性逐渐上升的态势，2012 年行业内派现公司所占比达到了 92.3%，较 2003 年上升了 44.3%。即从行业整体分配趋势而言，随着行业发展走向成熟，行业的派现公司显著增加，不分配公司明显减少，当然这也与近年来越来越严格的半强制分红监管有关。不过，对行业内部个案的观察发现，白酒类上市公司的股利分配政策总体呈两极分化，一极是连续多年不分配的企业，如 000799 湘酒鬼、000995 皇台酒业与 600199 金种子酒连续 10 年或 9 年不做任何分配。另一极则是连续多年坚持派现的企业，如 600809 山西汾酒、600197 伊力特、600519 贵州茅台、000568 泸州老窖与 600779 水井坊均有连续 9 年或 10 年的记录。

5.2.2 行业关键指标描述统计分析

表 4 描述统计

指标	CD	Agency	CDR	FCF	GROWth	DEBT	EPS
平均数	0.35	0.13	0.31	0.45	0.35	0.370	0.88
标准误差	0.11	0.02	0.03	0.11	0.06	0.113	0.16
中位数	0.14	0.09	0.28	0.21	0.21	0.366	0.30
最小值	0.00	0.02	0.00	-8.46	-0.68	0.14	-0.93
最大值	6.42	0.26	1.36	5.19	4.68	0.18	12.82

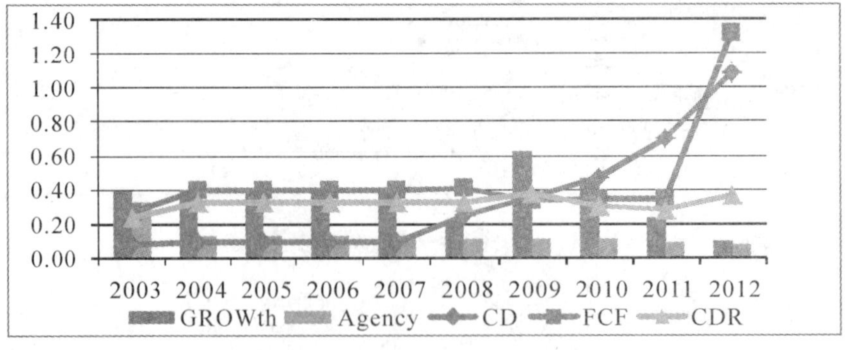

图 1 关键指标历年变化趋势图

① 表 3 中派现分配是指仅发放现金股利，送转分配是指发放股票股利、转增股本或股票股利加转增股本，三种非派现的分配方式。

A 股市场有个普遍的特点是单位派现水平群聚在每股 0.1 元左右（黄娟，2009）。虽然白酒业的股利支付率平均为31%，只略高于 A 股平均水平，但其单位派现水平却达到了每股 0.35 元。不过，这并非表明整个白酒业上市公司分红都很慷慨，因为行业派现的中位数仅为 0.14，与 A 股平均水平相去不远。从其最高单位派现水平达每股 6.42 元可见行业内部的单位派现水平差距很大。观测期内行业整体平均收入增长率的中位数虽然达到了21%，但从 2009 年起，其行业整体的成长性却是呈明显快速下降的趋势。行业平均盈利水平标准差相对最高，这表明行业内企业的盈利能力有较大的差距，这可能既与其市场占有率有关，也与企业经营的产品品种定位有关，如茅台酒的每股收益水平一直居行业领先地位，但同为龙头酒企的五粮液的每股收益却并不高。

图 1 关键指标的历年变化趋势图表明，2009 年前，白酒行业上市公司每股单位派现值都低于每股自由现金流，但从 2009 年后此趋势出现了一定的反转。不过这似乎不能说明什么问题。因为出于维持企业适度财务弹性的需要，留有部分自由现金流不予分配也是合理的。但图 1 中分年度指标的趋势总体与表 2 结果相似，只是从 2009 年起，当白酒行业的成长性水平显著下降时，该行业上市公司的单位派现水平开始超过每股自由现金流水平。这显示，当行业的成长性下降时，行业内上市公司整体派现水平略有上升。如 2012 年的每股自由现金流水平虽然反超其单位派现水平，但该年股利支付率的统计水平却较上年略有上升，即总体上认为近 10 年内，该行业的分配趋势并未明显违背自由现金流理论。

5.2.3 样本分组比较 T 检验

表 5　　独立样本 T 检验

对比项目	高成长组与低成长组			高派现组与低派现组		
	t	Sig.（2-tailed）	Mean Difference	t	Sig.（2-tailed）	Mean Difference
DEBT	-1.309	0.193	-0.030	1.340	0.183	0.029
CD	1.469	0.146	0.308	-2.028	0.049	-0.436
Agency	1.261	0.210	0.053	-2.637	0.010	-0.086
CDR/Growth	-0.910	0.365	-0.055	-0.366	0.715	-0.046
EPS	1.615	0.109	0.543	-2.073	0.041	-0.560
CF	-1.268	0.207	-0.042	-2.652	0.009	-0.074
FCF	2.229	0.028	0.753	-1.216	0.227	-0.383

为了检验派现水平和成长性对样本自由现金流及代理成本的影响，表 5 将样本分别按其派现水平和成长性是否高于行业整体平均水平进行了分组，以检验其主要指标的均值差异是否具有显著性。统计结果显示，成长性对白酒行业上市公司除了对自由现金流外，对其他大部分关键指标的影响不是十分显著。这可能是因为白酒行业整体的成长性水平较为接近，而不是因为成长性是对其经营决策不重要的财务指标。另外，有一特别值得关注的结果是，高成长组的自由现金流水平居然显著高于低成长组，这不太符合生命周期理论，是何原因造成这一现象尚需进一步验证。高派现组的成长性水平显著低于低派现组，相应地，其代理成本显著低于后者，这符合自由现金流理论的相关结论。但高派现组的收益水平及成长性显著高于低派现组，表明白酒行业成长性低的上市公司其派现水平及盈利能力都相对更高。不过，高派现组的自由现金流水平却仍高于低派现组，其差异虽不具有统计显著性，但却似乎与自由现金流理论不相符合。这既可能是因自由现金流与派现水平之间

缺乏明显的相关性导致，也可能是白酒业上市公司的整体派现水平不高而致，其最终原因尚需进一步验证。不同派现水平组负债水平差异不显著的事实表明，希望借助负债的外部力量来约束其代理成本的期许是不现实的。

表 6 行业内不同实力样本的分组比较检验

	一线酒	二线酒	Mean Difference	t	Sig.
CD	0.979	0.324	0.656	2.426	0.022
CDR	0.385	0.297	0.088	1.527	0.132
EPS	2.173	0.470	1.703	3.333	0.002
Growth	0.173	0.412	-0.239	-2.554	0.012
DEBT	0.304	0.395	-0.091	-4.901	0.000
FCF	1.073	-0.243	1.316	2.813	0.006
Agency	0.084	0.148	-0.064	-2.428	0.017
Size	23.076	21.223	1.854	11.589	0.000
L-share	0.562	0.441 2	0.121	3.781	0.000

课题的提出是源于茅台酒与五粮液的超高自由现金流及惊人的资金闲置，为了考查龙头酒企与非领头酒企之间是否有经营或财务上的显著差异，表 6 根据白酒行业内上市公司的整体实力对行业样本进行了分组独立样本 T 检验。考虑到企业的市场占有率、产品定价水平及品牌知名度对其派现水平及自由现金流水平有重要的影响，因此，按照各个上市公司相关产品在国内的市场区域分布、产品的销量、价位及规模，将五粮液、茅台酒及泸州老窖三家上市公司归为一线酒企业，其余的白酒上市公司划分为二线酒企业。比较结果显示，除股利支付率外，一线酒企与二线酒企间各项财务指标的均值差异均在 5%的统计水平上具有显著性。尽管一线酒每股派现均值几近二线酒业的三倍，但相对于两者每股收益间五倍的均值差异而言实在微不足道。这也是为何两者的股利支付率虽有差异，差异却不显著的原因。另外，一线酒的自由现金流均值为正数，而二线酒的同指标均值却为负。同时，一线酒企的成长性水平显著低于二线酒企，二线酒企的收入增长率几乎是一线酒的两倍以上，负债率却显著更低，这表明国内白酒一线酒企具有更显著的低成长高自由现金流企业的特点，而其股利支付率不高的事实提醒我们，国内一线酒业的超高自由现金流问题值得引起公司治理都及市场监管者的充分注意。为了进一步探索一线酒企是否都存在着低成长高收益高自由现金流的现象，表 7 对三家一线酒上市公司的各项关键指标进行了独立样本差额比较：

表 7 一线酒组内差异比较表

	T-test for Equality of Means					
	茅台	五粮液	茅台	泸州老窖	泸州老窖	五粮液
CD	1.769	0.270	1.769	0.732	0.732	0.270
	2.107**		1.194*		2.336**	
CDR	0.319	0.202	0.319	0.635	0.635	0.202
	1.919*		-3.589**		4.871***	
EPS	4.620	0.867	4.620	1.033	1.033	0.867
	3.275***		3.076**		0.417	

表7(续)

	T-test for Equality of Means					
	茅台	五粮液	茅台	泸州老窖	泸州老窖	五粮液
Growth	0. 201	0. 066	0. 201	0. 252	0. 252	0. 066
	1. 084		−0. 424		1. 620	
DEBT	0. 285	0. 260	0. 285	0. 367	0. 367	0. 260
	0. 848		−3. 476***		3. 787***	
FCF	0. 601	0. 381	0. 601	0. 125	0. 125	0. 381
	1. 618		3. 757***		2. 676**	
Agency	0. 104	0. 073	0. 104	0. 075	0. 075	0. 073
	1. 238		1. 541		0. 208	

注：* 表示在10%的统计水平上显著，** 表示在5%的统计水平上显著，*** 表示在1%的统计水平上显著。

对一线酒组内差异的比较结果显示，尽管从表面上看，五粮液的单位派现值最低，茅台酒最高。但结合三者盈利能力与股利支付率的比较可以得出，相对于自身极高的每股收益，茅台酒的派现还是显得吝啬了些。相比而言，泸州老窖最为连续而慷慨的派现使得其自由现金流水平显著低于另两位一线贵族酒企，同时其代理成本水平也略低于其余两方。五粮液的各项业绩指标值相对最差。表 7 的统计结果初步显示，高盈利、低派现与低负债是五粮液与茅台酒拥有远高于行业水平的自由现金流量的重要原因。这进一步证明国内同一行业内部自由现金流量水平存在较大差距，一线酒企，特别是五粮液与茅台酒的高自由现金流巨额资金闲置的现象不一定是白酒业的普遍现象。

5. 3 回归分析

表 8 **回归结果表**

	假设 H1 的检验				假设 H2 的检验		
	因变量:DUM	因变量：CD			因变量：Agency		
	全样本	全样本	高成长组	低成长组	全样本	高成长组	低成长组
Constant	1. 667	2. 742**	9. 960**	−0. 274	1. 282***	3. 952**	0. 494
	(1. 360)	(2. 239)	(4. 663)	(−0. 281)	(2. 782)	(2. 56)	(1. 604)
FCF	6. 705***	0. 024	0. 114	0. 040**			
	(2. 423)	(0. 881)	(1. 249)	(2. 064)			
HCDR					−0. 116***	−0. 379**	−0. 075***
					(−2. 83)	(−2. 224)	(−2. 962)
Growth	−1. 20	0. 003	0. 045	0. 060	−0. 051*	−0. 113	−0. 039
	(−1. 117)	(0. 03)	(0. 359)	(0. 583)	(−1. 717)	(−1. 689)	(−1. 62)
DEBT	−4. 144	−0. 047	0. 756	0. 066	0. 230	0. 114	0. 352*
	(−1. 767)	(−0. 123)	(0. 86)	(0. 214)	(1. 198)	(0. 176)	(1. 701)
L-share	−1. 588	−0. 318*	−1. 540**	−0. 395*	−0. 029	0. 756	0. 018
	(−0. 883)	(−2. 001)	(−2. 151)	(−1. 944)	(−0. 206)	(1. 042)	(0. 219)

表8(续)

	假设 H1 的检验				假设 H2 的检验		
	因变量:DUM	因变量：CD			因变量：Agency		
	全样本	全样本	高成长组	低成长组	全样本	高成长组	低成长组
SIZE	-0.189	-0.121**	-0.446**	0.026	-0.053***	-0.185**	-0.022***
	(-0.306)	(-2.259)	(-4.314)	(0.617)	(-2.694)	(-2.411)	(2.97)
EPS	7.131***	0.473***	0.590**	0.290**			
	-3.066	(16.296)	(11.145)	(7.113)			
YEAR	yes	yes	yes	yes	yes	yes	yes
Adj. R^2		0.905	0.975	0.802	0.209	0.196	0.246
Cox & Snell R^2	0.235						

注：表格中第一行为回归系数，第二行括号内数字除 Logist 回归为 Z 统计值，其余均为 t 统计值。* 表示在10%的统计水平上显著，** 表示在 5%的统计水平上显著，*** 表示在 1%的统计水平上显著。

模型 1Logist 回归检验的结果表明，样本自由现金流水平的高低与其是否派现的决策有显著相关性，样本的自由现金流水平越高，其派现的意愿相对越高。模型 1 则进一步考查派现水平与自由现金流水平的关系。结果表明，只有在低成长组样本的回归中，上市公司的自由现金流水平才与其单位派现水平具有显著的正相关性，而在高成长组及全样本的回归中，这一相关性都没有明显的表现。并且，在模型 2 的三组样本检验中，成长性对上市公司的派现水平都没有直接的显著的影响，对派现影响最显著的因素仍是企业的盈利水平。这证明自由现金流水平高的样本虽比低自由现金流的样本更愿意派现，但并不一定愿意高派现。只有在相对最缺乏投资项目的企业里，过于冗余的现金流才会被用于增加现金股利。为了突出检验高派现而不只是派现对代理成本的影响，模型 3 以是否高股利支付作为解释变量，结果三组样本的分类检验结果都表明，高支付与否指标都对企业的代理成本有显著的抑制作用。这表明国内上市公司的派现与代理成本间的关系并非不能用自由现金流理论加以解释，而是只有在低成长和高派现的前提下该理论才能得到充分的体现。茅台酒虽然单位派现额较高，但由于它的存量自由现金流和年利润都极高，因此它实际与五粮液一样同属于低股利支付的企业，它们两者表面上悬殊的单位派现差异才未对经营发展及管理成本形成任何实质性的差异。即假设 H1 和 H2 是不成立的，白酒行业的分配行为并未违背自由现金流理论。

5.4 稳健性检验

为保证研究结论的可靠性，本文又将分别以企业自由现金流、股利支付率代替模型 1 中的股权自由现金流及每股现金股利进行回归，回归结果虽不如表 4 显著，但总体结果相似。又以超额管理费开支（即管理费用增长率与主营业务收入增长率的差额）作为代理成本的表征变量再次进行检验。其结果也与表 4 基本一致，这表明表 4 的实证结果具有统计上的可靠性。

5.5 研究结论及启示

研究结果表明，高派现对自由现金流引起的代理成本是有显著影响的，但这一影响力的外在表现并不那么显著和直接的原因主要来自三方面：其一，在国外成熟资本市场中，低成长高自由现金流必然侵蚀公司的价值，引起并购和接管，从而产生了派现的动力。而国内市场总体缺乏这种外部动力。尽管白酒行业整体处于成熟或低成长阶段，但高自由现金流对公司价值的侵蚀却没有遭遇外来的压力，因此，行业内甚至出现了部分长期一毛不拔的企业，如600199金种子酒、000799湘酒鬼及000995皇台酒业在观察期内分别连续7年、9年和10年未分配任何股利。其二，对于白酒业这一整体处于低成长或成熟期的行业，行业内前期高速增长所积累的自由现金流整体水平相对较高，只有高额派现才能显著地起到降低公司代理成本的作用，仅仅有派现是不够的。然而国内上市公司的总体股利支付水平总体偏低，白酒行业也不例外。尽管茅台酒公司上市后连续10年坚持派现，且其单位派现额在整个A股市场总是名列前茅，但其单位派现水平相对于其年每股收益及经营现金流入而言，仍然是捉襟见肘。其三，低成长高收益的分布特征造成了高自由现金流却依然繁荣的假象。国内特殊的制度环境使得公司内部治理上的问题及缺陷并不会在短期内明显暴露出来。茅台酒、五粮液及泸州老窖都是白酒行业的龙头企业，三者在行业的领先，既有其产品特质的因素，也有公司资本实力及市场占有率的因素。但在整个观测期内，除泸州老窖外，前两者的营业收入总体是呈下滑的态势，其成长性水平总体低于行业平均水平，但其高市场占有率、高利润率及低派现对存量资金的不断累积造成了高自由现金流企业反而更加繁荣的假象。

根据上述研究结果，为了促进股市良性融资分配秩序的建立、改善上市公司的治理结构，课题组对上市公司的内部治理及股市的外部监管提出以下建议：

第一，建立起分行业的半强制分红监管标准。由于不同行业所处的生命周期有所不同，因此，现行的一刀切的半强制分红标准必定会造成资金需求“旱的旱、涝的涝”的两极不均的局面。对于高成长行业，其半强制分红要求则可以适当地降低，以免徒增公司的融资成本，但对于低成长行业，如白酒行业，应制定相应更高的分红监管标准。并且监管机构应该建立起多元的分红监管指标以更有效地对上市公司的分配行为进行引导和管理。如要求低成长上市公司的年度分红水平不得低于单位派现水平、股利支付率及银行短期贷款利率三者中任何一个，既可以起到迫使上市公司吐出冗余资金，又可以扭转市场上长期以来总体投资回报率跑不过银行定期存款利率的不合理现象。

第二，建议加强对企业的自由现金流水平及经济增加值（EVA）的披露和监管。国内市场短期内难以建立起对高自由现金流引起的代理成本问题的外部压力。而如茅台酒、五粮液这类将百亿资金闲置于银行睡大觉的做法是对股东财富和公司价值的严重侵蚀，甚至可能导致公司的经济增加值指标为负。因此，通过建立自由现金流及经济增加值的强制披露能更好地引导企业及投资者做出正确的经营及投资决策。

第三，优化企业资本结构，加快对股权融资、破产及并购的立法及监管。白酒行业的整体负债水平不高，如五粮液2012年的长期负债合计不及其货币资金总额的2.15%。这样的资本结构显然不利于股东价值最大化。因此应在迫使其吐出高额自由现金流的同时，加快内部资本结构的优化，并通过外部融资、破产、并购机制的完善促使公司的内部治理与股市的外部监管能有效地结合在一起。

第四，加强对白酒行业一线公司的监管与引导。茅台酒、五粮液、泸州老窖都是白酒行业的龙头企业，虽然这三家公司的年均收益水平显著高于二线酒公司，但其成长水平却显著低于二线酒公司。这表明龙头酒企凭借着过去所建立的品牌及高市价才获取了较高的年收益，但随着市场的饱和及国家三公政策的出台，其经营成长陷入了比中低端酒业更大的困境。特别是茅台酒与五粮液近年每年账上仅存量货币资金都上百亿元，且这一数据还在继续快速增长，两家上市公司2012年年末货币资金都超过了220亿元，且其存款滋生的利息都超过了4亿元。可见，如果找不到更好的投资渠道，却也不愿将资金以红利或回购方式回馈给股东，誓必对延缓企业的衰退，维持企业的行业地位形成巨大的威胁。因此，加强对这些一线酒公司的引导与监管，不仅有助于带动行业的持续稳定发展，也有利于促进股票市场更快进入良性运转。

6 研究的价值、不足及未来发展的方向

以进入成熟期的白酒行业为研究的背景是本课题的研究的一个特色之一，行业内上市公司的自由现金流水平及派现水平存在较大的差异又为本课题的研究提供了一个很有利的契机，从而能够深入观察白酒行业在业绩、分配、成长性、自由现金流及代理成本间的依存和变化关系，从而为行业的发展、上市公司的内部治理及分红的市场监管提供些许建议。但由于自由现金流本身存在着定义难、计量难的问题，因此对如何准确衡量、处置或应用超额自由现金流问题上没有给出具体的建议。另外，对于业内两个最特殊的企业——茅台酒和五粮液，如果能取得其利润及成本费用等指标的详细构成的资料数据，则可对其进行更为深入的案例分析和比较，从而能为一线酒未来的发展规划提出更切实有效的建议。这也是未来后续研究的重要方向。

参考文献：

[1] JENSEN M C, MECKLING W H. Theory of the Firm, Managerial Behavior , Agency costs and Ownership Structure [J]. Journal of Financial Economics, 1976 (3): 305-360.

[2] 符蓉. 自由现金流量、随意性支出与企业业绩变化研究 [D]. 成都：四川大学，2007：38-55.

[3] EASTERBROOK F H. Two Agency -Cost Explanations of Dividends [J]. American Economic Review, 1984 (74): 650-659.

[4] LANG, LARRY, ROBERT LITZENBERGER. Dividend announcements: cash flow signaling vs. free cash flow hypotheses [J]. Journal of Financial Economics, 1989 (24): 181-192.

[5] VOGT S C. The Cash Flow/Investment Relationship: Evidence from US Manufacturing Firms [J]. Financial Management, 1994 (23): 3-20.

[6] FSCCIO, MARA, LARRY LANG, LESLIE YOUNG. Dividends and Expropriation [J]. American Economic Review, 2000 (91): 54-78.

[7] KLAUS GUGLER, BURCIN YURTOGLU. Corporate governance and dividend pay-out policy in Germany [J]. European Economic Review, 2003 (47): 731-758.

[8] 杨熠，沈艺峰. 现金股利：传递盈利信号还是起监督治理作用 [J]. 中国会计评论，2004 (1): 61-76.

[9] 谢军. 股利政策、第一大股东和公司成长性：自由现金流理论还是掏空理论 [J]. 会计研究，2006 (4): 51-57.

[10] 许辉，祝立宏. 低现金股利政策、股东财富与控股股东决策 [J]. 商业经济与管

理，2010（6）：71-79.

［11］何涛，陈晓. 现金股利能否提高企业的市场价值 1997—1999 年上市公司会计年度报告期［J］. 金融研究，2002（8）：26-38.

［12］原红旗. 中国上市公司股利政策分析［M］. 北京：中国财政经济出版社，2004：66-75.

［13］徐国祥，苏月中. 中国股市现金股利悖论研究［J］. 财经研究，2005（6）：132-144

［14］肖珉. 自由现金流量、利益输送与现金股利［J］. 经济科学，2005（2）：67-76.

［15］李常青. 股利政策理论与实证研究［M］. 北京：中国人民大学出版社，2001：163-186.

［16］罗宏，上市公司现金股利政策与公司治理研究［D］. 广州：暨南大学，2006.

［17］陈晓，陈小悦，倪凡. 我国上市公司首次股利信号传递效应的实证研究［J］. 经济科学，1998（5）：33-43.

［18］陈浪南，姚正春. 我国股利政策信号传递作用的实证研究［J］. 金融研究，2000（10）：69-77.

［19］郑蓉，干胜道. 不同渠道上市民营公司现金股利分配比较研究［J］. 经济与管理研究，2013（2）.

［20］LINTNER J. Distribution of incomes of corporations among dividends, retained earnings, and taxes［J］. American Economic Review, 1956：97-113.

［21］KAYLAY, AVNER. The Behavior of Stock Prices on the Ex-dividend Day：A Re-examination of the Clientele［J］. Journal of Finance, 1982（09）：1059-1070.

［22］CRUTCHLEY C E, HANSEN R S. A Test of the Agency Theory of Managerial Ownership, Corporate Leverage , and Corporate Dividends［J］. Financial Management , 1989（Winter）：36-46.

［23］MAHMOUD A MOH'D, PERRY L G, RIMBEY J N. An Investigation of Dynamic Relationship between Agency Theory and Dividend Policy［J］. Financial Review, May 1995：367-385

［24］吕长江，王克敏. 上市公司股利政策的实证分析［J］. 经济研究，1999，12（12）：31-39.

［25］吕长江，韩慧博. 股利分配倾向研究［J］. 经济科学，2001（6）.

［26］赵春光，张雪丽，叶龙. 股利政策：选择动因——来自我国证券市场的实证证据［J］. 财经研究，2001（2）.

四川白酒企业资本成本决策研究①

古　力②

摘要：资本与白酒产业热情相拥于上世纪末，近十年来的川酒抓住机遇迅猛发展，主营业务收入位居全国白酒产业之首。然而2012年却接连遭遇限制三公消费、军队禁酒令及塑化剂风波的打击。面对愈演愈烈的市场竞争，川酒企业应该思索酒文化及其管理创新，新资本战略及其资本成本决策开始登上川酒业务创新、产业升级的大舞台。

关键词：资本精神；公司统治；公司治理；资本成本

随着现代财务管理理论的不断发展与创新，现代财务成本管理的实践不断向前发展。资本成本作为评估企业资本经营业绩和价值创造状况的指标已受到全世界业内人士的广泛关注。推行资本成本在我国现代成本管理实践中的运用，必将提高我国企业投资决策、融资决策的水平和经营管理的水平，加快我国社会主义市场经济的建设步伐，为全世界人类的社会发展作出应有的贡献。课题组经过两年的跟踪研究，对提升川酒企业的核心竞争力尤为关注，从酒文化的困窘出发，对新资本引发的公司治理给予重要揭示，强化了“治理”为主要目的的“统治”手段研究，并将资本成本研究纳入到企业资本战略决策中，对川酒新资本的发展有积极意义。

1　资本理论创新的基础——酒文化的困惑与管理创新

1.1　资本本质及其企业文化

西方经济学中，资本是作为生产资料投入的三要素“劳动、土地、资本”之一，是过去生产出来的耐用品要素。现今的主流宏观经济学将资本划分为物质资本、人力资本、自然资源、技术知识等。会计学上的“资本”则是指“资金的来源”，是“所有者权益”。与资金来源对应的“资产”，就是指由企业过去的交易或者事项形成的、并由企业拥有或者控制的资源，这资源预期能给企业带来未来经济利益的资源。从著名经济学家周其仁教授对资本的定义中不难发现，资产就是资本。周教授认为：资产是可用的经济资源；资产能被善用就必须要有主；资产须经交易转手（转让）才能提高有主资产的利用效率；资产的自用权利一经有偿放弃和让渡，其所有者就拥有一个未来的收入来源；于此，资产即

---

①　基金项目：四川省哲学社会科学重点研究基地、四川省教育厅人文社科重点研究基地——四川理工学院川酒发展研究中心（CJYB10-07）研究成果。

②　古力（1963—），女，四川威远人，硕士研究生，副教授，主要从事资本经营与企业管理方面的研究。

转变为资本①。就今天的公司理财而言，“资本”泛指一切投入再生产过程的有形资本、无形资本、金融资本和人力资本。资本具有垫支性、运动性、增值性，资本是一种运动，是能够带来剩余价值的价值。现实生活中，资本总是表现为一定的物，如货币、机器、厂房、原料等。可以说，作为物的资本创造了人类的近、现代史，资本成就了美国梦。

但是，资本的本质不是物，是隐含在物后的生产关系。从马克思的理论来看，资本是能够带来剩余价值的价值。马克思主要关注的是资本主义生产关系这个特定的政治经济范畴，目的是要释放劳动要素的正能量，以提升社会整体生产发展水平。那时的资本要素决定一切，现今的资本力量依然有其难以把控的一面。资本是历史范畴，是资本主义生产方式的本质范畴，体现资本家剥削雇佣工人的关系。研究资本的焦点既要集中在作为人类创造物质和精神财富的各种社会经济资源上，又要关注经济资源的社会属性。对社会属性的关注不得不涉及财富的分配制度、不得不涉及既有财产主权及其文化的传承。

企业文化植根于全体员工的价值观、道德规范、行为规范及其企业作风、企业宗旨中。企业的各种规章制度、服务守则等是规范员工行为的“有形准则”，企业文化以“无形准则”潜伏于员工的精神意识中，对企业的生存和发展有着不可替代的重要作用。企业的所有动力及凝聚力源自文化而非源自资源与技术。统观世界500强，微软、惠普、埃克森美孚、沃尔玛百货等公司，有哪家没有优秀、独特的企业文化？企业文化是企业组织的基本信息、基本价值观及其对内外环境的基本看法，是在生产经营和管理活动中由全体成员所创造的有特色的精神财富和物质形态，是被共同遵守和信仰的行为规范、价值体系。包括文化观念、价值观念、企业精神、行为准则、历史传统、企业制度、企业产品等。其中价值观是企业文化的核心。

融“医治和关爱、医学研究和医学教育”于一身的三盾服务组织——梅奥诊所，之所以独一无二、百年屹立，靠的就是梅奥精神！威廉·梅奥创立了全球最有影响力和最具价值的服务品牌，并且成功地维持并保护该品牌经久不衰、延伸至今。梅奥诊所向我们展示了对于“现代—传统”企业理念的承诺，也就是战略与价值观相融合，创新与传统相结合，智慧与团队协作相搭配，以及科学与艺术相统一的过程。

一个小助理会为了使外地患者不会浪费几天时间而尽其所能地跑前跑后、不遗余力地成功预约到医师。该价值观体现的正是梅奥存在的理由。任何一个组织以及服务于该组织的成员都会面临难以抉择或进退维谷的状况，而这一价值观春风化雨般地使所有问题由繁变简，迎刃而解。身体力行的价值观才能持久永恒。

与其他服务业比，医疗保健业的消费者需要更加全面、个性化的服务。为患者提供医护服务时，燃烧自己、照亮别人，以患者为中心的组织文化、慷慨举动，强化核心价值观、全方位医疗与护理。无论是医生、护理人员、研究人员、教育者，还是行政主管，梅奥诊所的每个人都坚信团队与合作。梅奥诊所的和谐文化，使人们以团队成员的方式或是合作者的方式和谐地在一起工作。这样的工作氛围和环境文化是值得其他组织借鉴的。

1.2 川酒企业文化的困惑

与医疗保健业相比，白酒业的消费者更需要大众化的、普世价值观的服务引导。如何才能做到以消费者为中心，如何将产业的发展与提升高品质的消费环境、打造和谐的消费

① 周其仁. 资产不是资本——农民收入是一连串事件（之八）[N]. 21世纪经济报道，2001-08-27.

文化结合起来，需要重新审视酒文化的传承。如今的酒文化正面临着多重的冲击与考验。

川酒曾为川人赢得了璀璨荣光、赚来了巨额的收入。2012 年白酒制造业全国实现主营业务收入 4 466.26 亿元，实现同比增长 26.82%。其中四川省实现主营业务收入 1 671.54 亿元，实现同比增长 23.72%，位居全国榜首。以五粮液、泸州老窖、水井坊、剑南春、沱牌、郎酒“六朵金花”为主的支柱产业，一直保持着较为强劲的领跑地位。门类齐全以及上百万吨计的年产量，是其他省望尘莫及的。自 20 世纪 90 年代以来的情况却悄然发生着变化。首先是鲁豫酒的迅猛发展令川酒刮目相看。随之而来的是资本大举入川、大兴收购川黔土酒，其在全国各类媒体上铺天盖地的传播宣传着实夺走了川酒的一大部分市场份额。其次，随着威士忌、白兰地、伏特加、日本清酒、韩国真露等国际品牌纷纷抢滩中国市场，川酒不可避免地遭遇白酒产销量整体比重的下降。最后，消费转移的困境也同样困扰着以白酒为支柱产业的川酒前景。白酒的消费是休闲品味、需要时间，而庞大的中档酒消费群则因自由支配时间的减少选择了啤酒、葡萄酒、洋酒等替代品，且这种现象也在向高端和低端酒市场蔓延。最为严重的是，白酒消费作为中国传统文化的体现，越来越多地遭受西方文化的侵蚀。年轻的消费者正被“时尚、感性、浪漫”的洋酒文化冲击感染着。洋酒卖的是有别于以往中国的生活理念与生活方式——时尚、浪漫、文明，也就是说，川酒连同中国白酒最需要重新思索的是如何打造、引领中国人新的健康与多样化的生活新时尚。“得人心者得天下”的市场策略是中国白酒行业应思考和警惕的。

2012 年，“陈化粮酿酒事件”引发的食品安全问题逐渐浮上水面伊始，在限制三公消费、军队禁酒令等多重因素影响下，白酒业进入了小“寒冬”，川酒资本发展在传统酒文化的消散中面临着巨大的挑战，调整战略已经成为每个酒企的新课题。

1.3 资本精神与管理创新

资本具有对财富的渴望和对效率的追求、为增长而积累、专注和持久、理性与节俭、诚实与守信的道德精神。从本质上讲，资本就是增长、就是发展，发展的愿望就是资本精神①。资本精神催生了近现代的经济体制、法律制度以及政府管理机制。市场机制和政府干涉是资本发挥创造财富、促进经济增长的必要条件。

资本与资本主义的精神是有区别的联系体。就历史而言，资本精神是人类社会与生俱来的，资本主义精神是近现代特定历史阶段人类对资本精神的历史自觉。从长而论，即使是最贪婪的“强盗头子”，其结果也是害少益多，在逐利的同时也推动着社会整体的进步和繁荣。毕竟，社会的繁荣进步才是资本得以持续良性运作的动力、保障和终极目标。我们既要看到资本的创造力，也要看到资本创造力的最终使命——人类的共同富裕②。

资本主义已经发展到了“新阶段”：科学技术的迅猛发展为生产力的发展开辟了新的空间；产业结构的调整带来了就业结构的调整；随着生产社会化程度的提高，企业组织形式发生着不断革命与演化；国家从市场经济的“守夜人”转变为经济发展的“干预者”；经济全球化的加速推进为资本的扩张和增殖开辟了新的天地。资本已经实现了其占有形式的社会化、经济运行的有序化，资本的分配形式开始兼顾公平，资本主义的阶级结构开始走向复杂化。资本主义正朝向管理经济的管理创新而生。

---

① 卢德之. 资本精神［M］. 北京：中国社会科学出版社，2008.

② 汪云霞. 资本的力量［J］. 上海国资，2005（11）.

管理创新是指企业把新的管理方法、管理手段、管理模式等管理要素或要素组合引入企业管理系统以更有效地实现组织目标的活动。组织的结构、文化和人力资源实践这三类因素将更有利于组织的管理创新。

从组织的长远发展而计，梅奥兄弟从四个方面所做的管理革新值得借鉴：①创立新型合伙模式，仅将收入作为共有合伙资产。这样的安排和合伙模式的创新，使得诊所的所有医疗和财产性资产都得到了保护，这样才能确保患者在合伙人退休或去世后仍能继续享受医疗护理。这是小企业谋求持续经营的借鉴之道。②创立梅奥资产协会。梅奥兄弟俩将梅奥诊所现在和将来的收入，以及房产、设备、证券等资产都转入了这个新成立的非营利的慈善组织。一个永久性的委员会指引和领导梅奥资产协会的运作，委员会成员不在协会中享有任何薪酬，机构的财务资产都用在了促进医学教育和医学研究上。③进一步创立理事会，一种可持续经营的管理和治理模式。依据外科医生先行者的衡量原则和评价标准，兄弟俩继续推进着梅奥诊所基础治理和管理架构向“合作科学”的转变。④为配合理事会，威尔医生组建了一系列的委员会（如临床医疗实践、医学教育、医学研究、人事管理、财务金融和其他一些委员会），负责梅奥诊所的治理。

1.4 宣传是川酒酒文化转化出经济效益的前提

自党中央在世纪之交作出了实施西部大开发战略的重大决策后，西部各省市的发展有了难得的历史机遇。近十年来，川人抓住机遇，各行各业乘势而上，整体经济得以全面发展。作为支柱产业的白酒产业保持了较高的发展能力，白酒生产的集中度也不断提高。这其中不乏省委省政府于 2008 年明确提出“建设长江上游名酒经济带，打造白酒金三角”的战略规划。世博会后，一大批有特色的古镇，作为凝聚白酒文化的历史名城云集公众视野，泸州古蔺的“郎酒 · 二朗镇”名酒名镇建设、五粮液历史文化街区建设和绵竹剑南老街开街等一系列活动成功地向世界展示了海纳百川、和谐永续、中庸包容的川酒文化思想体系，按照《国酒金三角品牌发展中长期规划》，到 2020 年，构建起具有国际影响力的“中国白酒金三角”国优酒产业集群犹如囊中探物，“世界白酒看中国，中国白酒看川黔，川黔白酒看金三角”的区域品牌效应推动了更大的区域经济发展。

作为四川省支柱产业，川酒虽然有泸州老窖、五粮液、剑南春、水井坊、沱牌、郎酒为主的“六朵金花”创造的辉煌，白酒产业整体发展保持了连续稳居全国第一的水平。然而，川酒产业及其资源的开发依然大有作为，单单酒文化资源的开发就前途无量。再者，白酒企业资源浪费、重复生产、品牌和营销模式同质化以及无序竞争、过分追求豪华包装等问题亟待解决，同时，所呈现的“散、乱、小”态势也会为整体赢利能力下滑带来风险。故此，省内白酒产业“调整结构，技术进步，提高质量，治理污染，增加效益，强化营销，规范市场”的目标任重道远，从白酒的市场占有率、资产贡献率及酒类竞争全球化的态势看，川酒及其川酒资源的开发成绩与问题同在。

川酒的优势首先是品牌上的优势，由于这种品牌优势，川酒才得以在近 20 年里如此迅猛地发展起来，而这种优势之所以形成，又是以川酒悠久的历史与璀璨的酒文化为前提的。从这个意义上讲，弘扬川酒的优势，首先就要弘扬川酒在历史和文化上的优势。川酒这种在历史和文化上的优势，虽然已经物化为以“六朵金花”为代表的四川名酒注册商标，但“六朵金花”尚需灌注“阳光、刚烈、执著、进取、勇闯”的健康生活理念。由一代代巴蜀人文浇灌的传统文明急需代代后生的珍识、传承与发扬。

宣传川酒，先要了解和正确认识川酒在品质上、特别是在历史文化上的独特优势。不客气地说，酒好也怕巷子深。不管你曾经有多辉煌，川酒的历史文化都需要向现代迈进。要将川酒的历史文化与休闲、旅游、体育竞技相结合，将提升劳动者的生活品位与企业的经营活动联系起来，将产业集群延伸到白酒加工生产之外的“酒史馆”“产品陈列馆”“品酒赛事”中，填补川酒广告与宣传的苍白无力。川酒的历史确实是很古老的，酒文化的演变也是很丰富的。与酒有关的文化现象，诸如与酒有关的文化名人、民俗民风、诗歌、川酒的品种、品质、酿造、保管贮存方法，酒业的生产经营、销售等都能纳入酒资本全球化的扩张战略中。开辟酒资本宣传的新天地、新台阶，进而产生川酒品牌巨大的经济效益与社会效益。这种效益又将反过来推动川酒及川酒文化更好地发展。

2　资本成本决策的实践问题——公司治理与统治

2.1　白酒资本面临结构调整与政府干预的新格局

自20世纪末伊始，资本即与白酒产业热情相拥，无需谨慎地摸索河石，貌似夕阳的白酒产业初试牛刀即已青春焕发，四川白酒尤为风景独好、资本的无穷力量彰显无余。自党中央在世纪之交作出了实施西部大开发战略的重大决策后，西部各省市的发展有了难得的历史机遇。近十年来，川酒抓住机遇、乘势而上，白酒的生产集中度不断提高，作为支柱的白酒产业整体保持了较高的发展能力。2010年省内规模以上白酒企业达257户，实现工业增加值405.35亿元，主营业务销售收入为1 056.81亿元①，川酒的千亿产业预期得以实现，彰显其国内市场竞争的龙头地位。这既是省委省政府“建设长江上游名酒经济带，打造白酒金三角”的战略规划，也是川酒在世博会“中国白酒金三角”的特色宣传活动所取得的区域品牌国际化战略的重大突破。2011年，白酒行业在一片“涨声”中花团锦簇、风光八面。但是转年之后，2012年12月，申万白酒指数下跌0.62%，13只白酒股流通市值一日间蒸发218亿元②。2013年白酒市场走向何处？离开了“三公消费”这发展主动力，以高端白酒去行政化和去权力化为方向的白酒业整体发展形势还能乐观吗？咄咄疑问，利好因素何在？川酒企业的增长如何与国内消费政策的升温保持一致？资本精神何以促生管理创新？

面向改革开放后的自由竞争与政府管制，不妨用“统治”和“治理”的双重理念梳理川酒企业的资本运营、构建白酒企业的公司治理之路。

2.2　公司治理与统治是白酒企业必须理顺的制度问题

统治（government）和治理（governance）是与国家或团队的产生与发展息息相关的，统治在先，治理于后。统治随国家而兴，没有国家就无所谓统治，国家的诞生必然有强力政权紧随其后、对其国家施以管理。统治就是指用政权来控制、管理国家，政府即是统治

① 2010年川酒提前两年实现千亿元产业目标［EB/OL］. 中国食品科技网，http://www.tech-food.com 2011-02-17.

② 曹攀峰. 白酒业频遭利空 茅台飞天53度价格松动［N］. 热点板块，证券时报，2012-12-25.

的具体执行者。统治予以人们较多的至高无上感。在单纯的市场手段不能实现资源的优化配置时，统治就是政府干预并解决市场失灵的最有效方法。但是政府在发挥经济职能时也有其内在的局限，与市场失灵一样，政府也会出现失灵。鉴于国家的不足和市场的失效，人们开始寻求新的理念，于是治理理论应运而生。

“治理”稍柔于“统治”，是指整治和调理。早期的“治理”没有统治那样叱咤风云，但二者均以“统辖、管理及控制”的含义被长期交叉使用于国家的公共事务管理及政治活动中。治理超越传统、甚而与统治背道而驰，以其柔和与效率广泛渗透到社会与经济的各个领域。它是使相互冲突的或不同的利益得以调和并且采取联合行动的持续的过程。这既包括有权迫使人们服从的正式制度和规则，也包括各种人们同意或以为符合其利益的非正式的制度安排。

“治理”从词面上与“统治”无甚差别，但实质上相去甚远。其一，主体上，治理可以是政府、公民及非政府组织，统治的主体则必定是政府。川酒是省财政收入的一大来源，宜宾、泸州、绵竹等重点产酒地的地方财政则在更大程度上仰仗酒家的税利上缴。川酒企业若得恒久、健康发展，政府的统治之责不可或缺。其二，原则上，治理为自愿兼强制且主要是大家的认同与共识，而统治则是强制为主，通过法律、法规解除争端。从激烈的同业竞争角度出发，统治对强化集团的竞争实力极为重要。治理则能为保持“六朵金花”的垄断优势添砖加瓦。其三，从权力运行的角度来看，统治的方向总是自上而下的，运用其政治权威进行管理。治理则是一个上下互动，集政府、公民及非政府组织的通力合作、协商，确认共同目标而解决问题。治理的实质在于建立在市场原则、公共利益和认同之上的合作，主要不是依靠政府权威而是合作的网络权威。治理的特征在于多元的、持续的、协调的互动过程。也正是如此，治理也处在理想的追寻中。

四川自古以来就是白酒生产和消费最为集中的热闹地，历史悠久，积淀深厚，改革开放以来发展迅速、业绩突出。就统治而论，政策支持是打造中国“白酒金三角”的重要保障。为做大做强白酒产业，四川省在项目审批、土地供给、财税、投融资、行业自律等方面都给予强力支持。地方政府也将白酒产业作为“十二五”发展规划重点，宜宾率先打造中国首个千亿元白酒产业集群，到 2015 年，全市规模以上白酒企业白酒产量定位达 100 万千升，年销售收入突破 1 300 亿元，并培育 2~4 个全国知名品牌和一批区域性知名品牌。未来几年四川省白酒产业发展重点将放在产业集聚、扩大和创新上。其次，统治促进集团化优势。“抱团”的产业聚集性极强，能发挥强劲的技术优势力量。目前四川省拥有各类白酒企业 7 000 余家，约占全国的 18.4%，五粮液、泸州老窖、剑南春、郎酒、沱牌、全兴“六朵金花”已是享誉全国的品牌大企，丰谷、江口醇、小角楼等中型白酒生产企业也为发展千亿元产业奠定了坚实的基础。据了解，“十二五”期间，省财政给予五粮液、泸州老窖等白酒企业的产品创新、新技术工艺研发等大力的专项资金支持，白酒原料粮基地建设、原酒储存在工艺技术也在进一步规范化、科学化。四川省政府还将着力推动宜宾、泸州核心区域发展成为全国重要的白酒生产基地。同时继续强化白酒品牌培育，在保持五粮液、泸州老窖全国领先的基础上，为建设世界一流的白酒品牌群而积极扶持 60 个驰名商标和 90 个著名商标的打造。毫无疑问，川酒及其川酒资源的开发基础雄厚。

2.3 资本精神催生的白酒管理经济

从大资本需要来看，激烈的市场竞争需要不间歇性的技术革命、机器设备更新节奏的加速。这就要在不断缩短的生命周期中，分期回收不断增大的投资开支。这种分期回收，必须要经过周密的计划、规范的统治制度，以防止经济的短期波动造成不堪收拾的紊乱风险。对于动辄百万元计的资本营运来说，为避免巨大的周期性波动之险，川酒企业的资本决策应朝着管理经济而施以公司统治。

随着人们对白酒的消费从简单的生理性、食物性需要向文化需要的跃升，白酒能否成为人们精神价值享受和文化价值享受的"感性商品"，完全需要以资本治理的态势来应对白酒的产业结构调整。快节奏生活中的现代人心理压力大、情感失衡均较以往更为严峻。故此对精神、情感的需求更为强烈。川酒要抓住这种渴望直接表现的消费跃至，以和谐的文化生活为背景，用自下而上、自上而下的双向公司治理模式来创造新资本运营的新机制。

凝聚国人厚爱而服务社会、报效社会是白酒企业应有的核心价值。美酒敬英雄、名酒献人民，民族的"国窖""五粮"回馈给和平安康的中华人民，是酒资本的真正的品牌价值。为着建设世界一流的白酒品牌的管理经济需要，酒资本主义本身要从企业内部直接产生出来。伴随业外资金涌向酒市，作为一个有着巨大消费潜力及高利润的传统产业，白酒业依然会有不断的资本涌入。进而越来越多的地方酒企的产权改革也将陆续走向资本市场，资产重组、股权并购、联合经营等资本营运愈演愈烈。川酒企业的资源优化配置、主业强化、品牌主导等，有望使业内外资本获得跳跃式发展变化。川酒资本实现其占有形式的社会化、经济运行的有序化及其兼顾收益分配的公平化呼唤着公司的治理创新。

3 四川白酒企业资本成本思索

科学技术的迅猛发展为酒资本的发展开辟了新空间，但随之而来的就是资本的风险控制问题。

在信息化潮流涌动的催促下，为迎接经济全球化的新竞争环境和竞争规则，我国企业步美国、日本和欧洲的三次资本经营战略及业务重整之后尘，在思想上取得了突破性进展——对国有经济实施战略性调整与重组。通过优势企业的资本扩张、盘活存量资产，以此谋求产业资本增长方式的根本性转变。但是，我们的经济是在尚未终结工业化进程的情况下直面信息化的非凡挑战，在未能完全市场化的条件下就迎上全球化的激烈市场竞争。竞争的帷幕早已拉开，大批优势企业"驰骋"产权交易市场，兼并、收购、参股、控股、品牌资本化运作等，寻求低成本快速扩张和资本增值的资本经营"热潮"狂飙四起，风起云涌。

就在同样的背景之下，却又有另一番景象：一批企业不顾自身条件盲目扩张，结果陷入困境；一些企业搞"扶贫式"兼并，不但被兼并企业没能搞活，而且本企业也"赔了夫人又折兵"、从此一蹶不振；一些企业一味追求跨行业经营，并购与原来所在行业不相关的企业，结果跌入多角化经营的"陷阱"。"巨人"集团的衰落，"环宇"集团的破产，还有其他许多企业正在困境中进退维谷、苦苦挣扎……两相比较，为何一边"硕果累累""歌舞升平"，另一边却"惨景一片""黯然无光"？资本经营，"你是馅饼，还是陷井"？面对大好的新资本时光，川酒企业必须顺应市场的资源配置规则，积极探索资本结构的合理性、资金回收的策略性、资本成本决策的科学性，让资本市场成就川酒企业的茁壮成长。

3.1 资本成本是企业理财的重要概念

资本成本对企业的筹资、投资及其分配决策皆起着重要作用。然而在实践中，人们对资本成本的理解存在一定偏差，计算中也存在一定的问题。

不考虑融资风险时，资本成本是指为筹措和使用资金而付出的一切代价，包括资金筹集费和资金占用费。资金筹集过程中支付的各项费用为资金筹集费，如发行股票和债券的印刷费、发行手续费、广告费等；占用资金支付的费用为资金占用费，如股票的股息、银行借款和债券利息等。资金的筹集费带有政策性，需要从定性出发来作定量测试。使用费的定量测算较为方便。从公司筹资上，如果不研究计算资本成本，就难以正确判断资金的来源情况、决定适宜的最佳筹资方案。而当面临风险时，每个企业都将力求选择资本成本最低、风险最小的筹资方式。不同渠道的资金来源有其不同的成本及其附加条件。企业必须认真分析比较，以确定最优的资源配置。

就投资而言，企业如不计算资本成本，就难以评价投资项目的优劣。资本成本是评价投资项目、决定投资方案取舍的重要标准。净现值法、内部收益率法是企业在评价投资项目的可行性和选择投资方案时的通常指标。这些指标的运用是以企业资本成本的高低来进行参照比较的。在用内部收益率指标进行项目可行性研究评价时，企业一般也以资本成本作基准收益率。国际上通常将资本成本视为投资项目的“最低收益率”或是否采用投资项目的取舍率指标。此外，股东们通常用经营利润率是否高于资本成本来判断企业的经营效益。资本成本是衡量企业资本效益的基准。如果定期内的综合资本成本率高于总资产报酬率，则企业经营业绩欠佳；反之，则相反。

现实中人们对资本成本的理解常常停留在表面上。比如人们将借款利率认定为资本成本的典型代表，我国不少上市公司因传统习惯而不分派现金股利，故而人们在进行资本成本的实际计量中忽视了股权资本的成本。就理财学教材而论，资本成本常被定义为企业为筹集和使用资金而付出的代价，包括资金筹集费用和资金占用费用两部分。这是因为我国的财务管理理论最先是从苏联引进的。按照苏联的计划经济做法，企业原则上是没有自主理财的。企业财务是财政体系的执行型子系统，宏观财政职能可代替微观财务职能。企业筹资只考虑资金筹集和使用成本，无需顾忌市场成本和对出资者的回报，进而与西方财务理论有迥然不同的资本成本概念。西方财务的资本成本定义是：资本成本是企业为了维持其市场价值和吸引所需资金而在进行项目投资时所必须达到的报酬率，或者是企业为了使其股票价格保持不变而必须获得的投资报酬率。故此，对资本成本的研究需要深入解剖。

3.2 资本成本的影响因素

市场经济环境中，影响企业资本成本的因素是多方面的综合作用，包括总体经济环境、资本市场状况、企业内部的经营和融资状况、项目融资规模、企业的财务可持续发展战略等。

总体经济环境决定整体经济系统中资本的供求走向以及预期通货膨胀的水平。总体经济环境变化的影响可以以无风险报酬率加以反映。显然，若整体经济系统的资金需求和供给发生了变动，或者发生通货膨胀变化，投资者就会相应地调整改变其投资收益率标准。比如，若市场上的货币需求增加了，但货币供给没有相应增加，则投资人就会提高其投资收益率要求，企业的资本成本就会随之上升；反之，则会降低投资者对投资收益率的要求，企业的资本成本则随之下降。如果预期通货膨胀水平上升，货币购买力下降，投资者也会提出更高的收益率来补偿预期的投资损失，导致企业资本成本上升。

证券市场也影响着证券投资的风险。证券的市场条件包括证券的市场流动性及其价格的波动。如果某种证券的市场流动性不好，投资者想买进或卖出该证券则相对困难，因其变现的风险加大，投资收益率要求就提高。如果价格的波动大，投资的风险就大，投资者要求的收益率也就提高。2012 年，发改委的反垄断检查与茅台、五粮液的“认错”被视作高端白酒降价的“发令枪”。于是，反映在资本市场上，两者的股价颓势加剧。自公告国家发改委反垄断局要求整改日子起的短短 8 个交易日中，茅台股价重挫了近 15 元，跌幅近 7.5%；五粮液股价下跌了 2.6 元，跌幅近 10%，与同期沪深股指表现形同冰火。与此同时，业界纷传茅台销量下滑 40%、五粮液下滑 30%、泸州老窖下滑 90%。

其实，企业重点研讨的还是企业内部的经营和融资状况，即经营风险和财务风险的大小对资本成本及其投资收益影响极大。经营风险是企业投资决策的结果，表现在资产收益率的变动上；财务风险是企业筹资决策的结果，表现在普通股收益率的变动上。如果企业的经营风险和财务风险大，投资者便会有较高的收益率要求。

融资规模是影响企业资本成本的另一个重要因素。以需定筹是企业融资应遵循的法制。企业的融资规模大，则其资本成本总额就高。如果企业发行的证券金额很大，则其资金筹集费和资金占用费都会上升，而且证券发行规模的增大还会降低其发行价格，由此也会增加企业的资本成本。

对“资本成本”计量应理解为对“加权平均资本成本”的计量。加权平均资本成本可分拆还原为债务成本和所有者权益成本。债务成本又可进一步细分为短期借款成本、长期借款成本、长期债券成本等。权益成本也可以细分为普通股成本、优先股成本、留存收益成本等。

3.3 川酒企业的资本成本思索

从 20 世纪 60 年代开始，科技迅速发展，国际市场竞争日益激烈，企业若想得以持久的生存和发展，必须站在全局性的资本战略高度去把握环境变化，通过不断强化自身优势去赢得企业内外资源和的动态平衡。于是，战略型的企业管理模式应运而生。价值管理成为理财的首要任务。公司的价值管理需要考量七项基本因素：一项宏观因素；五项操作因素（销售增长率、现金利润、现金税、固定资产支出、运营资产支出）；基于风险和资本结构要求的回报率，即加权平均资本成本。为简化复杂的资本市场因素，我们将“加权平均资本成本”拆解为“债务成本”“市场交易成本”和“所有权成本”三项因素。

公司因债务而引发资本成本的计量相对容易。由债务成本导致的未来现金流出是提前预订的，不存在太大的预测难题。不过，公司往往有多种债务，与时间相应的利率风险及税盾效应也是复杂多变的。所以债务成本应尽量回归到加权平均上。至于债务成本与代理成本之间有何存在关系？这种关系对资本结构、公司治理有何影响？在公司债务重组时，财务杠杆的升降与债务成本的变化如何影响企业绩效等问题此处略去。

“交易成本”在新制度经济学里不是十分清晰。新制度学派把交易成本按照发生的时间分成事前与事后两类。事前费用发生于契约签订之前，如生产信息、交换信息及其讨价还价等费用；事后费用则是发生在契约签订后的执行成本，包括监督、惩罚、奖励等行为所造成的费用。于是，交易成本主要是代理人的契约成本或代理成本，它包括委托人的监督支出、代理人的保证支出及剩余损失等。

张五常（2000）认为，“成本是所放弃的价值最高的选择”，资本成本即可定义为“机会成本”。于是成本概念应建立在人们依据主观价值标准而作出的选择基础上。有选择就有成本、无选择就无成本。据此，在经济学家看来，沉没成本、历史成本皆不是成本。选择应面向未来，资本成本也即是未来成本，重要的是谁将承担成本。公司筹资、投资等的财务决策是面向未来的，故而作为财务决策标准的“资本成本”自然要面向未来，用面向未来的“机会成本”去理解“资本成本”是理财的合理需求。

20世纪60年代学者们开始意识到企业负债比例对企业资本成本的影响。因此企业资本成本应该是负债资本成本与股权资本成本的加权平均。在此基础上产生了两种较为流行的加权平均资本成本计量模型，即所罗门的“现代公式”以及莫迪格利安尼（Modgliani）和米勒（Miller）的“平均资本成本方法”。由于MM平均资本成本模型有缺陷，人们采用所罗门的“现代公式”计算企业加权平均资本成本，即先求出个别资本成本，再以各种资本占总资本的比重为权数，运用统计上的加权平均方法算出企业的加权平均资本成本。

在我国，由于债务资本利率水平和还本付息明确，企业能普遍能感受到债务成本的存在，但却感受不到股权资本成本的压力。同时，国有企业的债务融资控制较严，2012年五粮液的资产负债仅占三成，其中又几乎为流动负债。故，近几年的财务费用均为负数就不难理解了。由此看来，川酒企业的资本经营风险主要是在投资及营运资金上。所以，目前的资本成本决策尚无理论上的用武之地。在商讨川酒资本市场时，只需要着力培养全方位的资本成本意识，尤其要强调对企业领导者施以投资与分配的全面资本成本考核。目前我国企业显现出对权益性资本的偏好是不符合财务理论的，也不符合市场经济的发展需要，最终要回归正常的资本市场。

4 结束语

近年来的川酒产业发展喜忧参半，酒文化的积极意义尚待发挥，川酒产业升级、业务创新及绿色环保等问题皆对酒资本的发展平台提出了新的要求和期望。酒神精神与川酒产业的业务创新正待酒资本的渗透。面对大好的新资本时光，川酒企业必须顺应新资本市场的资源配置规则，优化资本结构、积极探索资本成本决策的科学性，让管理创新成就川酒企业的茁壮成长。

参考文献

[1] 张敦力. 论资本成本的计量及运用 [J]. 会计研究，2006（6）.

[2] 古力. 盐业公司统治与治理的双重管控机制初探 [J]. 企业经济，2012（1）.

[3] 龚凯颂. 企业资本成本理论探讨 [N]. 中国会计网，2006-08-07.

[4] 周其仁. 资产不是资本——农民收入是一连串事件（之八）[N]. 21世纪经济报道，2001-08-27.

[5] 哈泽尔·约翰逊. 资本成本管理与决策 [M]. 姚广，闫鸿雁，译. 北京：机械工

业出版社，2002.

［6］卢德之. 资本精神［M］. 北京：中国社会科学出版社，2008.

［7］汪云霞. 资本的力量［J］. 上海国资，2005（11）.

［8］曹攀峰. 白酒业频遭利空，茅台飞天 53 度价格松动［N］. 证券时报，2012-12-25.

［9］石新武. 论现代成本管理模式［M］. 北京：经济科学出版社，2001（10）.

［10］杨礼洪，黄国良. 国外资本成本研究述评［J］. 经济与社会发展，2007（02）.

［11］张敦力. 论资本成本的计量及运用［J］. 会计研究，2006（06）.

［12］孔令武. 关于资本成本决策的探讨［J］. 技术经济与管理研究，2008（03）.

［13］朱武祥. 资本成本理念及其在企业财务决策中的应用［J］. 投资研究，2000（01）.

［14］刘建平. 资本成本在企业中的运用探索与建议［J］. 经济新论，2007（08）.

［15］吴晓求. 资本结构和公司治理的若干理论问题［J］. 中国经济信息，2005（03）.

［16］王麟，王松岩，田星. 关于我国群众体育经济发展之思考［J］. 中国商贸，2010（04）.

［17］何秀贤，庄小将. 中国酒文化承载的社会功能——和谐社会视角下酒文化建设问题研究之一［J］. 中国集体经济，2011（03）.

［18］黎莹. 举世无双的中国酒文化（一）［J］. 食品与健康，2004（01）.

［19］萧家成. 传统文化与现代化的新视角：酒文化研究［J］. 云南社会科学，2000（05）.

基于消费者心理的川酒营销策略研究[①]

张永锋[②]

摘要：本报告在文献调研和实地调研的基础上，简要介绍了四川白酒的产业和营销现状，分析了川酒在营销中存在的不足，并在此基础上重点分析了白酒消费者常见的六种消费心理："面子"消费心理、"炫耀"消费心理、"跟风"消费心理、"情感"消费心理、"求廉"消费心理和"求异"消费心理。最后，提出了川酒应针对这些消费进行营销策略的改进，例如进行体验营销、实时实施饥饿营销、加强"酒文化"建设、充分利用网络等销售渠道、加强消费者忠诚度的建设和培养等。对川内白酒企业而言，有一定的借鉴意义。

关键词：消费者心理；营销策略；体验营销；饥饿营销；酒文化

1 前言

本项目经川酒发展研究中心学术委员会评审通过、四川省教育厅 2011 年 7 月 6 日下文批准正式成立以来，项目组成员按照项目申报书的内容、分工和要求，有条不紊地推进各项工作，进行了广泛地调研、讨论和深入分析，对消费者心理和川酒营销策略进行了深入探讨，在公开刊物上发表了三篇学术论文，分别是 2011 年 11 月在《经营管理者》上发表的《浅论白酒企业的体验营销》、2012 年 7 月在核心期刊《中国商贸》上发表的《饥饿营销探析》、2014 年 7 月拟在核心期刊《酿酒科技》上发表的《基于模糊层次分析的酒企业核心竞争力评价》（注：2013 年 8 月投稿，11 月已被杂志社录用，正式刊物暂未出版），并在"川酒产业与区域经济协调发展"研讨会论文集上发表了两篇论文，分别是《基于消费者心理的川酒营销策略分析》《四川酒类企业核心竞争力评价机制构建》。通过对川酒消费者心理的分析和营销策略的探讨，基本达到了项目申报书的基本要求和目标。

2 项目研究背景

中国是酒的故乡，酒贯穿于中国几千年的人文历史，酒不管是作为礼品还是消费品，都不曾离开过人们的生活。具有浓厚历史底蕴的酒与茶，最有可能成为中国奢侈品牌的代表。

---

① 基金项目：四川省哲学社会科学重点研究基地、四川省教育厅人文社科重点研究基地——四川理工学院川酒发展研究中心（CJY11-09）研究成果。

② 张永锋（1977—），男，四川仁寿人，副教授，主要从事市场营销方面的研究。

川酒在中国酒类占有半壁江山。根据中投顾问产业研究中心的资料显示，2009 年上半年四川规模以上白酒企业总产量为 73.2 万千升，占全国总产量 23.4%，同比增长 37.62%，超过全国平均增速 17.55 个百分点；规模以上白酒销售收入达到 369.98 亿元，同比增长 25.06%，实现利税 82.72 亿元，同比增长 7.33%。

虽然川酒发展迅速，但是由于市场容量限制（尤其是国内消费者对白酒的消费观念的转变）、竞争加剧、国外洋酒品牌的涌入，使得川内绝大多数酒类企业都面临巨大压力。如何充分发挥川酒资源优势，进一步挖掘川酒发展潜力，培育并提升川酒的核心竞争力，巩固川酒产业和支柱企业的整体实力，已成为迫在眉睫的事情。

川酒从不缺品质，缺的是市场策略。如今酒的竞争，不再仅仅局限于价格的竞争，更是价值的竞争。并且，此竞争不但是指同业不同品牌之间的价值竞争，还是产品价值与消费者心理价值之间的价值博弈。也即是说，每一瓶白酒的成功售出，不仅意味着其在与竞争品牌的竞争中大获全胜，还意味着其在消费者心理价值的争斗中以胜利告终。消费者心理的影响正逐渐在酒的竞争中处于领导地位。

从消费者的角度来看，影响消费者白酒消费的主要因素有以下几个方面：

2.1 文化

中国一直就有酒文化，而且中国人往往将酒与诗、情相联系。酒的消费事实上也不仅是一种物质消费，更是一种精神消费，酒文化与白酒是无法分开的。激烈的行业竞争促使白酒企业进行营销创新，价格促销、广告宣传、渠道公关等各种营销策略都被广泛地采用。文化营销就是在酒文化的这种背景下在白酒行业得到广泛应用的。

白酒企业不断去发掘、甄别、培养或创造某种核心文化价值，然后将其提炼为白酒产品、品牌和企业的文化，使之与消费者的文化需求、精神需求相匹配。金六福的“福文化”，茅台的“国酒文化”，剑南春的“唐文化”，国窖 1573 的“年份文化”，孔府家酒的“家文化”无一不是对传统的中国历史文化和民族文化进行挖掘，将之与酒品牌相联系，迎合消费者的精神文化需求，满足消费者的成就感，最终达到营销的目标。

2.2 健康

酒能养生，亦能伤身。中国作为饮食文化的大国，酒在其中占据着重要位置，但凡婚丧嫁娶、搬迁升职均会以酒相庆。然而，随着时代的变迁，人们越来注重酒对人身体的伤害，人们越来越意识到饮酒不当已变成人类健康的杀手之一。因此，在饮酒时对酒的选择就慎之又慎。

例如，四川酿酒工业协会专家组组长、全国著名白酒专家曾祖训提出了“醉酒度”的概念。2009 年，丰谷酒业高调提出了“低醉酒度”概念并运用于产品质量标准和生产操作标准，深深地迎合了消费者“健康饮酒”的观念，一年来新增产值近 2 亿元。

2.3 品牌

对于产品本身而言，除了香型以外，因为工艺成熟，不太可能形成太大的差异化。白酒在中国有着较好群众基础，对于这样商品其品牌影响力有较大作用。白酒品牌个性是白酒品牌张力的关键，是产品的灵魂所在，是其拓展张力、创造延伸舞台的“内因中的内因”。因此，差异化诉求是白酒品牌核心价值的定位标尺。白酒文化虽然悠久，但并不是每一个白酒品牌的个性都要以古文化作为产品诉求。只要白酒品牌个性市场中寻求到了差异化的核心个性定位，就能够如愿以偿地拉动消费者神经与内心深处的需求。例如，水井坊在塑造“中国白酒第一坊”品牌形象的同时，其终端市场上的口碑——“老板喝的酒”也为其销售局面的快速打开立下了汗马功劳，让它迅速引起了消费者的关注。

未来几年，我们判断白酒行业的核心驱动因素必将从终端竞争升华到以消费者为核心的品牌竞争上。目前，白酒市场变化的根本来自于消费者，消费者决定着未来白酒的生死。白酒唯一的出路就是建立真正的品牌，用品牌与消费者沟通，让品牌变成一种理念，深入人心，成为购买的行动指南。

2.4 偏好

我们的白酒一般可以划分为四类：清香型、酱香型、浓香型和兼香型。根据精准企划市场调研部2009年所做的调查，消费者的偏好对白酒的消费有很大影响（见图1、图2）。

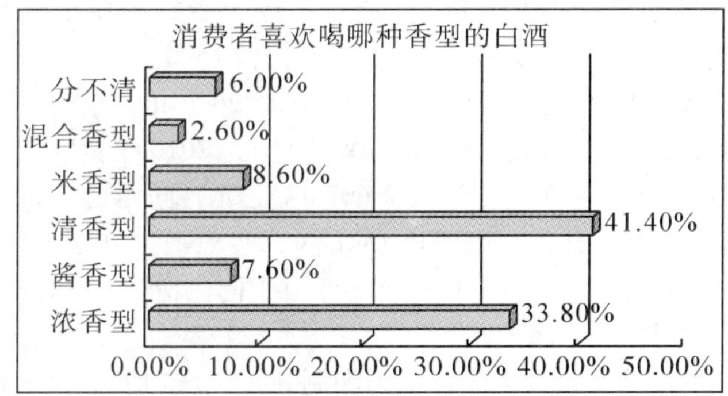

图1　消费者喜欢的香型调研情况

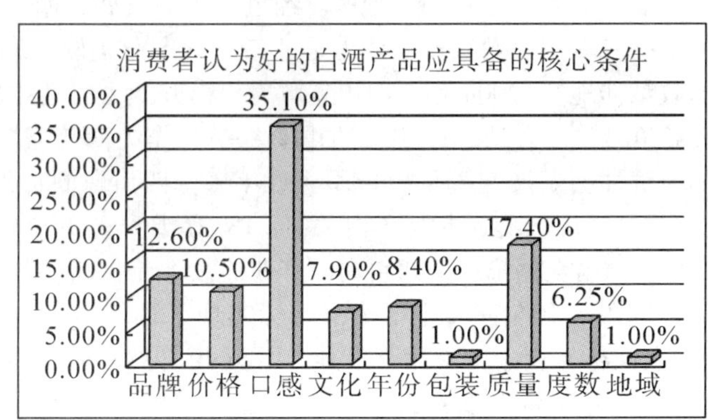

图2　消费者购买白酒时考虑的因素调研

从以上分析不难看出，消费者心理对白酒的消费具有重要影响，深入研究消费者心理对白酒的营销策略是非常必要的。

3　四川白酒产业发展状况和营销现状

3.1　四川白酒产业发展状况

白酒是指以富含淀粉质的粮谷如高粱、大米等为原料，以中国酒曲即大曲、小曲或麸曲及酒母等为糖化发酵剂，采用固态（个别酒种为半固态或液态）发酵，经蒸煮、糖化、发酵、蒸馏、陈酿、贮存和勾调而制成的蒸馏酒。白酒产业是我国传统产业之一，自2003年起开始全面复苏，进入了高速增长时期。

2004年全国白酒总产量312万千升，我国白酒产量到达了近十年来的最低点同时也成为了白酒产业的转折点。实现销售收入530亿元，增长了15%。近60亿元的利润总额不仅创下了38.9%的各行业最高增长，在酿酒行业利润总额中所占比重也达到了57.6%；2005年起，中国白酒消费出现恢复性增长，产量达到349.4万千升，同比增长5.04%，实现销售收入741.07亿元，同比增长39.8%；2006年全国白酒行业销售收入970.3亿元，同比增长31.09%，产量达397.1万千升，同比增长18.18%；2007年全国白酒行业销售收入达到1 242亿元，产量达491万千升。2008年白酒产量569.34万千升，同比增长15.79%，销售收入1 574.85亿元，同比增长27.79%。2009年，全国白酒产量达到705.7万千升，同比增长23.95%，销售收入达到1 708.1亿元。2010年全国白酒产量达到890.8万千升，同比增长26.23%，实现销售收入2 661.14亿元，同比增长35.17%。2011年全国白酒产量达到1 025.6万千升，同比增长15.13%，实现销售收入3 746.67亿元，同比增长40.79%；2012年全国白酒产量1 153.16万千升，同比增长12.43%，实现销售收入4 466亿元，同比增长19.2%。

四川拥有上千年的酿酒史，其生态环境为酿制纯正优质白酒提供了得天独厚的环境。四川盆地是我国发展白酒产业最为理想的地区之一。这里是浓香型和酱香型世界顶级白酒的发源地，也是固态蒸馏白酒高端品牌的集聚区。经过多年的发展，四川白酒品牌和生产技术在国内外都首屈一指。四川白酒被行业认为是“最大的产业集群、最大的品牌群、最大的产能群、最好的政策洼地”。2008年，四川省政府提出并倾力打造中国的“白酒金三角”是川酒提升核心竞争力，扩大品牌影响力的重要举措。作为四川省的传统支柱产业，白酒产业对四川省的经济社会发展起着重要作用。近年来，四川白酒得到了更快的发展。2007年，四川省规模以上白酒企业共生产白酒86.18万千升，占全国白酒总产量的17.5%，首次超过山东，排名全国第一。四川白酒产业连续5年保持年均30%以上的速度增长，主营业务收入、利税、利润三项主要经济指标实现了翻倍增长。2009年，全省白酒业拥有16个中国驰名商标，全年产量达万千升，增长40.70%，居全国第一；当年四川白酒产量、工业总产值、新产品产值、销售产值、出口交货值分别占到全国白酒业的22.06%、34.02%、70.22%、34.30%和83.8%，白酒盈利能力进一步增强，利税和利润分别占到全省工业的9.6%和10.39%。2012年，四川省白酒行业完成产量295.2万千升，同比增长14.8%，占全国白酒产量的25.6%，实现主营业务收入1 671.54亿元，同比增长23.72%，实现利润292.63亿元，同比增长45.35%。规模以上白酒企业数达到273家，共有33家白酒企业进入全国白酒企业百强行列，除五粮液、泸州老窖、剑南春、郎酒、沱牌、全兴六家传统名优白酒企业外，还涌现出了丰谷、江口醇、小角楼、高洲酒业等一批具有较强竞争实力的白酒企业。

3.2 四川白酒企业营销状况

课题组采用问卷调查方式对消费者进行随机调查，调查结果显示，消费者知晓度较高的白酒品牌有五粮液、泸州老窖、剑南春、茅台、郎酒、水井坊、沱牌、江口醇、小角楼、丰谷等。喜欢饮用的白酒有五粮液、丰谷、小角楼、舍得、剑南春、泸州老窖等。在商务消费时经常选用的品牌是五粮液、水井坊、泸州老窖等。调查显示，消费者选择品牌白酒时主要受三种因素影响。一是因喜爱某酒的口感而确定选购对象，这类人群约占调查人数的70%以上；二是从价格因素考虑，这类人群约占调查人数的40%~50%；三是因广告效应的影响而确定选购对象，这类人群约占调查人数的30%~40%。

在宽松且积极的发展环境中，绝大多数川酒企业还在不断提升自身营销水平和管理水平，从而缩小与其他区域强势品牌之间的距离。郎酒股份有限公司总经理兼销售公司总经理付饶就提到：郎酒从2001年改制之初不足3亿元销售额，到2010年预估50亿元销售额，其中最重要的一点就是其近年来在品牌推广、营销模式、市场策略、组织结构、管理考核体系方面不断进行调整和变革，以期适应不断发展的市场和竞争。陈泽军则认为：对于二三线川酒企业而言，必须针对各区域的实际情况，对组织结构进行深化调整，彻底改变过去粗放式的营销模式，实现营销组织渠道化下沉至县级市场。

在整个世界的酒类产业中，提及葡萄酒人们会想到著名的法国波尔多产业带；提及啤酒人们会想到德国慕尼黑产业带；然而当提及白酒之时，人们恍然发现中国还没有一个属于自己的名酒产业带。在经济快速发展、白酒产业日益壮大的驱动下，打造中国名酒产业带迫在眉睫。在2008年的两会期间，四川省委省政府提出“推动中国白酒金三角共同发展”的建议，力图通过国家政策对白酒金三角进行全面布局。

为了打造中国白酒金三角这个“品牌”，四川省委省政府多次亲力亲为，为白酒金三角走出去创造机会。2009年5月，四川省委书记刘奇葆携五粮液等“川酒六朵金花”前往台湾，推广川酒名片——中国白酒金三角；2010年8月，他又带领“六朵金花”共同亮相上海世博会，打造“酒·城市、酒·生活、酒·生态、酒·文化”4个主题，对中国白酒金三角品牌给予全力推广支持。

从近些年白酒市场的变化来看，20世纪以清香为主导的市场格局已经在发生变化，浓香型白酒开始占据着市场主导地位。特别是在白酒大省四川，更是浓香型白酒的大本营。著名白酒专家曾祖训先生，就曾提出四川浓香型白酒感官风味走向“市场化”的主张。浓香风味的形成，是经过几代人多年的艰苦努力，依靠技术进步、微生物、工艺的改革创新而成。今天，我们必须在此基础上与时俱进，进一步加以提高和完善。据不完全统计，浓香型白酒以接近70%的市场份额占据着白酒第一的位置。

几乎都是浓香型产品却同时走向辉煌，今天还让众多人苦恼的白酒同质化问题，川酒何以不但能摆脱，还能创造辉煌的企业群？风格迥异，自成风骚，每个企业与品牌都有自己独有的气质、独有的思路，这就是川酒唯有的美丽画卷。我们应认清“浓香型”不仅是一个“香型”概念，而应把它视为一个“产业”概念，只有把它提升到“浓香型产业”这个战略高度上去加以打造，这个香型才可能发展得更快，未来才能赢得更大竞争优势。

3.3 四川白酒企业营销中存在的问题

虽然四川白酒取得了不错的销售业绩，但川酒在营销过程中依然存在一定的问题，调查中发现的主要问题有：

3.3.1 对消费者心理分析不够

四川白酒较少从价值角度考虑顾客利益，对消费者的关心不够。有的营销方式让消费者感觉诱惑其购买的程度大于受关心的程度，这种营销方式难以激起消费者的购买欲望和购买行为，也难以建立顾客忠诚度。

3.3.2 对建立顾客忠诚度的重视不够

从营销手段的核心而言，当前的四川白酒营销仍然以传统的价值和产品为中心，对通过为消费者创造价值培育顾客忠诚的营销方式的重视程度不够。营销多以获得新顾客为目标，对已有顾客重视不够，没有采取有效措施留住已有顾客。就体验营销方式而言，四川白酒营销也涉及一些情感因素，比如，以制造文化体验为目标的营销模式，强调针对企业的商品特点和顾客的消费心理，在营销活动中运用文化造势，建立起一种新的产品——文化需求联系。从产品开发到商标命名、广告宣传等渗入浓郁的文化气息，让消费者在获得产品实体的同时，还能获得一种文化体验和精神上的满足，它更注重产品和诉求的情感性、审美性、象征性、符号性等文化价值。这些营销措施在一定程度上能起到吸引顾客的作用，但是它侧重于顾客的感官体验。这种感官的体验没有达到建立顾客忠诚的高度，很难维持顾客对产品的忠诚。

3.3.3 营销创新方式不够

网上营销是信息技术时代重要的营销渠道，也是建立情感营销的重要渠道。但是，四川白酒对网上营销这一方式应用不够。网上营销的产品安全度和可信度较低，导致很多人不愿意在网上购买，使得网上营销对川酒的发展作用没有得到充分发挥。

3.3.4 对酒文化的分析和利用有待加强

中国的白酒文化历史悠久，博大精深。随着消费者消费观念的转变，已经逐步地由单纯的“喝酒”演变为“对文化的品味”。

按照马斯洛的需要层次论，人的需求由低到高逐步可分为生理需求、安全需求、社会需求、尊重需求和自我实现需求。酒具有物质属性，可以解饥、解渴，满足一种生理需要；同时，酒包含着丰富的文化，具有很高的精神属性，是为了满足更高层次的心理需要。例如苏轼在中秋夜通宵畅饮后做出了《水调歌头·明月几时有》的绝世佳句。

4 白酒消费者的消费心理探讨

4.1 白酒消费决策的一般过程

白酒是一种特殊的嗜好消费品，不同社会地位的人群在不同的场合对白酒产品的购买决策也是不一样的。图3是关于白酒消费决策一般过程的概念性模型。

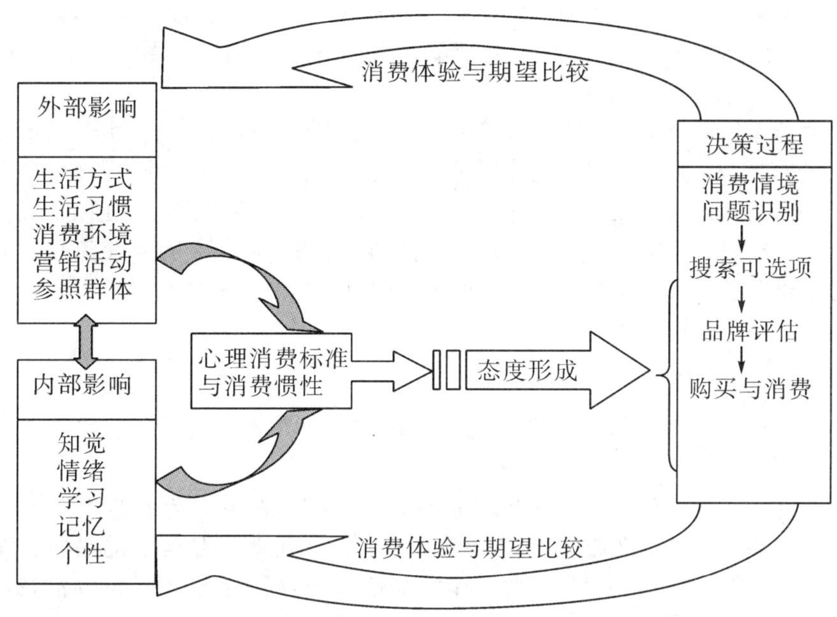

图3　白酒消费决策的一般过程

白酒消费者在内、外部因素的影响下形成产品的心理消费标准与消费惯性，并据此对品牌或产品形成态度。在白酒消费决策过程中，这种态度将直接影响产品的搜索可选项范围，品牌评估以及最后的购买决策。消费体验与期望比较的结果将反过来对消费者的内部特性和外部环境产生影响，从而又引起消费者心理消费标准与消费惯性的调整和变化。

不同于其他产品的决策，白酒消费决策属于一种基于态度的选择、评估、购买与消费过程。劲牌公司的一项调查显示，90%的白酒消费者无法区别白酒的不同香型，且将清香和淡雅的浓香混为一谈；57.4%的白酒消费者无法从产品属性方面分辨白酒的质量好坏，而是将口感好、进口绵软作为判断白酒质量是否好的标志。白酒消费者在搜索决策可选项时，主要受到两方面的影响。一方面，在没有消费并形成对某种品牌的态度之前，消费者主要受外部影响更多一些，消费环境、参照群体的口碑传播和商家的营销活动都会影响消费者的搜索可选项和最终的评估与购买。另一面，对某一品牌有消费体验与期望比较结果的消费者在进行消费决策时，更多受内部因素影响，尤其是学习与记忆。这种体验信息与结果，使白酒消费者对某种品牌会产生强烈的好感，从而产生品牌敏感。

4.2　当代人对白酒的消费心理

古代酒类很多，不管是酱香型、浓香型、清香型，还是凤香型，都有绝代佳酿。其中酒精度最高的是白酒，白酒的烈性、销量是其他种类无法替代的品种，以至于后来的饮酒通常是指白酒。古人饮酒总的来说是生理需求，是生活成瘾或是生活中遇到某些困惑，从而以酒为乐、借酒解闷。可以说是借酒来调节自我心理。大家熟悉的陶渊明、李白、杜甫等人，翻开他们的生活史，会发现他们除了在文学上的荣耀外，还有一个共同的特点就是好酒。他们的生活是宁可百日无粮、不可一日无酒。古代诗人陶渊明就是一个很好的例子，从他一生喝酒来看，几乎是出于生理需要，这与他的人生经历的早年无父、中年丧妻、暗淡的志士之途不无关系，是从以酒解愁到以酒过活的生活过程。另外，我们会发现，陶渊明喝的是自家酿制酒和酒铺的米酒，他没有喝名酒，他的要求是只要有酒就行。饮酒目的是解闷，驱寒与充饥，不注重酒的品牌意识，对酒的包装、品牌没有过高的期盼。

现代社会与古代社会相比物质丰富多了，人们饮酒更多地依赖酒厂生产，自家酿酒慢慢减少，喝酒的要求从原来的散酒提升到对品牌的要求，饮用白酒的心理动机也慢慢地在变。延续千年的酒文化和“无酒不成席”的传统饮酒习俗，对当今人们的生活和工作产生着巨大影响，白酒无形中成为人们在各种社交场合中联络感情、相互交流和沟通的一种工具。正是由于白酒具有人际交往的媒介作用，同时又是个体消费品，因而消费者在饮用白酒时的需求和动机更加复杂。

4.2.1 “面子”消费心理

中国“面子消费心理”历史悠久，无论是请客、送礼还是政商务消费，主人招待用酒的选择都离不开“面子”心理。

白酒厂商在运作高档及超高档酒和礼品酒时，要重点利用消费者的“面子”消费心理。许多消费者在选择五粮液或者国窖 1573 时，不是单纯为了品尝酒的品质，而是喝五粮液、国窖 1573 是一种“面子”，一种“生活品位”。购买茅台、五粮液的消费者，早已脱离了购买酒的基础层面，而是上升到了“面子心理”消费层面，他们花大笔钱买一瓶酒，不是买“酒”“醉”，而是买“面子”“生活品位”。四川白酒品牌可充分借鉴安徽宣酒集团的成长轨迹，借鉴宣酒适时、合理的品牌定位转换，其从“宣城特产”到“江南美酒”，再到“中国宣酒”，不断满足了不同消费群体的“面子”消费心理。

4.2.2 炫耀消费心理

炫耀性消费心理在中国消费者心中根深蒂固。战略咨询公司贝恩公司发布的《2011 年中国奢侈品市场研究报告》称，2011 年中国内地奢侈品消费增幅达 25%~30%，市场规模首度突破 1 000 亿元人民币。照此速度发展，中国有可能于 2012 年在奢侈品贸易和消费方面超过日本成为全球第一。

炫耀性消费指的是富裕阶层通过对物品的超出实用和生存所必需的奢侈性，向他人炫耀和展示自己的金钱财力和社会地位，以及这种地位所带来的荣耀、声望和名誉。随着中国经济水平的发展，存在这种消费心理的人群正在逐年增多。

在白酒消费方面，中国大部分地区的消费者在购买高端白酒时，并不把“酒质及口感”放在首位，而是更加关注其所购买的白酒品牌价值及其心理附加值。且绝大多数消费者购买高档白酒就是为了满足其炫耀消费心理，通过购买高档白酒来体现其财富能力及个人能力。无论是全国名酒还是区域白酒品牌，要想利用好消费者的炫耀消费心理，必须进行长期的品牌建设工作，厂商需联合起来运作市场。企业需充分利用地域文化及稀缺资源，不断给其品牌赋予竞争对手无法复制及超越的品牌文化内涵。经销商需配合企业做好各项系列化工作的落地执行，推进企业各项品牌建设工作，不断扩大高端形象产品的受众范围，让消费人群在消费时首选该形象产品，并让消费者在消费的前后都能获得自豪感及成就感，满足其炫耀性消费心理。

4.2.3 “跟风”消费心理

中国人历来有“跟风”消费的心理，一个品牌在意见领袖或者高层领导的带领下，会被普及开来。因此对于多数白酒品牌来说，只要抓住了相关意见领袖，产品就不愁动销。

中国人历来有“跟风”消费的心理，一个品牌在意见领袖或者高层领导的带领下，会被普及开来。因此对于多数白酒品牌来说，只要抓住了相关意见领袖，产品就不愁动销。例如在四川地区，2001—2005年非常流行小角楼酒，2005年开始，丰谷酒开始风靡全川；2009年开始，又流行郎酒。其实很多业内人士都明白：只要政府或高级商务范围内的意见领袖带头喝你的酒，一般政商务聚会则会跟进消费，开始在小范围内“跟风”，之后就是县城消费者进行火爆“跟风”消费。对于强势白酒品牌来说，需不断在高空加强品牌建设，以提高品牌知名度及美誉度，从而带动消费者“跟风”消费；对于中小型白酒品牌来说，则需加强地面小范围的推广及口碑传播，最大化地扩大传播效应，促进消费者“跟风”消费。

4.2.4 “情感”消费心理

对于白酒行业来说，情感因素一直陪伴着消费者对白酒的选择，左右着白酒消费行为的方向，这点尤其体现在广大乡镇区域市场。

与消费者进行情感沟通是企业成功的一大法宝。企业需深挖其品牌背后的历史文化资源，以达到品牌与消费者之间的情感共鸣；同时，研发出一系列富含情感元素的包装及触动消费者内心的产品名称，参考市场上消费者白酒消费的心理价位进行合理定价，并制定一系列富含情感元素的市场推广方案。经销商需贯彻执行企业的一系列推广方案，在产品上市前期主动把部分利润回馈给消费者，逐步培育出大量的忠实渠道成员及消费群体，为后期持久盈利打好坚实基础。

例如，中国固有的家文化影响了数以亿计的中华儿女，每个中国人都有浓厚的恋家情结。20世纪90年代因“孔府家酒，叫人想家”这句经典广告语而红遍大江南北的山东孔府家酒，以情感触动消费者，使消费者很容易产生情感共鸣，增强购买行为，因此造就了“孔府家”年销售额曾达1.3亿元“神话”。

4.2.5 求廉消费心理

一方面，目前多数农村消费者的消费能力不高，其作为中国白酒消费量最大的群体，消费能力非常有限。除了一线白酒企业外，多数白酒企业都不会放弃生产低档酒。原因在于：低档酒虽然利润率低，但市场容量大，足以为企业贡献一笔可观的利润。白酒企业营销人员需充分了解消费者的求廉消费心理，在此基础上加强市场调研，充分了解此类人群对酒的包装、酒质、价位、促销等方面的需求，最终研发出合理的低价位的白酒产品。经销商在销售低端产品时，需进行深度分销，借助低价位白酒去广泛开发及维护农村区域的网络，建立密集网点，为以后多元化发展打好基础。当资金、时机及季节较为成熟时，可选择代理几款啤酒品牌或引进几款较为高端的白酒产品。这样不仅可以通过“多销”来弥补“薄利”，还可不断壮大自己的销售队伍。

另一方面，很多知名高端白酒容易让人“望而生畏”，其实很多人都清楚，高价中有很大一部分其实是销售费用，如何尽可能缩短销售渠道、降低价格就成了一大问题。很多企业开始利用网络来进行销售，如专业的酒仙网、购酒网、也买酒等知名网站；同时很多知名平台也开始了酒类产品的销售，如电器网站苏宁易购、国美、京东等。

4.2.6 求异消费心理

随着消费水平的提升，消费者越来越倾向于个性化消费，喜欢尝试一些新鲜事物。且随着白酒行业的高速发展，白酒产品同质化现象越来越严重，此时，独具个性化的产品品牌会被越来越多的消费者所关注。在同样不为消费者熟悉的品牌中，香型差异化越明显，产品包装、命名、瓶型越有个性，越能吸引消费者的眼球，从而增加动销数量。

白酒品牌需与时俱进，及时掌控市场最新消费风向标，适时、合理地生产出消费者喜爱的产品，不断满足消费者的求异消费心理。对于操作区域市场的白酒经销商来说，首先，需考虑代理一款市场上较为成熟香型的白酒品牌。香型差异化是把“双刃剑”，过分追求差异很可能会物极必反，可能会因为消费者香型不适应而使产品不被消费者认可，最终导致市场运作失败；其次，需代理差异化的产品，如差异化的外包装、瓶型、颜色、酒精度、价格等；最后，需进行差异化的推广及促销，如可进行差异化渠道推广，可进行主题促销、社区促销、“回扣”促销等。

5 川酒营销策略研究

5.1 实施体验营销

川酒企业应加强产品体验和顾客服务体验，重视情感体验营销的作用，提供能满足消费者个性需求而又关心消费者的营销策略。经研究，课题组认为川酒体验营销不只在营销环节，在计划、采购、生产等各个环节都要从顾客角度出发，关心消费者价值创造，真正实现全过程、全方位考虑顾客需要。做好川酒体验式营销活动，主要可以从以下几个方面入手：

5.1.1 在产品中融入、黏贴体验

白酒产品不仅需要有好的功能和质量，还要有能满足消费者视觉、触觉、审美等方面的感官质量。现在消费者对产品质量的期望值越来越高，某一个细节的缺陷，便会影响消费者购买和饮用者的感知，从而不利于产品的销售。

川酒企业应注重产品质量，抓好实施体验营销的根本。白酒已经不再是简单的“食用酒精+水+包装”，其本质特征只能通过饮用才能显示出来，而这种显示又因人而异，因场合而不同，其精神功能是其他食物不可替代的。例如，剑南春集团推出的一款高质量的高档新品——东方红，陈香中见幽雅，香味的散发如同一杯热的咖啡上的暖雾飘然而出，绵柔甘洌，回味悠长，净爽。酒一入口，爽滑自然，马上能体验到一种高品质的现代生活。

强化产品包装，在包装中体现川酒核心价值。白酒销售分为两种：一种是购买来自己喝的，另一种是作为礼品使用的。越是高档的白酒，礼品成分越大，因此必须十分注重酒的包装。酒的包装体现酒的外表形象，是否典雅大方，美观时尚，使用方便，符合产品的理念设计，给消费者全新的视觉感受是关键。

准确定位产品文化，提升产品宣传亮点。产品文化是指对酒的文化理念的设计，产品的宣传要有“卖点”的想象力。如“金剑南——高贵与生俱来”“唐时宫廷酒，盛世剑南春”“开启国窖·国窖 1573，你能品味的历史”……它们充分显示出酒的高贵，酒的绵延，酒的香陈。川酒企业要想方设法把企业的品牌与某种感觉和特点联系起来。

5.1.2 用促销手段来传递体验

川酒企业在传递体验中可采用的促销手段主要有实物、广告、服务。

1. 通过实物促销促进体验

随着人们白酒消费观念的转变，白酒的促销也在不断发生变化，出现了多种多样的实

物促销形式，如赠送酒品免费品尝、盒内实物投奖、投放刮刮卡、积分兑换等。在这些形式中，都可以使用体验营销。如古井贡曾联手温州代理商“欧尔顿”公司，共同制定出以免费大派送活动为主导核心的整合营销方案，把一定数量的古井贡酒免费赠送给各大酒店、大酒楼，机关政要人员、商务人士，通过品尝，古井贡酒藉以过硬的质量、通畅顺爽的口感赢得了广大爱挑剔的温州人的认同和赞许，销量一路迅速攀升。

2. 通过广告创造体验

广告是现代营销不可或缺的手段。由于广告的传播范围广，优秀的体验广告更能吸引目标消费者，达到产品销售的目的。如郎酒集团打造了一款专门针对婚庆的酒——如意郎，宣传“品位人生就犹如一杯如意郎酒……如意郎，一定要你自己塑造……如意郎，幸福此刻起航，好运一生相伴；如意酒，天长地久”，使很多人在婚庆时自然而然就想到了如意郎酒。

3. 通过服务提升体验

服务营销的根本在于“人文关怀”，对白酒消费者来说尤为重要。白酒不是生活必需品，现代白酒的消费更多的是社会性需求的体现。例如政商务用酒，其场合大部分是酒店请客，消费者核心需求是“满足面子上”的需要，这时候消费者更关注产品品牌带给他“尊重别人”的面子，而白酒营销者（服务员）的细节行为是否能够给其宴请增加“气氛面子”尤为重要；亲朋好友聚会场合，消费者更关注“白酒”作为融洽气氛的助推剂作用，这时候赞扬一下客人的父母或者子女也许是最好的推销方法。

5.1.3 借品牌凝聚体验

表面上，品牌是广告或服务的标志；深层次上，品牌则是对人们心理和精神上的表达，是指消费者和产品之间的物质上和精神上的全部体验。在体验营销中，品牌就是“消费者对一种产品或服务的总体体验”。创造一种强调体验的品牌形象，消费者就会蜂拥而来，品牌的基础是体现人性本质的需求，如“红星二锅头”“尖庄”满足物质消费层次的消费体验需求，“剑南春”“泸州老窖”“苏酒”满足功利消费层次的商务应酬、求面子的消费体验需求，“水井坊”“国窖·1573”满足价值消费层次的求奢华的消费体验需求。

5.1.4 注意消费者生活价值链的构建

如前所述，体验营销是建立在消费者的感知基础上的，要做好白酒的体验营销，必须深入挖掘和探讨消费者的心理，以消费者价值链作为切入点，为白酒企业体验营销的深入开展提供好的视角。第一步，明确目标客户。在实施一次完整的体验营销之前首先要明确此次营销活动所要针对的目标客户群，以达到缩小客户范围，降低搜寻成本的目的。第二步，设计体验主题。通过分析目标消费者体验需求，并依托另辟蹊径的体验主题的设计给目标消费者带来差异化的价值体验是企业能够在同质化的红海中增强自身的竞争优势和持续盈利能力，并成功驶向营销蓝海的核心举措。第三步，发现关键价值点。分析消费者体验需求是“知彼”，对自身消费者生活价值链的分析以发现匹配体验主题下的关键价值点则是“知己”的过程，只有将二者充分结合才能实现企业自身资源和能力的最优配置，为体验营销活动的成功实施保驾护航。第四步，执行体验过程。这个阶段是目标消费者价值体验的“直播”时段，也是企业各种保障要素与消费者“亲密接触”的时刻，能否充分检验体验主题、关键价值点与目标消费者体验感受的契合程度，关系到整个体验营销活动运营的成败。第五步，实施体验管理。企业需要实时对体验营销活动的运作过程进行控制反馈和及时修正，并通过制定各种规章制度、体验服务标准、对员工的理论培训和文化引导的方式转变员工的服务理念，使体验营销的思想精髓深入人心，达到持续性地对目标消费者体验价值的准确把握和关键价值驱动因素的科学判断。

5.2 加强酒文化建设，挖掘酒文化价值

白酒在中国的历史进程中，一直伴随着文学、艺术的不断发展，文人墨客的喜怒哀乐，将白酒演绎成东方文化一颗璀璨的明珠。“竹林七贤”所表现出的“狂狷人格”，李白的“一醉累月轻王侯”等都是白酒的精髓。这种精神品质，已经深深根植于中国酒文化，这是当今世界任何一种酒水、饮料无可比拟，也永远无法替代的。白酒在中国人含蓄的情感里，一直是庆祝、发泄、祭祀、表达尊崇的载体。可以说，白酒发展的每一个时期，都蕴涵着文化的信息，传播着特有的民族、时代风情。白酒行业是一个特种行业，白酒企业的企业文化建设必须在酒文化基础上进行挖掘，以形成独特的、具有现代特征又兼容历史文化、品质文化、消费文化、管理文化的企业文化。

5.2.1 认真做好白酒定位

白酒企业由于各个企业的生产工艺和历史特性等的不同，产品的定位也不一样，按酒质白酒可分为：国家名酒；国家级优质酒；各省、部评比的名优酒；一般白酒四种。一般白酒占酒产量的大多数，价格低廉，为百姓所接受。有的质量也不错。这种白酒大多是用液态法生产的。由于酒质的不同，白酒企业在进行企业文化建设时应该围绕酒质确定，如一般白酒应该把企业文化定位于地方特色，宣扬本企业多年形成的与地方文化融合的企业文化。国家名酒则要走出地方放眼全国，突出中华强劲的酒文化。

如五粮液集团形成了四个定位的白酒层次：高端的五粮液、中端的五粮春、低端的五粮醇和送礼的黄金酒。五粮液体现白酒的高端，喝五粮液是身份的象征，是一种高端享受；五粮春定位于普通商务接待和家庭聚会；而五粮醇主要针对低端市场；黄金酒定位于富含价值的礼品酒。

5.2.2 仔细研究白酒命名

美国的“斯莫诺夫酒”以“神秘，奇特，充满想象力”的品牌个性，无时不在提醒追求独立、休闲的人们去餐桌上、酒吧里一边品味“斯莫诺夫酒”，一边体会独立、放松、神奇的情感。但纵观中国白酒企业，很多企业为产品命名时容易被某些传统观念束缚了灵感，以至难以逾越创新。譬如要么以地域命名，要么以原料命名，要么以地域加工艺命名等，缺乏想象和创意。白酒的命名是一项非常具有艺术性的事情，如果单纯地以产地、原材料、加工工艺命名，就显得缺乏创意。如在20世纪改革开放后，人口流动性大，大量务工人员节假日无法回家团圆，这时孔府家酒诞生了，一句“孔府家酒，叫人想家！”的广告语勾起了无数人的思乡之情，孔府家酒迅速深入人心；而国窖1573的“1573，你能品味的400多年的历史”，也是非常经典的命名。

5.2.3 白酒企业文化要突出历史性

白酒是文化特色和地域特色非常明显的产品，企业要注意挖掘当地的地域特色和文化特色。“小糊涂仙”的经营者们将郑板桥“难得糊涂”这句百姓熟知的名言加以利用，强调物我合一，天人合一的精神境界，这便是“小糊涂仙”酒品牌的由来。“小糊涂仙”酒扎根民族传统文化的肥田沃土之中，品牌蕴涵了浑厚的文化意境。

5.2.4 白酒企业文化建设要演绎现代文化

目前，白酒行业有一股仿古风，似乎谈酒文化必得寻古，生拉硬扯也要与古代沾上一点边。从茅台、五粮液、泸州老窖 1573 到水井坊，无一不是在追求古文化。当代文化的成功挖掘与运用在白酒业中是少之又少的。“邓府酒”则独辟蹊径，别出心裁。“邓府酒”来自中国改革开放的总设计师邓小平的故乡——四川广安市协兴镇牌坊村。川东广安自古文明，牌坊村云遮雾绕，是陈酿发酵的极佳之地。好山好水，自然为好酒的问世提供了难得的先天条件。“邓府酒”尽管也有 300 年的历史传承，但想介入高档酒市场而不能拘泥于古文化，“邓府酒”标新立异于文化新主张，即借用邓小平治国安邦的“小平理论”来对“邓府酒”进行一次“别开生面”的思想嫁接与文化定位，取得了一定的经济效益和社会效益。

5.2.5 宣传中要注意突出文化特色

（1）将文化资源物化成可以促销的物质，使促销既反映品牌思想又体现消费者价值。2002 年，华南某白酒品牌进行促销，为体现该白酒品牌“妙”品定位，推出了惟妙惟肖的十二生肖促销品，通过十二生肖的妙传递品牌的妙不可言，同时满足了该品牌高端消费酒的价值，很好体现了中华生肖文化。

（2）将产品包装创造成重要的文化载体。安徽双轮集团的高炉家酒在安徽市场取得了巨大的成功，但作为安徽地产酒要想走出安徽其实很难，因为其包装中闪现的徽派建筑风格只吻合了安徽人的精神需要。如果双轮人能够将家的感觉与地域文化进行结合，创造出岭南民居、浙江民居、湖南民居等面向全国的产品配置，则高炉家就不仅仅是简单安徽的高炉家，高炉家就变成了中国的高炉家，其市场成长的空间与消费者消费的领域就被无限放大，因此，将产品包装成重要的品牌文化载体，产品在起点上就具备了很强的品牌文化特性，市场推广的过程就变成了品牌文化推广。

（3）终端文化。我们见到的企业终端大部分是纯粹的产品销售终端，其实，白酒销售的酒店终端有非常多的文化的机会可以把握。

（4）销售人员要代表企业文化形象。可能很少有企业注意到销售人员文化建设，但实际情况却是销售人员代表了白酒企业的文化形象。对销售人员进行系统的企业文化教育显得十分重要。

5.3 实时利用饥饿营销

有这样一个传说：古代有一位君王，吃尽了人间一切山珍海味，从来都不知道什么叫做饿。因此，他变得越来越没有胃口，每天都很郁闷。有一天，御厨提议说，有一种天下至为美味的食物，它的名字叫做“饿”，但无法轻易得到，非得付出艰辛的努力不可。君王当即决定与他的御厨微服出宫，寻此美味，君臣二人跋山涉水找了一整天，于月黑风高之夜，饥寒交迫地来到一处荒郊野岭。此刻，御厨不失时机地把事先藏在树洞之中的一个馒头呈上：“功夫不负有心人，终于找到了，这就是叫作‘饿’的那种食物。”已饿得死去活来的君王大喜过望，二话没说，当即把这个又硬又冷的粗面馒头狼吞虎咽下去，并且将其封之为世上第一美味。对于一个饥饿至极的人来说，一个又硬又冷的粗面馒头也会被视为第一美味。这一简单的常识，被西方经济学者归纳为“效用理论”。效用是指消费者从所购得的商品和服务中获得的满足感。效用不同于物品的使用价值，使用价值是物品所固有的属性，由其物理或化学性质决定。而效用则是消费者的满足感，是一个心理概念，具有主观性。

5.3.1 何为饥饿营销

通常来讲，饥饿营销是利用效用理论和消费心理，通过调节供求两端的量来影响终端的售价，达到加价的目的。

表面上，饥饿营销的操作很简单——定个叫好叫座的惊喜价，把潜在消费者吸引过来，然后限制供货量，造成供不应求的热销假象，从而提高售价，赚取更高的利润。但饥饿营销的最终作用不仅仅是为了调高价格，更是为了对品牌产生高额的附加价值，从而为品牌树立起高价值的形象。

饥饿营销在现实生活中的案例颇多，如汽车、房地产、酒水、电子产品、油气供应等诸多行业，皆有饥饿营销操作案例。比如常见的楼盘销售，楼盘在开盘前后，开发商先大量广告宣传，吸引人看楼，请看楼者登记、交诚意金、登记会员客户等，有的还张榜公布销售情况（实际没有销售那么多），形成临时性缺货或只剩少数存量假象，造成楼少恐慌，开发商好“捂盘”惜售。再比如酒水行业，茅台酒喊出年产量只有2万吨，而价格一路飞涨；在销售旺季时候，一些高端品牌白酒厂家纷纷控制货源，有些厂家甚至停止供应，导致市场出现了断货或销售紧俏等现象，这其实也是一些高端白酒厂家为实现白酒涨价而采取的“饥饿营销”手法。“控量保价”“饥饿营销”是高端白酒厂家经常面向经销商采用的策略，然后利用市场上的缺货现象和人们追求品牌的消费心理，一次次变相推动了涨价。

5.3.2 酒水企业如何运用饥饿营销

1. 与消费者形成心理共鸣

产品再好，也需要有消费者的认可与接受，拥有足够的市场潜力，饥饿营销才会拥有施展的空间，否则一切都是徒劳无功，甚至还会事倍功半。不断探究人的欲望，以求产品的功能性利益，品牌个性、组织品牌形象、自我表现、情感关系的打造要符合区域市场的心理，与消费者达成心理上的共鸣，这是“饥饿营销”运作根本中的根本。

2. 依据自身情况量力而行

酒水企业要根据自身的产品特性、人才资源、销售渠道、营销能力等量力而行，任何盲目的、自我膨胀的行为注定要以失败而告终。一味地吊消费者的胃口，注定要消耗一些人的耐心，一旦突破其心理底线，猎物势必落入竞争对手的手中，这是大家所不想见到的。把握好尺度，是酒水企业应该始终考虑并关注的，同时由于市场存在一定程度的“测不准”现象，这一环节还应视为重中之重。

3. 做好宣传造势工作

消费者的欲望不一，程度不同，仅凭以上两个规则，还有些势单力薄。欲望激发与引导是饥饿营销的一条主线，因此，宣传造势虽然已成为各行各业的家常便饭，但却必不可少。新品上市，前期的软硬兼施，电视广告的普遍撒网；电台、报纸、杂志、电梯等媒体的重点培育；明星代言的眼球吸引；美女营销的造势宣传；专业测评的权威指导；销售渠道的口径统一等众多策略与手段，各有千秋。各厂商需要根据自身特点，尽量做到选择有度、行销有法、推介有序。

4. 做到审时度势

在非单一性实验条件下，消费者的部分欲望受到竞争对手市场活动的影响，欲望组合比例发生新的变化，购买行为关键性因素发生不规则的变动，感情转移，冲动购买也是常有之事。因此，密切监控其他竞争厂家的市场策略的动向，提高快速反应的机动性，也绝不可小视。

需要指出的是，“饥饿营销”成功与否，与市场竞争度、消费者成熟度和产品的替代性三大因素有关。目前国家出台“八项规定”等措施后，白酒企业实施饥饿营销需尤为慎重。

5.4 充分利用网络销售渠道

现在谈及电子商务，离不开淘宝和天猫。打开这两个网站看看，但凡有些名气的白酒品牌，都能在这个全国最大的商家对消费者（B2C）网站上找寻得到，有的还是厂家在商城开设的旗舰店。然而，这些大大小小的名酒在淘宝和天猫开铺上架前，“酒仙网”这个被称为全国第一个专业商家对消费者酒水连锁零售网站已运作两年多。如今，他们吸引茅台、五粮液、郎酒、国窖 1573、剑南春、汾酒、洋河、杜康、景芝等知名白酒品牌在此开设旗舰店，国内其他的白酒品牌与该网站合作的更是不计其数。

相对于传统营销方式，网络营销以其投入低、见效快、不受时间和地域限制等一系列的优势赢得了全球范围内绝大多数企业的青睐。它使广告主的投资回报率有史以来出现了革命性的提升。国外一份权威调查显示，企业在获得同等收益的情况下，对网络营销工具的投入是传统营销工具投入的 1/10，而信息到达速度却是传统营销工具的 5~8 倍。无论是从现实还是长远考虑，酒水类产品都必须借助网络营销来加强与新生代消费人群的对话。

5.4.1 利用搜索引擎

搜索引擎营销（Search Engine Marketing，缩写 SEM）是网络营销的一种重要形式，对于网站推广、网络品牌、产品推广、在线销售等具有明显的效果。它通过较高的搜索引擎排名来增加网站的点击率，从而获得产品或服务销售额的飙升。国内比较有名的搜索引擎有百度、google、360 等，酒水企业可以和这些搜索引擎公司合作，采取关键词广告、竞价排名等手段。网友在通过搜索引擎搜索酒水信息时，做过推广的酒水企业的产品、企业网站能够在第一时间进入网友视线，赢得销售机会。例如，蓝山膏腴黑泽酒在黄酒行业中名气不大，但是最近一段时间，当你在百度里搜索“黄酒”时，蓝山膏腴黑泽酒始终排在前三位，而每次的点击费用仅为 0.6 元左右，假如点击 100 次成交一笔单子，招来一个经销商，那么搜索引擎所带来的效益也是显而易见的。

5.4.2 利用博客论坛

在互联网广告的投放上，市场也对定向精准的分众广告愈加重视。具备明确目标受众群体和可量化广告效果数据的广告模式，迅速激发了广告主的投放热情——博客和论坛就是这类模式。根据中国互联网络信息中心（CNNIC）的统计，截至 2013 年 1 月，我国博客和个人空间数量为 3.72 亿。

例如，五粮液集团国邑公司就大胆地尝试了博客体验式口碑传播营销。他们与国内专业博客传播平台博拉网合作，通过该平台在博客红酒爱好者中组织了一次大规模的红酒新产品体验主题活动。活动开展后，短短几天报名参加体验活动的人数就突破了六千人，最终五粮液葡萄酒公司在其中挑选了来自全国各地的 500 名红酒爱好者，分别寄送了其新产品国邑干红。博客们体验新产品后，纷纷在其博客上发表了对五粮液国邑干红口味的感受和评价，在博客圈内引发了一股关于五粮液国邑干红的评价热潮，得到了业界的普遍关注。

5.4.3 利用行业网

所谓行业门户网站，可以理解为“门+户+路”三者的集合体，即包含为更多行业企业设计服务的大门，丰富的资讯信息，以及强大的搜索引擎。

酒水行业门户网站可以汇聚大量酒水行业供需信息、行业信息。这样一个平台可以第一时间让客户了解该行业的最新动态和需求信息，从而让客户在第一时间获得商机和客源。另外，行业网站具备了一定的广告价值，在网站上的广告投放可以产生更有针对性的招商效果。

5.4.4 利用门户网

门户网站是指通向某类综合性互联网信息资源并提供有关信息服务的应用系统，目前，门户网站的业务包罗万象，成为网络世界的“百货商场”或“网络超市”。如今，门户网站主要提供新闻、搜索引擎、网络接入、聊天室、免费邮箱、电子商务、网络社区、免费网页空间等服务。在我国，典型的门户网站有新浪网、网易、腾讯、搜狐网等。门户网站的访问量很大，而且访问的群体也很广，酒水企业可以和这些门户网站合作，当然，在门户网站宣传的费用是比较高的，所以酒水企业要量力而行，选择适合自己的网络平台，合适的才是最好的。

雪花啤酒“勇闯天涯”的活动策划和推广是一次利用门户网的全面整合营销运动。首先，雪花与网站进行合作。门户网站囊括了活动的全部信息，消费者可以在网上报名参加活动，也可以在网上模拟体验“勇闯天涯”活动。其次，各种网络工具有效组合、充分利用，网络成为最活跃的消费者互动交流平台。长达三个月的招募过程，使得网友之间进行了充分交流，同时也使得雪花啤酒品牌得到了充分传播。最后，与门户网站的深度合作令活动效果如虎添翼。雪花啤酒除了在网易多个频道投放大量广告以外，还与网易的邮箱积分活动进行了无缝对接。自双方合作以来，平均每天有超过 4 000 人注册参加“勇闯天涯”活动。网易免费邮箱的市场占有率超过 50%，具有高互动特征、数量庞大的网易用户成为活动持续升温的第一推动力。

5.4.5 利用交易平台

国内有名的交易平台有阿里巴巴、慧聪网、淘宝、拍拍网、易趣网等，这些交易平台都聚集着大量的人气，存在着无限的商机。无论是商家对商家（B2B）、商家对消费者（B2C）还是消费者对消费者（C2C）的交易模式，酒水企业都可以尝试，在这些平台上建立自己的店铺和发布信息，当然主要是以商家对商家的交易模式为主，其他两种模式也可以建立，不一定是销售，但是可以通过它们来宣传企业，营造良好的网络营销的气势。

5.4.6 利用自建企业网站

企业网站是企业在互联网世界中安的一个“家”，是企业信息化建设的重要组成部分，是企业用来宣传产品、展示实力和形象的窗口。

酒水企业要充分利用好企业网站，企业网站的价值在于灵活地向用户展示产品说明及图片甚至多媒体信息，即使一个功能简单的网站至少也相当于一本可以随时更新的产品宣传资料。网站是一个信息载体，在法律许可的范围内，可以发布一切有利于企业形象、顾客服务以及促进销售的企业新闻、产品信息、各种促销信息、招标信息、合作信息，甚至人员招聘信息等，没有充分发挥网站的信息发布功能，显然是对营销资源的浪费。

5.4.7 利用各种聊天工具

时下，QQ、MSN 等聊天工具以其方便快捷、简单即时等特点深得网民的喜爱，那么酒水企业就可以通过这些聊天工具来进行宣传。

酒水企业可以和 QQ、MSN 等运营方合作，做弹出广告，当然这种广告必须要简短且内容要含蓄，不能引起网友的反感；其次，酒水企业可以专门申请一些 QQ、MSN 等作为公司网络传播工具，由专人负责，加入众多“群”里面，在“群”空间里发布广告信息和热点事件，制造新闻，或者专门请文案高手写一些软文，后面加上一些祝福和吉利赞美的话，以“病毒式”的传播方式进行宣传。

5.5 让消费者建立品牌忠诚

对于一个品牌或者产品，越来越多的企业家和市场营销人员认识到，谁拥有更多的忠诚消费者，谁就能把握市场的主动权。不论是在市场营销实践还是理论研究中，现在已经有非常多的文章开始论及忠诚消费和品牌忠诚，这种现象的产生主要来自于市场经济的深入发展和市场竞争的加剧对企业与品牌的压力。

在白酒消费过程中，消费惯性与最终消费者的品牌忠诚有密切的关系。同时，一旦某产品或品牌建立起与消费者之间互动的品牌忠诚，就会形成有效的市场壁垒，而这种市场壁垒是一种强烈的态度和偏好，非常难以被打破。

在白酒的消费过程中，为了回避质量感知风险和社会评价风险，白酒消费者更加依赖于尝试—满意阶段形成的消费体验和期望比较结果来修正自己的决策过程。在获得满意的消费体验下，白酒消费者轻易不会改变品牌或产品选择，重复的体验消费和期望比较结果的满意，最终会导致消费忠诚的产生。

6 结束语

在川酒市场营销决策中，以消费者消费需求为中心，引入消费者行为特点和规律分析，并将它作为制定市场营销策略是本课题尝试和探讨问题的基本思路。本课题在研究四川白酒市场的基础上，分析了白酒消费者的决策过程和六种消费心理，并基于消费者心理的基础上提出了川酒企业如何进行体验营销、加强酒文化建设、实时实施饥饿营销、加强网络营销渠道建设和培养顾客忠诚五个方面的建议，希望对川内白酒品牌的实际操作能提供一定的帮助和参考。

本课题在尝试基于消费者心理分析的市场营销策略运用与实践中已取得了一定的效果，但还需要进一步扩大市场实施范围以验证策略适用的广泛性。本文认为只有通过更加广泛的验证，才有更强的说服力，才能使更多的白酒企业去研究消费者，从而使企业真正做到“以消费者为中心”的经营理念。

白酒的市场营销策略制定是一项科学性与艺术性并重的工作，决没有“放之四海而皆准”的万能策略，企业要结合自身的情况和市场环境有针对性地制定，切不可人云亦云，没有创新地照搬他人的模式。另外，任何营销策略的实施对象都是消费者，因此，研究和分析目标消费者的行为与决策特点，并将他们细分出来针对性开发，是未来企业市场营销策略制定的趋势。创新是时代进步和发展的源泉与动力，是企业的核心竞争能力，谁能在实践中敢为人先创新思路和方法，谁就能在竞争环境日益激烈的市场中取得先机。

由于课题组成员学识、经历、时间有限，在本课题的论述中难免有不足和错误之处，敬请各位批评指正。

参考文献

[1]［美］迈克尔·R. 所罗门. 消费者行为学［M］. 8版. 卢泰宏，杨晓燕，译. 北京：中国人民大学出版社，2002.

[2]［美］霍金斯，马瑟斯博. 消费者行为学［M］. 符国群，等，译. 北京：机械工业出版社，2011.

[3] 韩敏. 体验式营销研究［J］. 中国商界，2008（12）：78-79.

[4] 张健. 将白酒消费体验进行到底［J］. 新食品，2011（9）：34-35.

[5] 刘清华. "饥饿营销"背后的消费动机分析［J］. 中国管理信息化，2011（20）：31-35.

[6] 陈蕊. 关注消费者的体验营销策略分析［J］. 商业经济，2008，578（6）：89-91.

[7] 刘金锋，文亚青. 论饥饿营销策略的负面影响和实施条件［J］. 广东石油化工学院学报，2011（5）：69-72.

[8] 朱振辉. 体验营销主要策略浅析［J］. 企业家天地，2008（10）：48-49.

[9] 雍天容. 饥饿营销策略初探［J］. 商品与质量，2011（2）：181-182.

[10] 王瑞雪，司书宾，张守华. 基于贝叶斯网络的模糊语言多属性决策模型［J］. 机械科学与技术，（3）：417-423.

[11] 徐少华. 中国酒文化研究50年［J］. 酿酒科技，1999（6）：15-18.

[12] 杨志琴，龚雄兵. 做中国文化酒的引领者——"酒鬼"酒文化经营发展战略再绽新姿［J］. 酿酒科技，2002（1）：91-94.

[13] 张国豪，武振业，蔡玉波. 中国白酒文化的剖析［J］. 酿酒科技，2008（2）：121-124.

[14] 黄志红，侯 杰. 刍议我国体验营销误区［J］. 江苏商论，2007（1）：111-112.

[15] 唐文龙. "国酒"营销的误区［J］. 企业研究，2010（4）：60-62.

[16] 董晓宇. 白酒销售中的营销策略解析［J］. 酿酒，2010（4）：23-24.

[17] 谢宏图. 心理因素对白酒文化的影响［J］. 大众文艺，2010（24）：217.

[18] 郭佑辰. 六大消费心理左右白酒营销［J］. 酒世界，2012（5）：34-35.

[19] 范晓阳，欧人. 白酒企业文化建设探析［J］. 商场现代化，2006（16）：230-231.

[20] 欧阳海燕. 中国人的饮酒危情［J］. 新世纪周刊，2008（6）：121.

[21] 郭红丽. 顾客体验管理的概念、实施框架与策略［J］. 工业工程与管理，2006（3）：72-76.

川酒品牌生态系统的分析与优化研究[①]

李 琛[②]

1 导论

1.1 选题背景

一直以来，四川得天独厚的自然条件和世代相传的酿造技术赋予了川酒卓越的品质，使其名满天下，不仅是四川亮丽的名片也是其经济发展的重要支柱。2012年四川省规模以上白酒制造业企业达273家，总资产达1 458.47亿元，生产白酒29.5亿升，实现销售收入达1 671.54亿元，同比增长23.72%；利润总额为292.63亿元，同比增长45.35%。[③]川酒产量、销售收入和市场份额都居全国第一，是四川省在全国具有比较优势的产业之一。同时川酒在拉动地方投资与消费，促进地方经济的发展，解决劳动就业和农民增收以及新型城镇化方面都为四川经济社会发展做出了重要贡献。

白酒的产量达29.5亿升，占全国总产量的25.60%，产量位居全国第一。白酒作为四川省在全国具有比较优势的产业之一，经过近十年的高速发展，整体实力已稳居首位。在拉动投资与消费、促进地方经济发展、解决劳动就业以及农民增收、新型城镇化等方面，为四川省经济社会发展做出了重要贡献，进一步奠定了领先全国的优势。

然而，纵观世界经济的发展，尽管要素禀赋优势、比较优势和规模经济对产业发展具有重要的竞争意义，但是它们只是实现产业竞争优势的基础，并不能保证产业持续的竞争优势。况且，在要素禀赋和技术水平等基本不变的情况下，竞争优势最终要通过市场战略来实现。而在高度竞争的白酒行业，品牌已成为市场竞争战略中的核心要素。因此从品牌战略的角度考量川酒的发展，是维持和强化川酒竞争优势和地位的必然诉求。尤其目前白酒行业经历了黄金十年的粗犷式发展，产能过剩和结构失衡等内在问题凸显，同时又遭遇"塑化剂"风波、国家"三公消费"和"禁酒令"等外部压力。川酒品牌能否在内忧外患之时及时进行品牌结构和战略的调整，川酒品牌能否在新兴白酒产区品牌依靠精准的品牌定位和营销创新攻城略地之时进一步巩固和提升其品牌价值和影响力，川酒品牌能否依托于中国白酒金三角这一发展平台更进一步成为世界级的品牌，仅仅依靠传统的品牌理论难以解决这些问题。传统的品牌管理往往局限于分析企业的内部品牌管理，忽视了品牌与市

① 基金项目：四川省哲学社会科学重点研究基地、四川省教育厅人文社科重点研究基地——四川理工学院川酒发展研究中心（CJZ11-04）研究成果。

② 李琛（1974—），女，四川自贡人，在读博士，副教授，主要从事品牌管理方面的研究。

③ 数据来源：《中国统计年鉴（2013）》。

场环境之间的互动，未能意识到品牌资产和品牌价值的实现其实是依赖于整个价值网络的表现。品牌价值网络上任何因素的变化都会引起品牌价值的改变。对于品牌竞争激烈的白酒行业更是需要摒弃过去局限于企业自身的传统品牌管理思维，用新的视角来审视品牌所处的价值网络系统和环境状态，寻找品牌成长和可持续发展的战略。

品牌生态学作为品牌管理研究理论的新发展，将品牌视为生命体，认为品牌也是存在于一定的空间环境中，与周围的环境进行着物质、能量和信息的交换。品牌和其生态环境共同构成了品牌生态系统，生态系统为品牌的成长提供动力也决定了品牌发展的路径。品牌生态学从更为系统、全面和动态的角度把握了品牌成长的本质。基于此，本研究将尝试把品牌生态学理论应用到对川酒品牌管理研究中，分析川酒品牌生态系统的结构，建立川酒品牌生态系统健康状态的评价指标体系，确定各评价指标的权重和综合评价方法，并最终对川酒品牌生态系统进行测量，寻求优化品牌生态系统的策略以提升川酒整体品牌的发展。

1.2 研究目的和意义

1.2.1 研究目的

通过对现有文献资料的研究，运用案例分析、实地调研、层次分析法等方法在借鉴生态系统基本思想基础上，结合企业品牌管理经营实践对川酒品牌生态系统进行研究，解析川酒品牌生态系统的结构，构建品牌生态系统评价指标体系和测评方法，分析川酒品牌生态系统存在的问题，提出具体的优化策略，促进川酒各层次品牌的协调共生，最终实现川酒品牌生态系统的健康发展，进一步提升川酒这一区域品牌。基于国内外缺乏从生态系统的角度对白酒品牌管理的研究，本课题拟完成以下目标：①以品牌生态理论为基础，从品牌物种、品牌种群、品牌群落和品牌环境等方面分析川酒品牌生态系统结构；②借鉴生态系统健康评价标准，构建评价指标体系对川酒品牌生态系统的活力、组织结构和弹性进行测评，分析川酒品牌生态系统存在的问题及其原因。③结合区域品牌管理理论，针对川酒品牌生态系统的问题，提出具体的优化措施和建议，营造川酒品牌多元有序、协同发展的生态系统空间。

1.2.2 研究意义

作为一项重要的无形资产，品牌在经济运行中扮演着极为重要的角色。川酒作为区域品牌享誉全国，川酒产业的发展也关系到整个四川经济的增长。虽然迄今为止对四川白酒企业品牌的研究颇多，但绝大多数都是从单个企业的角度去论述企业品牌战略，缺乏以川酒区域品牌为研究对象，从生态系统的角度去研究川酒品牌生态系统。因此本课题的研究意义在于：

（1）对川酒品牌生态系统，包括品牌物种、品牌种群、品牌群落、品牌生态系统等进行描述和分析，以勾勒出川酒品牌生态系统的结构。这些描述和分析，为全面、系统、深入地研究川酒品牌生态系统奠定了基础。

（2）首次构建白酒品牌生态系统评价指标体系，有助于品牌管理者转变视角，加深其对品牌成长本质问题的理解，更准确地了解品牌发展的促进因素和制约因素，为川酒企业品牌培育实践提供了新的思路和理论指导。

（3）本课题以促进川酒区域品牌的发展为研究目标，通过研究视野的扩大，弥补了过去研究中局限于企业微观层次，研究结论难以为政府和行业所利用的不足。本课题将提出优化川酒品牌生态系统的具体途径和建议，为政府和行业促进各川酒企业的协调共生，做大做强川酒品牌提出理论建议。

1.3 文献综述

1.3.1 国外研究综述

品牌生态系统是指由品牌及其赖以生存和发展的相关环境复合而成的商业生态系统。1996年摩尔（Moor）首先提出了商业生态系统的概念，认为其是由顾客、市场中介、供应商和企业组成的一个经济实体。摩尔商业生态系统最重要的一点是，作为一个生物性的生态系统，商业生态系统中的任何变化都会影响到整个系统由于系统因子之间的相互关系和作用，该观点强调了商业生态系统中价值网络之间的相互依赖性。然而摩尔的理论却未对品牌和品牌化做出具体的指导。1996年营销学者阿克（Aaker）在《创建强大的品牌》中首先提出了基于单个企业品牌系统的“品牌群落”概念。这一观点被普遍认为是品牌生态系统理论的起源。随后在2000年阿克进一步指出，真正的品牌其实是存在于利益相关者的内心，品牌生态系统内各相关利益团体之间存在着内在的双向互动联系和重叠交叉现象。随后，阿格涅斯卡·温克勒（Agnieszka Winkler）系统探讨了“品牌生态环境”的概念和管理问题，并指出品牌生态环境是一个复杂、充满活力，并不断变化的有机组织的论断。美国著名品牌专家林恩·B. 阿普肖（Lynn B. Upshaw）将品牌描述成“复杂的生物”，包含其标志产品及品牌拥有企业而形成复杂的品牌系统，在实际的经济、社会和竞争形成的生态环境中，具有极其复杂的系统运动行为。2008年两位学者派纳（Pinar）和特拉普（Trapp）提出了品牌生态系统框架以构建和管理品牌。他们把品牌生态系统定义为一整套不同的活动（价值网络）用以建立强势品牌，包括了从初始设计理念到最终顾客品牌体验的所有价值创造过程。

1.3.2 国内研究综述

国内对品牌生态学的研究开始于20世纪90年代末。山东大学教授王兴元（2000）首次提出了“名牌生态系统”的新理论，给出了品牌生态系统的有关概念，并就名牌生态系统的竞争与合作、诊断与评价、演化过程及运行机制、结构及利益平衡等进行了探讨。随后王兴元又陆续发表了《品牌生态学产生的背景与研究框架》（2003）、《品牌生态位测度及其评价研究方法》（2006）、《品牌生态系统结构及其适应复杂性探讨》（2006）、《品牌生态位原理及其对企业品牌战略的启示》（2008）、《品牌生态：隐喻研究的方法，意义及动态》（2008）、《高科技品牌生态系统特征，成长机制及形成模式研究》（2009）、《高科技品牌生态系统的技术创新风险评价》（2011）等一系列研究成果，将品牌生态学从基础理论研究扩展到应用研究。

重庆交通学院两位学者张燚和张锐则一直致力于品牌生态学的基础理论研究。从2002年起他们先后发表了《品牌生态管理：21世纪品牌管理的新趋势》（2003）、《品牌生态系统领导模式研究》（2003）、《品牌生态学——品牌理论演化的新趋势》（2003）、《品牌管理模式的生态演化与发展》（2003）、《基于生态系统的品牌政治结构研究》（2003）、《论生态型品牌关系的框架构建》（2005）、《品牌生态系统化的结构分析》（2006）等文章，梳理了品牌生态学理论的发展过程和研究内容，提出了品牌生态系统的领导模式和系统化模型。

另外，北京工业大学的韩福荣教授在《品牌生态系统结构分析与实证》（2006）、《品牌的生态位适宜度分析》（2007）、《品牌生态位界定及其演化模式研究》（2008）等文章从生态学的角度描述了品牌生态系统，对其结构特征及优势进行了分析。

从目前国内外学者对品牌生态系统的研究状况看，尚处于初级阶段，提出的概念、原理及方法比较粗略，有待于进一步深化并使之系统化，尤其是关于品牌生态系统结构、功能以及优化等方面。同时研究视角大多局限于企业层面，缺乏从区域或国家的角度来指导区域品牌的管理和发展。目前还尚无把品牌生态管理理论与白酒行业相结合的研究。

1.4 研究的内容

课题组运用市场营销学、生态学、经济学、统计学科的理论和方法，采用实证分析和规范分析相结合、定量分析与定性分析相统一的分析方法，通过理论及实证研究，对川酒品牌生态系统进行分析和测评，并提出具体的优化策略建议。

具体而言，课题的主要内容包括以下几个部分：

（1）导论部分，简要介绍研究的目的和意义、文献综述、研究内容，为该专题建立研究基础。

（2）品牌生态理论的概述，主要包括品牌生态系统的概念和结构分析。

（3）白酒品牌生态系统测评指标体系构建，通过借鉴生态系统健康评价指标并结合白酒品牌的特点，从系统活力、系统组织结构和系统弹性三个维度采用层次分析法构建测评指标体系，并确定各级指标的权重和最终评价方法。

（4）川酒品牌生态系统现状分析，内容主要包括川酒品牌物种、品牌种群、品牌群落和品牌生态环境的现状，从而勾勒出川酒品牌生态系统的全貌。

（5）川酒品牌生态系统评价与优化，结合对川酒品牌生态系统现状，利用所构建的品牌生态系统评价指标体系对川酒品牌生态系统进行测评，掌握其健康状态，分析其存在的问题并提出优化品牌生态系统的策略。

（6）课题结论及进一步研究展望。

1.5 研究难点与创新

品牌生态系统研究是一项内容复杂的工作。研究中，课题组将运用品牌管理理论、生态学和经济学理论等，围绕川酒品牌生态系统展开分析。因此，课题研究的重点将放在川酒品牌生态系统测评指标的构建和研究方法上。其中，测评指标体系的建立和测量既是课题研究的重点，也是课题研究的难点。为此，课题组将在占有翔实、准确的数据资料基础上，运用科学、合理的分析工具和分析方法，突破课题研究的难关。

综合起来，本课题的创新点主要表现在：

（1）选题角度创新。品牌生态学研究在国内还属于起步阶段，本课题首次将该理论运用到白酒行业品牌研究中，填补了国内研究空白。

（2）研究视角创新。课题从生态学的角度来研究川酒品牌的成长规律，跳出了传统的就企业谈品牌的困境，有助于管理者转变管理视角，扩大了川酒品牌研究空间。

（3）研究内容创新。利用层次分析法构建川酒品牌生态系统评价指标体系并确定各指标权重和评价方法，从而为探寻优化川酒品牌生态系统策略和制定川酒品牌发展战略提供决策依据，也为开启白酒品牌生态管理研究奠定基础。

2　品牌生态系统理论概述

2.1　品牌生态系统的概念

生态系统的概念是英国植物生物学家 A. G. 安斯利（A. G. Ansley）于 1935 年首先提出来的，它强调了生物和环境在功能上的统一性，并把生物成分和非生物成分看作自然界中一个统一的基本单位。类似于自然界的生物体，任何品牌都不是孤立存在而是与其所处的各环境因子息息相关，共生共荣的。作为物种的品牌个体，与其相关的其他品牌个体或组织以及所处的外部环境构成了品牌生态系统，在这一系统中品牌个体和系统中的其他元素通过交换物质、信息和能量，形成了一个相互影响、相互依赖和不断演化发展的整体。因此，品牌生态系统就是品牌及其赖以生存的生态环境所组成的一个复合体，有着极为复杂的层次和结构。具体而言，品牌生态系统以主导品牌为核心，由品牌与品牌产品、品牌拥有企业、相关利益组织（包括供应商、中间商、竞争者、社会公众、竞争者、消费者等）以及品牌生态环境（包括自然、政治、经济、社会文化和技术环境等）所组成的人工生态的系统。

2.2　品牌生态系统的结构

品牌生态系统范围的界定可以有两个视角：一是单个企业的主导品牌,；另外也可以是某个地区或行业的区域性品牌。无论是个体品牌还是区域品牌，其生态系统按照由内到外，由微观到宏观，由直接影响到间接影响的路线都分为四个部分，即品牌物种、品牌种群、品牌群落及品牌生态环境（如图 1 所示）。

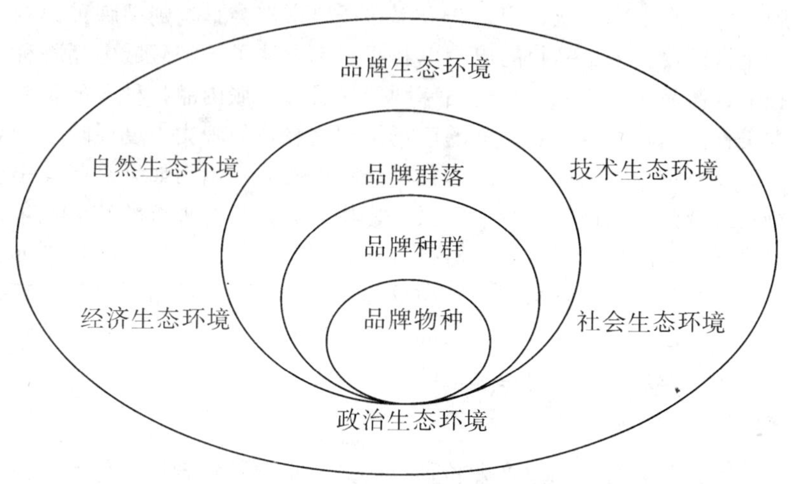

图 1　品牌生态系统结构

2.2.1 品牌物种

品牌物种是品牌生态系统中最基本的单位，每一个品牌物种都有着自己的特征。一个品牌就是一个品牌物种，具有自己独特的脱氧核糖核酸（DNA），彼此之间各不相同。但在同一生态系统中，品牌物种之间会相互作用，彼此之间的关系不仅会影响单个品牌物种的生存，还会影响整个品牌种群甚至整个品牌生态系统的平衡和稳定。品牌物种之间的关系取决于品牌生态位。品牌生态位是指品牌在其生存环境中所占据的空间位置和资源利用的综合状态。如果品牌出现生态位重叠，则意味着品牌处于市场的相同位置，彼此之间会争夺同一市场的顾客资源并共同占有其他环境变量，这时两者关系表现为相互对抗，难以长期共存。品牌物种之间的关系通常存在三种可能性：受益（+），受害（-）和中性（0）。而根据彼此生态位重叠度或者差异性的大小三种关系可能具有不同的表现程度。考察品牌物种之间的关系对分析品牌生态系统具有重要意义，因为就是在这种彼此的相互竞争和依存中品牌物种生死交替，多少更迭，在动态变化中保持了品牌种群或群落的规模和结构，维系着生态系统的平衡和稳定。

2.2.2 品牌种群

品牌种群通常指一定空间中同种品牌物种的集合。在自然环境中，每一个物种的生存和繁衍不可能以单个个体的形式存在，而是以种群作为存在的基本单位。根据主导品牌范围的不同，品牌种群可以是某个企业所有品牌的集合，如五粮液集团旗下五粮液、五粮春、五粮醇等众多品牌的集合，也可以是某个区域品牌旗下所有品牌的集合，如川酒品牌就是包含所有四川地区白酒品牌的一个品牌种群。

一个品牌物种通常可以包括多个品牌种群，不同的品牌种群有着明显的地理区隔。而同一品牌种群内部因各自的生长环境，拥有的资源的不同而分化出不同的品牌子种群。譬如对川酒品牌而言，其品牌子种群根据产品和品牌生态位的不同包括全国性品牌子种群、地方性品牌子种群和原酒品牌子种群。

品牌种群生态可以借助品牌密度、品牌集中度和品牌强度来进行描述。品牌密度是种群内的品牌数量与种群内同行业的企业数量之比，它从总量的角度反映了该种群的品牌建设状况。品牌个体的出生率、死亡率、迁入率和迁出率都会影响到品牌种群的密度并反映品牌种群的变化特征。其中，品牌的出生率和死亡率反映了一定区域内品牌种群内部之间的竞争激烈程度，而品牌的迁入率和迁出率则反映了该区域内品牌种群的发展速度。种群的品牌集中度是种群内几个最知名品牌的市场份额之和。品牌集中度反映了领导性品牌的资源整合能力，在一定程度上代表了品牌种群的整体实力。因为如果品牌集中度过低，在技术和管理创新上缺少带动性品牌企业的投入，将会弱化品牌种群整体的竞争力，不利于品牌种群的进化发展。品牌种群强度是对种群内品牌价值的衡量。品牌种群强度可以根据品牌资产价值进行评估，或者是根据品牌所获得的荣誉（世界知名品牌、国家驰名商标、中华老字号、地理标志认证、地方著名商标等）等级来进行衡量。品牌种群强度会影响品牌种群在价值链上的地位，决定价值链上的利润分配比例。

2.2.3 品牌群落

品牌群落是不同品牌种群通过产业价值链的连接形成的集合体。生态学研究中，具有直接或间接关系的多种生物种群通过有规律的结合形成生物群落。在品牌群落中，各品牌种群以专业化分工和社会化协作为基础共生互补，通过交易满足彼此的需求。一定区域内各产业品牌通过协调互补、共生共荣，在促进品牌群落生态和谐进化的同时也会提升区域品牌的影响力。

品牌群落结构是品牌群落研究的重点，群落结构包括了形态结构、空间结构和功能结构。形态结构是指群落中种群的数量、规模和品牌影响力。空间结构是指在以价值链为轴的品牌群落中各种群的空间分布形式，主要包括串联结构、并联结构和复合式结构。串联结构所对应的品牌群落产业链比较长，且每个环节只有一个品牌，如果任意环节出现问题，则整个结构被破坏。并联结构中的品牌高度集中在价值链的某一环节，当资源短缺时容易导致竞争加剧而引发品牌种群的分化。复合式结构是品牌群落品牌层次化和多样化的表现，具有较强的稳定性和抗风险的能力，是最理想的群落结构。功能结构是指品牌种群相互作用的格局，反映在品牌群落系统运行机制上。由于品牌群落是一个成员多样化、目标多样化、连接方一式多样化的复杂系统，各成员之间既存在着竞争和冲突又存在着合作和利益。因此要保证品牌群落系统的良性运转必须利用各种制度安排和设计来进行协调和治理。

2.2.4 品牌生态环境

品牌生态环境是指影响品牌成长的各种外部因素的综合体，对品牌和品牌群体具有直接或间接的影响，主要包含自然生态环境、政治生态环境、社会生态环境、经济生态环境和技术生态环境。

自然生态环境包括自然资源环境和地域地缘环境，也就是传统生态学需要研究的自然生态系统所处的环境。

政治生态环境包括国家政局、国际政治关系、社会制度以及政策法律等因素。尤其是国家政策的倾向性、政府管制、税法的改变以及产业政策和投资政策对产业品牌的影响很大。

经济生态环境包括宏观和微观两个方面的内容。宏观经济生态环境主要指一个国家的人口数量及其增长趋势，国民收入、国民生产总值及其变化情况以及通过这些指标能够反映的国民经济发展水平和发展速度。微观经济生态环境主要指企业所在地区或所服务地区的消费者的收入水平、消费偏好、储蓄情况、就业程度等因素。这些因素直接决定着品牌目前及未来市场空间的大小。

社会生态环境包括了品牌所处的社会文化传统、风俗和习惯、价值观念和生活方式等因素。这些因素会影响人们的消费观念、需求偏好和购买行为，进而影响品牌的消费态度、情感和偏好。

技术生态环境主要包括目前社会技术总水平及变化趋势，既包括能引发革命性变化的技术发明，也包括与产品生产相关的技术、材料和工艺上的创新。技术力量对品牌的影响通常是迅速和深远的，既创造机会又带来挑战。

3 白酒品牌生态系统测评指标体系的构建

3.1 白酒品牌生态系统质量维度分析

品牌物种、品牌种群、品牌群落和品牌生态环境描述的是品牌生态系统在空间层次上结构形态。而对于品牌生态系统更为本质的研究是要分析其内在质量的状态。而品牌生态系统质量维度的确定是评价生态系统的前提。在自然生态系统的评价模式中，最具代表性的是哥斯达拉（Costarza，1992）所提出的生态系统健康度量标准，包括系统活力、系统组织结构和系统弹性三个方面。由于品牌生态系统的概念源于自然生态系统，因此对品牌生态系统质量的维度确定也借鉴哥斯达拉的自然生态系统健康度的评价维度。同时结合白酒品牌产业的特点，本研究将白酒品牌生态系统质量分为三个维度：品牌生态系统活力、品牌生态系统组织结构和品牌生态系统弹性；各质量维度下又进一步细分出子维度（如图 2 所示）。

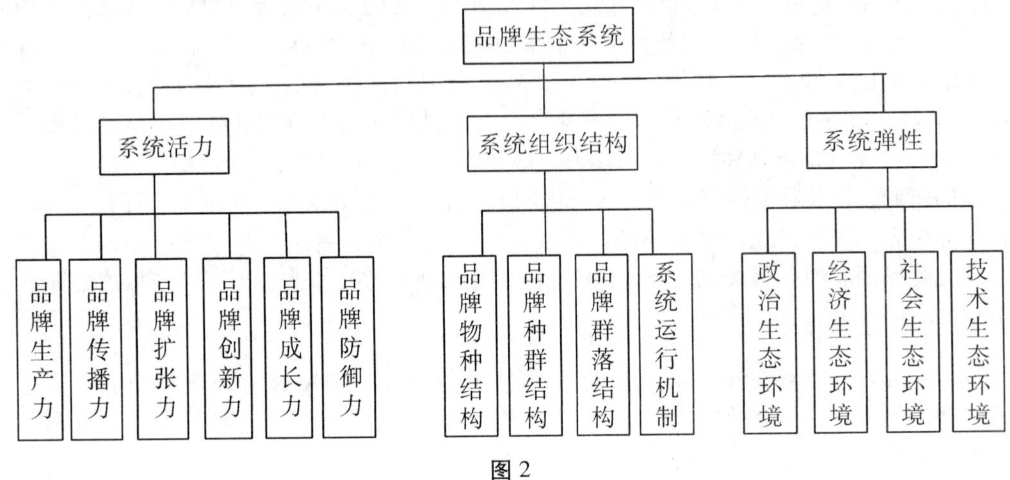

图 2

3.1.1　系统活力

系统活力代表的是整个品牌生态系统的产出能力和影响力。而品牌生态系统的产出能力和影响力最终体现在其主导品牌的品牌价值和品牌资产上。由于白酒品牌是白酒产业生态系统的核心，处于整个品牌生态系统的中枢位置，也是整个品牌加值网络的最终目标。因此白酒品牌生态系统的活力表现为主导白酒品牌的品牌实力和发展潜力，可以进一步细分为品牌生产力、品牌传播力、品牌扩张力、品牌创新力、品牌成长力和品牌防御力。

（1）品牌生产力。品牌生产力是从品牌价值产出的角度来衡量品牌现有的实力，主要体现在品牌年销售收入、年销售利润率、市场占有率和品牌价值四项指标上。这四项指标通常也是品牌资产和品牌市场竞争地位最综合、最集中和最直接的反映。其中品牌市场占有率的计算公式为：品牌市场占有率=某品牌年销售额/同类产品年销售总额×100%。

（2）品牌传播力。品牌传播力是品牌与消费者的沟通能力，品牌进入新市场为大众所认知和认可的能力。尤其在今天媒体众多、信息泛滥和消费者防御心理和能力加强的情况下，品牌能否和目标受众进行有效沟通，能否得到消费者的青睐和口碑是决定品牌生命力的重要因素。因此，品牌的知名度和品牌的美誉度是品牌传播力的基础。而对白酒市场而言，目前高层次、高水平和高频率的广告传播是依然是白酒品牌宣传的重要手段。因此年广告费用投入反映了品牌传播力的持续性。品牌知名度和和品牌美誉度的测量需要通过专业的调研公司进行消费者调查得到。

（3）品牌扩张力。品牌扩张力是从顾客和区域角度来衡量品牌的辐射能力。如果品牌所覆盖区域市场面越广，则说明其品牌资产和品牌价值的利用率越高，其向新市场移植品牌资源的能力也就越强，未来的竞争实力也就越强。因此对白酒品牌扩张力的衡量指标包括地区覆盖面和市场覆盖率。品牌地域覆盖面沿着本地—单一区域—多区域—全国—跨国这一过程扩张。品牌地域覆盖面可以利用评分轴进行量化衡量。市场覆盖率反映的是品牌的投放密度，是指在一个区域市场品牌产品投放的地区占整个区域市场的比重。市场覆盖率的计算公式如下：品牌市场覆盖率=销售产品的地区数/同类产品覆盖的地区总数×100%。

（4）品牌创新力。品牌创新力是品牌维持和强化竞争优势的源泉。尤其对于白酒这种传统产业而言，消费者需求的变化和竞争对手战略的改变都需要企业在产品、价值诉求和技术上不断创新。因此对品牌创新力的评价一方面从技术创新的角度评价品牌所具有的竞争潜力，评价指标为技术投入比率。该指标越高表明企业在技术上的研发力度越大，对市场的适应能力也就越强。对品牌创新能力评价的另一个角度是产品创新，考察的是品牌响应消费者需求的变化而做出的创新，包括新品牌的推陈出新以及产品更新换代，可以采用新产品利润率来评价。对于白酒这样的快速消费品而言，产品创新是品牌保持活力的重要源泉。其中新产品利润率和技术投入比率的计算公式如下：新产品利润率=新产品年销售利润/新产品年销售收入×100%；技术投入比率=年度技术投入转让费用与研发投入/年销售收入×100%。

（5）品牌成长力。品牌成长力是指维持和延续品牌生命的能力。品牌的成长力决定品牌能否可持续发展。品牌的成长能力主要反映在销售收入的可持续发展和盈利的可持续发展上，可以用销售年增长率和净利润年增长率来衡量。年销售增长率=年销售增长额/上年销售收入总额×100%；净利润增长率=本年净利润增长额/上年净利润总额×100%。

（6）品牌防御力。品牌防御力是指品牌对于竞争对手品牌的抵御能力。白酒消费具有较强的地域性，而四川作为传统的白酒产区，其品牌防御力主要体现在其能否在本土市场抵御来自外来品牌的入侵，可以采用本土市场相对占有率和本土市场销售增长率两个指标进行衡量。本土市场相对占有率=某品牌本土市场占有率/本土最大品牌市场占有率×100%；本土市场年销售额增长率=本土市场销售收入增长额/上年本土市场销售收入额×100%。

3.1.2 系统组织结构

系统组织结构反映的是品牌生态系统及子系统的组织结构和系统运行机制。良好的品牌生态系统组织结构一方面要求品牌物种、品牌种群和品牌群落在空间分布上要合理匹配，另一方面也要求系统中的各个组织之间的交互方式具有效率和效果。合理的品牌系统组织结构和良好的系统运行机制是品牌生态系统抵御风险、稳定成长和不断进化的保证。

（1）品牌物种结构。品牌物种关系主要是指品牌个体之间的差异性和竞争关系，它关系到品牌生态系统的基本特性。对白酒品牌物种关系的评价主要包括品牌物种数量评价、品牌物种多样性评价和物种间关系的评价。

（2）品牌种群结构。品牌种群通常指一定空间中同种品牌物种的集合。因此，四川区域内所有的白酒品牌构成了川酒这一品牌种群。对品牌种群结构的分析主要借助于品牌密度、品牌强度和品牌集中度三项指标。品牌密度旨在反映品牌种群总量上的建设情况，密度过高和偏低都不好。品牌强度反映的是品牌的整体实力，可以根据种群中的品牌所得的荣誉来加以反映。种群的品牌集中度是种群内 n 个最知名品牌的市场份额之和占种群所有品牌市场份额的百分比，反映的是种群内领导性品牌的资源整合能力。

（3）品牌群落结构。品牌群落是不同品牌种群通过产业价值链的连接形成的集合体。一定区域内各产业品牌往往通过协调互补、共生共荣，在促进品牌群落生态和谐进化的同时也会提升区域品牌的影响力。对品牌群落结构的评价包括群落规模、产业链长度和结构层级三项指标。群落规模可以通过整个产业链产值、企业数量、从业人数等方面衡量。产业链长度反映的是整个品牌群落分工的专业化和完整性，产业链越长表明其分工越细。结构层级则是判断品牌群落结构的发展水平。一般而言，相较于串联式（产业链上每环节只有一个品牌）和并联式（品牌高度集中在产业链某一环节）基本群落组织结构，复合式结构的品牌群落稳定性最高，是品牌层次化、多样化的表现，其抵御市场风险的能力较强。

（4）系统运行机制。品牌生态系统包含了不同规模、不同能力、不同功能的个体组织，各组织之间既彼此独立又相互依存，各组织之间的交互方式和效率决定了系统能否良性运作和自主发展。品牌生态系统运行机制的评价要素主要包括：学习机制、互惠机制、内治机制和整合机制四个方面。学习机制考察的是系统内成员之间相互学习，信息和知识的流动和传播情况。互惠机制则主要关注系统内成员之间合作共生推动产业链升级进化的制度安排。内治机制指品牌生态系统内为维持系统有效运转而形成的内部治理机制，规约系统成员的活动，保证系统的规范发展。整合机制衡量的是系统内整合资源，减少内部能量损耗，形成合力对外竞争的能力。

3.1.3 系统弹性

系统弹性反映的是品牌与外部宏观环境之间的交互影响和适应能力。由于白酒行业所处的自然环境具有先天的禀赋效应和相对的稳定性，因此对白酒品牌生态系统弹性的考察范围主要侧重于波动性较大的政治生态环境、经济生态环境、社会文化生态环境和技术生态环境。

（1）政治生态环境。政治环境因素主要包括政府政策和法律法规，如产业政策、税收政策、市场竞争行为方面的法规、环境保护措施等。各级政府和相关管理部门政策法规的变化通常会波及白酒产业和品牌的发展，既可能带来机遇也可能造成威胁。因此，对影响白酒品牌发展的政治环境考察侧重于三个方面：相关法律法规的稳定性、政府政策的偏向性和地方政府的扶持力度。

（2）经济生态环境。白酒市场受宏观经济环境影响较大，尤其是国内经济发展水平和居民的个人收入状况决定着白酒市场空间和品牌布局。因此，对经济环境因素的影响主要选取两个指标：经济增长水平和居民个人购买力。

（3）社会生态环境。社会文化环境主要影响人们对白酒消费的态度和行为。尽管白酒行业作为中国历史久远的传统产业具有较为广泛的消费基础和丰富的白酒消费文化，但是随着社会文化的变迁，尤其是年轻一代消费者生活方式、消费观念的改变和环保意识、健康意识的加强会对白酒及其品牌的发展产生重要的影响。所以对社会文化环境的因素的评价侧重于三个方面：消费态度、生活方式和环保意识。

（4）技术生态环境。尽管白酒产业不属于技术密集型产业。但是白酒酿造技术上的进步和创新不仅提高白酒生产效率，同时也是白酒产品创新和品牌创新的基础。尤其是消费者需求碎片化的今天，白酒作为传统产品，如何推陈出新满足消费需求的差异性很大程度上需要借助于相关技术上的求新求变。技术环境的评价指标包含相关科研人员数量和专利申请数量。

3.2 白酒品牌生态系统评价指标体系的构建

根据白酒产业的特点和品牌生态理论，本研究从品牌系统活力、品牌系统组织结构和品牌系统弹性三个方面构建白酒品牌生态系统评价指标体系。白酒品牌生态系统评价指标体系的设计遵循以下原则：①科学性。品牌生态系统优化评价指标体系应该完整、全面和系统，能从多层次、多角度准确反映品牌生态系统的实际情况，各层次指标之间要具有一定的逻辑关系。②独立性。各层级指标之间既要相互联系又应当彼此独立，要尽量避免指标之间的重叠，防止因指标重复引起的评估失真。③可操作性。指标的含义要清晰明确，尽量采用可以测量或者可量化的指标，计算方式要保持总体的一致性，保证指标的现实可行性和可比性。根据前面对白酒品牌生态系统质量维度及其子维度的分析，按照层次分析法的逐层递归原则，设计了白酒品牌生态系统评价指标体系（见表1）。

表 1　　白酒品牌生态系统评价指标体系

目标层	主准则层	子准则层	指标层
品牌生态系统	系统活力	品牌生产力	年销售收入
			市场占有率
			年销售利润率
			品牌价值
		品牌传播力	品牌知名度
			品牌美誉度
			年广告费用投入
		品牌扩张力	市场覆盖率
			区域覆盖面
		品牌创新力	新产品收益率
			技术创新投入率
		品牌成长力	销售增长率
			净利润增长率
		品牌防御力	本土市场相对占有率
			本土市场销售增长率
	系统组织结构	品牌物种结构	数量评价
			多样性评价
			物种关系评价
		品牌种群结构	品牌密度
			品牌集中度
			品牌强度
		品牌群落结构	群落规模
			产业链长度
			结构层级
		系统运行机制	学习机制
			互惠机制
			整合机制
			协调机制
品牌生态系统	系统弹性	政治生态环境	相关政策的稳定性
			相关政策的偏向性
			地方政府的扶持力度
		经济生态环境	经济增长情况
			居民个人购买力
		社会生态环境	消费态度
			生活方式
			环保意识
		技术生态环境	相关科研人员人数
			专利申请数量

3.3 指标权重的确定

权重的确定采用层次分析法（AHP 法）。先确定各指标之间的递归层次关系，再通过专家对所列指标逐层两两配对比较重要程度并评分，计算各判断矩阵的特征向量从而确定各层级指标的权重。本研究通过邀请四川省白酒行业和高校市场营销专业的 10 位专家用 1~9 标度法确定权重，得到白酒品牌相关专家们对指标重要程度的判定，然后对 10 个专家的判断矩阵进行计算，并通过一致性检验后确定各指标权重水平。

表 2　　判断矩阵 1~9 标度及含义

重要程度等级	赋值
i，j 两元素同等重要	1
i 元素较 j 元素稍重要	3
i 元素较 j 元素明显重要	5
i 元素较 j 元素相当重要	7
i 元素较 j 元素极其重要	9
i 元素较 j 元素稍不重要	1/3
i 元素较 j 元素明显不重要	1/5
i 元素较 j 元素相当不重要	1/7
i 元素较 j 元素极其不重要	1/9
补充：2，4，6，8，1/2，1/4，1/6，1/8 表示的重要性等级分别介于 1~3，3~5，5~7，7~9，1~1/3，1/3~1/5，1/5~1/7，1/9、1/7~1/9。	

本研究以白酒品牌生态系统健康水平为总目标（H），相对于总体目标而言，三大维度（F）之间的相对重要性通过专家评判构造判断矩阵如下：

表 3

H	F1	F2	F3
F1	1	2	3
F2	1/2	1	2
F3	1/3	1/2	1

其中 F1——系统活力；F2——系统组织结构；F3—— 系统弹性。通过计算，上述判断矩阵的特征向量 W（即因子排序权值）= $[0.540,\ 0.297,\ 0.163]^T$，即评价因素 F1、F2、F3 的权重值分别 0.540、0.297、0.163。上述判断矩阵最大特征根 $\lambda max = 3.0092$，一致性指标 $CI = \lambda max - n / n - 1 = 0.0046$，$RI = 0.58$，$CR = CI/ RI = 0.008 < 0.10$，说明上述判断矩阵具有满意的一致性。按照同样的方法可以确定其他各单项指标的权重值（见表 3）。

表 4　　白酒品牌生态健康评价指标体系及权重

一级指标	权重	二级指标	权重	测量指标	权重
系统活力	0.540	品牌生产力	0.3	年销售收入	0.216
				市场占有率	0.301
				年销售利润率	0.282
				品牌价值	0.212
		品牌传播力	0.2	品牌知名度	0.333
				品牌美誉度	0.333
				年广告费用投入	0.334
		品牌扩张力	0.1	市场覆盖率	0.5
				区域覆盖面	0.5
		品牌创新力	0.1	新产品利润率	0.5
				技术创新投入率	0.5
		品牌成长力	0.2	销售增长率	0.5
				净利润增长率	0.5
		品牌防御力	0.1	本土市场相对占有率	0.5
				本土市场销售增长率	0.5
系统组织结构	0.297	品牌物种结构	0.2	数量评价	0.142
				多样性评价	0.285
				物种关系评价	0.573
		品牌种群结构	0.2	品牌密度	0.333
				品牌集中度	0.333
				品牌强度	0.334
		品牌群落结构	0.2	群落规模	0.2
				产业链长度	0.2
				结构层级	0.6
		系统运行机制	0.4	学习机制	0.378
				互惠机制	0.245
				整合机制	0.216
				协调机制	0.161
系统弹性	0.163	政治生态环境	0.3	相关政策的稳定性	0.152
				相关政策的偏向性	0.562
				地方政府的扶持力度	0.286
		经济生态环境	0.4	经济增长情况	0.5
				居民个人购买力	0.5
		社会生态环境	0.2	消费态度	0.572
				生活方式	0.283
				环保意识	0.145
		技术生态环境	0.1	相关科研人员人数	0.5
				专利申请数量	0.5

3.4 指标的量化和标准化处理

为了便于比较，使测量指标更具有可操作性，本研究根据各指标的性质、作用和表现方式，采取两种方法对各评价指标进行量化和标准化处理：

（1）对于可以度量指标的量化和标准化处理。计算公式为：

$$I_{ij}=\frac{a_{ij}}{\max\{a_{ij}\}}$$

式中I_{ij}为i白酒品牌j指标的评分值；a_{ij}为i白酒品牌j指标的实测值；i为白酒品牌个数，j为评价指标个数。当所测生态系统的主导品牌为白酒企业品牌时，由于白酒品牌数量众多，因此建议选择品牌价值前30名的白酒企业品牌为宜。如果评价某一区域白酒品牌的生态系统，则可以全国几大区域白酒品牌某指标的最大值作为评价的标准值。

（2）对于定性评价指标，如品牌知名度、品牌美誉度以及系统组织结构和系统弹性等指标则采用专家评分法确定。用0.2、0.4、0.6、0.8和1分别作为由差到优五个等级的系数，然后根据专家针对评价指标的实际表现进行考核。按专家评分法来确定。为了保证评分的客观性，建议由至少5人以上的专家组进行考核评分，然后再以他们每项指标评分的平均值作为定性指标的评分值。

3.5 综合评价方法

白酒品牌生态系统评价指标体系中的每一个单项指标，都是从不同侧面来反映品牌生态系统的健康情况，要获得整体的判断，还需要进行综合评价，可以采用多目标线性加权函数法即常用的综合评分法，其计算公式为：

$$H=\sum_{k=1}^{l}\left[\sum_{i}^{m}=1\left(\sum_{j=1}^{n}I_j\cdot R_j\right)\cdot V_i\right]W_k$$

式中的H为品牌生态系统健康水平的总得分；I_j为每个测量指标的评分值；R_j为每个测量指标在该层次下的权重；V_i为二级指标的权重；W_k为一级指标的权重。

同时，借鉴自然生态健康评价的划分标准，结合白酒行业的发展现状，白酒品牌生态系统的健康状态可划分为五个等级：病态、不健康、亚健康、健康和理想健康（见表5）。

表5 白酒品牌生态系统健康评价标准

综合评价值H（%）	<0.4	0.4~0.55	0.55~0.7	0.7~0.85	>0.85
评判标准	病态	不健康	亚健康	较健康	理想健康

4 川酒品牌生态系统现状分析

4.1 川酒品牌物种生态关系

品牌物种是品牌生态系统中最基本的单位，每一个品牌物种都有着自己的特征。在同一生态系统中，品牌物种之间会相互作用，彼此之间的关系不仅会影响单个品牌物种的生存，还会影响整个品牌种群甚至整个品牌生态系统的平衡和稳定。四川酿酒历史悠久，川酒旗下品牌众多，几乎全面覆盖了高、中、低端白酒产品市场。高端及超高端市场上有五粮液、国窖 1573、水井坊、舍得酒、红花郎等品牌；中端市场以剑南春、五粮春、泸州老窖特曲、郎酒等品牌为主；低端市场上，存在全兴大曲、沱牌曲酒、文君酒、丰谷酒、江口醇、小角楼、高洲、仙潭、红楼梦、金盆地、泸州国粹、东圣等众多品牌。川酒品牌物种的多样化虽然有利于川酒全面占领日益多元化的白酒消费市场，但同时也意味着川酒内部品牌市场竞争激烈。一方面，川酒品牌绝大部分以浓香型白酒为主，不同于茅台在酱香型市场一枝独秀，川酒中高端品牌往往要面对众多旗鼓相当的对手，一举一动受到竞争对手牵制，尤其是川酒其他高端品牌的牵制。另一方面，川酒品牌定位较趋同，加剧了彼此之间的对抗性竞争，品牌物种关系更多表现为相对而非相协关系。例如，水井坊的“中国第一坊”与国窖 1573“中国第一窖”的品牌定位；剑南春“大唐文化”与舍得“儒家文化”的品牌诉求导致其品牌生态位非常接近，使得品牌之间的生态关系趋于相抑而非相协。

4.2 川酒品牌种群生态结构

在自然环境中，每一个物种的生存和繁衍不可能以单个个体的形式存在，而是以种群作为存在的基本单位。品牌种群通常指一定空间中同种品牌物种的集合。因此，四川区域内所有的白酒品牌构成了川酒这一品牌种群。对品牌种群生态的分析主要借助于品牌密度、品牌强度、品牌集中度和品牌生态位四项指标。

品牌密度是种群内的品牌数量与种群内同行业的企业数量之比。它从总量的角度反映了该种群的品牌建设状况。四川白酒品牌林立，许多知名白酒企业都具有较多的品牌系列，如五粮液集团拥有 6 个主打品牌，68 个次级品牌；泸州老窖除了国窖国窖 1573 和泸州老窖特曲两大高端品牌外还有近 30 个中低端品牌。据估算，川酒品牌数量多达 4 000 个；而从酒企数量上看，四川省取得生产许可证的白酒企业有 1 500 多家，规模以上白酒企业达 273 户。因此，从总体上看，作为同质性较高的传统产业，川酒整体品牌比率偏高。

品牌种群强度是对种群内品牌价值的衡量。由于品牌价值的衡量属于无形资产的评估与定价问题，目前尚无公认的衡量标准。四川全省共有 6 个中国名酒、30 个中国驰名商标、29 个四川省名牌产品和 69 个四川省著名商标。[①] 在 2012 年五粮液、郎酒、剑南春、泸州老窖、沱牌、水井坊和舍得品牌入选《中国 500 最具价值品牌》排行榜，其中五粮液以 685.92 亿元的品牌价值居白酒行业首位。整体来看，四川是全国白酒行业中品牌种群强度最大，品牌层次最高的区域。

种群的品牌集中度是种群内几个最知名品牌的市场份额之和。品牌集中度反映了领导性品牌的资源整合能力，在一定程度上代表了品牌种群的整体实力。五粮液、水井坊、郎酒、泸州老窖、沱牌和剑南春是川酒最知名的品牌。2012 年，四川省白酒产量达 277 千万升，主营业务收入 1 730 亿元；“六朵金花”酒企主营收入 1 021 亿元。[②] 川酒品牌集中度约为 59%，品牌集中度较高，显示了较强的川酒整体品牌实力。但川酒二线品牌行业集中

---

① 数据来源 ：《四川省“十二五”白酒产业发展规划》。
② 数据来源：《2012–2013 年中国糖酒食市场年度报告》。

度偏低，以白酒主要产区宜宾为例，据统计宜宾所有的二线白酒企业的工业总产值加起来只占到五粮液集团白酒产值的10%左右。①

品牌生态位是指品牌在其生存环境中所占据的空间位置和资源利用的综合状态。品牌生态位反映了品牌种群的差异程度。川酒根据其占领市场空间的不同可以进一步划分为全国性品牌子种群和地方性品牌子种群。全国性品牌子种群以六大名酒品牌为主，以白酒高端市场为目标市场，地方性品牌子种群主要以中低端市场为目标市场。但目前两大子种群之间在扩大生态位的宽度下，种群之间也出现了生态位部分重叠的现象，高端品牌借助旗下的子品牌延伸到中低端市场，而二线品牌中一些实力较强的企业也企图通过建立高端品牌提升整体的品牌形象和市场地位，开始将品牌向上延伸至高端市场领域。

4.3 川酒品牌群落生态结构

生态学研究中，具有直接或间接关系的多种生物种群通过有规律的结合形成生物群落。品牌群落是不同品牌种群通过产业价值链的连接形成的集合体。在品牌群落中，各品牌种群以专业化分工和社会化协作为基础共生互补，通过交易满足彼此的需求。一定区域内各产业品牌通过协调互补、共生共荣，在促进品牌群落生态和谐进化的同时也会提升区域品牌的影响力。

从空间分布来看，川酒品牌群落可分为川东南带和川东北带。川东南带主要以宜宾和泸州为核心，以五粮液、泸州老窖和郎酒三大品牌为支柱，享有资源和技术为基础的产能优势，支撑着川酒品牌核心竞争优势，其所处位置也是白酒金三角的核心地带。而川东北带主要以遂宁、绵竹和邛崃为核心，以剑南春和沱牌两大名酒为支柱，具有白酒原酒酿造优势，是川酒新品牌的诞生基地，其所在位置也是白酒金三角的重要支点。因此，从地理上看川酒品牌群落包括川东南群落和川东北群落，这两大川酒品牌群落在组成、结构和演化上具有各自不同的特点。

川东南品牌群落表现为大型龙头白酒企业名牌聚集效应下的产业集群，整个白酒产业链以龙头企业为核心，对其他品牌种群具有强大的凝聚和辐射作用。例如泸州老窖集团旗下的泸州酒业集中发展区是中国最大的酒业集中发展区，囊括了酒业酿造、包装材料、物流配套、金融服务等环节，形成了直线全产业链的品牌聚集。而五粮液集团则依托其强大的品牌聚集能力，围绕白酒主营业务发展产业链增值服务业务，如包装制造、物流贸易、产业园区，打造了环形产业链，实现了灌装生产、包材配套等供应链节点企业的协同互动。而川东北品牌群落表现为中小型企业网状集聚。由于自然禀赋适宜，该地区一直存在了大量中小型酒企，这类酒企又吸引了包装、香精等其他配套企业，但缺乏强势品牌的引领性作用，这些企业之间的合作关系并不紧密，品牌群落的聚合和协作效应受到限制。

4.4 品牌生态环境

品牌生态环境是指影响品牌成长的各种外部因素的综合体，主要包含自然生态环境系统、政治生态环境系统、社会文化生态环境系统、经济生态环境系统和技术生态环境系统。

① 数据来源：《宜宾是统计年鉴》（2012年度）。

从自然生态环境来看，川酒品牌拥有极大的自然禀赋优势。首先，作为全国粮食生产重要基地的四川，其粮食不仅产量高而且品种齐，能为酿酒提供所需的一切原材料。其次，四川河流纵横，水系丰富，酒企所在之地无不依山傍水，水质甘洌。好水出好酒，川酒具有天然的水源优势。最后，白酒的酿造离不开微生物的作用，而四川独特的气候为酿酒微生物的生长提供了绝佳的环境，赋予了川酒特有的品质。

从政治生态环境来看，川酒品牌面临机遇与挑战并存的境地。一方面，四川省政府建设长江上游名酒经济带、打造川酒千亿产业、中国白酒金三角等重大战略举措为川酒品牌提供了一个很好的发展平台；但另一方面，2012 年年底受酒后禁驾、塑化剂危机以及中央到地方政府“禁酒令”等外力的冲击，白酒行业高速发展的黄金十年已经结束，市场发展空间的缩小将导致更为激烈的市场竞争，白酒品牌不得不面临着重新洗牌的挑战。

从经济生态环境来看，经济发展水平和结构的调整将促使川酒品牌开拓新的市场空间。2012 年中国国内生产总值为 51.9 万亿元，比上年增长 7.8%，国内生产总值首次跃上 50 万亿。[①] 十二五期间，预计总量基础上增长速度仍将维持在 7.5%。这样的经济发展水平实际上有利于中国白酒稳健增长。同时十二五规划中强调“调结构、促消费”“重民生、增收入”，未来中产阶级将逐步崛起，低收入群体收入增加，家庭和私人消费市场容量将会扩大，而且在后工业化经济期政商务消费会出现平稳增长，市场空间较大。

从社会生态环境看，白酒作为中国传统的民族产业具有深厚的消费基础，节日聚会、社交宴请和请客送礼都有白酒的身影。但是随着社会文化的发展，尤其是人们对健康和环保意识的增强，再加上白酒“塑化剂”“勾兑门”的负面影响以及“酒驾”“浪费粮食”等消极品牌联想，在一定程度上会影响人们对白酒的消费态度。另一方面对于年轻一代消费者，其生活方式受新生文化和价值观的影响较大，在消费选择上对啤酒、葡萄酒和洋酒等白酒替代品的倾向更大。

从技术生态环境看，四川省作为白酒生产的传统优势区域，在白酒酿造技术创新和白酒人才培养上都具有比较明显的优势。目前四川省共有国家级酿酒大师 16 名、国家级白酒评委 25 名、省级白酒评委 357 名、高级技师 100 余名、技师 500 余名，各类“白酒专家”数量位居全国首位。[②] 同时许多酒企都加大了对白酒技术的研发和投入，2011 年四川省白酒专利数量约占全国 1/4 以上，位居全国第一。[③] 据国家知识产权局对外公开发布的 2012 年白酒行业专利申请数据统计显示，泸州老窖以 95 项发明申请和实用新型专利总量排名位居白酒行业榜首。

5 川酒品牌生态系统评价及优化研究

四川作为中国传统的白酒产区，其悠久的酿造历史和得天独厚的自然条件，使得川酒享有很好的声誉。2010 年的中国白酒金三角战略的实施，又赋予了川酒品牌更高、更广阔的发展平台，其作为区域白酒第一品牌的地位也日渐稳固。然而，随着白酒黄金时期的

---

① 数据来源：《中国统计年鉴（2013）》。

② 张东. 四川白酒专家数量领跑全国［N］. 中国质量报，2012-12-24.

③ 数据来源：CNTPR 中外专利数据库服务平台。

结束，过去粗犷式的增长方式加剧了川酒产能过剩的问题；各级政府对三公消费的限制冲击了以高端市场为主要目标市场的川酒品牌市场；与此同时，新兴白酒品牌不断凭借出色的品牌策划和渠道拓展能力攻城略地，欲比肩川酒品牌。因此，对川酒整体品牌生态系统进行考察，评估其健康指数，了解川酒品牌发展的系统动力和瓶颈，不仅具有理论意义，也具有重要的实践价值。

5.1 川酒品牌生态系统测评

根据川酒品牌近年来的相关资料，按照品牌生态系统的测评指标体系，对各指标逐层进行打分（见表6）计算，最后得到川酒品牌2012年品牌生态系统健康状态的评价结果。

表6　　川酒品牌生态系统测评指标评分

一级指标	权重	二级指标	权重	测量指标	权重	评分
系统活力	0.540	品牌生产力	0.3	年销售收入	0.216	1
				市场占有率	0.301	1
				年销售利润率	0.282	0.3
				品牌价值	0.212	1
		品牌传播力	0.2	品牌知名度	0.333	1
				品牌美誉度	0.333	1
				年广告费用投入	0.334	1
		品牌扩张力	0.1	市场覆盖率	0.5	0.7
				区域覆盖面	0.5	0.8
		品牌创新力①	0.1	新产品创新	0.5	0.6
				技术创新	0.5	0.8
		品牌成长力	0.2	销售增长率	0.5	0.48
				净利润增长率	0.5	0.75
		品牌防御力	0.1	本土市场相对占有率	0.5	1
				本土市场销售增长率	0.5	1
系统组织结构	0.297	品牌物种结构	0.2	数量评价	0.142	0.5
				多样性评价	0.285	0.6
				物种关系评价	0.573	0.6
		品牌种群结构	0.2	品牌密度	0.333	0.4
				品牌集中度	0.333	0.6
				品牌强度	0.334	0.8
		品牌群落结构	0.2	群落规模	0.2	0.8
				产业链长度	0.2	0.7
				结构层级	0.6	0.6

① 川酒作为区域品牌的新产品利润率和技术投入比率因缺乏相应数据难以计算，故此处品牌创新力评估用产品创新和技术创新两项定性指标近似替代。

表6(续)

一级指标	权重	二级指标	权重	测量指标	权重	评分
系统组织结构	0.297	系统运行机制	0.4	学习机制	0.378	0.5
				互惠机制	0.245	0.6
				整合机制	0.216	0.5
				协调机制	0.161	0.4
系统弹性	0.163	政治生态环境	0.3	相关政策的稳定性	0.152	0.8
				相关政策的偏向性	0.562	0.4
				地方政府的扶持力度	0.286	0.9
		经济生态环境	0.4	经济增长情况	0.5	0.7
				居民个人购买力	0.5	0.7
		社会生态环境	0.2	消费态度	0.572	0.6
				生活方式	0.283	0.6
				环保意识	0.145	0.5
		技术生态环境	0.1	相关科研人员人数	0.5	1
				专利申请数量	0.5	1

5.2 川酒品牌生态系统测评结果分析

由表7可知，川酒品牌生态系统处于较健康状态但是刚过临界值，离理想的健康水平还有一定的距离，需要对其存在的问题进行进一步分析。

表7　　四川白酒品牌生态系统健康评价结果　　单位:%

系统活力	系统组织结构	系统弹性	品牌生态系统健康状况 H
82.35	57.26	67.45	72.47

5.2.1　整体品牌价值上升缓慢，系统活力势头不足

虽然川酒品牌在年销售收入、市场占有率、年销售利润率、品牌价值、品牌知名度、品牌美誉度、区域覆盖面等指标上的表现良好，但是这些指标反映的是川酒品牌长期累积的结果，是品牌的“态”。而品牌创新力和品牌成长力等反映品牌“势”的指标则是川酒品牌的短板。2012年单从全国各地区利润总额排名来看，四川、贵州、江苏、安徽、山东分别位居前五位置。四川和贵州两个白酒大省全年利润总额均超200亿元，其中四川省利润总额实现292.63亿元，同比增长45.35%；贵州省完成利润总额202.75亿元，同比增长60.22%；江苏白酒利润总额达106.46亿元，同比增长49.06%；安徽和山东则分别完成利润总额33.66亿元、27.03亿元，分别实现同比增长33.32%、43.26%。[①] 对川酒而言，要强化品牌系统活力的“势”头，需要有危机意识，要在白酒技术创新和市场产品创新上加大投入，把握消费者深层次的需要，凝练品牌价值诉求。同时川酒品牌尽管2012年在销售收入和市场份额上都占据首位，但与年销售利润率第一的黔酒相比，川酒

① 作者不详. 2012年全国白酒制造业收徒4 466.26亿元［N］. 华夏酒报，2013-03-18.

17.51%的利润率不及对手的1/3（黔酒2012年销售利润率达58.47%，位列第一）。川酒品牌溢价能力相比还较低，与其整体品牌价值还不相匹配。

5.2.2 品牌生态位重叠现象严重

川酒旗下品牌众多，高中低档市场都分布着大量品牌，但绝大多数品牌都属浓香型白酒，产品属性上比较趋同。川酒品牌在浓香型白酒市场上的集中尽管在整体上强化了川酒品牌的共性，但在也加剧了各品牌之间的直接竞争。同时，在品牌个性维度上，川酒品牌生态位趋同的现象也比较突出。以品牌影响巨大的高端白酒市场为例，六大品牌定位中除郎酒以外，其他品牌的定位比较趋同（见表8）。

表8　　川酒六大品牌价值诉求与定位

品牌	品牌诉求	品牌定位点
五粮液	世界的五粮液、中国的五粮液	地位
国窖1573	中国第一窖	地位
郎酒	神采飞扬·中国郎	个性
舍得	舍得是一种大智慧	文化
水井坊	中国白酒第一坊	地位
剑南春	唐时宫廷酒	文化

5.2.3 品牌种群发展不均衡

川酒作为一个品牌种群又可以分为全国性品牌、地方性品牌和原酒品牌三个品牌子种群。全国性品牌子种群主要以六朵金花为代表，品牌整体实力很强，尤其在高端白酒市场占据了绝对的领先优势。但以单个品牌而论，川酒一线品牌的溢价能力还显不足，与同属中国白酒金三角腹地的贵州茅台相比，无论是五粮液还是泸州老窖都难以与之匹敌。2012年，五粮液白酒产量14.27万吨，销售收入约600多亿元；泸州老窖产量约11万吨，销售收入约250亿元；而茅台集团酒实现产量才约3.3万吨，销售收入却达352亿元。[①] 川酒地方性品牌子种群品牌众多，但品牌市场集中度很低、品牌生态位趋同现象严重。该品牌子种群一方面受到一线品牌的压制，很难进入高端市场；另一方面在中低档白酒市场又受到一线低端子品牌的侵占。再加上，地方性品牌子种群中绝大部分品牌定位模糊、不重视品牌的建设和管理，品牌可持续性发展的动力不足。而作为川酒三大板块之一的原酒，由于绝大多数原酒企业仍在沿袭过去为他人做嫁衣裳的经营传统，始终处于产业链的价值低端环节。四川原酒目前还缺少足够的品牌意识，并未真正形成一个原酒品牌子种群。

5.2.4 品牌群落结构层次较低

品牌群落构成了品牌生存和发展的直接微观环境。川酒品牌群落整体来看以白酒生产企业为主导，产业链上其他相关企业处于依附地位，品牌群落结构相对比较稳定。川东南品牌群落中大型明星企业占据了绝对主导的地位，其中无论是泸州老窖的酒业集中发展区还是五粮液集团的工业园区几乎完全依赖于龙头企业的领导和运作。品牌群落中其他关联产业以“内生性”品牌为主，缺少外源性品牌的参与。这样的品牌群落缺少层次化、多

---

① 数据来源：上市公司2012年度年报。

样性和外生性，缺乏开放的生态交换系统，难以产生新的思想、文化、制度和技术，制约品牌群落的创新和效率。同时一旦龙头企业运营不佳难以支撑整个产业链的话，品牌群落会面临瓦解，这在一定程度上增加了品牌群落的脆弱性。而川东北品牌群落的网状结构以中小型企业的聚集为主，彼此之间的联结比较松散，群落的流动性比较强，难以发挥品牌群落的聚合效应。并且，川东北品牌群落中，金融、保险、营销、咨询等中介服务企业体系较弱，制约了该群落中以二线品牌为主的川酒企业的发展潜力。

另外，当前在四川省政府和地方政府的扶持下，无论是川东南还是川东北一带的品牌群落都在以“园区+名镇”的模式进行建设。五粮液白酒工业园、泸州老窖泸州酒业集中开发区、水井坊邛崃名酒工业园、沱牌生态工业园、剑南春绵竹工业集中发展区等，几乎都是当地的标杆园区。郎酒二郎镇、沱牌沱牌镇、泸州老窖黄舣镇、五粮液特色街区、水井坊遗址酒文化街区、剑南春酒城名酒名街等都在投入名镇的打造中。根据不完全统计，四川白酒主产区新建白酒工业园区已达近 20 个，规模和体量都是从前的数倍。① 而与此同时，名镇建设辅以园区建设也全面铺开。虽然这种模式拓展了白酒企业的市场领域，实现了三大产业之间的联动，并在一定程度上对地方经济和城镇一体化建设具有推动作用。但“园区+名镇”的简单复制和遍地开花的结果极有可能加剧白酒产能过剩的现状和同质化的内部竞争，同时不考虑自身条件缺少内涵和特色的园区或名镇，主要以土地或者其他优惠政策为诱因，很难吸引到优秀的企业，真正发挥品牌群落的聚合效应和扩散效应。

5.2.5 品牌生态系统弹性降低，面临的压力增大

品牌生态系统弹性反映在政治、经济、社会文化和科技因素的特征上。目前来看来，影响川酒品牌发展的宏观环境压力主要体现在政府抑制三公消费、禁酒令、整体宏观经济增长速度放缓和新一代消费者白酒消费意识淡泊等方面，尤其是政府三公消费禁令的出台严重挤压了川酒高端品牌的市场空间。

5.3 川酒品牌生态系统优化策略

5.3.1 强化川酒品牌共性的同时建立川酒品牌的个性

由于自然的馈赠，川酒以其卓越的品质而闻名，而现在“中国白酒金三角”的地理标识又放大了白酒原产地效应，增强了川酒整体的品牌影响力。但由于川酒品牌物种间生态位的重叠，川酒品牌缺乏个性化定位造成了彼此之间同质化竞争，也使得各自的发展空间相互受到限制。因此，在白酒市场同质化程度高和消费者注重人文精神的时代，川酒品牌既要注重品牌共性的凝练又要在品牌生态位上做到分离，强调品牌的个性，将目前趋于相互抑制的竞争关系调整为协调共生的关系。

首先，川酒企业要充分利用好中国白酒金三角这一平台，利用该地理标志进一步强化川酒优质的品牌共性。在品牌传播中，着力在消费者心中制造“中国白酒金三角之酒”和“非中国白酒金三角之酒”新的市场区隔，打造“川酒=中国白酒金三角之酒”的整体品牌形象。

其次，川酒品牌需要拓展更为广阔的市场空间。一方面川酒品牌可以借助自己强大的技术优势适当地进入其他香型白酒细分市场。尤其是二三线中小企业品牌更应在深入了解

① 叶一剑. 要“白酒”，还是要“金三角”？[N]. 21 世纪经济报道，2011-10-29.

消费者需求的基础上进一步细分香型，研发更为细致独特的口味，建立新的细分市场，开拓品牌的生存空间。另一方面，川酒作为“中国白酒金三角”的重要代言人，其本身就肩负了推广中国白酒的使命，尤其是明星企业应该将国际市场作为一个重要的目标市场进行开发，让五粮液真正成为“世界的五粮液”。

最后，川酒品牌需要从消费者情感和品牌个性维度进行差异化定位，通过生态位的分离达到彼此协调共生的状态。川酒品牌生态位重叠的现象比较突出，品牌生态位过宽、品牌定位过于泛化而缺少具体的品牌内涵。在消费者碎片化时代的今天，消费者对白酒需求的差异不仅表现在口味、价格和质量上，还包括更为深层次的消费心理、人文情感和个性价值上。因此对品牌生态位的确定，不能仅停留在白酒的物质属性层面，也不能简单地借助厚重但相对遥远的历史文化，而是应该深刻地理解消费者需求的差异，塑造品牌独特的个性和价值诉求，让品牌与普通的消费者相通。

5.3.2 调整川酒品牌种群的内部结构

目前产酒品牌种群的内部结构发展不均衡，呈现出“头大腰细”品牌结构上移的状态，削弱了川酒整体的竞争实力。

川酒品牌三大子种群中，全国性品牌子种群发展强势，在高端白酒市场处于优势地位，是川酒品牌的主要支撑力量。但是目前市场受到“三公消费”限制而对高端白酒需求锐减，而各大川酒龙头企业产能上又在持续扩张，产能过剩更为严重，这将直接影响川酒高端品牌的后续发展。因此对川酒一线品牌而言，适当地限制产能的扩张，从追求产量的规模效应转向追求品牌的溢价能力，从过去主攻礼品市场和政商公务消费市场转为兼顾自饮市场和家庭消费市场，才能真正让川酒品牌既能顶天又能立地。

而对川酒短板的地方性品牌子种群而言，则需要摒弃过去企业单打独斗、重生产轻营销的做法。目前，地方性品牌子种群品牌过多、鱼龙混杂，品牌集中度偏低，品牌特征不明显，整体市场竞争能力较弱。要扭转这一现状，一是市场借助白酒市场环境的震荡淘汰一批能效差的企业；二是政府通过相应的政策扶持如丰谷、高州等有实力的二线品牌企业做大做强；三是企业充分利用中国白酒金三角这一平台，为二线品牌作地域背书的同时加强资源的有效整合；四是二线川酒企业注重对白酒市场的进一步细分，寻找利基市场，精耕细作创建品牌，避免圈里斗和低级同质化竞争。

而对于川酒原酒种群来说，其属于尚未品牌化阶段，未来要想争取更大的利润空间获取更高的产品附加值，有实力的企业可以创建自己白酒品牌，或是专注于基酒品牌的打造。

5.3.3 提升品牌群落的结构层次

首先，加快川东北品牌群落的结构调整。川东北品牌群落还处于比较低级的结构层级阶段，相关配套型企业规模较小，产业链较短，难以发挥品牌群落的吸聚效应和协作效应。因此对川东北品牌群落的发展除了进一步提升水井坊、沱牌和剑南春三大名酒的规模和实力外，还需要扶持像丰谷、金盆地等新兴二线品牌，锻造强大的川酒生产品牌种群，依托它们的力量吸引相关优势配套企业的参与，或者通过价值网络的内化，促使品牌群落由松散的网状结构向多层次多样化的复合式结构转变。

其次，扩大川酒品牌群落的开放性。川酒品牌群落从总体上看，品牌高度集中在白酒生产环节，且以龙头企业为主导，相关配套企业处于依附地位，外源性品牌较少，整个品牌群落相对比较封闭。而生态系统的开放性往往与层次性具有密切关系，开放度越高，系统的层次结构会越复杂，技术、制度、思想的创新才会不断涌现，从而推动品牌生态系统的进化。因此，在对川酒品牌群落的建设中，政府和主导企业应该通过制度创新采用更具有灵活性的治理机制，充分发挥品牌群落，尤其是川酒名牌群落的吸聚效应，吸引不同层次的多样的外源性品牌企业，尤其是法律、金融、保险、咨询、广告等品牌支持性系统领域的企业。

最后，警惕"园区+名镇"发展模式的简单复制。目前"园区+名镇"已成为了川酒品牌群落主要的发展模式。但这种既无成熟的市场环境为前提又缺乏运营创新为基础的简单复制，除了加剧白酒产能的急速扩展，破坏行业稳健发展的趋势外，在相当程度上也容易诱发相关配套企业，尤其是中小型企业的机会主义行为。而单纯的模式复制还会导致各园区资源要素的重复和挤占。因此，政府和企业都必须警惕"园区+名镇"模式的简单复制后果，认真思考和论证园区或名镇发展的后续支撑力量，寻求能发挥自身优势的特色运营模式。

5.3.4 提高品牌生态系统的适应能力

目前白酒行业受到政策调整、经济增速放缓和消费需求变化等几重压力，正处于深度调整期。外部环境的变化既暗藏风险也蕴含机遇。川酒品牌一方面要进行整体品牌结构的调整以应对市场需求的转变趋势，及时调整整体品牌的结构，高端品牌要精，中端品牌要宽，低端品牌要密，构筑合理的品牌金字塔，适应外部生态环境的变动趋势。同时川酒各企业和相关管理部门应加强对宏观环境趋势的预判和分析，重视对营销信息系统的建设，增强对变化和风险认知的敏感度以提高对环境变化的响应速度。

6 结论和研究展望

本研究立足于将把品牌生态系统理论运用到川酒品牌发展研究中，采用更为全面、系统和动态的角度探寻川酒品牌成长的路径。在课题组成员的协力工作下，本研究取得了如下成果：

（1）首次构建了白酒品牌生态系统测评指标体系。该体系包括品牌系统活力、品牌系统组织结构和品牌系统弹性三个一级指标、14 个二级指标以及 38 个三级指标，并采用层次分析法确定了各级指标的权重和综合评价方法。该测评指标体系既适用于对白酒企业品牌生态系统的测评也适用于白酒区域品牌生态系统的评价，具有一定的理论创新性和实践应用价值。

（2）采用品牌生态系统分析框架首次描绘了川酒品牌生态系统的结构现状，从品牌物种、品牌种群、品牌群落和品牌生态环境四个方面勾勒出川酒品牌生态系统概貌。

（3）利用白酒品牌生态系统评价指标体系对川酒品牌进行了评价，得出了川酒品牌生态系统处于健康状态的评价结果，同时分析了川酒品牌生态系统存在的问题和并提出了相应的优化策略，研究结果有利于促进川酒品牌整体实力的提升，具有一定指导意义。

然而受多方面因素的限制，该研究还存在诸多不足和局限，希望在后续的研究中能加以改进和补充，主要包括：

（1）白酒品牌生态系统测评指标体系的设计还有待完善和提高。譬如在进一步的研究中还应该考虑到替代品（葡萄酒、啤酒和洋酒等）、资本并购重组和商业模式等因素对白酒品牌的影响。同时虽然该测评指标体系设计时兼顾了个别企业品牌和区域品牌，但在未来的研究中还需根据评价对象的不同，对测评指标体系做适当的调整以便更准确地反映不同范围品牌的生态系统特点。

（2）在测量指标的度量化和标准化上面还需要进一步改善。现行的测量指标大部分指标属于定性指标，加大了评价结果的主观性。在未来的研究中需要进一步甄别和设计出更具有可操作性的量化指标，要实现这一目标需要对白酒行业品牌的发展规律进行更深入和客观的研究，提炼出白酒品牌评价指标的行业标准。

（3）目前，对白酒品牌生态系统的研究还未得到足够的关注，因此对其品牌生态评价指标体系的构建和评价标准的划分还需要更多的基础性研究，对于测量指标的可靠性和有效性还需要在实践中做进一步的验证。同时对白酒品牌生态系统评价指标体系的应用性验证还需要进一步扩大范围，其评价对象应涉及一线品牌、二线品牌和小品牌，测评对象的区域最好也能涉及主要的白酒产区，包括川酒、黔酒、皖酒、苏酒、湘酒、鲁酒在内的白酒主要区域品牌。在实践应用中，进一步完善白酒品牌生态系统评价指标体系，增强其可操作性和适用性。

（4）在对川酒品牌生态系统的评价中，由于收集的信息和数据在完整性、准确性和及时性上都还有局限，难免会影响到评价结果的客观准确性以及优化策略的全面性和有效性，后续的研究中将加强对品牌数据资料的收集和使用，尽量地减少误差。

（5）本研究对品牌生态系统采用的研究视角是共时态的，在未来的研究中还需要采用历时态的分析，关注川酒品牌生态系统的动态变化，捕捉其成长发展的过程和规律，关注白酒品牌生态系统变化中出现的新问题。

参考文献

[1]［美］穆尔. 竞争的衰亡［M］. 梁骏，等，译. 北京：北京出版社，1999：42-43.

[2] D A AAKER. Building Strong Brands［M］. New York：The Free Press，1996.

[3] AAKER DAVID A，ERICH JOACHIMSTHALER. The brand relationship spectrum：The key to the brand architecture challenge［J］. California Management Review，2000，42（04）：8-23.

[4]［美］温克勒. 快速建立品牌［M］. 赵怡，等，译. 北京：机械工业出版社，2000：187-188.

[5] UPSHAW，LYNN，EARL TAYLOR. Building business by building a masterbrand［J］. The Journal of Brand Management，2008，20（06）：417-426.

[6] Pinar，Musa，Paul S Trapp. Creating competitive advantage through ingredient branding and brand ecosystem：the case of Turkish cotton and textiles［J］. Journal of International Food & Agribusiness Marketing，2008，20（1）：29-56.

[7] 王兴元. 名牌生态系统的竞争与合作研究［J］. 南开管理评论，2000（6）.

[8] 王兴元. 品牌生态学产生的背景与研究框架［J］. 科技进步与对策，2004（7）.

[9] 王兴元. 品牌生态系统结构及其适应复杂性探讨［J］. 科技进步与对策，2006：85-87.

[10] 王兴元. 品牌生态位测度及其评价方法研究［J］. 预测，2006，5：60-64.

[11] 王兴元. 品牌生态位原理及其对企业品牌战略的启示［J］. 企业经济，2008（3）：40-43.

［12］王兴元. 品牌生态：隐喻研究的方法，意义及动态［J］. 企业经济，2008（1）：56-59.

［13］王兴元，于伟，张鹏. 高科技品牌生态系统特征，成长机制及形成模式研究［J］. 科技进步与对策，2009，1：026.

［14］刘学理，王兴元. 高科技品牌生态系统的技术创新风险评价［J］. 科技进步与对策，2011，28（8）：115-118.

［15］张燚，张锐. 品牌生态学——品牌理论演化的新趋势［J］. 外国经济与管理，2003，25（8）：42-48.

［16］张锐，张燚. 品牌生态系统领导模式研究［J］. 商业研究，2003（12）：104-107.

［17］张燚，张锐. 品牌生态管理：21 世纪品牌管理的新趋势［J］. 财贸研究，2003（2）：75-80.

［18］张燚，张锐. 品牌管理模式的生态演化与发展［J］. 商业时代，2003，14：26-27.

［19］张锐，廖成林. 基于生态系统的品牌政治结构研究［J］. 商业研究，2003，21：105-106.

［20］张燚，张锐. 论生态型品牌关系的框架建构［J］. 管理评论，2005，17（1）：18-23.

［21］张锐，张燚. 品牌生态系统化的结构分析［J］. 科技进步与对策，2006，10：92-94.

［22］王春红，韩福荣. 品牌生态系统结构分析与实证［J］. 北京工业大学学报：社会科学版，2006，6（2）：25-28.

［23］马小森，韩福荣. 品牌理论研究（5）品牌的生态位适宜度分析［J］. 世界标准化与质量管理，2007（12）：23-25.

［24］王仕卿，韩福荣. 品牌生态位界定及其演化模式研究［J］. 科技进步与对策，2008，25（1）：169-172.

［25］曹亚晖. 品牌生态系统分析与优化研究［D］. 保定：华北电力大学，2010.

［26］殷红春. 品牌生态系统复杂适应性及协同进化研究［D］. 天津：天津大学，2005.

［27］黄喜忠，杨建梅. 产业集群的品牌生态研究［J］. 中山大学学报：社会科学版，2006，46（5）：117-122.

［28］肖风劲，欧阳华. 生态系统健康及其评价指标和方法［J］. 自然资源学报，2002，17（2）.

［29］姚慧丽，曾蓉. 基于生态位态势理论的品牌生态位评价指标体系设计［J］. 企业经济，2008（5）：56-59.

［30］吴殿廷，李东方. 层次分析法的不足及其改进的途径［J］. 北京师范大学学报：自然科学版，2004，40（2）：264-268.

［31］常建娥，蒋太立. 层次分析法确定权重的研究［J］. 武汉理工大学学报：信息与管理工程版，2007，29（1）：153-156.

基于品牌整合营销策略的川酒包装设计研究[①]

马 涛[②]

经过2012—2014年项目组潜心研究与精心实施，形成了对促使川酒在竞争激烈的白酒市场中提高市场占有率，获得长远发展，最终在激烈的市场竞争中脱颖而出，实现四川酒业“中国白酒金三角”的发展战略，提出了全力打造白酒生产基地和川酒实施整合营销品牌策略、包装策略、发挥品牌效应中具有一定的借鉴和指导作用的相关策略和建议，为四川省酒类包装设计提供了理论依据和实践操作价值较高的依据。

1 项目研究的意义

品牌整合营销是一种全新的市场营销理念，包装作为品牌整合营销中的重要因素，其影响极大。在新形势下，酒类生产企业要重新认识市场，将包装视作塑造产品新形象、企业新面貌和销售新策略的工具和手段。基于品牌整合营销策略下如何突出四川省酒类包装创意、设计的特点，并且结合历史文化、区域文化以及现代包装促销的观点去指导改进川酒包装设计工作，这是需要共同研究的重要课题之一。

本课题通过基于品牌整合营销策略下的川酒包装设计研究，使包装不仅能很好地体现出“品牌设计”和“整合营销”的思想，而且其包装设计在很好地为“品牌”“营销”服务的同时，“品牌”和“营销”思想还恰当地指导着商品的包装设计。同时将包装设计及其品牌整合营销作为提高省内外市场占有份额的关键点。因此，选择该课题作为研究对象，即希望能从理论和实践上给予川酒包装设计及其品牌整合营销策略以支撑，从而突破营销瓶颈，让川酒占有更大的市场份额。

2 项目研究的改革思路和定位

本课题以川酒的包装为切入点进行研究，从包装的设计及其品牌整合营销策略上展开论证，旨在为川酒包装的设计及其品牌整合营销实施提出一些有建设性的建议及对策。

本课题研究首先借助于图书期刊和互联网的大量文献资料，对本课题的研究背景、研究目的、意义和现有研究成果进行了深入的分析，并对本文的主要研究内容（论文的框

---

① 基金项目：四川省哲学社会科学重点研究基地、四川省教育厅人文社科重点研究基地——四川理工学院川酒发展研究中心（CJY12-18）研究成果。

② 马涛（1974—），男，甘肃酒泉人，副教授，主要从事艺术设计方面的研究。

架）进行归纳；其次对包装与品牌整合营销的关联理论进行概述，即包装与品牌整合营销的关系，旨在为本课题的研究提供必要的理论铺垫；再次对川酒包装在设计上的不足与品牌整合营销的问题，分别从包装造型、色彩、标志，以及情感传达等方面对其进行详尽的诠释与解读，针对出现的问题，提出可行性的建议和对策；在此基础上提出川酒基于品牌整合营销策略下的包装设计的对策与建议（核心部分）。最后，对本课题的研究进行全面总结，主要阐述本课题的研究结果，指出研究的不足，并对本课题今后的研究进展做出展望。

2.1 本课题研究的主要观点

（1）包装造型要将实用与形式的美感结合得当；包装色彩要在传统的基础上介入新的时尚元素，迎合消费市场的趋向；包装标志要紧扣主题，体现个性化，以期通过这些来设计提升其包装的文化品位，最终突破该酒品牌的营销瓶颈，提高其市场占有份额。

（2）包装设计是与营销学设计学和品牌整合策略相结合的边缘性学科，必须从系统、战略的角度来考虑，品牌策略确定了品牌策略背景下包装设计的目标和要求。

（3）产品的内容、特征对产品的包装设计具有决定性的意义；品牌策略与包装设计关系可为包装设计找到理论依据；总结研究品牌策略下包装设计的特征和规律，为品牌策略背景下包装设计的方法提供事实依据。

2.2 价值

2.2.1 本课题创新之处

（1）本课题以营销学、设计学和品牌策略相结合的视角研究了品牌整合营销策略对于川酒包装设计研究的地位和作用，同时也研究了包装设计如何结合多种品牌策略打造川酒品牌的方法，为我省酒类品牌塑造提供思路。

（2）在内外夹击竞争尤为激烈，酒类消费市场已经由产品消费转到品牌消费的背景下，酒类产品的包装设计必须按照品牌战略的总体目标来进行，有利于提高企业在未来市场中的竞争力。

（3）探索品牌策略下川酒包装设计的方法，为品牌整合营销策略时代背景下的川酒包装设计提供方法和策略。

（4）提出川酒基于品牌整合营销策略下包装设计创新性的对策与建议。

2.2.2 本课题理论意义

在中国酒类企业市场竞争激烈的背景下，四川省川酒的包装设计必须按照品牌战略的总体目标来进行。课题对品牌整合营销策略下酒类包装设计进行系统性研究，得出基于品牌整合营销策略下川酒包装设计的原则和方法，预测了酒类包装设计的发展趋势，这对今后研究酒类包装设计起到正确和积极的指引作用，也为我省酒类包装设计提供了理论依据和实践操作价值较高的依据。

2.2.3 本课题应用价值

（1）本课题通过研究提出基于品牌整合营销策略下川酒包装设计的原则和方法，预测了酒类包装设计的发展趋势，对今后研究酒类包装设计起到了正确和积极的指引作用。

（2）本课题通过研究提出川酒基于品牌整合营销策略下的包装设计的对策与建议，同时提出包装设计如何结合多种品牌策略打造川酒品牌的方法，为我省酒类品牌塑造提供了思路。

（3）本课题研究成果为川酒包装的设计定位、未来发展趋势的预测和把握提供了理论及实践操作价值较高的依据。

3　项目研究的成果及其主要内容

3.1　项目研究的主要成果

（1）论文《基于品牌整合营销策略下的川酒包装设计研究》在艺术设计类核心刊物《美术大观》2014 年第 8 期发表。

（2）论文《品牌整合营销策略背景下川酒包装的图像整合设计》在艺术设计类核心刊物《美术大观》2014 年第 8 期发表。

3.2　项目研究的成果内容简介

3.2.1　整合营销传播

整合营销传播一直是市场营销界和广告策划、设计界谈论营销、策划、传播的主流话题，整合营销传播（4C）已取代市场营销学发展起来的 4P（产品、价格、渠道、促销）传统营销传播理论。

整合营销传播发展有不同的层次，真正的整合营销传播必须达到长期的关系营销，做到厂商与消费者之间的双向沟通，在请求分众解构的时代，将 4P、新的 4C 概括为：需求性、成本性、方便性、勾通性。

3.2.2　整合营销传播策略与白酒包装设计的关系

品牌属于一种无形资产，其基本意义是一种识别符号，又是一种品质的象征，随着知识经济时代的发展，品牌延伸为一种文化或感情的象征，英国营销学家彻纳东尼提出：“品牌是一系列功能性与情感性的价值元素。”

品牌塑造、形象提升，真正能够在消费者心目留下深刻印象，即所谓“留下烙印”是一个长期漫长的过程，这需要企业要从长久发展着想，但是企业要相信品牌形象塑造成功，将是一笔财富，会变成一种无形资产。

白酒包装是品牌想象的展示平台，同时是品牌塑造的重要手段，又是品牌活动的具体方式，更是品牌传播渠道和销售工具。白酒包装设计要在品牌策略的范围内并在其指导下进行，必须与品牌形象、品牌内涵相统一，并且要结合整个营销传播理论在总体品牌策划的原则指导下进行设计。

3.2.3　整合营销传播策略背景下的川酒包装设计的原则

（1）以市场需求为导向，以满足需求为目标，为消费者设计，为市场设计。

（2）川酒包装设计的创新性原则。

创意是包装设计的灵魂，创意也是包装设计中的 X 因子，因为创意无法确定、无法明确化、无法量化。创意是一个不断思维、发想和构想的过程，创意不是思维的视觉化和图形化，创意是设计师对所要涉及产品的全部理解是，设计师经过思维，结合自己以往的经验、知识、技能之后的衍生物。创意的实质是长期实践和灵感的总和。创意是包装设计在市场中能够生存的前提。创意要具有原创性、相关性和震撼性的特点。

（3）建立川酒包装设计评估的科学性原则。

优秀川酒包装设计首先有个性（识别性、视觉传达性），其次要具有探索性、科学性，对材料要进行多方面的研究和尝试，再次一定要注重包装的质量，即保护性、科学性。

优秀川酒包装设计还要进行综合评估，包括以下几个方面。

工程观点的评估：包装的科学性、保护性、容纳性、生产性、输送性、经济性及材料适当性。

使用观点的评估：使用性、再次利用性、用后处理情况等。

视觉观点的评估 ：信息传达的准确性、有效性，市场定位的准确性，商品属性把握的准确性，还要具备适度的美感和时代感。

3.2.4 图像整合观念拓展应用中的川酒包装体系化发展

随着经济的繁荣，商品的丰富，竞争的激烈，企业商品市场对包装的要求更加复杂、严格，体系化发展是包装适应经济发展和社会变化的必由之路，川酒包装的体系化发展，应从以下几个方面入手：

1. 建立完备的川酒包装体系

在长期的包装设计发展中，川酒已形成了盒、罐、瓶、袋等包装容器的基本形式。但在材料使用上还存在一定的缺陷，为了能适应市场经济的发展和商品流通的需要，川酒包装必须形成设计、加工、生产的市场体系，如建立严格的瓦楞纸箱、折叠纸箱、重型纸袋、纸板桶和纸浆模塑包装等构成的包装体系，同时在包装应用方面应建立金属、玻璃、塑料包装和复合材料包装的包装系列。

2. 加强包装的广告化倾向

包装的功能可以概括为运输和储存的能力，开拓销售的感召能力，是沉默的助手，无声的推销员，从此可以看出包装销售的感召力是销售包装设计的核心，尤其是超级市场的出现，扩展了消费者对原有商品包装功能的认识，与超级市场所倡导的先进货后付款的新型购买方式相适应，包装更多地承担起无声推销员的职责，提高了包装在整个商品销售中的作用，由此，包装设计中的宣传意识开始萌芽，包装的广告化倾向开始在世界范围内蔓延。

优秀川酒包装应在做到运输、储存、保护、生产、经济收纳的基本功能的基础上，强调包装的广告化倾向，强调包装的视觉传达功能，强调包装的色彩与内容物的特性统一；同时强调对比醒目，突出识别性、区别性、差异化策略，注重文字的简洁及文字所具有的感召力，做到包装形象生动、摄影真实优美、制作精美，从而加强包装的视觉传达性和可展示性，加强包装培育广告化倾向。

3. 注重包装设计与品牌视觉形象的统一

川酒包装设计应该注重品牌形象的统一、品牌内涵的统一和品牌活动的一致性，在相关设计元素的应用上，注重品牌形象在视觉上的一致性，不断强化品牌形象，强调在统一品牌下的分品牌之间既有区别又有内在联系，不能脱离统一品牌主题内涵，做到统一品牌与分品牌在消费者定位上的连续性，做到包装设计统一和差别的策略应用，突出品牌的色彩、图形及文字形象。

3.2.5 品牌整合营销背景下的川酒包装图像整合设计的系统性观念

随着竞争加剧和市场发展，现代社会进入一个涵盖广告、营销和传播的新经济时代的商业新理念——整合营销传播（Integrated Marketing Communication，IMC），在整合营销传播的时代，白酒产品的发展进入了细分时代，厂家、企业必须促进白酒产品推陈出新，推动白酒包装的快速发展，纵观当下白酒包装设计，在品牌整合营销背景下，川酒包装图像整合设计应从以下几个方面综合考虑。

品牌整合营销背景下的川酒包装图像整合设计应该将包装设计与大量其他营销传播工具（直接营销、销售推广、人员推销和公共活动）进行整合，再将这些活动与企业的其他职能（设计、生产、装配、仓储和管理）结合起来，做到川酒包装图像整合设计统一形象，通过包装使消费者变成忠实的消费者。

品牌整合营销背景下的川酒包装图像整合设计绝对不是“拼凑”，更不是简单“组合”。包装图像整合设计的整体策划、设计、推广乃至生产都要与外部沟通，每一个环节都由品牌整合营销传播统领、指挥，促使企业以整体一致的形象和个性深入人心。这是一个系统工程。

品牌整合营销背景下的川酒包装图像整合设计还应注重包装理念的前卫化、个性化、系列化、等级化策略，同时注重包装的便利性、配套性和环保性。

4 课题研究的研究方法和主要步骤

4.1 研究方法

本课题研究主要采用以下以实验操作为主结合课本研究、操作研究法、经验总结法、调查法展开研究，确保课题高效的实施。

4.2 主要步骤

4.2.1 准备阶段（2012.9—2012.11）

这一阶段主要是建立课题组，制定研究方案，确定人员，落实研究任务，收集相关资料、整理第一手材料、制定具体研究方案，做好前期的各项准备工作。

4.2.2 实验阶段（2012.11—2013.2）

依据方案全面实施课题展开研究。依据研究进展情况，及时组织研讨，注重资料积累。根据研究方案进行研究，检测各项指标，整理成果，完成阶段性总结报告。

4.2.3 总结阶段（2013.3—2013.11）

本阶段研究的主要任务是收集一些相关的数据进行统计分析，进一步总结经验及规律，撰写出完整的实验结题报告。

4.2.4 深化推广阶段（2013.11—2014.4）

收集整理实验成果资料，进行连锁分析，根据应用后的论证，逐步修改和完善研究成果，完成总结报告，发表论文。

5 成果的学术价值、实践意义和社会影响

本课题通过基于品牌整合营销策略下的川酒包装设计研究，使包装不仅能很好地体现出“品牌设计”和“整合营销”的思想，而且其包装设计在很好地为“品牌”“营销”服务的同时，“品牌”和“营销”思想还恰当地指导着商品的包装设计。同时将包装设计及其品牌整合营销作为提高省内外市场占有份额的关键点。因此，选择该课题作为研究对象，即希望能从理论和实践上给予川酒包装设计及其品牌整合营销策略以支撑，从而突破营销瓶颈，让川酒占有更大的市场份额。

本课题研究先从国内的酒行业和市场的状况调查出发，以营销学和设计学相结合的视角研究品牌策略及其对包装设计的要求和指导作用，从而为品牌策略下川酒包装设计研究奠定基础。课题还从消费的视角研究了白酒的内涵，指出川酒包装作为“川酒”这一特殊产品的外在表现形式，具有形式的多样性与表现内涵的相对固定性相统一的特点。这为川酒包装的设计定位、未来发展趋势的预测和把握提供了理论依据。主要采用的研究方法有：文献研究法、实地考察法、数据统计法、调查研究法、专家访谈法、行动研究法、实践反思法和个案反思法等。

本课题在中国酒类企业市场竞争激烈的背景下，四川省川酒的包装设计必须按照品牌战略的总体目标来进行。课题对品牌整合营销策略下酒类包装设计进行系统性研究，得出基于品牌整合营销策略下川酒包装设计的原则和方法，预测了酒类包装设计的发展趋势，这对今后研究酒类包装设计起到正确和积极的指引作用，本科研项目所提出的观点对促使川酒在竞争激烈的白酒市场中提高市场占有率，获得长远发展，最终在激烈的市场竞争中脱颖而出，实现四川酒业“中国白酒金三角”的发展战略，全力打造白酒生产基地和川酒实施整合营销品牌策略、包装策略、发挥品牌效应中具有一定的借鉴和指导作用，也为四川省酒类包装设计提供了理论依据和实践操作价值较高的依据。

6 不足的问题以及尚需深入研究的问题

通过课题的研究，为川酒包装设计注入了新的活力。但是，由于我们在研究过程中，在一些具体环节还存在着不足，部分活动的课题内容受到局限，没能深入到更深的层面。所以，今后要在已有经验的基础上，继续巩固研究成果，力求比过去做得更好。具体应做到以下几个方面：

（1）稳固研究网络，开展课题研究活动，继续在课题组负责人的领导下，定期活动，以活动推动课题的发展。

（2）加强科研力量，扩充课题组成员，建立结构合理、科研力量雄厚的科研团队，扩大学科和研究范围，课题组人员必须扩充。要精心挑选人员，把思想素质高、责任心强、科研基础好的教师吸收进课题组，使研究不断深入。

以上是本项目的研究总结报告，如有不妥之处，欢迎专家指导！

白酒技术开发与应用

关于陶瓷材料在川酒包装设计中的运用的研究[①]

何毅华[②]

摘要：作为艺术国粹，陶瓷在其发展的历史长河中，总是以实用与文化观念相结合的形式呈现。所谓“形而上者之谓道，形而下者之谓器”，陶瓷的发展过程，就是其以形而下之物质形态承载形而上之社会文明的过程，同时也是一种物质材料使用逐步成熟的探索过程。在新石器时期彩陶就因其材质属性，盛装过各种食物，是一种早期的天然防腐的罐头类包装材质。到了封建社会，陶瓷器皿作为酒类容器包装已是司空见惯。所以陶瓷自古是我国的传统包装材料之一，酒类包装也多采用陶瓷。近年来，陶瓷以其悠远而富有表现力和健康环保的材质优点，赢得更多现代包装设计师的青睐，已经被广泛应用到名酒的包装设计中。作为扬名中外的川酒产品，需要陶瓷包装设计赋予酒类更丰富的文化内涵。在川酒的容器包装设计中，挖掘陶瓷艺术之精髓，结合四川的本土文化元素，融四川传统的陶瓷文化与现代设计理念于一体，以形而下的陶瓷容器包装承载形而上的具有川酒特色的传统文化，从而为川酒增添附加值，赋予川酒更多的人文气息，进而促进川酒产业的品牌化发展。

1 陶瓷作为酒具包装材质经历了传统文化变迁的审美历程

陶瓷材料以容器的形式存在并发展，在我国有着上千年的历史。从实用文化功能来看，有陶瓷食器、陶瓷茶具、陶瓷酒具等文化类型。其中与酒文化的交汇产生了陶瓷酒具文化。酒文化的产生，晚于陶瓷文化，大至父权制确立的时代。那时农业生产有了提高，已能用剩余粮食酿酒，同时人们的原始宗教观念业已形成，祭祀先祖鬼神都少不了酒，这一时期多用陶制酒器，且大多数器型种类皆为后来青铜酒器型之滥觞，至龙山文化出土的斛，高柄杯、双耳单耳杯、瓷、瓶等专用酒器的数额有明显增加，这个时期酒文化逐渐兴盛。夏商时代奴隶主酗酒作乐，酒器大量盛行，陶制酒器形式也相当丰富。

陶器酒具的多寡也反映着人们对酒的态度以及酒文化的发展起伏，酒具的材质也根据当时的生产工艺和技术条件的变化而有所不同。新石器时代至夏代，以陶器为主流，并出现了少量的铜器和漆器酒具。到了商周时期，随着青铜器的普及，铜质酒具占了主导地位。直到魏晋到唐宋明清时期，陶瓷酒具繁荣且居于主流地位。

---

① 基金项目：四川省哲学社会科学重点研究基地、四川省教育厅人文社科重点研究基地——四川理工学院川酒发展研究中心（CJY12-20）研究成果。

② 何毅华（1977—），女，四川南充人，硕士研究生，副教授，主要从事现代陶艺方面的研究。

明清时期，市民文化兴起，美酒与陶瓷结合的酒具，平添了无穷的文化韵味。文人墨客吟诗作赋把酒言欢，雅致的青花酒具大行其道。明末民窑青花瓷将文人笔墨发挥到了极致，因为意向造型是中国文人画独特的现象，所谓“落墨成章，神之于形，如火附薪。”自然成了明青花瓷画的最大特征，也是陶瓷酒具装饰的重要内容。文化的显现最终促成陶瓷酒具的繁荣。陶瓷酒具逐渐与文化生活相融合从青花陶瓷酒具中可见一斑，明清一代的审美风尚与文化观念就从那些一杯一壶的造型中自然溢出。

从民国至今，景德镇瓷、宜兴紫砂在酒瓶包装中使用最为广泛。西南地区的重庆荣昌安陶厂也大量从事酒瓶的烧制。

陶瓷酒具由陶到瓷的历史变迁也是基于当时社会文化与经济生活的变化而改变的。当一种新材质出现，必将以一种新的文化形态替代旧的文化形态。从这一点意义来说，陶瓷器具的演变也体现了当时传统文化的嬗变。四川自古就是酿酒之乡，具有悠久的历史，而四川的邛崃陶瓷，唐代为最著名，以烧制青、褐、绿釉和彩绘等器皿为主，虽然现在窑火已熄灭，但千年的文化依旧有迹可循。多年来川酒容器既盛装琼浆玉液，又传播四川的文化，形成一种特殊的四川旅游产品，集酒艺、酒史、陶艺、瓷艺、绘画、书法、诗词、雕刻、民俗等于一体，具有丰富的人文精神。陶瓷的酒类包装设计不仅是酒的物质载体，也是人类传统文化的精神载体。

川酒的人文内涵与陶瓷的艺术表现力，能够通过人的造型设计将两者融合起来，以陶瓷为容，以川酒为神，将川酒文化注入陶瓷文化的精髓里，形成具有川酒文化特色的陶瓷包装设计。

2. 陶瓷是一种完美的川酒包装材料，具有结合酒文化成为传统文化物质载体的内在因素

酒是一种文化的载体，与之形成的酒文化是指与酒相关的内容和活动上升到文化层面和精神层面的一种特殊文化形态。它不仅仅是一种客观的物质存在，而且是一种文化象征。中国酒文化早在商周时期就已逐渐形成。一人爱酒，就十分注重藏、饮酒的器具，人们在品尝自己喜好的琼浆玉液时，就自然而然地把与该酒有关的一切酒文化、容器联系在一起，成为一种精神享受。

中国陶瓷酒容器的设计与制作是中国酒文化中重要的组成部分。中国的陶器起源很早，“陶”的文化底蕴丰厚，早在公元六千多年前的新石器文化时期，就已出现了形状类似于后世酒器的陶器，尤其是新石器晚期的龙山文化，酒器的类型增加，用途明确，与后世的酒器有较大的相似性。这些酒器有：罐、瓮、盂、碗、杯等。另外，中华民族崇尚自然，并形成了“金”“木”“水”“火”“土”五行的思想，认为酒乃“水之形，火之性”，“火”“水”“土”之间能相生相克，装在陶瓮（即“土”）中经过长时间储藏的酒会去其“火”性，而使酒质变得纯净、绵长。中国酿酒，用的是一种独特的方法——曲粟酿酒法，它不同于世界上其他蒸馏酒方法，它们的重要区别就在于窖泥中微生物的神奇作用，窖泥是特殊土壤培养后的产物，中国酒缺此不可。因此，中国酒的容器自古以来就以陶瓷为材质，陶瓷酒容器长期以来一直被广泛应用着；其次，由于陶瓷土的特质和可塑性能在设计中较好地表现酒产品的自身文化，陶瓷酒容器设计的科学与研究价值、历史与文物价值、艺术与欣赏价值越来越多地引起人们的广泛关注。其酒器的美学和艺术审美紧密融合

在一起，并与酒容器所盛装的酒本体文化内涵、味觉相适应成为一个审美的整体，让品尝者从这种整合的美感中，满足着自己的精神需要。

作为一种包装材料，陶瓷具有抗氧化、耐久、耐酸、环保、无毒、致密性强等特征，是其他材料所不能代替和媲美的。同时陶瓷具有一定的透气性，在陈酿过程中，对酒有很好的催陈效果，用陶瓷酒瓶盛放川酒，会使得川酒的味道更加美妙。而且陶瓷的渗透性小，密封性能良好，耐腐蚀性强，可以避免酒的挥发和化学反应。加上陶瓷导热慢，可以保持适当的酒温，以一种恒温的状态使白酒长期储存而不变质。从陶瓷的釉面来看，上釉陶瓷还有造型典雅、釉面光滑，便于拭洗等优点。陶瓷可以是工艺严谨的设计产品，也可以是风格独特的艺术作品。陶瓷材质本身的优良属性注定它是一种完美的川酒包装形式，同时，陶瓷自身的灿烂文化内容也注定它会是一种成功的文化载体。用陶瓷承载川酒的文化特色，将会提升川酒的艺术品位，凸显川酒的文化价值，从而以包装设计的方式促进川酒产业的发展。

3　陶瓷材料具有丰富的人文内涵，是一种精神载体

3.1　酒文化中产品产地的地域文化传承因素

每个国家或地区都有自己的文化和习俗，因此，必然有着不同的饮食习惯。如山前向阳，饮温和的酒为宜；而山背属阴，则喜热或烈性的酒，以御阴寒；北方地区气候寒冷，爱酒精度数较高、酒性烈的酒；南方气候温润，则偏爱绵、甜的酒。中国酒受地域性和历史文化渊源的影响而形成个性化特色。不同民族、地域的文化特征、地域差异，使产品所传承的不同信息内容成为“酒文化”中“文化”含义，如苏酒、越酒以江南文化为脉络；川酒以巴蜀文化为脉络；徽酒以皖南文化为脉络。这里所说的“地域文化”指的是人们共认，并熟知的地方历史文化与民间的风情文化，我们在陶瓷酒容器设计中要充分考虑到产品产地独特的地域特色、白酒产地的地理位置和其他环境因素、与产品相关的历史文化背景和产品销售地区地域人群的审美价值取向等。

3.2　酒文化中所蕴涵的传统美学因素

几千年来，中国白酒精神以道家哲学为源头，给中国文人士大夫的艺术活动提供了理论依据和方向。这些思想也同时影响并指导着他们的生活，更对他们的饮酒活动注入了精神内涵，使酒同他们的艺术活动紧密结合起来。在中国历史上，因醉酒而获得艺术的自由状态的文人志士不在少数，且屡被传为佳谈。有与朋友在兰亭聚会修拔禊之礼，饮酒赋诗，乘兴而书写《兰亭叙》的王羲之；有“兴酣落笔摇五岳”（《江上吟》）的李白，有“脱帽露顶工公前，挥毫落纸如云烟”的“草圣”张旭，有“酒不醉，不能画”的黄公望……此外，酒也给了多少英雄豪杰不少的壮举，赐予文化浓厚的生活气息，曹操煮酒论英雄，辛弃疾醉里挑灯看剑，武松十八碗酒醉上景阳冈等无不为我们刻画了一个个鲜活的形象。这些鲜活的形象就可以给我们的造型设计提供很好的素材。如“邵阳大曲”酒容器就是以扇形造型结合李白醉酒的形象进行的设计。

3.3 陶瓷材料运用的成功案例

陶瓷酒类容器设计蕴含了传统文化意味，体现了当代设计的审美观念。从《易》开始，中国古代传统中是道器并举，形而上与形而下作为哲学的概念而相互依存。陶瓷系列酒具也是在长期的社会发展过程中被制造出的器物，既是当时人们工艺的呈现，也是当时文化精神和审美理想的载体。正是这一属性，使得陶瓷以一种包装容器承载川酒文化成为可能。川酒的陶瓷容器将以现代艺术设计的观念为切入点，挖掘四川的本土酒业文化资源，结合陶瓷酒类容器造型发展要素，将传统的文化观念注入陶瓷容器设计中，提升川酒产品的形象。通过川酒的陶瓷容器设计赋予川酒更多的人文内涵，形成丰富的文化内容，以此推动川酒产业的发展。

正如艺术大师黄永玉先生所作“酒鬼”陶瓷酒瓶（附图1）堪称经典。麻袋造型的酒瓶是黄永玉先生根据湘西民族风情设计的。他用紫砂陶将柔软的麻袋凝固起来，以土黄的釉色，结合麻袋的方格纹理，以“麻袋”的形态暗示酒是粮食之精华，产生一种源于生活的亲切感，唤起了思乡 的怀旧之情，同时极具古朴粗犷的湘西文化特色。据黎福清先生在《中国酒器文化》一书中记载：“麻袋瓶在市场露面以后，大受集瓶爱好者的青睐。居住于台湾的湘籍诗人洛夫先生回湖南时见了麻袋瓶，大感兴趣，并赋诗云：‘酒鬼饮湘泉，一醉三千年。醒后再举杯，酒鬼变酒仙。’据说此诗风传海峡两岸，与黄永玉先生的诗相映成趣，这就是文化的力量。”也促成了“酒鬼”酒的良好销售业绩。

或许是受“酒鬼”酒包装概念的启发，中国白酒界从此逐步掀起了一场酒瓶文化包装的竞争。四川著名的陶瓷艺术大师许燎原先生为四川沱牌酒厂设计的“至尊舍得”（附图2）酒的容器包装，吸收消化了明青花天球瓶的造型要素，分别对瓶的口部、颈部与肩部进行了再加工处理，使瓶形更加美观大方，同时也相应增加了内部容量。在造型上重视各部分之间的关系，比例适度，形体之间既有对比又有协调，使其形式更加完美。在装饰上采用传统高档青花瓷技法，金地蓝花的整体面貌以传统祥瑞图案装饰。在技法上采用了难度极高的纯手工浮雕金工艺，更是用黄金纯度高达99.9%以上以显尊贵。“至尊舍得”酒的容器包装是传统与现代的结合，它以传统青花瓷为本加以设计创新，使得酒瓶本身已经具有了较高的艺术价值与收藏价值。它以传统陶瓷艺术的精湛工艺彰显了酒器的奢华，以精美绝伦的包装达到酒的内外品质的完美统一。许燎原先生还为“郎酒”“茅台”“五粮液”等品牌设计的陶瓷酒瓶造型，都无不在文化的关照下，对陶瓷造型艺术元素进行现代的艺术设计，将文化融入形式，以形式承载文化，使传统的陶瓷造型艺术在现代酒类包装设计中再次焕发蓬勃生机。

3.4 陶瓷容器造型设计展现川酒文化

现代酒类品牌种类很多，各大小企业竞争激烈，一款酒要想在竞争上占领优势，得有自己强烈的个性。特别是以生产白酒为主的川酒，更需要突出四川特色的酒文化，才能在竞争中保持优势。通过在川酒包装设计中融入传统文化，同时立足本土，挖掘自身的优势特色，形成特点鲜明的川酒文化，才能在众多的白酒品牌中脱颖而出。贵州的茅台酒、宜宾的五粮液、泸州的泸州老窖等已经具有了本土特色，只需在酒瓶容器的包装上加强具有文化内容的现代设计，才能更加增强川酒的竞争力。

陶瓷容器包装设计是一种实用与审美相结合的艺术形式，是一种有意味的形式。这个意味就是陶瓷酒具在讲求实用的同时，始终渗透着人们的审美文化艺术观念。清代袁枚在《随园食单》一书中提出的“宜碗者碗，宜盘者盘，宜大者大，宜小者小，参错期间，方觉生色”，正是古人在希望饮食器具能够物尽其用的同时也不忘追求其悦目的效果的反映。意味是文的追求，形式是用的表达。川酒的陶瓷包装设计能够令人赏心悦目必须依靠能够为人视觉或其他感官所知觉的形式。设计在一定意义上是“作为艺术的造型设计而存在和被感知的”。用陶瓷包装设计体现川酒的文化特色，以陶瓷自身酒类容器造型的内涵设计提升川酒的艺术品位，彰显川酒的文化价值，从而开拓川酒的高档酒的品牌化之路。陶瓷酒瓶造型设计的研究造型对于川酒的品牌化发展至关重要。

4　结论

新型消费者对酒文化看重的是精神暗示和启发，他们有着自己的个性和品位，更关注是产品感觉的认同，是一种心理共振的形态。他们喜欢的酒，能从一定程度上成为他们在各种社会活动中展示自己爱好和身份的一种象征符号。因此，在陶瓷酒容器的立象上，我们要善于汲取中国传统文化的美学思想精髓和民间传统艺术中的营养（如那些吉祥、喜庆、富贵的图形），从中得到启发和想象，并通过借用、模仿、概括、象征和寓意等手法，加工、提炼构成自己设计作品的造型形象，从而使传统美学能和现代的艺术形式紧密结合起来，来满足这类消费者的需要。

“酒外乾坤大，壶中日月长”，总之，酒文化是中国文化传承不可或缺的一朵奇葩。酒文化既包括物质形态又包涵精神境界，它渗透到包装设计的每一个细节中，成为了酒类包装设计元素的重要组成部分。而陶瓷酒容器造型设计是一门空间立体艺术，造型因素复杂，形式多变，内涵丰富，设计者进行的是一种文化与立体形态的创造过程。在设计中如何注重“酒文化”内涵，以及其在设计中的影响和作用，赋予我们的设计作品更多的精神的、文化的、情感的含义，并体现现代陶瓷酒容器的实用价值和审美价值，是我们现代设计师应该认真思索的问题。

附图 1

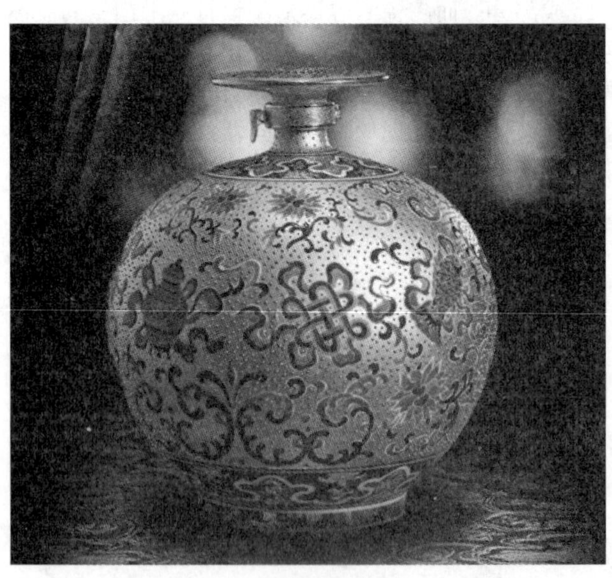

附图 2

啤酒抗氧化力测定方法的研究[①]

宗绪岩[②]

摘要：啤酒抗氧化力的研究一直是难点与热点，正确评价啤酒抗氧化具有重要的意义。本文针对测定啤酒抗氧化力的常用方法及近些年出现的新方法进行系统介绍和评述，为选择测定方法提供参考。

关键词：啤酒；抗氧化力；测定方法

1　研究啤酒抗氧化能力的意义

抗氧化就是任何以低浓度存在就能有效抑制自由基的氧化反应的物质，其作用机理可以是直接作用在自由基，或是间接消耗掉容易生成自由基的物质，防止发生进一步反应。

啤酒的抗氧化力主要由内源性抗氧化物质决定。其抗氧化物质主要是酚类物质，二氧化硫，美拉德反应产物及亚硫酸盐。作为一种低酒精度的大众饮料酒，啤酒的风味是其最主要的质量指标及特性。啤酒的抗氧化能力的强弱直接影响到其风味与口感。所以说准确地了解啤酒抗氧化能力的强弱是必要的。本文对测定啤酒抗氧化力的常用方法，和近年来所报道的新的方法进行介绍和评述，目的是为了人们在针对不同类型的啤酒，在不同要求、不同条件下能够快速、准确地找到合适的测定啤酒抗氧化力的方法。

2　啤酒抗氧化能力的常用测定方法

2.1　还原力

目前常用的测定啤酒还原力的方法有三种：铁氰化钾还原法、Chapon 法（还原力主要来自多酚）和 Mebak 法（还原力主要来自类黑素）。其中后两者均可用单宁快速测出。

2.1.1　铁氰化钾还原法原理

$K_3Fe(CN)_6$ + 样品→ $K_4Fe(CN)_6$ + 样品氧化物

$K_4Fe(CN)_6 + Fe_3+ \rightarrow Fe_4[Fe(CN)6]_3$

在一定量的磷酸盐缓冲液中加入不同啤酒样品和铁氰化钾，混匀后50℃恒温20分钟，

① 基金项目：四川省哲学社会科学重点研究基地、四川省教育厅人文社科重点研究基地——四川理工学院川酒发展研究中心（CJY12-38）研究成果。

② 宗绪岩（1976—），男，山东莱州人，博士，副教授，主要从事啤酒及酿酒技术方面的研究。

再加入三氯乙酸，经离心后取上层清液加蒸馏水和氯化铁，在700纳米测定吸光值。还原力强弱由吸光度决定，吸光度越大，还原力越强。

2.1.2 Chapon 还原力分析法

以铁离子从三价还原到二价为标准。形成的红色吡啶二价铁离子络合物（DPFe2）由光度计分析。透射光3分钟后进行评估。这种方法可以用于监控生产过程中啤酒内源抗氧化活性的变化。

2.1.3 Mebak 还原力分析法

原理：2，6－二氯靛酚为氧化还原指示剂，在中性、碱性溶液中为蓝色，而在酸性条件下显紫色，其还原条件下为无色，即在还原剂存在下，促使指示剂褪色。方法为测定4毫升啤酒样品在室温20℃，1分钟内指示剂褪色的程度，以吸光度的变化来表示，并以2，6－二氯靛酚脱色的百分比计算还原力及表征样品中还原性物质的量。

以上三种方法均可在一定程度上反映啤酒酒体的抗氧化能力。

2.2 DPPH 自由基清除

二苯代苦味酰肼自由基（1，1－diphenyl－2－p icrylhydrazyl，简称 DPPH）是一种稳定的自由基。目前测定 DPPH 清除率主要有两种方法：分光光度计法和电子自旋共振法（ESR）。

2.2.1 分光光度计法

由于 DPPH 在有机溶剂中呈紫色，并在517纳米处有强吸收。有自由基清除剂存在时，DPPH 自由基的单电子被分配而使其颜色变浅，在最大吸收波长处吸光度变小，利用比色法可以检测自由基清除情况，从而评价样品的抗氧化能力。该能力用清除率表示，清除率越大，表示啤酒抗氧化能力越强。将啤酒样品加入含有 DPPH 的甲醇溶液中，室温放置30分钟，在517纳米测定吸光度，根据计算公式除率（%）＝［（C－S＋B）／C］×100，（S表示样品的吸光值；C表示不添加样品时的吸光值；B表示添加样品，但不添加 DPPH 时的吸光值）就可测定啤酒的 DPPH 清除率。

2.2.2 电子自旋共振法（ESR）

用电子自旋共振仪为自由基单电子提供一个能级跃迁的环境，通过测定由电子跃迁引起能量变化的大小来表示自由基信号强弱，从而反映含量的多少。将 DPPH 加入由乙醇与0.1mol/L 醋酸盐缓冲液以2∶1体积比混合的溶液中，使其终浓度为1.86×104mol/L；除气啤酒与此 DPPH 溶液与按1∶14的体积比反应，于0℃静置10分钟，进行电子自旋共振法测定。

这两种方法均能很好地测得清除率，电子自旋共振法法灵敏度更高，更精确，但分光光度计法所需仪器更少，耗时更短，所以它比电子自旋共振法方法实用性更广，实际操作中要根据不同需要选择不同的方法。

2.3 羟基自由基消除

羟基自由基（.OH）是人体内最主要的自由基，是活性氧中最活泼的也是毒性最大的自由基，几乎能与活细胞中任何分子发生反应，且反应速度极快。而啤酒作为最大众化的酒类饮料，其消除羟基自由基的能力就显得尤为重要。

2.3.1 分光光度计法（水杨酸法）

水杨酸能够有效捕捉羟基自由基（.OH）产生的有色物质。有色物质在510纳米处有强吸收。若在水杨酸捕捉羟基自由基体系中添加啤酒样品，由于啤酒中某些物质可以抑制羟基自由基，从而使得有色物质的浓度降低，此时测定吸光度值（此值可作为清除一定量的·OH的A_S值），则可测得啤酒对羟基自由基的清除率。

2.3.2 脱氧核糖法

2^3/脱氧-D-核糖降解产生的羟基自由基诱导引发Fenton反应。酸性条件下加热后产生的二次氧化产物—MDA，1分子的丙二醛（MDA）与2分子的硫代巴比妥酸（TBA）作用形成粉红色的色原体，该有色化合物在532纳米处有吸收。因此，可以通过测定丙二醛的量来评价啤酒的氧化程度。

羟基自由基消除法是评价啤酒抗氧化活性比较常用的方法。以上两种测定手段都比较快速，简便，灵敏。除此之外，化学发光法、电子自旋共振法（ESR）、高效液相色谱法（HPLC）等，也可以测定羟基自由基消除率，但这些方法多数为间接测定方法，且试剂昂贵，仪器特殊，使其应用受到一定的限制。由于实验试剂比较常见，所以分光光度计法使用范围更加广泛，除了上文中介绍的以水杨酸之外，四乙基罗丹明、亮绿、亚甲基蓝、苋菜红等均可作为显色剂利用分光光度计来测定羟基自由基，而颜军等通过一系列的实验确定了水杨酸作为自由基捕捉剂时稳定的反应条件体系，从而使水杨酸法成为目前最常用检测羟基自由基的方法。

2.4 TRAP值测定（ABTS自由基消除）

ABTS法最先由米勒（Miller）等人开创，用于测定生物样品的抗氧化能力。原理：ABTS即2，2’-联氮-双-（3-乙基苯并噻唑啉-6-磺酸）被活性氧氧化后形成稳定的蓝绿色阳离子自由基$ABTS^{\cdot+}$，加入啤酒后，啤酒中的抗氧化物质会与其发生反应使整个体系褪色，用分光光度计在734纳米处测定吸光度，然后与抗坏血酸盐的标准体系做对比，通过公式换算出啤酒的抗氧化力。

同其他测定方法相比，TRAP法所需设备仪器简单，测定时间短，经费少，同时它与抗氧化剂的生物活性相关性强，因而在测定啤酒抗氧化性方面应用还是相对比较广泛的，但它本质是用来检测物质清除$ABTS^{\cdot+}$自由基的能力，和真正的氧化分解无关，是一种间接的方法，因此对于一些要求相对较精确较全面的实验，如果选用此方法还要与其他方法相结合，如DPPH清除法。

2.5 超氧自由基消除

啤酒中某些物质为氧分子提供一个电子后，氧分子变成了超氧自由基（O_{2^-}），它有较强的生物毒性，所以了解啤酒对其消除能力是十分必要的。目前，针对超氧自由基测定，分光光度法应用得最为广泛，而在分光光度法中又以细胞色素C的自由基还原法和硝基四氮唑蓝（NBT）还原法最为常见。

2.5.1　细胞色素C自由基还原法

超氧自由基（$O_{2\cdot-}$）能够把具有氧化活性的细胞色素C还原成亚铁细胞色素，在550纳米处测定啤酒吸光度的减少量间接的测定超氧自由基的含量。

2.5.2　硝基四氮唑蓝（NBT）还原法

原理：硝基四氮唑蓝可被啤酒中的被超氧自由基还原后形成亚铁细胞色素，此物质在波长550nm处有强吸收，可以用来测量超氧自由基含量。适量啤酒样品与黄嘌呤NBT溶于磷酸缓冲液中，放入37 ℃水浴保温10分钟后加入一定浓度的黄嘌呤氧化酶反应20分钟后加入十二烷基硫酸钠（SDS）终止反应，并测定560纳米的吸光值。

除了以上常见的方法外，还有其他的一些方法如羟多巴胺自氧化、肾上腺素氧化法、没食子酸自氧化和羟胺氧化法等。但这些方法或多或少都有些许缺陷，如ph和没食子酸浓度对没食子酸法的影响比较显著，而羟多巴胺氧化的线性区间较小，且专一性不强等，所以在选择测定羟基自由基的方法时要有目的性。

2.6　螯合铁离子能力

抗氧化剂通常可以作为活性氧的淬灭剂，或金属离子螯合剂，自由基受体等方式来阻止自由基的链式反应，还可以用来消除脂质过氧化等其他物质的氧化对生物体的伤害。因此测定金属离子如亚铁离子螯合能力的大小也是评价啤酒抗氧化性能常用的方法。目前常用的测定螯合铁离子能力的方法有两种：EDTA滴定法、和Fe^{3+}滴定法。经过沈淑英等的比较，发现Fe^{3+}滴定法操作简单，滴定快捷，终点突出且平行测定时相对误差最小。

2.6.1　EDTA滴定法

在酸性条件下，磺基水杨酸与Fe^{3+}生成一定配位数的紫红色配合物，利用此原理，向已知质量的啤酒样品中加入过量的硫酸铁铵溶液，使所有的螯合剂都与Fe^{3+}反应，用EDTA标准溶液滴定剩余的Fe^{3+}，在指示剂的存在下，溶液由紫红色变为亮黄色即为滴定终点。

2.6.2　Fe^{3+}滴定法

在酸性介质中三价铁离子和磺基水杨酸可以生成微红色配合物。因此，在酸性介质下以磺基水杨酸作为指示剂，用Fe^{3+}滴定啤酒样品稀释液至微红色即为满足终点。

3　测定啤酒抗氧化力的新方法

以上介绍的大多都是测定抗氧化力的经典方法，它们具有方便、快速等优点，但同时因为大多采用分光光度计进行测量，所以存在检测限较高、检测灵敏度较低，专一性不强等缺点。所以针对一些对结果要求较为精密的实验，我们就需要一些更加精确的实验来完成，目前测定啤酒抗氧化力的新方法主要有电子自旋共振法，化学发光法和荧光法等。

3.1　电子自旋共振法（ESR法）

在上文介绍测定DPPH清除率的时候，简单提及了此方法，该方法于20世纪中期开始逐步发展，目前已经广泛运用于生物学、光电化学、核辐射、高聚物等领域中。ESR 法是目前唯一可以直定量接测定自由基的方法，其原理是利用一种自由基捕捉剂与被测样品中不稳定的自由基形成自旋加合物——一种相对稳定的可用 ESR 检测的自由基。

目前常用的自旋捕捉剂为氮氧化合物，主要分为硝酮和亚硝基两大类。被亚硝基所捕集的自由基可直接加到亚硝基的氮上，其精细结构可用通过自旋共振仪所产生的 ESR 图谱反映出来。但亚硝基类捕集剂对光和热不稳定。

硝酮类的自旋捕捉剂主要有 PBN 和 DMPO。其中后者可以很好地用于啤酒中羟基（.OH）和超氧自由基（$O_{2.-}$）的测定。DMPO 与啤酒中的羟基和超氧自由基反应后，得到的 ESR 图谱有很大区别，能够快速地分别出羟基和超氧自由基，从而能够迅速地测定啤酒中羟基和超氧自由基的含量。

作为一种新的测定啤酒抗氧化的方法，ESR 能够直接定量测定某些反应还原力较弱的自由基，其灵敏度，准确度较高，所以在要求数据精确的实验中有着广阔的应用空间。但同时我们也应该注意，此法也有其局限性：捕集产物不稳定，必须在捕捉反应后立即对其测定，有些情况捕获的自由基可能不专一等，因此，要根据自身条件来选择是否选用此法，以达到最佳测定效果。

3.2 化学发光法

化学发光法是仪器分析中灵敏度最高的方法之一，已经广泛运用于医疗、环境，以及工业分析等领域。它可以间接检测食品、药品、工业制品中的自由基清除或抑制剂，从而从侧面反映出被测样品的抗氧化力。其原理是利用发光试剂可以和自由基反应发光，然后根据发光强度确定自由基的含量。

目前最常用的发光试剂为鲁米诺。鲁米诺在碱性溶液中（pH 10 左右），首先形成单价阴离子，然后在催化剂，如过度金属离子、酶或者金属络合物的催化下与溶液中的过氧化氢或者溶解氧发生氧化还原反应，生成激发态的两价阴离子氨基肽酸盐（APD），氨基肽酸盐经非辐射性跃迁回到基态时，放出光子。检测光的强度就可以确定自由基含量。经研究发现其发光与溶液的酸碱度没有必然联系而是与活性氧的生成条件有关，因此以鲁米诺为发光剂的化学发光法可以用于不同介质中羟基和超氧自由基的测定，但同时也就造成它选择性差的问题。

所以，在测定啤酒抗氧化能力时，化学发光法就不能单独测定羟基或者超氧自由基的具体含量。但 Michakam iedl 等人利用化学发光法，向啤酒中滴定过氧化氢进行过氧化氢激发实验，测定啤酒中过氧化氢（H_2O_2）的含量，证明了啤酒中清除的过氧化氢越多，表明啤酒抗氧化力越强。

总之利用化学发光法测定啤酒抗氧化力具有灵敏度和准确度较高等优点，但因其受发光剂的限制，啤酒中能够与发光剂结合并能够被准确测量的自由基较少，有一定的局限性。

3.3 荧光光度法

荧光光度法的原理是靠捕获剂捕获被测物品中的自由基后发生强度的变化来间接测定自由基含量从而反映其抗氧化力强弱的。

荧光捕获剂分为两种：荧光增强捕获剂和荧光减弱捕获剂。常见的荧光增强捕获剂有 Hantzsch 反应和苯甲酸等；而荧光减弱捕获剂则有水杨基荧光酮，Ce^{3+}，罗丹明 6G。

碱性介质中罗丹明 6G 能产生特征荧光，其最大激发波长和发射波长分别为 350 和 550 纳米，$Mn_2+\ 2H_2O_2$体系在碱性介质中产生的羟自由基可以迅速氧化罗丹明 6G 使其荧光猝灭，如果存在抗氧化物质可以清除羟自由基，便会使溶液的荧光猝灭程度降低，据此建立了测定抗氧化活性的方法。方光荣等研究了 OH ·与 Ce^{3+}的反应，表明在酸性条件下，有强荧光的 Ce^{3+}被氧化生成无荧光的 Ce^{4+}。测定反应前后荧光强度的下降可间接测定羟基自由基的含量。根据以上两种方法的原理和啤酒特有的性质将方法进行改进，就可以测定啤酒中羟基自由基含量从而反映啤酒抗氧化能力。

由上可以看出，常规荧光法可以测定的自由基种类相对较少，所以科研工作者们在此基础上进行研究改进从而产生了 ORAC 法，ORAC 法采用 β2 藻红蛋白（β2phycoerythrin，β2PE）作为指示蛋白，以偶氮化合物 AAPH、$Cu_2+\ 2H_2O_2$体系产生的 Fenton 反应或者过渡金属离子 Cu2 +分别作为脂过氧化自由基（LOO·）和羟基自由基（·OH）的来源，VE 水溶性类似物 Trolox 作为参照标准，β2PE 受到自由基攻击时，在一定的波长下荧光度不断衰减，而具有自由基清除能力的样品可以保护它免受攻击，根据 PE 荧光强度衰减曲线下的面积变化计算出样品的自由基清除能力。由于本方法采用不同自由基发生物，因此可以检测样品对不同自由基的清除能力。因此，此方法在测定啤酒抗氧化力中被更多地采用。

荧光光度法虽然是间接测定自由含量，但他具有操作简便、准确、灵敏度高等优点，所以其在更多领域会有更广泛的应用。

4 总结

以上介绍的方法，都是基于啤酒对某一种自由基或者某一种物质的清除能力来判断啤酒抗氧化力的，并没有一套综合的、系统的评价啤酒抗氧化力的方法，这也就造成了评判标准的不统一性。相信随着现代科技水平的进步，检测技术的不断发展，会有更多的方法用于啤酒抗氧化的研究中，为广大工作者提供更加方便、准确、高效、适用范围广的测定方法。

参考文献：

[1] 孙桂芳. 啤酒抗氧化力和风味稳定性的研究 [D]. 广州：华南理工大学，2011.

[2] 靳纪培，董建军，刘景. 啤酒风味老化的研究进展 [J]. 食品工业科技，2007，27 (8)：234-274.

[3] 林智平，冯景章，顾国贤. 提高麦汁还原力对啤酒风味稳定性的影响 [J]. 食品与发酵工业，2003，29 (11)：53-54.

[4] 严敏，李崎，顾国贤. 利用 DPPH 自由基清除率评价啤酒内源性抗氧化能力 [J]. 食品工业科技，2005，26 (8)：83-86.

[5] 徐清萍，敖宗华，陶文沂. 恒顺香醋 DPPH 自由基清除活性成分研究 [J]. 中国调味品，2004 (7) 20.

[6] 彭长连，陈少薇，林植芳. 用清除有机自由基DPPH法评价植物抗氧化能力 [J]. 生物化学与生物物理进展，2000 (6)：32-34.

[7] 严敏. 啤酒中自由基与抗氧化力初步研究 [D]. 无锡：江南大学，2006.

[8] 王征帆. 11种中药水提取物抗氧化活性研究 [J]. 应用化工，2011，40 (9)：156 3-156 5.

[9] 王征帆. 清除羟基自由基法评价水果抗氧化能力 [J]. 光谱实验室，2013，30 (1)：151-153.

[10] 尹艳，高文宏，于淑娟. 水溶性大豆多糖对羟基自由基抑制作用的研究 [J]. 食品工业科技，2009，30 (8)：83-87.

[11] DAVID D KITTS，AROSHA N WIJEWICKREME，CHUNHU. Antioxidant activity of north American ginseng extract [J]. Molecular and Cellular Biochemistry，2000，203 (4)：1-10.

[12] D D KITTS，Y V YUAN，A N WIJEWICKREME，et al. Antioxidant activity of the flax-seed lignan secoisolariciresinol diglycoside and its mammalian lignan metabolites enterodiol and enterolactone [J]. Molecular and Cellular Biochemistry，1999，202 (2)：91-100.

[13] 严军，苟小军，邹全付. 分光光度法测定Fenton反应产生的羟基自由基 [J]. 成都大学学报，2009，28 (2)：91-93.

[14] NICHOLAS J MILLER，CATHERINE RICEEVANS，MICHAEL J DAVIES. A Novel Method for Measuring Antioxidant Capacity and its Application to Monitoring the Antioxidant Status in Premature Neonates [J]. Clinical Science，1993，84：407-412.

[15] 朱玉昌，焦必宁. ABTS法体外测定果蔬类总抗氧化能力的研究进展 [J]. 食品与发酵工业，2005，31 (8)：77-79.

[16] 张昊，任发政. 羟基和超氧自由基的检测研究进展 [J]. 光谱学与光谱分析，2009，29 (4)：1093-1097.

[17] BENON H J BIELSKI，GRACE G SHIUE，STANLEY BAJUK. Reduction of nitro blue tetrazolium by CO2- and O2- radicals. J [J]. Phys. Chem，1980，84 (8)：830-833.

[18] 沈淑英，魏艳，赵梅. 螯合分散剂对铁离子螯合值的测定方法介绍与准确度比较 [J]. 印染助剂，2009，26 (7)：50-52.

[19] LI Y，WANG Q，GUO J L，et al. Materials Science and Engineering C2 [J]. Biomimetic and Supramolecular Systems，1999，10：25-28.

[20] JIN-MING LIN，KOICHI SATO，MASAAKI YAMADA. Hydrogen peroxide chemiluminescent flow-through sensor based on the oxidation with periodate immobilized on ion-exchange resin [J]. Microchemical Journal，2001，69 (1)：73-80.

[21] JIN-MING LIN，MASAAKI YAMADA. Chemiluminescent flow-through sensor for 1，10-phenanthroline based on the combination of molecular imprinting and chemiluminescence [J]. Analyst，2001，126：810-815.

[22] MICHAELA MIEDL，PETER ROGERS，GEOFF L. The Peroxide Challenge Test：A Novel Method for Holistic Near-Real Time Measurement of Beer Flavour Stability [J]. Joural of the lnstitute of Brewing，2011，117 (2)：166-175.

[23] 刘立明，宋功武，方光荣. 流动注射荧光法测定羟基自由基 [J]. 分析化学，2003，31 (6)：723-725.

[24] 梁爱惠，蒋治良，周苏梅. 罗丹明6G缔合微粒光度法检测羟自由基及其在离体筛选抗氧化剂中的应用 [J]. 光谱学与光谱分析，2006，26 (11)：2 113-2 115.

[25] 方光荣，刘立名，李玲. 荧光素与牛血清蛋白荧光光谱的研究 [J]. 仪器仪表与分析检测，2002 (1)：98-100.

[26] 杨涛，吴辉辉，徐青. 抗氧化性能评价ORAC法及最新研究进展 [J]. 食品工业科技，2009，30 (7)：352-355.

图书在版编目(CIP)数据

川酒发展研究论丛.第2辑/陈一君主编.—成都:西南财经大学出版社,2015.4

ISBN 978-7-5504-1863-9

Ⅰ.①川… Ⅱ.①陈… Ⅲ.①白酒工业—研究—四川省 Ⅳ.①F426.82

中国版本图书馆CIP数据核字(2015)第071061号

川酒发展研究论丛(第二辑)

主　编:陈一君

副主编:何　凡　熊　山　杨　平

责任编辑:高小田

封面设计:墨创文化

责任印制:封俊川

出版发行	西南财经大学出版社(四川省成都市光华村街55号)
网　　址	http://www.bookcj.com
电子邮件	bookcj@foxmail.com
邮政编码	610074
电　　话	028-87353785　87352368
照　　排	四川胜翔数码印务设计有限公司
印　　刷	郫县犀浦印刷厂
成品尺寸	185mm×260mm
印　　张	19.5
字　　数	520千字
版　　次	2015年5月第1版
印　　次	2015年5月第1次印刷
书　　号	ISBN 978-7-5504-1863-9
定　　价	88.00元